文明三部曲 2

商贸与文明

现代世界的诞生

张笑宇 著

GUANGXI NORMAL UNIVERSITY PRESS
广西师范大学出版社
·桂林·

图书在版编目(CIP)数据

商贸与文明：现代世界的诞生 / 张笑宇著. —
桂林：广西师范大学出版社，2021.10（2025.10 重印）
（文明三部曲；2）
ISBN 978-7-5598-4121-6

Ⅰ. ①商… Ⅱ. ①张… Ⅲ. ①商业史 – 关系 – 文化史 –
研究 – 世界 Ⅳ. ①F731②K103

中国版本图书馆CIP数据核字(2021)第154593号

SHANGMAO YU WENMING
商贸与文明：现代世界的诞生

作　　者：张笑宇
责任编辑：谭宇墨凡
书籍设计：韩湛宁 + asiatondesign
内文制作：燕　红

广西师范大学出版社出版发行

　广西桂林市五里店路9号　邮政编码：541004
　网址：www.bbtpress.com
出　版　人：黄轩庄
全国新华书店经销
发行热线：010-64284815
北京华联印刷有限公司印刷
开本：635mm × 965mm　1/16
印张：33　　　　字数：390千
2021年10月第1版　　2025年10月第7次印刷
定价：98.00元

如发现印装质量问题，影响阅读，请与出版社发行部门联系调换。

各方赞誉

张笑宇展现了杰出的思考和叙事才能，这些生动有力的文字当能引发进一步的讨论，从而更全面深入地审视人类文明的历史和精神，不仅思考现代文明的由来，也思考它将向何处去。

——何怀宏（北京大学哲学教授）

一本出自千禧代别开生面的书，叙说两条高度一致，但极其缤纷的历史线索：正增长秩序是一条跨越时空的制胜逻辑；商业与权力之间则存在着充满血泪的治理误区。

——徐子望（原高盛全球合伙人、新沪商联合会轮值主席）

张笑宇有难得的大视野、大格局，想象力和书写力在同代人之中当属出类拔萃。他在本书中提出了一个正增长社会与零增长社会的二元模式，重新解释以商贸为轴心的现代世界诞生史。

——许纪霖（华东师范大学历史学教授）

说是散文吧，又挺学术；说学术吧，又似乎不太"正经"——才华横溢的张笑宇就用这种文体诠释了人类现代社会的真正起源——一个"不体面的真理"：钱。

——王人博（中国政法大学宪法学教授）

张笑宇创造了"零增长秩序"和"正增长秩序"这一对范畴，来描述农耕文明和商贸文明，并且以这一对范畴透视世界几千年的文明史，指出现代社会的本质是确立了正增长秩序。这一对范畴，命名力极强，透视度极深。

——吴国盛（清华大学科学史教授）

一部堪称雄伟之作。本书的核心主题是贸易与"现代文明诞生"的关系。结论是，贸易作为人类生活的一种古老样式，始终是促成人类走向现代的根本要素之一。换句话说，贸易秩序是衡量一个文明成色的关键性尺度。这一创见，将给作者带来荣誉。

——刘苏里（万圣书园创办人）

这是一部挑战成见、富有雄心，具有"大历史"写作风格的著作。张笑宇从千年历史的尘埃中发掘被今人遗忘或错失的经验智慧，揭示商贸制度蕴含的正增长秩序逻辑，并由此重构现代文明的故事。

——刘擎（华东师范大学政治学教授）

这本以"超级事实"开讲的书，会成为我今年的"超级读物"。多理解一点他所谓的"超级事实"，我或许会少犯一些"低级错误"。

——胡洪侠（深圳报业集团副总编辑、《晶报》总编辑）

做学问，最大的乐趣是洞见和通透，前者决定了深度，后者意味着开阔。读张笑宇的《商贸与文明》，处处可见作者摆脱过往陈见的努力，同时又在众多故事和解读中，与他一起享受知识所带来的愉悦。中国的一代中青年学者正试图用自己的框架重构对文明的叙述，这种自信是前所未见的。

——吴晓波（知名财经作家）

一个懂经济的学者写历史，出人意料地好看。作者将经济、历史、地理、政治融贯在一起，打开了重新看历史、看世界的门窗。我们曾经熟悉的"文明"关乎文字、关乎文化、关乎技术、关乎国家。在新的视角下，文明关乎"商贸"：允许并支持个人自由创造财富的社会，才是现代的、文明的社会。

——王跃春（《新京报》原总编辑）

人类的政治秩序建构，有两大动力机制，一是战争，一是贸易。血脉偾张的战争因其强烈的戏剧性，更容易在历史叙事中被人注意到，也往往掩盖了润物细无声的贸易过程。然而，如果不理解贸易过程，则无法理解远超战争之上的人类文明史。《商贸与文明》提出的理解文明的这一重要视角，是所有想要理解人类的历史与秩序的思考者，都必须认真面对的。

——施展（外交学院政治学教授）

笑宇的《商贸与文明》一如《技术与文明》，博学、犀利、富有洞察力，它不只是生动有趣的历史故事，更是深刻的政治学迷途指津。

——李筠（中国政法大学政治学教授）

如果说张笑宇的前作《技术与文明》尝试回答了这样一个问题：以唐诗而论，推进文明的是李白，还是李白手中的纸笔？比例各占多少？那么新作《商贸与文明》则回答了另一个与之类似的问题：李白何以能四处游历，放心做诗？这和他出身商人家庭有什么关系？商贸和文明又是什么关系？这本书给出的答案完全不同于你所熟知的旧叙事，既有洞见，又有深趣，令人耳目一新。

——六神磊磊（知名自媒体人）

推荐序一 走出历史的隧道

刘瑜

　　《商贸与文明》是张笑宇的"文明三部曲"写作计划中的第二本，上一本是《技术与文明》，下一本是《产业与文明》，这几本书加起来，可以说构成一部解读人类文明发展历程的通史。作为一个"85后"，张笑宇居然有写一部"文明通史"的雄心，真是令人惊愕。更令人惊愕的是，他真的以一种系统的方式写出来了。以碎片化的方式去分析某些历史事件并不难，难的是把无数历史事件和人物给整合起来，把"历史故事"整合成"理论故事"。看完《商贸与文明》，我认为张笑宇做到了。事实上，他不但讲出了一个理论故事，而且把这个故事讲得非常有原创性和说服力。

　　这个"理论故事"是什么？优雅的理论往往具有简洁之美，《商贸与文明》的框架也并不复杂。此书从一个被广为接受的基本事实开始讨论：为什么人类经济在过去二三百年，从"零增长时代"进入了"正增长时代"？第一次工业革命前，大体而言，人类经济是"零增长"的。即使有增长，这种增长也往往被它自身的果实——人口增长——稀释，落入所谓马尔萨斯陷阱。书中提到，以中国而言，从北宋到明代，人均GDP只在水平线上波动，而到1840年，甚至降至980年的70%。但是，过去二三百年，人类突然走出了历史的隧道，进入一个"海阔凭鱼跃，天高任鸟飞"的辽阔地带。

从 19 世纪末 20 世纪初至今，短短一个多世纪，人类的平均预期寿命从 31 岁跃至 72 岁，人口从 17 亿跃至 78 亿，吞噬人类文明数千年的马尔萨斯陷阱居然消失了。这就是现代化以来的"正增长时代"。

何以如此？《商贸与文明》的答案是，"商贸秩序"的拓展。在现代化之前，"暴力秩序"是人类文明的主导模式，而"零增长"正是暴力秩序的后果。换言之，暴力秩序的主导地位往往造成零增长，而商贸秩序的崛起使得正增长成为可能。如果说本书有一个"中心思想"，大致就是如此。

一

为什么"商贸秩序"的拓展带来正增长？这个道理自然没有人比亚当·斯密等古典自由主义者说得更加清楚。第一，分工带来效率；第二，规模带来需求。商贸活动把人类极其有限的社区拓展成一个无边无际的网络，并通过这张网络激活人类的创造力和生产力。在一个规模有限的社区里，没有人会为只有三五个人需要的药物进行投资，但是在一个规模巨大的网络里，三五十万人的需求则可能刺激投资冒险。在一个没有分工的世界里，一个人要制造一支铅笔都是一项极难完成的任务，但是在一个分工细密的世界里，500 个素不相识的陌生人可以在一天之内造出数万支铅笔。

最精妙的是，这种从有限社区到无限世界的连接，大体是"自发拓展的秩序"，它并不要求这张网络上的人们彼此相亲相爱、同文同种，不要求他们无私奉献，追求天下大同，也不需要皇上去强行划分五花八门的"匠籍"，它只要求人类有点"贪婪"——愿意为自身的利益而劳作奔波，或者有点"懒惰"——更愿意使用冲水马桶而不是茅坑，更愿意乘车或飞机而不是走路去远行。它对人的要求如此之低，以至于它注定成为"野火烧不尽，春风吹又生"的"自均衡"。在汉武帝派张骞出使西域之前，粟特人已经在中亚地区的商路上川流不息；在明朝皇帝早就停止资助郑和下西洋之后，中国人、日本人、葡萄牙人、荷兰人仍然在东南亚海面上往来不止；在官府可能都找不到几个翻译的时候，商人郑芝龙已经学会了六种语言，熟悉中日西三种文化背景；当哥伦布拿着西班牙女王的特许状去征服星辰大海时，注意，是哥伦布恳请女王资助他的航行，而不是相反。国王往往是铸造铜墙铁壁的隔绝者，商人则是在铜墙铁壁的缝隙里穿针引线的连接者。

在不断扩大的需求和不断提高的效率面前，商贸活动的神奇"炼金术"出现了。之所以称其为"炼金术"，是因为这几乎是一个"无中生有"的过程，大批前现代的人类从来没有听说过甚至从未梦到过的"新奇事物"出现了：铅笔、电灯、火车、好莱坞电影、银行、股票、苹果手机、波音飞机……正是这些"无中生有"涌现出来的事物，构成我们所看到的"正增长"。

暴力秩序导致零增长，因为暴力秩序往往意味着零和游戏。道理很简单，暴力集团自身并不从事生产：皇粮交得多了，农民手里留的余粮自然就少了；老百姓服徭役的时间长了，在自家农田里干活的时间当然就短了；国家垄断盐铁了，商人就只能眼巴巴看着官府发财。商贸集团刺激生产，"把饼做大"，暴力集团往往只是重组资源、"重新切饼"而已。甚至，在很多历史时刻，暴力秩序在"把饼做小"方面能力非凡——当皇粮越交越多，徭役越服越多，垄断覆盖面越来越大，以至于民众发现辛苦劳作一年却一无所获，他们干脆停止生产。商贸集团激励"无中生有"，而暴力集团则可能"化有为无"。

二

　　既然商贸秩序是"自发扩展的秩序"，合乎人性的贪婪与懒惰，何以暴力秩序主导人类文明几千年，而直到最近几个世纪，商贸秩序才成为人类文明的主流？最简单的解释，当然是暴力秩序对商贸秩序的压制。郑成功父子苦心经营其海上商贸帝国数十年，一度富可敌国，但是敌不过康熙一纸"寸板不许下水"的"迁界令"。宋代曾经产生清明上河图中的如梦繁华，但是曾经的"资本主义萌芽"凋零于忽必烈的铁蹄。威尼斯曾是地中海的商业中心，但是随着奥斯曼帝国和法国、西班牙等帝国的崛起，其商贸传奇逐渐让位于暴力秩序。

　　因此，阅读文明史，我们发现，商贸秩序的建立不是"自发扩展"那么简单。通过交易相互获利是人的天性，通过暴力垄断权力同样是人的天性，而后一种天性常常战胜前一种天性。"秀才遇到兵，有理说不清"，商人遇到兵，有钱也说不清。在暴力集团和商贸集团，或者说，在暴力集团和其他任何社会集团之间，存在着一种显著的"不对称性"：枪可以打死人，其他任何社会资源都砸不死人。这种不对称性，或许正是为什么商贸秩序需要几千年的努力才形成对暴力秩序的突围。

　　突围何以可能？

　　历史上，商贸集团的无奈选择往往是：收买暴力集团、依附暴力集团或干脆构建自己的暴力机器。开篇不久，书中就谈到中世纪欧洲很多城市向王权"购买"自治权的故事。依附也是一个选择，威尼斯名义上称臣于东罗马帝国，郑芝龙接受了大明王朝的招安。有些则干脆构建自己的暴力机器：威尼斯建立了自己强大的军队，以至于可以攻占君士坦丁堡；汉萨同盟与条顿骑士团"长期合作共赢"；东印度公司当然建立了自己的私家武装。于是，商贸集团获得星星点点的正增长机会，在漫长的零增长隧道掀起一丝丝的微风。

　　但是，对暴力集团的这种收买或依附谈何容易？一个城市想买"自治权"，问题是王权愿意卖"自治权"吗？正如张笑宇所言，对于被清军屠城的扬州人来说，中世纪欧洲城市的"重金购买自治"何其奢侈？何况在烽烟四起的年代，各方暴力集团你方唱罢我登场，依附谁、收买谁？押错了宝可能带来灭顶之灾。郑芝龙父子才投靠了大明王朝，不久皇上就换成了爱新觉罗。汉萨同盟刚刚搞定了丹麦王国，这边大英帝国又开始崛起。至于建立自己的武装，国家才是"专业"建构暴力机器的，商人集团何以在"非专业领域"形成竞争力？因此，我们看到，历史上的商贸秩序往往如飞火流萤，不成气候，只能在暴力秩序薄弱的历史环境中存活，一旦暴力秩序强化，商贸秩序大多灰飞烟灭。迦太基的商业文明曾璀璨一时，但在罗马兵团的碾压下成为昨日传奇；粟特人曾经在中亚地区如鱼得水，但面对阿拉伯帝国的崛起，势力一落千丈；威尼斯共和城市的崛起，得益于欧洲中世纪强大帝国的缺失，但是随着周边帝国的壮大，它亦开始黯然失色。换言之，在历史上多数时期，暴力集团和商贸集团此消彼长，侏罗纪公园里，弱小的哺乳动物只能在恐龙不出没的地带悄然演化。

　　或许，商贸秩序近代以来的最终突围，不是因为它们对暴力集团投降的诚意，而要归功于它制造"正增长"的能力。16 世纪以来，欧洲各国的中央集权化进程加速，战争规模越来越大，杀伤力越来越强，时间也越来越长，胜负也越来越取决于各国的"综合实力"，而不仅仅是国王们临时招兵买马的能力。这种情势的变化加大了暴力集团对商贸集团的依赖性——国王们越来越需要商贸集团的金融创新能力、军事技术创新能力、后勤供给能力、基础设施建设能力等来打赢"全面战争"。国王们发现，在新时代，不再仅仅是商贸集团需要收买、依附暴力机器，暴力机器也需要收买、依附商贸集团才能维系自身长久的生命力。

　　于是，尊重产权、尊重法治和构建政府信用反而成为强权的可持续生存策略，而那些杀鸡取卵式的君主或许因手持利剑而得逞一时，却因为吓跑了商贸集团，最终切断了正增长的水源。商贸集团或许手无寸铁，但它们最终因其"无中生有"的能力而以柔克刚。这也是张笑宇论述中最意味深长的部分。如果说"交易带来增长"是老生常谈，强调"商贸集团"和"暴力集团"的相互依附与合作，以此来解释各国文明发展的涨落，则是此书带给我们的独特洞见。

三

　　问题在于，这种合作是不稳定的。不但暴力集团随时可能掀翻棋盘，商贸集团也可能挟持暴力集团，使其成为"阶级利益的工具"。如何将合作稳定化？用书中的语言来说，如何将"低级承诺"转化为"高级承诺"？或者，用经济学家德隆·阿西莫格鲁（Daron Acemoglu）的话来说，如何将"不可信的承诺"变成"可信的承诺"？没有可信的承诺，就不会有稳定的预期，没有稳定的预期，就不会有长期的投入与增长。

　　在这里，分权宪制作为制度出场了。至少，在制度主义者看来，制度的意义在于以权力制衡替代一次又一次的重新谈判，让承诺变得可信。科斯说，企业的存在是为了降低买卖双方之间的交易成本，套用他的语言，强大议会的存在则是为了降低政治家和社会力量之间的谈判成本。因此，并不奇怪的是，历史上最发达的商贸秩序往往与分权制衡的制度联系在一起。罗马的繁荣与其共和体制的发展相伴而行，哪怕后来走向帝国，也仍然保留了很多地方的自治。威尼斯的商业繁荣之下，是其独特的"行会民主制"。汉萨同盟的宪章中，规定所有加盟城市必须由任期有限的市议会来治理。哪怕是中国，以商业繁荣而著称的宋代也恰恰最合乎中国士人"君臣共治"的理想。相比之下，在那些盛产威风凛凛的"大帝"的时代，伟人的英姿下往往是工商业的凋零。

光荣革命则是一个世界史意义上的分水岭。由于每个国王的能力与性格不同、每个年代的问题不同，到 17 世纪初，英国贵族们发现自己不得不就一次次新的危机和国王不断"重新谈判"，因为国王可以随时征税，可以停开议会，可以任意宣战。怎么办？内战、共和、复辟……一番大家熟悉的故事之后，英国终于走到了光荣革命。张笑宇在书中写道，光荣革命的直接动力是宗教冲突，而不是启蒙理念。的确如此；但是，一旦狂热的清教徒们成功地将国王"关进笼子里"，感到安全的就不仅仅是清教徒们，也包括商贸集团在内的其他社会团体。甚至，分赃式的制度安排也会逐渐内化为一套观念体系，所谓启蒙，也可以是"先结婚，后恋爱"这个顺序。

之所以说光荣革命是一个世界史意义上的分水岭，是因为与威尼斯共和国、汉萨同盟之类孤岛式制度实验不同，这次英国的制度突破具有全球扩散性。这不仅仅是因为大英帝国的坚船利炮成了其制度传播的军事支撑，更因为诞生于光荣革命之后的工业革命以其神奇的"炼金术"俘获了全球市场——毕竟，相比马车，火车跑得更快；相比蜡烛，电灯几乎像是一个魔术。更重要的是，"物质文明"从来不仅仅是物质文明，它也传播知识与温情。火车不仅仅是提高运送商品的效率，也缩短亲人之间千山万水的距离；电灯不仅仅照亮工厂，也照亮少年的书桌和医院的急诊室。现代文明无与伦比的魅惑力，才是真正无坚不摧的"坚船利炮"。

美国则是英国传奇的"二传手"。某种意义上，美国革命也是一场将"低级承诺"改造成"高级承诺"的政治变革。从五月花号停靠北美到 18 世纪 60 年代，北美殖民地自治了 100 多年，七年战争却打破了这种"岁月静好"，任意征税、任意关闭地方议会、任意侵犯产权的情况频繁出现。是分散地、一次次地和英国中央政府"重新谈判"，还是通过革命构建一个全新的制度，以保障分权制衡的稳定性？北美民众选择了后者。此后，众所周知，是第二次工业革命的诞生以及美国作为一个"新罗马"的崛起。再一次，我们看到，宪制革命和商贸繁荣如影随形。

　　某种程度上，之后的全球史是英美革命的省略号。英国"分权宪制＋工业革命"的余波，如同一场海啸，绵绵不绝地从大西洋的一角向全球席卷而去，从俄罗斯到中华帝国，从奥斯曼到日本，从印度到非洲，无不被这场海啸吞噬。固然，帝国的征服逻辑，资本的同化逻辑，以及各个文明内部的文化与政治抵抗，使得这场海啸在无数地方造成惊人的破坏，非洲的奴隶贸易，中国的鸦片战争，奥斯曼帝国的解体……但是，很大程度上，它也是过去二三百年正增长时代的最初动力。

四

　　显然，此书的目的并非神化商贸力量。事实上，商贸集团和其他社会力量一样，也会因为不受约束而腐化——无论是热那亚商人对神圣罗马帝国皇帝选举的操控，或是东印度公司的殖民主义，或是美国南方种植园主对奴隶制的维护，直至今天超级大公司对全球化红利不成比例的攫取，都显示不受约束的社会权力，正如不受约束的政治权力，同样也会成为文明演进的障碍。正如书中所言，商贸秩序的建立并非来源于商贸集团的独大，而恰恰来源于商贸集团、暴力集团和社会力量的平衡。暴力集团的优势是建立秩序，而秩序是一切可信承诺的前提；商贸集团的优势是激发创造力，有了创造力，人类才可能"无中生有"；社会力量的优势则是扶弱济贫，让正增长的光芒不断延伸至普照众生。

其实，哪有什么"无中生有"的"炼金术"？"有"来自无数智者的创造力、千千万万普通人的辛勤劳作以及大自然慷慨的馈赠，但是，要把这一切组合起来，又需要各种力量被激活的同时相互节制。人类跋山涉水几千年，终于摸索到这个脆弱的平衡，但是今天，权力的蛮横、国家间的角逐、仇商的民粹主义、各国不断升温的民族主义、不平等的扩大等等都可能重新打破这个平衡。当然，我们永远可以寄望的，是人的"贪婪"与"懒惰"，以及这种"贪婪"和"懒惰"所激发的生产力与创造力。想一想，人类居然可以因为贪婪和懒惰而相互连接，并因为这种连接而产生创造力，维系和平，传播知识与温情，这是何等的神奇。

我们现代人有幸被推出历史漫长的隧道，又怎敢虚掷这种神奇？

推荐序二　一本好书的样子

罗振宇

在这本书的第 383—385 页，你会看到一张列有长达 17 条要点的清单。

那是张笑宇笔耕近 40 万字之后，栽培出的果实。阅读这本书，就是旁观这枚果实的渐次长大，参与这枚果实的养成游戏。

在此，我也试着写下一张列有 17 条要点的清单。它想回答的是：在我这个读书人眼中，一本社科好书应该是什么样子的。

1. 它应该拥有一个"超级问题"的内核。所谓超级问题，就是那种永远被追问，永远也没有终极答案的问题。本书问的"现代社会从何而来？"，就是其中极有魅力的一个。

2. 一个被回答过无数遍的"超级问题"，为什么会在这本书中被再次唤醒？这不仅是因为作者想回答它，而且是因为它应该被重新回答了。也就是说，"机缘已到"。正是中国崛起和新冠疫情这两个"超级事实"激活了本书的那个"超级问题"。

3. 一个"超级问题"被推进的标志，是它不再被看作一个孤立的继发问题，而是一个绵延的原生问题。读者有机会恍然大悟：看似陡然降临的现象，其实不过是某个恒常问题的变形。正如在这本书中，现代社会的基因，被追溯到了腓尼基人，甚至更早。

4. 越是超级问题，就越应该有一个超级简单的观察视角。正如在本书中，仅"正增长秩序"这一概念就带来了惊人的解释力。

5. 一个有价值的观察视角，应该为人类语言贡献一个新的词语。正如看完本书，"正增长秩序"这个词你就不会忘了。

6. 通过这个视角，我们能够窥见一个崭新的动力模型。比如本书提出的商贸秩序和暴力秩序之间的持续互动模型。

7. 这个模型，可以在各种历史条件下被反复检验。好书不怕故事多。

8. "超级问题"是书的一颗种子。作者陪着我们凝视它，眼看它生根发芽，眼看它抽枝散叶，眼看它挂果圆熟。

9. 不强行解释。承认例外，呈现例外。

10. 确认一系列值得珍视的价值。跟在它们身后，既描述其伸展，也描述其蜷曲，既看到其暗淡，也看到其光芒。比如本书中的"信任关系"和"知识炼金术"。

11. 所有的判断，既有事实基础，也有感性依据。作者有义务带领我们回到他的"顿悟现场"。2018 年 9 月，张笑宇和他的新婚妻子在法国小城科尔马感受到"电光石火"的那个瞬间，即是一例。

12. 领着读者奔行一段，就稍事休息。指给他们看：这一路，我们收获了什么，然后再起身出发。一本好书总是充满了对读者认知能力的同理心。

13. 偶有闲笔。

14. 书中可以有坏事，但是没有坏人。在每一桩恶行背后，都能看到当事者的"不得已"。

15. 面对这本书的时候，外行，能生出凛然的敬意；同行，能感到意外的诗性。

16. 读者掩卷之时，心知作者又将启程。

17. 你读完这本书之后，尽可以把它抛置在书房一角，但缘分未尽。作者早就在书中埋伏下了一个词、一句话、一张清单，只要你想，这些词句和清单就会照亮你回去的路。

　　以上 17 条，在这本书中，我们可以逐一验证。谨为序。

献给我的妻子李清扬

目　录

引言　现代社会从何而来？

从"超级事实"开始的思考

本书是"文明三部曲"系列的第二部。在第一部《技术与文明》[1]的结尾，我们讨论了新冠疫情问题。出于显而易见的原因，很多讨论在当时的时间点只能戛然而止，然而其中许多来不及详述的道理，更显意味深长。这些意味深长之事恰巧与本书的主题有千丝万缕的联系，为了说明这种联系，请让我更精准地定义疫情这件大事于我们每个人认知的意义。

我们往往以为自己活在真实的现实中，然而，真相却是，我们每个人都是根据自己的认知来建构对这个世界的想象，再经由这套想象与他者和世界相连。譬如，甲认为工作本质上是一场僧多粥少、弱肉强食的竞争，乙认为工作是改变自己穷苦出身与命运的唯一上升渠道，丙则把工作当成是认识美丽异性的场所……这些活在不同认知中的人可能就职于同一家公司，每天表面上维持着融洽的同事关系的幻象，内心深处却对同一件事物怀有根深蒂固的歧见。这本是人与人之间的惯常交流模式，人类社会也是以这样的机制长期存在着的。

但是，人类历史上还有一类事件则与上述"我们以为的真实事件"不同，我称其为"超级事实"。什么是"超级事实"呢？就是能够打破所有人共存其中的幻象，击溃每个人基于自身认知所构建出的想象空间，将所有人强拉到一个巨大的、紧迫的、咄咄逼人的现实面前的事件。譬如，对我们前面举的例子而言，所有人前一天还在一间办公室里其乐融融，但倘若后一天老板突然就宣布公司倒闭破产了，那么，后者就是"超级事实"。好不容易升职成部门小领导的甲、盘算着依靠这个月提成还房贷的乙和刚刚跟某位同事确定恋爱关系的丙，他们的认知与幻想都被这一事实击得粉碎，不得不抓紧时间修正自己的认知，以便适应新的变化。

小到一家公司，大到一个国家或一个社会，都难免遇上某种程度的"超级事实"。比如，公元410年阿拉里克攻克罗马，就是一件"超级事实"，而据说在长达800年的时间里，罗马人都相信罗马这座城市不会陷落，因而是一座"永恒之城"。同样，1453年君士坦丁堡陷落是"超级事实"，1649年英国国王查理一世被斩首是"超级事实"，1789年巴黎市民攻陷巴士底狱是"超级事实"，1895年大清在甲午海战中败给日本是"超级事实"，1949年蒋介石政权丢掉大陆败退台湾也是"超级事实"。

我认为，2020年初爆发的这场疫情，很可能就是我们当下正在经历的一件"超级事实"。这一"超级事实"或许没有历史上许多"超级事实"那样激烈，但它却可能同样震撼我们的旧认知，把我们从想象的世界中拉到巨大而紧迫的事实面前。

这场疫情中，一个不争的事实是，到目前为止，相较于许多国家，中国对疫情的处理和控制，有效减少了患者数量和死亡人数。尽管可能有一些朋友对此还有异议，认为一些强硬的管制措施伤害了现代人在情感上应当被满足的某种幸福体验，然而，相对于这种主观感受而言，客观数字更有说服力。截至2021年8月16日，据世界卫生组织公布的信息，中国新冠病毒确诊数是94,430人，死亡4,636

人。相比之下，美国确诊 37,183,257 人，死亡 631,821 人，印度确诊 32,077,706 人，死亡 429,669 人，差距百倍有余。疫情控制得力的结果，是 2020 年中国经济增速达到 2.3%，是全球唯一实现经济正增长的主要经济体，反超美国，成为全球外国直接投资（FDI）最大流入国；全年出口同比增长 3.6%，对外贸易顺差创 70 年来第二高纪录。

如果说我们中有很多朋友在疫情前关于中美政治与社会的很多争论，其实是发生在信息茧房与幻象空间中的话，那么疫情的发生，恐怕就要把这些朋友拉回到事实层面。不管他们是否改变了自己的观点，是否能够接受与自己过去不同的意见，世卫组织公布的数字，以及这些数字背后那巨大而紧迫的事实，迫使他们不得不以此为出发点讨论所有问题。不管他们对这个问题还可能产生怎样的分歧，他们首先都不得不面对的是，太平洋对岸的国家怎么就成了这个样子？喜马拉雅山隔壁的国家怎么就成了那个样子？

如果要说中国疫情防控的成绩单是因为中国的医疗技术领先世界，恐怕很多专业人士都不会接受。毕竟，医疗技术上的成功似乎很好排除，在全球关于大学研究实力的排名中，医疗和公共卫生学院的世界第一，往往在哈佛大学、牛津大学、约翰·霍普金斯大学和斯坦福大学这几所高校中轮转，中国高校的名字基本不会在前 20 内出现。如果医疗技术是关键，为何排名更高的英美高校没有发挥技术优势应有的力量？

那么，中国疫情防控的成功是政治治理上的成功吗？承认这一点，恐怕会让很多知识分子感到尴尬。因为一直以来，包括我本人在内的许多知识分子活在这样一种自我建构的认知世界中：评判政治制度是否进步，应当以西方精英集团提出的许多标准为圭臬，例如，自由、民主与法治水平，等等。然而，政治的基础是提供秩序。如果一套制度标准在危机面前难以稳定和维持基本秩序，我们凭什么就说，它是评判政治制度进步与否的唯一标准呢？

我们来从一个很小的点切入吧。在此次疫情中，欧美的一系列"反疫苗运动"十分夺人耳目。其实，反疫苗运动在欧美社会中由来已久。一些人认为，政府强制性规定的疫苗接种计划侵犯了个人选择医疗方式的自由，另一些人则认为，疫苗是公权力与私营企业之间利益勾结的产物；宗教也是许多人不愿接种疫苗的重要原因：2019 年，美国有 45 个州允许因为宗教理由而不注射疫苗。

吊诡的是，如果按照西方政治进步的标准来判断，我们会发现，"反疫苗运动"完全符合民主或公民社会的要求。这些运动不是自发出现的么？他们所秉持的原则不是自由主义与对公权力的质疑么？他们不是用结社、游行和公开辩论的方式来讨论疫苗接种的有效性么？他们不是利用自己的影响力倒逼公权力允许人们有不接种疫苗的自由吗？

然而，结果却是这样：在瑞典，1979—1996 年间，由于暂停接种百日咳疫苗，有 60% 的儿童在 10 岁之前感染了该病；在美国，由于大量入学儿童因宗教理由没有注射所需疫苗，2019 年爆发了 25 年来最严重的麻疹疫情；在英国，受麻疹疫苗谣言的影响，2000 年前后爆发了极为严重的麻疹疫情，被英国媒体称为"英国人的耻辱"。

2020 年底，多款新冠疫苗被各国政府和世界卫生组织批准使用，"反疫苗运动"也开始蔓延到了新冠领域。2021 年 2 月，澳大利亚多地爆发反疫苗游行示威；5 月底，伦敦爆发大规模反疫苗游行，示威者打着"我的身体我选择""对疫苗护照说不"等标语走上街头。一份网络报告指出，新冠疫情期间，Facebook 上有 3,100 万人关注反疫苗团体，1,700 万人订阅了 YouTube 上的类似账户。[2]

我们是否能说这些现象是进步的表现？

作为政治学专业出身的写作者，我本人倒是认为，这些现象本身不难解释。民主不是万能的，其自身同时伴有难以避免的负面因素，这是许多政治学学者都非常清楚的事实。古雅典的公民审判庭判处苏格拉底死刑；公民大会缺席审判在外领兵的主将亚西比德，直接导致了伯罗奔尼撒战争的失利。在中世纪，萨佛纳罗拉（Girolamo Savonarola）领导下的佛罗伦萨共和国曾短暂实施过直接民主制，其结果是基于宗教极端信仰的民粹分子主导了整个共和国的政治，大批个人财产被没收，许多艺术品和珍宝被毁于一旦。在近代，荷兰共和国议会过分讲求民主原则，导致行政效率低下，从而在战争中失利，以至于美国国父在立宪大讨论中专门提到，不可重蹈荷兰之覆辙。

民主是人类社会中普遍存在的一种基本诉求，一个人应当能够通过政治参与的方式来保证自己的生活和权利不被其他人随意地决定或者侵犯。但是，这种基本诉求本身是有危险性的，如不加限制，它将影响良好的社会治理目标的实现。例如，求偶是一种基本诉求，但不加限制的交配欲望则会扰乱社会。现代政治学专业中的大量讨论、研究与制度设计，就是为了规训民主这一"暴乱巨兽"的蛮荒力量。这些本来是学界内部的基本共识之一。

然而，专业研究者内部的这种基本共识，却长期被另外一种话语体系压制了。这种话语体系，就是流行于舆论界与大众认知中的简单二分法：任何政治制度都可以被放在独裁／民主、暴政／自由、专制／立宪的简单光谱上，所谓政治进步就是由光谱的一端滑向另一端。这种简单二分法反过来又"诱惑"一些学者成为民主理论的高级传教士。例如，多伦多大学的某位学者曾认真讨论过民主究竟是手段还是目的，并坚定地相信答案应当是后者，即人类应当为民主而民主——"你想要从民主中得什么好处呢？民主本身就是对你最大的回报。"

这不禁使人想起《罗马书》里那句经典的断言：

　　亚伯拉罕信神，这就算为他的义。作工的得工价，不算恩典，乃是该得的，惟有不作工的，只信称罪人为义的神，他的信就算为义。

这位学者似乎是在说，信民主就是你的义。

新冠疫情是一件"超级事实"，它把我们拉到一个巨大的真相面前，迫使我们重新思考这套简单二分法的话语体系，重新思考我们过去对许多重大问题的认知。民主当然是有很多负面因素的，政治学者早知道这点。然而，由于简单二分法话语体系的存在，专业研究者与意识形态分子之间的对话就很难展开。而"超级事实"在当下对思想交流的好处是：它通过打破许多人的认知幻象，打开了一个对话空间，原先"鸡同鸭讲"的交流，在新的对话空间里有可能创造出新的意义。

当然，恰恰因为"超级事实"所代表的东西太过重要，所以即便是在新打开的对话空间里，不同的意见和理念也依然会存在。因为很多时候，我们达不成共识的原因，恰恰是某些事实的意义太过重要。今天最高气温 31 摄氏度，这个事实不会引发什么分歧，因为这件事本身并不重要。但是全球变暖是持续不可逆的吗？这表面上看来是个事实层面的问题，但它会引发跨国企业、NGO 和政府之间的大量分歧，以至于很多人必须得站在自己衣食所系的立场上来筛选和过滤事实。

新冠疫情这样的"超级事实"会打开怎样的对话空间？这个对话空间能够让我们怎样去思考历史与当下？这个问题也许比如何认识事实更为重要，因为这关系到我们如何创造我们这一代人的未来。毕竟，新冠疫情这件"超级事实"毕竟只是诸多"超级事实"之一，它并没有取消诸如鸦片战争、洋务运动、甲午战争、五四运动以及改革开放等一系列曾经震撼过我们的"超级事实"，也没有完全颠倒我们过去基于这一系列"超级事实"得出的结论。

对于中国人来说，鸦片战争以来的一系列"超级事实"告诉我们，在某个历史节点上，欧洲文明内部发生了某种质变，这种质变塑造了现代社会的基本结构，并且将我们卷入其中。我们可以从价值上对欧洲现代社会的规范取向提出异议，但它所催生的那种强悍的、表现为强大物质实力的现代社会，迫使我们不得不向它开放和学习，进而吸收它的先进因素，唯有如此才能在这个世界中求得生存与发展。

在我看来，我们应该就新冠疫情这一"超级事实"，不断深化对这个思考模型的理解，而不是将其彻底推翻。我们应该思考的是，我们过去的简单二分法有哪些问题，我们过去对政治价值和政治现实之间的理解是不是太过单调，我们过去对历史的认识是不是太过狭隘。但是，我们不应该过快颠倒以前的简单二分法，不是说过去认为独裁是倒退而民主是进步的，现在就认为民主是倒退而独裁是进步，不是说过去认为暴政应消灭而自由应保障的，现在就认为自由应消灭而暴政应保障。我们应该把这一"超级事实"看作一个重新审视过去历史的**契机**，是一个扩展我们的视野，从诸多历史事实中梳理出新的评判人类社会与政治制度进步与否的话语体系与逻辑例证。

我这样讲，是因为历史和现实经验告诉我们，飘风不终朝，骤雨不终日。历史的转向从来不会是急转弯，每一个戏剧性转折的背后都潜伏着巨大暗流，如同地壳下的软流圈推动板块运动一样，裹挟着历史中的人前进。新冠疫情既不会是21世纪第一个"超级事实"，当然也不会是最后一个"超级事实"。甚至，考虑到国际秩序的巨大变化、地缘政治的潜在冲突，以及技术与文明安全之间越来越扯不断理还乱的纠葛，我认为完全有可能，这次疫情也许只是一次或一系列更大的"超级事实"的准备与前奏。我们不妨继续追问一系列事实层面的问题：它有改变美国追求全球军事霸权的野心与能力吗？它能消弭东北亚、东海、南海周边、南亚以及中亚的大量地缘政治风险吗？它能敉平贫富分化与社会不公带来的巨大裂痕吗？如果答案是否定的话，那么，谁能保证疫情不会引发一系列新的断裂，从而引爆更大的"超级事实"呢？

对此，我个人认为，我们有必要从眼下这起"超级事实"中暂时抽身出来，向前多看一步。因为疫情终将过去，之后的博弈，是文明之间更深刻、更底层的博弈，而博弈结果很可能取决于不同文明对历史和命运的深刻理解，具体到近五百年来的历史，也就是对"现代社会"何以诞生、力量何在的理解。向前看一步之后，我们也许还要向后看一步，因为我们对所有重大命题的理解都不能脱离历史。如果说独裁／民主、暴政／自由、专制／立宪这些理解现代社会起源的二分法，已经被"超级事实"打碎了，那么，那个真正赋予"现代社会"力量和生命力的本质源泉，到底是什么呢？

阿尔萨斯的小城

我对这些问题的思考，其实是受到一次私人经验的启发。

2018 年的 9 月，我与新婚妻子正在法国科尔马（Colmar）度蜜月。知道科尔马这座城的中国人并不是很多。但是，说起科尔马所在的阿尔萨斯地区，那名气可就大多了。

从 1920 年开始，有一篇文章在中国语文课本里雷打不动地存在了 100 年，这就是法国作家阿尔丰斯·都德的《最后一课》。中国人对这篇课文的最后一段可谓耳熟能详：

> 他转身朝着黑板，拿起一支粉笔，使出全身的力量，写了两

个大字：

"法兰西万岁！"

然后他呆在那儿，头靠着墙壁，话也不说，只向我们做了一个手势："散学了，——你们走吧。"

《最后一课》的场景就发生在阿尔萨斯。1871年，法国在普法战争中失利后，阿尔萨斯的大部分地区和洛林的摩泽尔省被划归德国，德国人禁止当地学校教授法语，这是史实。50年后，日本入侵中国，在占领区禁止当地学校教中文，恰好应了小说的场景。中国人的爱国热情被激发起来，这篇小说也因此奠定了其在中学语文课本中的地位。

然而，我们来到科尔马，眼前的景象却有点让人吃惊。

不熟悉这个地方的朋友也许不了解，科尔马虽是一座人口只有7万的小城，老城区非常狭小，走一圈只需半天多时间，但是在这老城里，遍布有着六七百年历史的老房子，繁花似锦，甚是美丽。我后来专门查阅了资料，科尔马的主座教堂圣马丁合议会堂（St. Martin Collegiate Church）建于1234—1365年间，它对面的阿道夫之家（Adolf House）建于1350年，右手边的老护卫之屋（Building of Old Body Guard）建于1575年，老海关楼（Kofihus）建于1480年，商人之路上的许多私宅，也都有三四百年的历史。若你傍晚走到此间，灯火璀璨，游人徜徉，孩童嬉戏，真是一片安静祥和。

阿尔萨斯在历史上可是法德之间的兵家必争之地呀，这座小城是如何在战火侵扰之下完好地保存至今的？

要说阿尔萨斯没有兵荒马乱的战乱年代，那完全不符合我们掌握的近代史；可要说阿尔萨斯在法德两三百年恩怨史里受祸匪浅，眼下所见的一切又挑战了我们的认知。

恰好，我们在科尔马住的爱彼迎（Airbnb）公寓主人是一位法国老太太，我专门向她请教了这个问题。她睁大双眼，想了想，答道："是呀，你这么一说，我也觉得有点奇怪。想一想，大概是因为我们足够聪明吧。我们这个地方历史上比较有钱，不管是法国人还是德国人，无论哪边的军队过来，我们交钱给他们买平安就好了。他们拿了我们的钱，自然可以壮大实力，又为什么一定要把我们毁掉呢？"

老太太这句话说来随意，我听来却如平地惊雷，电光石火之间想明白了一连串事情。

一些地区为什么会比其他地区富裕？除了自然资源好、地理位置重要、抓住了关键产业崛起的时机，还有一点非常重要，那就是财富的稳定传承。这一点既是我们运用常识和社会经验很容易想到的，也是可以得到计量历史学佐证的。一项关于佛罗伦萨社会财富分布的研究证明，历经 700 年的岁月，祖辈收入和财富，与后辈收入和财富之间仍存在显著的相关性。[3] 在不同社会之间，哪个社会能够更稳定地实现财富传递，当然也会显著影响不同社会间的财富差异。普林斯顿大学的斯考特和卡勒斯通过一项研究表明，在 1200年城市化和经济水平越高的地区，在 1800 年的城市化和经济水平也越高。[4]

这真是个很简单的道理，但因为 20 世纪的中国经历了太剧烈的社会动荡，很多人过去意识不到这一点。而且，这种剧烈动荡不只发生在 20 世纪，而是在中国历史上反复出现，朝代每更选一次，就出现一次。

更进一步说，甚至中国人对社会动荡的"底层理解"，跟这位老太太代表的"底层理解"也是不一样的。

我们对战争的理解是"伏尸百万，流血漂橹"，是"吏呼一何怒！妇啼一何苦！"，是"忆昔芜城破，白刃散如雨。杀人十昼夜，尸积不可数"。我们习惯于认为战争必然导致千里荒野，十室九空，自然也会中断财富传承。然而，如果像科尔马这种地方的人在战争爆发期间同样也能维护甚至传承财富，那此地社会发展和进步的"底层算法"就是完全不一样的。经过千百年的积累，一点点量变也能引发巨大的质变。

老太太说的是事实吗？根据我读到的历史资料，像两次世界大战这样激烈的战争，对人口和财富的破坏之强是史所罕见的，"花钱买平安"这种事，应该很难实现。但是，20世纪的人类已经掌握了发达的知识和技术，战争可以消灭士兵，却未必能够大范围消灭产业工人的经验与知识专利，所以战争结束后的重建过程可以很快。

那么，如果我们讨论古代战争，尤其是中世纪欧洲，"花钱买平安"的逻辑是否成立呢？为此，我先是专门查阅了科尔马的历史。

1226年，科尔马被当时的神圣罗马帝国皇帝腓特烈二世（1194—1250）赋予"帝国自由城市"（Freie und Reichsstädte）头衔。这个头衔是什么概念呢？意思就是，在神圣罗马帝国体系内，科尔马直属皇帝管辖，而且在帝国议会中有自己的代表。换句话说，这个城市有着法定的、能够跟皇帝谈判的能力。

为什么一个城市可以跟皇帝讨价还价，并且这种地位还能得到法律保障呢？这是因为当时的神圣罗马帝国，名义上是个帝国，实际只不过是一个由各邦国和领主构成的松散的庞大政治实体，各地对皇帝的效忠多半只是名义上的，只要不背叛皇帝，几乎做什么都可以。

具体到腓特烈二世本人，他出生在西西里，最早的王位头衔是西西里国王，西西里是他统治的基本盘，他的主要政治对手是位于意大利的罗马教宗和意大利南方的反皇帝城市联盟。科尔马位于德意志地区，一来他鞭长莫及，二来与其强硬地对待这些城市以展示他的君威，不如谈一笔交易，赋予当地一定的地位，从而换取一笔政治献金。所以这笔交易，还真的代表了科尔马花钱买到了"平安"的地位。

　　类似的例子不仅发生在科尔马，在欧洲其他城市也很常见。我们熟悉的"永恒之城"罗马，在 410 年被阿拉里克攻陷之前，就已经数次支付赎金给蛮族来确保安全，只是最后一次，它未能在蛮族面前保卫自己的荣耀。罗马毕竟太有名，容易成为众矢之的，那些比不上罗马的城市则有更多机会不为盛名所累。1494 年，法王查理八世带兵进入意大利。意大利城市无力阻挡强大王国的入侵，只好"花钱买平安"，代价是 12 万金盾一年。只是，随后查理八世被威尼斯与阿拉贡的联军打败，佛罗伦萨的赎金也就不了了之。在意大利战争中，关于城市在战败后支付赎金的记载数不胜数。像切萨雷·波吉亚这样的雇佣兵头目在战胜对手后，甚至会要求对方支付自己高额年薪作为赎金的一部分，也就是逼迫对手花大价钱把敌人变成自己的佣兵队长。[5] 事实上，游览许多城市的博物馆或研究当地地方史，我们会发现这种记载非常常见。被史学家大书特书的往往是那些城市被摧毁和劫掠的重大事件，但其实，这种事发生的频率远比"花钱买平安"的频率要低得多。

　　所以，法国老太太所说的"花钱买平安"，在西欧历史上的确是成立的。

两种秩序模型

　　尽管对两个完全不同的社会贸然进行直接对比可能会漏掉很多事实，也会造成过分简化，但作为一个中国人，我还是无法抑制自己想把科尔马的例子与一座中国城市进行对比。这座城市就是扬州。

　　唐宋以来，扬州繁华，举世闻名，号称"天下之盛，扬为首"，其富庶繁华绝不是科尔马或阿尔萨斯地区任何一座欧洲城市能相媲美的。但是，明清交替之际，扬州大屠杀的惨状，遍览史册也难寻匹敌。王秀楚的《扬州十日记》与计六奇的《明季南略》均记载，扬州城被清军屠杀约 80 万人。吴嘉纪的《李家娘》中写到，"城中山白死人骨，城外水赤死人血。杀人一百四十万，新城旧城内有几人活？妻方对镜，夫已堕首；腥刀入鞘，红颜随走"。

虽然历史不能假设，但我难免会想，如果富庶的扬州人能像科尔马市民那样有"花钱买平安"的可能，那么史书字里行间被掩盖的斑斑血迹，是不是可以少一些？

当然，也许历史上的扬州，或者其他中国城市在面对战争时，也有过花钱买平安的经历。毕竟人性是相通的，并不存在某个应对方式只属于某个民族或者某个文明的道理。但是，如果只是把"花钱买平安"和"花钱买不了平安"这两种历史经验抽象成两类社会治理模型，那么我的确认为，这两个模型之间不仅是可以比较的，而且具备相当的历史价值。

战国时代有个学派叫墨家，曾深度参与诸侯国之间的攻伐，拥有丰富的实战经验。墨家典籍《墨子》中有一篇《备城门》，是当时关于守城作战的实用手册。这篇手册要求，守备城墙的兵员要"五十步丈夫十人，丁女二十人，老小十人，计之五十步四十人"。《号令篇》则云，"诸男女有守于城上者，什六弩、四兵。丁女子、老少，人一矛"。请注意，"丁女""丁女子"和"老少"等词背后血淋淋的事实是，当时的战争已经不再是正规军之间的礼仪性战争，而是需要动员全民参与的生死之战。

可以佐证其全民动员性质的，还有如下一段：

敌人卒而至，严令吏民，无敢喧嚣、三最、并行、相视、坐泣流涕，若视、举手相探、相指、相呼、相麾、相踵、相投、相击、相靡以身及衣，讼驳言语及非令也而视敌动移者，斩。伍人不得，斩；得之，除。伍人逾城归敌，伍人不得，斩；与伯归敌，队吏斩；与吏归敌，队将斩。归敌者，父母、妻子、同产皆车裂。先觉之，除。当术需敌离地，斩。伍人不得，斩；得之，除。(《墨子·号令篇》)

这大致是说，战时状态，官吏与平民不能有任何轻举妄动，连"相探、相指、相呼"都不可以，违令者斩。后续的一系列"伍人"，则涉及中国历史上一种重要的管理制度，所谓"什伍"（五人为一伍，十人为一什）。墨家运用这种制度，是为了在战时对动员起来的民众进行精细化与个体化的管理。如果你被编入一个"伍"中，同伴中有犯了上述罪行的，你若不举报，就要被连坐斩首。同样，如果伍中有人投敌，或临阵脱逃，不仅本人要被处斩，父母、妻子、儿女和兄弟也要被车裂。

这一"什伍连坐"的制度倒不是墨家首创的，早在《尉缭子》中，就有"夫什伍相结，上下相联，无有不得之奸，无有不揭之罪"的制度安排。这些制度安排原先只是限制在正规军中，是墨家第一次将严苛的兵家制度用于全民动员作战，而这种机制后来又被商鞅继承，进一步发展为和平时期的民事管理制度。也就是说，在和平时期，你也要被"什伍连坐"管理起来，一家有罪，其余四家若不举报，就会被连坐。一家没有交税赋，没有服徭役，破坏了治安，都在这个连坐法的管辖范围之内。中国有个俗语是"街坊四邻"，为什么是四邻？就是五人为一伍，除去你自己，邻居正好是四家。这是"什伍制度"绵延千年，在汉语口语中残留的痕迹。

可以想象，这样的全民动员机制下，进攻者一方肯定要对平民实施极为残酷的屠戮，因为如果城池易帜，城中的平民就会转变为敌人的兵力。反过来，防守一方也没有任何必要爱惜民力，而是要不遗余力地榨尽平民的军事化潜力，不管贫富贵贱，都拉来做守城的炮灰才有意义。在这种逻辑下，当然没有"花钱买平安"的空间。

我曾在《技术与文明》中提出"弩机猜想"：因弩这种武器易于训练，能够把大量的普通百姓迅速转化为士兵，从而大大扩张了军事人员的数量基础，由此引发的后果是，古代中国政府必须发展出一套高度集权、渗透力超强、防备心态超严密的政治控制与动员机制，这是古代中国"大一统"与中央集权之文明底色的由来。这个猜想中关于"弩机"的部分或许还缺少进一步的证据链条，但是关于军事化和集权制度之间的关系，我可以有把握地说，距离真相是八九不离十的。[6]

由这个思路，联系我在阿尔萨斯地区的经验和启发，我先尝试提出两种相对简单甚或粗糙的社会治理模型。

第一种模型的基本逻辑，是把平民当作"兵源"，也就是从墨家到商鞅一以贯之的，力求对民众实施全面动员和全面控制的模型。我们姑且称之为"要命"模型。

这种模型的"底层算法"，是把战争思维当作底线思维，把平民的生命视作战争时期的动员资源。尽管它也有和平时期的运作逻辑，但和平时期的民众一样被相应的管控措施动员起来，以满足政权获取税赋和徭役服务的需求。换句话说，这种和平时期的治理措施，其实是战时状态的延续。尽管和平时期有可能延续很长时间，给民众造成某种错觉，以为自己可以长期生活于盛世，然而一旦战争爆发，民众会被迅速转化为战时资源，甚至"军粮储备"。

尽管我也觉得"军粮储备"这种玩笑不甚妥当，不幸的是，史实就是如此。中国历史上有名的"开元盛世"与"安史之乱"之间不过隔了14年，然"安史之乱"时，睢阳守将张巡将自己的爱妾杀了分给将士来吃，岂不恍如隔世；[7]黄巢之乱，反叛军用磨把俘虏磨碎了当粮食，"贼俘人而食，日杀数千"；[8]靖康年间，金国入侵宋朝，"人肉之价，贱于犬豕"，老瘦男人叫作"饶把火"，意思是多烧点火才煮得烂，少妇叫作"不羡羊"，意思是羊肉都比不上，小儿呼为"和骨烂"，意思就是字面意思，所有这些当作紧急储备粮的人又有个通称，叫作"两脚羊"。[9]这其实是整个人群都被军事化为作战资源后导致的极端秩序崩溃，在这种情形下，"花钱买平安"当然是不可能的。

第二种模型的基本逻辑，是把平民当作"税源"，也就是科尔马所代表的一种社会治理模型。我们姑且称之为"要钱"模型。

当然，正常情况下，没有哪个政权不向民众收税。但是，如果某种政权是把"平民创造财富"当作一种"底层算法"，而不是把"平民可以当炮灰"当作底层算法，那么其运作逻辑与思维就会大为不同。这种政权承认，只要付的钱足够多，你就可以享受一些额外的政治权利。这些权利平时看起来可能只是噱头，但是一旦冲突爆发，那就是生死之间的差异。

比如，在伊斯兰教中有一个概念，叫"吉兹亚"(Jizya)，意思是向非穆斯林收取的人头税。可不要小瞧了这个"吉兹亚"，虽然它比穆斯林要交的"天课"繁重得多，但是在中古时代，能交钱保命，是一种奢侈。在宗教冲突极为惨烈、信仰战争屡次爆发的年代，没有吉兹亚的社会，很可能是一个因为你的信仰不同就要驱逐你、剥夺你所有财产甚至把你烧死的社会。交了吉兹亚就能免除麻烦的社会，总比前一种要好得多。11—13世纪的两三百年里，伊斯兰文明控制的不少地区，诸如大马士革、开罗、巴格达和格拉纳达，城市繁荣，商贸发达，其中一个很重要的原因，就是"吉兹亚"这种"拿钱买命"或者"拿钱买安全"的逻辑，庇护了不少来自其他文明的长途货运商人。能够"花钱买安全"，如我之前所说，就可以在动荡时代保护当地人的财富传承下去，最终也就有益于社会的整体财富积累。

这两个模型究竟孰优孰劣，我思考了很久，最终答案只能是：很难讲。

"要命"模型社会中的个体是很不幸福的，但是这样的社会拥有超强的渗透能力与动员能力，在面对战争或大规模危机时的应对优势是显而易见的。不过，这种社会会有两个问题：一是它在和平时期也很容易延续自己的高压政策，其细致到个体的管控和严刑峻法可能将平民所创造财富的一点点剩余都压榨走；二是它在战争时期会引发对平民极端残酷的屠戮，让财富积累和传承全面归零。

"要钱"模型社会中的个体往往更幸福一点，当然这并不是因为"要钱"模型社会更道德或更公平，而是它对有钱人相对友好，有钱人多的地方，社会经济水平往往要高一些。但是，这种社会应对大规模危机时的意志与动员能力，显然比"要命"模型社会要差不少。

将两种模型的社会放在同一时空下竞争，孰胜孰负，其实是很难预料的。我们可以结合历史上的一些案例，把这两种模型社会做一个或许不甚准确的类比："要钱"的威尼斯曾经战胜过"要命"的拜占庭帝国，但是在实力更强大的"要命"的奥斯曼面前，败下阵来；"要命"的法国曾经战胜过"要钱"的荷兰，但是在实力更强大的"要钱"的英国面前，败下阵来。而且，"要钱"与"要命"，并不是完全互相排斥的。毕竟有些国家在和平年代能保障纳税人的权利，在战争年代也能做超强规模的动员，因此，单纯说这两者谁优谁劣，恐怕很难评价。

但是，如果把时间因素也纳入考虑范畴，"要钱"就比"要命"多了一个至关重要的优势：它能够使得财富在长时段内得以缓慢积累，因而可以酝酿进步，让量变渐渐积累出质变；反过来，"要命"模型的社会往往会导致社会"归零"重启，积累速度和效率比不上"要钱"模型的社会。

本书一个重要的观察和结论就是：我们整个人类的现代史，是被"要钱"模型而不是被"要命"模型的社会开启的。

零增长社会

古今中外，每个社会都有很多人怀念美好的田园时代，男耕女织，山清水秀，没有化肥也没有催熟剂，没有那么多人工的东西，一切都很美好。然而，这只是生活在温室里的当代人对古典时代的美好想象。如此温文尔雅的美好生活，只在古典时代极少数的文人和士大夫阶级一生中极少数的时光里存在过。

古代社会的绝对主流，是贫穷、暴力、愚昧和互相伤害。

我这么说不是一种对古代社会的道德谴责，而是基于经济学与计量经济史研究而得出的一些结论和共识。

诺贝尔经济学奖得主西蒙·库兹涅茨（Simon Kuznets）曾指出，现代经济总体增长有三个重要特征，首先是人均产值的高速增长，其次是高速增长能够持续较长时间，再就是国家与国家之间的增长差异很大。这三个特征均与前现代社会有着本质区别。[10] 具体到人均产值这一点，虽然在库兹涅茨的年代还缺乏足够数据，但通过倒推算法很容易得出，前现代社会的人均产值增长处于长期停滞状态。[11]

计量经济史学家一直以来都试图统计古代社会的人均 GDP 指标。毕竟，客观、中立的数字相比文人浮夸繁华的辞藻，可能更加倾向于事实。当然，"GDP"这个指标的现代统计概念是西蒙·库兹涅茨在 1934 年才提出的，此前自然不可能存在相关数据统计与文献资料，也不存在科学合理的计算方法。但是，学者们可以利用历史文献中统计到的商品产量来尽可能地估算，以 GDP 这一指标尽量还原古代人的生活状况。

拿中国来说，经济史学家李稻葵教授及其团队对 980—1840 年（从北宋到清代）的 GDP 重构研究表明：从北宋到明代，人均 GDP 几乎是在水平线上波动，也就是说，到 1620 年，人均 GDP 还和 980 年的水平相差不大；但清代人均 GDP 则出现了显著下降，以每年 0.34% 的速度衰退，到 1840 年，中国的人均 GDP 已经下降到 980 年的 70% 左右。[12] 刘逖教授（2010 年）对 1600—1840 年间的中国 GDP 重估的研究表明，这 240 年间，中国人均实际 GDP 下降了 25%，年均增长率为 -0.12%。[13]

计量史学的这个成果，与我们的常识和逻辑基本相符。很明显，前现代农耕社会中，在技术没有根本性突破的条件下，农业社会的财富生产有一个自然为我们设定的天花板。意思是说，就算你是一个男性壮年劳动力，你能从土地里获得的收入，基本上是被土地的肥力、粮作物的自然产量和你的劳动能力限定的。你的土地可以无限扩张吗？小麦或水稻的产量可以无限增长吗？你每天劳作的时间和工作量可以无限增加吗？都不可以。

所以，前现代社会人均 GDP 增长的停滞甚至倒退这个宏观事实，反映到每个具体个人的微观层面上，就是一种经过千百年生活经验确认过的常识：明年不会比今年更美好，甚至可能更糟。所以，即便你生活在丰年，也要为荒年做准备。这种微观层面上的意识，会导致一系列经济后果：你对改变生活的态度是十分保守的，你不会考虑投资某个新产业，因为生活经验告诉你，在一个长期人均增长率为零的社会，投资是没有意义的。没有投资，也就意味着你积累的财富（不管是金钱、丝绸还是瓷器）不会转化为"资本"，它只是纯粹的物质财富，主要目的是用于消费。在这样一个社会里，唯一有价值的资产就是土地，因为土地出产你的吃穿用度。那些给你带来快乐的商品，比如绫罗绸缎，精食细脍之属，基本都来自土地。

赛珍珠在《大地》里描写的中国人那种骨子里对土地与生俱来的执着和热爱，其本源实则在此。

　　既然土地是最有投资价值的实物资产，人们自然想要控制土地。古往今来，对土地最有效的控制方式是什么？答案是暴力。这是自然条件限制下的最优解。我称其为"暴力最优回报"。

　　人类的劳动行为，是一个摄入食物获取能量，然后利用生物能做功的活动。在种种做功活动中，耕作是长期消耗，暴力杀戮却是短期消耗。你春种秋收打下粮食需要一年，运用暴力手段杀死邻居夺取土地却只需要一天，只是风险较高而已。毕竟，杀人者往往被人杀之，凝视深渊的人，深渊也在凝视你。

　　深渊虽可怕，却可控：如果你持之以恒地锻炼身体，磨炼杀戮技巧，成为职业性的暴力使用者，甚或采取了成建制的、组织性的杀戮手段，也就是建立了军队，那么你就可以大大降低自己所面临的风险。如果你用土地的产出来养活这样一支军队，不断夺取其他土地，就可以形成一个正循环机制，造就一个自然意义上的庞大帝国，直到你触及古代社会对人口和土地进行有效统治、管理和征税的技术极限。

　　这就是漫长农业社会中绝大多数古代帝国的产生逻辑。无论希腊、罗马、波斯、西周、印度还是日本，之所以绝大多数古代帝国的统治阶级是武士阶级，其原因就在于此。

　　在人类历史上，"暴力最优回报"规律发挥作用的程度几乎是没有底线的，如果说稍有那么一点儿底线的话，唯一底线就是人类这个物种的再生产。

　　我们举个具体的例子来说明这个道理吧。根据经济史学家宁可的估计，西汉一家自耕农一般有五口人，其中主要劳动力一般有两个，每个劳动力耕作的土地面积大约合今天的14.4亩；根据土壤条件的不同，14.4 亩的产量折合成小麦大概在 1,450—2,900 斤。与此同时，汉代人口平均每年消费的粮食大约是 480 斤，按每个劳动力负责养 2.5 人计算，所需口粮大约 1,200 斤。[14] 乍看起来，即便是条件较差的土地，也有 100 斤左右的余粮。但是，这个数字既没有考虑荒年、歉收，也没有计算税赋和徭役。仅就田税而言，汉初的税收比例是"十五税一"，按较低的 1,450 斤计算，刚刚好把余粮收走；如果遇上灾年，这家人就要揭不开锅。后来，汉景帝把这个比例改作"三十税一"，实际上也就是给较差状况的农民每年多留出了 50 多斤余粮。单就这一条，已经足够让汉景帝在中国历史上留下两千年的"贤帝"美名。

然而，田税并不是西汉农民唯一要承担的负担，西汉农民还需承担人头税（成年人每年约一百二十钱）、财产税（每万钱家资征收一百二十钱，即 1.2% 的税率）和徭役（每个成年男子每年向国家提供一个月的劳动力，一生中还要额外有两年为国家义务劳动）。此外，即便这些都纳入进去，这里计算的还只是自耕农的状况。如果考虑到佃农，也就是向富户租种土地进行耕种的农民，地租比例在 1/3 左右，而像这样的收租比例，佃农连自己吃饱饭都困难，被迫典身为奴是非常常见的现象。

汉代只是中国古代历史的一个缩影。[15] 根据气候学家的估计，汉代在中国历史上属于温暖期，粮食产量水平还算比较高。但即便是在这些年代，根据我们的税赋负担统计，农民也只是勉强能够温饱，一遇天灾人祸，就要卖身为奴隶，罔论安居乐业。

而且，"十五税一"的负担刚好把农民生产的剩余财富压榨殆尽，让其维持在生存线上下，这可能不是偶然，而是在漫长的零增长社会博弈中，统治阶层自发摸索到了对农民极限压榨水平的结果。也就是说，在正常年份下，武士集团对农民的统治刚刚好达到了没有官逼民反的程度。如果遇到天灾减产，大规模起义就无法避免。

　　当然，"暴力最优回报"这一规律并不仅仅在武士集团与农民之间发挥作用，在农民内部，这一规律同样也在发挥作用。

　　当大量财富被武士集团夺走，农民为了生存，也会以暴力伤害处在同一经济水平的底层人士。从宏观层面上讲，李稻葵（2017）指出，中国古代长时期处在总经济规模增长，但人均水平几乎没有变化的状态，这表明中国古代经济是典型的马尔萨斯经济，也就是人口增长快于经济增长，导致饥荒、内乱和战争的爆发，从而抵消经济增长带来的红利。从微观层面上讲，每一个农民家庭都害怕邻家的伤害能力超过自身，进而在诸如田地、水源纠纷等方面占了自家的便宜，因而每家必须靠多生孩子来获得尽可能多的男性劳动力，以壮大自己家族的暴力能力，获取更优回报。一旦冲突爆发，农民之间互相伤害的程度，可能并不亚于战争。

　　我在这里仅举一例予以说明。明代崇祯年间的《义乌县志》曾记载，明嘉靖三十七年，浙江永康盐商施文六某次经过义乌，发现八宝山麓一带出产矿产，于是纠集九十余人开矿采掘，被义乌当地的大姓豪族陈大成等发现，聚集乡民殴斗后，抓捕十四人递解到县衙。县太爷把人释放后，施文六又组织了千余人占领矿坑。此举激怒了当地郡侯李公，李公放出话来说杀死者不论，于是，"乌人奉是檄也以往，则无不控拳砺刃愿为上用者"。最后，陈大成靠数百义乌人，击溃了施文六千余人。施文六被击败后，附近的处州人又纠集了三千余人强占矿产，再被陈大成率三千人击败。这些斗殴规模之大，连当时的抗倭名将戚继光都知道了，以至于他专门写了《练义乌兵议》上书胡宗宪："闻义乌露金穴括徒，递陈兵于疆邑，人奋荆棘御之，暴骨盈野，其气敌忾，其习慓而自轻，其俗力本无他，宜可鼓舞。及今简练训习，即一旅可当三军，何患无兵？"[16]

　　6,000 人"暴骨盈野"的民间斗殴是什么概念？嘉靖三十七年是 1558 年，再往前追溯 130 年，西欧正处于英法百年战争期间，其中的帕提战役总参与人数大概就是 6,500 人。这是法国骑士第一次战胜英国长弓兵的战役，也是圣女贞德发起的卢瓦尔河战役中的关键之战。它的规模在贞德参加过的战争中不算大的，但至少也是一场重要战役。义乌发生的，只不过是一场民间械斗，不会进入战争研究者的法眼，如果不是戚继光的记录，我们甚至都不会发现，一个民族的和平状态有可能近似于另一个民族的战争状态。

这种械斗，在中国民间并不罕见。如清中叶前后，南方地区的福建、广东、广西、江西、安徽、浙江等省，普遍发生了大规模的乡族械斗。咸丰年间，厦门、同安、龙溪一代的乡族武装与小刀会结盟，酿成大案。当时承办此案的官员感慨："百余里间，大小数十百乡，民心无不变动……若仅恃一二公亲，岂能尽安反侧？若极我兵威，又岂能将此数十百乡，尽诛其人而赭其地？"甚至有学者认为这是清朝由盛入衰的重要标志之一。[17]故而，我们不能将这些现象当作一时一地的个案，而须认清古代社会的真相是：即便在和平年代，生民处境也可能像战争状态一样动荡不安。

利用"暴力最优回报"理论，可以为这种现象给出的历史解释是：在绝大多数剩余价值已经被暴力垄断者攫取的前提下，单个家庭追求"暴力最优回报"的努力，反而会造成整个社会的"囚徒困境"——人口越是增加，土地资源越是稀缺，生存竞争就越发激烈。

近年国内舆论界一个很火的词，是"内卷"。这个术语最早是康德的发明，后来被文化人类学家克利福德·格尔茨用来解释印尼爪哇岛农民在水稻种植中极尽雕琢、对农田无休止地增加细节上的装饰性，却不能增加产量的现象。再后来又被历史社会学家黄宗智拿来解释中国农业持续增加劳动投入却没有发展的现象。

其实，大规模械斗就是"内卷"理论没有说出的另一面：古代农民不断投入大量劳动力在农业生产上，却不能增加产出。多余的劳动固然可以转变为无休止的精耕细作，但多余的人口要怎么养活？由此得出的必然推演，就是以血缘、宗族或信仰为纽带形成小规模的暴力组织，相互争夺极为有限的生活资源。这会令社会陷入持续的互相伤害状态。

讲到这里，我认为已经可以在"要命"模型的基础上，提出一个更完整的社会模型：零增长社会。

所谓零增长社会，就是指完全没有实现库兹涅茨提出的两项指标的社会。这一社会会因为人们缺乏对未来的积极预期而体现出一系列特征，这些特征包括个体投资决策的极端保守、土地资产价值的至高地位，以及暴力在社会资源分配中笼罩一切的决定性作用。

我进一步把零增长社会的这种生活经验与知识积累造成的认知方式和权力结构称为"零增长秩序"。其认可暴力在社会资源分配中笼罩一切，并认为这个社会应该以这样的逻辑运行。

大体而言，这种秩序的认同者持有三个信念：

第一，暴力是一个社会中对资源进行分配的最重要也最根本的方式，因此，暴力是社会核心控制集团最值得发展的能力。

第二，为了最大化自己的暴力能力、最小化其他暴力集团对自己的挑战，有必要以当时的技术条件建立起针对个体的最精细化、最细致的管控制度。

第三，和平时期只是为暴力状态（或危机／战争状态）进行准备的时期，而美好生活将在危机／战争结束后自然而然地到来。

如果一个社会的成员都有这种共识，那么，一个将暴力凌驾于其他社会分配方式之上的权力结构，就可以很稳固地持续存在。很明显，我们前文讲述的"要命逻辑"，就是"零增长秩序"思维的一种体现。

梳理整个逻辑后，我们会发现，零增长社会是一个完美的逻辑闭环：因为零增长，所以土地是最有价值的资产；因为土地最有价值，所以能够最大效率夺取土地的暴力就是整个社会最重要的资源分配方式；因为暴力是回报最高的最优解，所以统治阶级和被统治阶级均追求暴力能力的最大化；因为大家都追求暴力能力的最大化，所以社会有极大概率陷入持续的互相伤害状态。社会陷入持续的相互伤害状态，最终导致的结果又是零增长。

回到本节开始的那句话，古代社会的绝对主流，是贫穷、暴力、愚昧和互相伤害。这一点，东西方绝大多数地区都不例外。多少帝王诸侯的盛衰兴亡，都不过是这样一个闭环逻辑周而复始地以不同方式一遍遍重演而已。

正增长社会

但是，我们只要把其中一个变量简单地调节一下，整个系统的运行逻辑就会发生天翻地覆的变化。

比如，我们把人均 GDP 的年度增长率调节为 0.1%，也就是说，假设一个社会只有小麦种植这一个产业，由于某种神秘的力量，过去你每年收成的 1,500 斤小麦会增加 1.5 斤。这个数字看起来非常非常少，以至于可以忽略不计。但是，过 100 年，这个社会的人均 GDP 会变成原先的 1.1 倍；过 300 年，这个数字会变成 1.35 倍，1,500 斤小麦会变成 2,025 斤小麦，注意，是人均。

这是什么概念呢？中国每个朝代的平均寿命大约就是 300 年，如果有任何一个朝代能实现人均 GDP 每年 0.1% 的增长，同时保持"十五税一"的税率，那么，300 年后，每个老百姓家里每年就可以有 1,000 多斤余粮。真要有哪个朝代实现了这样的成就，它都很难灭亡，不会出现马尔萨斯陷阱，也不会有三国乱世、五胡乱华、黄巢之乱、靖康之变，不会有闯王、献忠，不会有扬州十日、嘉定三屠。

更重要的是，暴力的收益固然极高，但风险也很大。如果一个社会真的能够实现稳定增长，那么暴力的价值就会逐渐降低，而且会随着时间的推移加速衰减。

在古代社会，国王或皇帝死于疆场的状况不少见：波斯王子居鲁士礼贤下士、雄才大略，却在起兵反抗长兄的战斗中被一名护卫一枪戳在脸上；后唐庄宗李存勖一世英雄，却死于身边人的谋逆；瑞典国王古斯塔夫二世励精图治，却在"三十年战争"中被流弹打死，一生心血付诸流水。国王尚且如此，更不用说普通人了。

死亡这件事情，对正常人来讲，负收益无穷大。只有在零增长社会中，明天不会比今天更好，一个人才会拿自己的命不当回事。这是已经为经济学中的"前景理论"（Prospect Theory）所证实的简单选择模型：人们在收益面前厌恶风险，而在损失面前偏好风险。如果一个社会能实现正增长，人们认为"未来"是有价值的，生命因而也就有了价值，那么，人们采取暴力手段的意愿就会大大降低，社会秩序也就有了普遍的心理支撑。

一旦秩序得以建立，正增长社会就会产生加速效应。我们前面设定的 0.1%，也许很快会变成 1%。为什么？因为"利率"这个宇宙间最伟大的力量之一开始发挥作用了。

一旦利率为正，"钱"就开始值钱了，只要假以时日，投资必定会得到正回报。因此，土地不再是唯一的可以投资的标的和对象，人们可以投资产业，投资技术研发，投资长途贸易。人类社会的平等和不平等，是以一种非常纠结的状态同时存在于社会之中的：并不是每个人都能成为天才，但天才却有可能出现在每个角落。理想状态下，资本的任务就是发现角落里的天才，再将金钱代表的社会资源投给他，并从他的成功中分取回报，而社会也将因为受益于这位天才而取得进步。

那么，正增长社会中是否存在暴力现象呢？当然存在，暴力本身根植于人性之中，它是人追逐权力的本质手段之一，因而也是社会资源分配中无法被抹消的根本手段。但是，正如我们之前指出过的，暴力手段的最大问题是它的风险太高：哪怕你是万人之上的帝王，在暴力游戏中，也可能被对手运用投毒、刺杀等手段夺走生命。如果你预期只要活着你的财富就可以持续增长，那么你可能会更愿意用非暴力手段解决问题，把生死问题转变成买卖问题。换句话说，在这种情况下，暴力可以服务于交易，而非排斥交易。这与零增长社会对待暴力的"底层思维"是完全不同的。

也正因如此，"花钱买平安"的逻辑，只有在正增长社会中才是行得通的，因为无论是暴力施予者还是承受者，都知道一时的暴力行为只不过是为了争夺财产的所有权，一旦财产归属确定下来，大家还是要赚钱的。既然如此，何妨交易？

当然，这种"花钱买平安"的逻辑，未必就是一个理想社会的完美运行逻辑。因为，在一个以交易为第一要务的社会中，可供交易的东西未必只有金钱，还可能有自由、权利、尊严和身体。切萨雷·波吉亚在弗利之战结束后俘虏了亲自挥舞战刀守城的绝世美人卡特琳娜·斯福尔扎，将其带回私室一天一夜闭门不出。舆论哗然，以为这是对失去自由的高贵女性的侮辱行为。然而，卡特琳娜的生命和弗利人民的财产终究是得以保全了。因此，正增长社会当然可能是一个罪恶的社会，只是其罪恶比起暴力和伤害无处不在的零增长社会要小许多而已。

现在，我把这种能够持续实现人均经济产值增长的社会，称为"正增长社会"，而这个社会认为人本质上是创造财富的源泉，为了确保这一点，一切皆可交易的认知方式与权力结构所缔造的，就是"正增长秩序"。

更具体地说，生活在正增长社会中的人，因为亲身受到个人财富可以长期持续增长这一现实的耳濡目染，所以可以坚定这样几个信念：

第一，和平比暴力更有价值，所以暴力的运用最好是有限的，它的主要目的是服务于合理的交易。

第二，我们可以对未来持有高于现在的预期，所以投资新产业和技术是有利可图的。为了从不确定性中保护这种预期，"信用"和"承诺"是非常重要的基石。

第三，长期利益比短期利益重要，这里的"长期"甚至可能超过一个人的寿命。

第四，个人的潜力是创造财富的源泉，因此相信并保护个人的这种潜力非常重要。这也构成个体尊严的基础——尽管是一种功利主义取向。

那么，讲到这里，你也许会同意人类社会如果能从充斥着暴力的"零增长社会"变成允许交易的"正增长社会"，这已经算是一个不小的进步了；但你可能仍会质疑：古代社会的技术条件下有可能存在正增长社会吗？它们如何存在？

首先，让我们仍旧援引计量史学的研究成果，先来确定一下是或不是，再问为什么。

布劳德博瑞（Broadberry）、凡·赞登（van Zanden）与凡·鲁汶（van Leeuwen）等学者，利用与研究中国古代 GDP 类似的重构法给出了英国与荷兰的历史 GDP 数据。该研究表明，1270—1690年间，英国人均 GDP 的平均年增长率为 0.17%，1700—1860 年间的增长率则达到了 0.48%，荷兰人均 GDP 在 1347—1807 年间则以每年 0.19% 的速度增长。[18]

如此看来，正增长状态就是一个社会的良性循环状态。那么，真正重要的问题来了：一个社会如何才能从零增长变成正增长呢？

答案是，商贸。

商贸的本质是人类社会交易纽带对自然界资源分布不均衡状态

的调整。东方出产丝绸，南洋出产珍珠，中亚生有骏马，西亚能造玻璃、香料橄榄、胡椒茶叶，这些商品在各自的产地都没有什么稀奇，但是经由商人转运，便可以在异地获得高昂利润。在这一过程中，商人承担了远洋航行中对抗盗匪和水土不服等风险，借此赚到的高额利润，可以被视为这些风险的折价。所以，即便是在未发生技术突破的古代社会，正增长秩序也可以在少数商贾云集的地区存在，例如沿海贸易港口。

在中国，是杭州、扬州、泉州、广州这些通商口岸；在印度，有锡兰、卡利卡特以及甘地和莫迪的老家古吉拉特；在波斯湾，传说中水手辛巴达的故乡苏哈尔是伊斯兰世界的三大财富中心之一；在两河流域，巴格达、大马士革、开罗是远近闻名的商贸中心；在地中海北岸，威尼斯、热那亚、米兰、锡耶纳等意大利城邦是11世纪前后欧洲最发达和富饶之地；在阿尔卑斯山以北，从香槟地区到莱茵河流域，再到佛兰德斯周边，商贸城市星罗棋布，上文提及的科尔马正是其中之一。

在农耕文明的大背景之下，这些星星点点的商贸城市，就是零增长社会汪洋之中难得的正增长孤岛。很多港口城市对外来商人采取友好政策，有的甚至允许外来民族在当地建立自治社区，或当选本地官员；有些城市制定特殊的法律仲裁制度，便利外界商人在当地的活动；有些城市对异教徒实行包容政策，借机吸引其投资。这些古代城市的开放性与活力，有时会让我们这些现代人也叹为观止。但是，它们中的绝大多数，是拗不过农耕时代占据主导的零增长逻辑的，一旦王朝周期走到终点，它们的繁荣兴盛，也往往会走到终点。

只有一个文明中的正增长社会例外，这就是西欧文明。西欧文明的正增长社会，一开始同其他文明一样，也只能存在于一座座孤岛般的商贸城市之中，为广袤的零增长社会所环绕。前文中计量经济史学家统计过的，在中世纪就已经历持续人均产值增长的英国与荷兰，就是 12 世纪以后西欧文明商贸城市密集分布的地区。在中古时代的漫长岁月中，这些商贸城市的发达程度，也许并不及我们上文列举的东亚、南亚与近东的一系列城市，例如扬州、古吉拉特、巴格达、开罗等。然而，这里的独特历史演进路径，使得当地的正增长秩序不仅成功对抗了零增长社会的周期循环与劫掠恶意，甚至还将正增长秩序赖以存活和维系的制度与文化要素传播开来，四处扩展，最终塑造了我们当下习以为常的现代社会。

现代社会的诞生

这也许并不是你熟悉的那套关于现代社会如何诞生的叙事体系。至少就我自己而言，在我开始思考这些问题之前，通过教育和阅读建构起的关于现代社会如何诞生的认知框架，大致是下面这样的：

有人说，现代社会的产生，是自由、民主、立宪这些尊重人性、解放人性、保障个人权利的理念，战胜了集权、专制、暴政这些压迫人性和侵犯个人权利的理念的后果。

有人说，现代社会的产生，是阶级斗争的后果，代表先进生产力的阶级战胜了代表落后生产力的阶级，然后创设了现代制度。

有人说，现代社会的产生，最本质的力量是科学与技术的进步，由此带来了生产力的极大增长。

这些叙事，就是前文讲过的简单二分法的思想来源。独裁 / 民主、暴政 / 自由、专制 / 立宪、落后阶级 / 先进阶级……这些叙事体系并不是没有道理，但是，它们被一些我们目睹的"超级事实"打破了。

一旦这些叙事体系被打破，我们就会开始追问，这些曾经听起来那么和谐、顺畅的词，比如，自由、民主、立宪、阶级、理念、科技……到底是怎么推动历史前进的？又是怎么在具体生活中逐步落地的？什么具体的机构和制度代表它们的实现？是不是一个国家建立和实行了这些具体的机构与制度，就像开了金手指一样，可以迅速崛起、迎头赶上？相比于这些大词儿，具体的落地办法，是不是我们更应该关心的问题？

比如，相比于"民主"这个大词，我们是不是更应该关心，选票是从什么时代产生的？它的具体操作流程又是谁发明的？议会里的议员有人给开工资吗？这些工资是不是纳税人的负担？倘若不给开工资，他们会不会利用手中的政治权力谋私利？又有多少人愿意去投票，以及真正觉得投票改变了自己的生活？

相比"立宪"和"法治"这些大词，我们是不是更应该关心，这个国家每天发生多少起案件？有多少法官、律师和其他法律职业共同体人士来处理这些案件？打官司的人要付给他们多少薪酬？如果人手不足，又或者打官司的钱付不起，那么会不会有可能，法律很漂亮，但却是在空转，法治社会事实上无法推行下去？

相比"科技是第一生产力"这个口号，我们是不是更应该关心，科研工作者们有多少工资？他们买得起房吗？他们每天在实验室里一个人钻研自己的论文或项目，挣得到足够多的钱来获取快乐、抵消孤独产生的种种心理与生理压力吗？如果他们的研究注定只有发论文而没有什么商业化的意义，这种科研生活是一种合理的运行机制吗？

告别大词的诱惑，怀着关心这些具体落地办法的初衷，我重新梳理了一遍人类文明从古代社会走到现代社会的历程，最终得出了一个俗得不能再俗、简单得不能再简单的结论：现代社会得以诞生的前提是"有钱"。

　　再讲两个具体的例子。

　　我记得在我上大学的年代，也就是 21 世纪头一个十年，那个时候的公共舆论和现在有很大差别。有一些希望中国进步的声音，经常拿几个著名的古代故事讲"人治"与"法治"思维的区别。这几个故事倒是中国人都耳熟能详的，无非是"乔太守乱点鸳鸯谱，葫芦僧乱判葫芦案"。这种声音认为，中国古代本质上是人治社会，而非法治社会。在人治社会里，老百姓都期盼能遇上乔太守这样的好官，然而现实却是利益集团勾结的关系盘根错节，等来的大概率是贾雨村这样的葫芦官。因此，为了广大人民自身的利益，不要期盼清官，而要期盼法治。

　　后来毕业，有社会经验之后，我多了一些重新看待这些故事的角度。比如，明代有一个人叫沈榜，做过宛平县（今天北京西郊一部分）县令。他写有一本《宛署杂记》，记录自己做县令时的很多细节。其中有一系列数字，我印象很深刻。他说，整个宛平县有 80,000 人，政府官员却只有 43 人，其中 5 个是有编制的官，有资格吃皇粮，其余 38 个是编外人员，他们的工资，财政只能解决一部分，剩下一部分要靠外快。而这 43 个人要承担的工作量远远不止审判，从收税征役到照顾孤寡贫民，一年忙到头也忙不完。

　　43 个人管 80,000 人，想想也知道实现不了法治。我们都会同意，如果缺失了最基本的司法正义，就不会有人相信法治。而司法正义得以实现，有两大基本元素必不可少，一是确凿的证据，一是合乎正义的程序。但凡对簿公堂的人，没有认为自己不占理的。为了达成不偏袒的公平，就必须穷尽可能地追索一切可以追索的证据；同时，为了防止权力被滥用，追寻证据和审问嫌疑人还必须符合法定的程序。关于如何取得这些证据与如何适用这些程序，又会有无数的法令法条对其加以限制，一个门外汉注定是要两眼一抹黑的，所以当事人需要专业律师给意见。政府当然也需要这些专业团队，必须成立相应的法律部门，配备相应的警察、检察官、法官，等等。如果一个社会没有足够的钱来支付这些人力成本，那么，任何一个中国古代太守，也都只能是乱点鸳鸯谱了。

零增长社会的最大问题，就在于整个社会根本没有钱来供养类似于这样为了公平正义本身而存在的专业服务团队——也就是我们说的"法律职业共同体"。

我们之前已经简单计算过，按照古代社会的生产力，政府从农民身上收走的税，几乎已经是农民能够承担的极限，而这些税收用来供养的武士阶层，又差不多刚刚好能维系帝国的统治而已。至于政府提供的公共服务，那只是在维持统治之后额外付出的一点维稳成本，你当然不可能指望它的质量有多高。所以，零增长社会的剩余产出，根本不足以养活法官、律师、检察官、专业取证的警察或者法医等庞大的队伍，自然就负担不起"司法正义"这样的奢侈品。故而，也就不会有人相信什么"法治"。

同样的道理，零增长社会也供养不起职业的民选代表，供养不起实施舆论监督的媒体，供养不起需要向大众筹款的候选人，供养不起不事生产的职业科学家，供养不起学识丰富的职业官僚，一句话，根本供养不起一个能够尽可能确保个人权利的现代社会。

正因为供养不起，所以古代社会必须依赖种种潜规则和民间规则，才能完成社会的治理。

如果宛平这个地方有大的宗族势力，家里一二百人丁，43 个公务员和临时工是注定敌不过的，因此必须承认宗族和乡绅对当地事务的治理权，承认他们实施家法，把所谓不孝的媳妇浸猪笼，把不孝的儿子逐出家门。葫芦僧乱判葫芦案，背后固然是因为薛家的势力他得罪不起，而世家之所以难以控制，归根结底是因为朝廷根本没有足够的资本来建立民众所希望的统治秩序。

能够确保个人权利的现代制度，无一例外都是很贵的制度，因而只能诞生在有钱的地方，换句话说，就是正增长社会。

欧洲历史上最早教授民法的大学是博洛尼亚大学，这所大学的诞生，是先有了一批有需求的学生，然后他们共同出钱请来老师教授自己所需的文学与民法知识，最后才形成了"大学"这种机构。博洛尼亚为什么能有这样一批客户群呢？因为这里有非常发达的运河系统，往来船只在此集散，商贾云集，城市发达，关于生意与经济的纠纷也就很多了。

最早提出现代意义上的人民主权的学者，叫帕多瓦的马西利乌斯（Marsilius）。他最早在帕多瓦大学学习，后来去了巴黎大学任教，其所提出"主权在民"的主张，主要是反对"主权在神"，而这背后实则是因为商贸城市的存在影响了天主教会对意大利领土主权的控制力。

当代国际商事仲裁制度起源于欧洲北方商贸城市组成的"汉萨同盟"，而当代国际法的奠基人格劳秀斯是荷兰东印度公司的雇员……一句话，我们熟知的，许多现代社会赖以运行的实际制度，最早都是在西欧有钱的商贸城邦被提出来的，初心也是为有钱的商人们服务，只是后来再度被西欧文人——比如伏尔泰、卢梭、狄德罗这些启蒙知识分子——从中提炼出光辉灿烂的理念，才成为普世价值的。

捍卫正增长秩序的伟大斗争

现代社会本质上是一系列制度，没有这些制度就没有现代社会。曾获得克拉克奖章的经济学家德隆·阿西莫格鲁和詹姆斯·罗宾逊，在其合著的《国家为什么会失败》[19]中讲过一个特别动人的故事：在美国南部边境地区亚利桑那州诺加雷斯市，一道围墙隔开了两个国家。北部的美国部分富饶而安全，南部的墨西哥部分贫穷而充斥着犯罪活动。是什么造就了二者之间的区别？论自然环境，一墙之隔当然不会有什么差别；论文化与人种，两边同种同源。可能的答案只剩下一个：制度。

尤为震撼的是，决定两边制度差异的，又是另外一个非常偶然的起点。

墨西哥属于拉丁美洲，此地的制度起源于西班牙人建立的殖民地。在殖民时代，西班牙人来到美洲，发现了不计其数的黄金。为了最大限度开采黄金，他们用的是老欧洲最恶毒的经验：欺骗当地首领，威胁和敲诈当地土著，并且把大量当地人变为奴隶。

美国的制度则源起自英国殖民者在弗吉尼亚建立的殖民地。英国殖民者刚来到北美时，并不是不想采取类似于西班牙人的办法，但是，一来当地土著不上当，二来没有巨额黄金作为回报，他们的军事行动也得不到支持，三来他们本想把国内劳动者骗到当地再进行剥削，没想到北美土地过于辽阔，新来的劳动者一有机会就逃跑，殖民者压根不可能束缚住这些自由的人。

无奈之下，弗吉尼亚殖民者不得不采取另外一种方式来发展殖民地：给予劳动者正反馈。1618 年，弗吉尼亚公司赋予每个劳动者拥有私有土地的权利；1619 年，公司成立了大议会，允许所有成年男性参与制订法律和制度，共同治理殖民地。

这是一种承认每个劳动者个人权利和尊严的现代制度，它让每个人意识到，我的所有努力都是为了我自己的幸福。正因如此，每个人的天赋和能力才能得到最大限度发挥。

数百年后，这两种不同的制度长成了美国和墨西哥，一墙之隔，天上地下。

人类文明中最大的财富就是个人。个人的想象力、创造力、天赋和努力，是社会幸福和文明前进的最大来源。现代社会之所以能成为现代社会，正是因为现代社会尊重、嘉许和捍卫个人的权利，从而使得每个人都肯为社会贡献自己最大的价值。

但是，这些制度是在某个特定时间点上凭空降临在世界上的吗？并不是。

越是认识到个人价值的社会，其实就是那些个人越值钱的社会。一个农民花再大的力气，也不能在一片贫瘠的土地上造就丰收；相反，一个精通机械的工程师知道怎么建造一座风车，而风车驱动的机械又可以持续地为城镇创造财富。《国富国穷》的作者兰德斯形象地把这种规律称为"要有钱才能赚钱"。[20] 他发现，保护个人权利的制度，往往来自那些本就富庶，因而能够更清楚地看到优秀个体的价值，并给予更大回报的社会，比如港口、商贸城邦或文明中心。

这些社会，就是前文说的正增长社会。在人类漫长的历史中，它们的数量比起广袤的农村来说，是绝对的少数。

换句话说，这些在今天被我们嘉许的、捍卫个人权利的制度与价值，在人类漫长的历史中，其实只能在少数的正增长孤岛中存在。

那么，是什么让它们得以广泛传播，成为今天绝大多数国家都普遍接受的制度与价值？

答案是，"正增长秩序"为捍卫自身，进行了漫长而坚定的斗争。

换句话说，就是在相信"[1] 暴力可以服务于交易；[2] 为了从不确定性中捍卫预期，信用和承诺很重要；[3] 长期利益胜过短期利益；[4] 相信个人是财富源泉的秩序"与相信"[1] 暴力是最重要的分配方式；[2] 应建立起最为精细化的管控机制以强化暴力能力；[3] 和平时期是为暴力／危机／战争而服务的秩序"之间，有着漫长而坚定的斗争。

当然，我想再次强调，我们不能用道德上的高低评判这两种秩序，因为两种秩序都是建基于人类本性中的一些现实因素。那些认同"零增长秩序"的人并不就是道德败坏，而是他们见识过人性与历史的黑暗，相信最有智慧之事就是为最坏的情况作准备；认同"正增长秩序"的人也不就是道德上的理想主义者，因为一旦价格合适，他们可能随时出卖理想。不同的秩序本质上就像是生活在不同自然环境中的植物，植物没有好坏之分，只有适应不适应环境的分别。

但是，我们必须承认，现代社会本质上是由正增长秩序拓展而来的。"现代"本身是一个时间概念，从古代社会到现代社会，是一个在时间上线性进步的过程。因此，大多数人一直把古今之变当作前后关系。

本书要讲的故事是，如果我们把正增长秩序看作现代社会的内核，那么，古今之变就不是前后关系，而是并列关系。

正增长秩序不是现代社会诞生之后才开始的。三千年前，它就已经存在。

这场正增长秩序与零增长秩序之间漫长而伟大的斗争，最早可以追溯到公元前 11 世纪。从那时起，商贸城市就开始绞尽脑汁同帝国展开博弈，保留自己的自由权利。

即便是在"黑暗"的中世纪，一些城市也开始自立议会，自定规范，自行创设、发现或学习便利于商贸活动开展的种种政治制度，并且为了维护自身的这些制度，与颟顸的皇帝、霸道的领主和贪婪的骑士展开了坚决的斗争。

这是一段伟大而意义深远的历史，但它如今几乎已被人遗忘。它实在离我们太久了，早过法国大革命，早过美国立宪，早过启蒙运动，早过光荣革命，早过宗教改革，甚至可能早过古希腊与罗马。

即便是在西方知识界，提起共和主义，人们的第一印象也大都

是美国立宪的国父，已经少有人记得 15 世纪前后佛罗伦萨的学者
关于威尼斯共和政体的争论，更少有人记得意大利城邦学者提倡的
积极人文主义。

提起民主主义，人们的第一印象必然是卢梭的公意与西耶斯的
第三等级论，也已经少有人记得在意大利城邦由萨弗纳罗拉这类人
物代表的平民主义。

提起立宪主义，人们的第一印象基本是 1215 年的《大宪章》
这种进步意义其实有限的文件，把它当作限制王权思想的起源，却
对进步意义更大的自由城市宪章，例如科隆宪章、吕贝克宪章或马
格德堡宪章视而不见，究其竟，是英国在近现代历史中的崛起，掩
盖了在此之前的自由城市辉煌史。

……

这样的事情比比皆是，而本书的目的之一就是重新唤醒现代世
界对这段伟大斗争史的记忆。

为此，我们必须要重新回到甚至比美国革命和法国革命、比启
蒙运动和宗教改革的年代更早的时代，把现代世界诞生的源头不断
向前追溯，回到中世纪欧洲一望无际的蛮荒之地中，在那里捕捉商
业城邦如何保护并发展了最初的正增长秩序。

这不是一段人人皆知的故事，但是在今天这个大动荡的时代，
我们有必要回溯并重新理解这段故事，因为我们既有的知识框架和
体系遭到了前所未有的挑战：全球化遭遇重大挫折，民族主义和民
粹主义再次汹涌，被奉为圭臬的西方民主价值在全球范围内出现倒
退……很多人惊呼，更多人迷惘，这一切到底是怎么了？

然而，历史从来不为震惊和迷惘负责，它只是滚滚向前，如果
我们跟不上它的节奏，更有可能的原因是，我们其实还没有真正理
解"现代社会究竟从何而来"。

注　释

1　张笑宇：《技术与文明：我们的时代和未来》，广西师范大学出版社，2021。

2　参见 https://www.thelancet.com/journals/landig/article/PIIS2589—7500(20)30227—2/fulltext。

3　Barone, Guglielmo, and Sauro Mocetti. "Intergenerational Mobility in the Very Long Run: Florence 1427—2011," *Review of Economic Studies* (Nov. 2020).

4　Scott F.Abramson & Carles Boix. "The Roots of the Industrial Revolution: Political Institutions or (Socially Embedded) Know-How?." APSA 2013 Annual Meeting Paper.

5　盐野七生：《优雅的冷酷：切萨雷·波吉亚的一生》，赵文莞译，中信出版社，2017，第 150 页。

6　关于墨家及其动员机制和"弩机猜想"的详细内容，可参见拙著《技术与文明》，第 13—34 页。

7　据《新唐书·忠义传》记载：巡士多饿死，存者皆痍伤气乏。巡出爱妾曰："诸君经年乏食，而忠义不少衰，吾恨不割肌以啖众，宁惜一妾而坐视士饥？"乃杀以大飨，坐者皆泣。巡强令食之，远亦杀奴僮以哺卒，至罗雀掘鼠，煮铠弩以食。

8　据《旧唐书·黄巢传》记载：贼围陈郡百日，关东仍岁无耕稼，人俄倚墙壁间，贼俘人而食，日杀数千。贼有舂磨砦，为巨碓数百，生纳人于臼碎之，合骨而食，其流毒若是。

9　庄绰：《鸡肋编》，中华书局，1997。

10　西蒙·库兹涅茨：《现代经济增长》，戴睿、易诚译，北京经济学院出版社，1989，第 59—61 页。

11　西蒙·库兹涅茨：《现代经济增长》，第 60 页。

12　李稻葵、金星晔、管汉晖：《中国历史 GDP 核算及国际比较：文献综述》，《经济学报》 2017 年第 2 期。

13　参见刘逖《前近代中国总量经济研究（1600—1840）：兼论安格斯·麦迪森对明清 GDP 的估算》，上海人民出版社，2010。

14　宁可：《有关汉代农业生产的几个数字》，《北京师院学报（社会科学版）》1980 年 第 3 期。

15　或许有人认为西汉帝国并非由武士统治，而是由文官统治，这可能是历史理解图景受 儒家历史叙事主导的结果。西汉承秦"二十等爵"制，此制传自商鞅，以赏军功，临 敌斩首一级，赏爵一级，益田一顷，益宅九亩。楚汉战争结束后，为数 60 万左右的士 兵连带两百万左右的军户获得了占当时 40% 的耕地，而当时的总人口在 1,500 万—1,800 万之间，足见军功集团毫无疑问是汉帝国统治的基石。后世承平，历代汉帝均曾多次 赏民爵，但平民累积晋爵，不超过八等，而贵族公卿起步就是八等，阶级划分非常明显。 可参考李开元《汉帝国的建立与刘邦集团：军功受益阶层研究》，生活·读书·新知三 联书店，2000。

16　龚剑锋、高文龙：《试论戚继光与义乌兵的招募和征战》，《明史研究》2014 年。

17　郑振满：《清代闽南乡族械斗的演变》，《中国社会经济史研究》1998 年第 1 期。

18　转引自李稻葵、金星晔、管汉晖《中国历史 GDP 核算及国际比较：文献综述》。

19　德隆·阿西莫格鲁、詹姆斯·罗宾逊：《国家为什么会失败》，李增刚译，湖南科学技 术出版社，2015。

20　戴维·S.兰德斯：《国富国穷》，门洪华等译，新华出版社，2010。

第一章　三千年前的"现代社会萌芽"

正增长秩序的始祖

远古文明中，若一个民族最擅长从事商贸，那一定跟它所生活的地理位置有关。在地理因素中，邻近海洋与河流，又是一重要优势。即便是在今天，海运成本（平均而言）也大概只有陆地的五分之一。在铁路和汽车还没有出现的古代社会，水运的优势就更明显了。

在地球上的所有海域里，地中海是一个最为特殊的存在。

它处在亚洲、欧洲与非洲之间，仅通过狭窄的直布罗陀海峡与大西洋相连，风浪较小，海岸线曲折，岛屿众多，自然而然就能够拥有许多天然良好的港口。

地中海以北的欧洲以温带气候为主，兼有海洋性与大陆性的特征；东部的西亚地区气候干旱，草原沙漠广布；南部的北非大部分是沙漠地带，唯有尼罗河沿岸除外。三大洲交汇地带气候不同，物产各异，各自出产的商品在这片海洋上互通，早在远古时代就出现了发达的商贸活动。

这样的地理环境催生出的最早的商业民族，就是腓尼基人。

腓尼基人诞生于今天的黎巴嫩一带。在黎巴嫩首都贝鲁特北方

30 多公里处，有一个地方叫朱拜勒。距今 5,000 年前，这里名为比布鲁斯（Byblos），是腓尼基人祖先居住的城市。

比布鲁斯的周围生长有很多雪松，高大坚硬，不易腐蚀，很适合用来制造船只。5,000 年前，当地人就乘着用雪松做成的船只，游历地中海沿岸。雪松对当地文明很重要，今天它还存在于黎巴嫩共和国的国旗上。

《圣经》里，古代黎巴嫩人民的形象，是爱好和平，有钱，精通航海，多能工巧匠。

《旧约》里有一个叫推罗的国家，国王希兰跟所罗门王友好，还把女儿嫁给了所罗门王。这个推罗，就是黎巴嫩的一个城邦，也是腓尼基的远祖之一。

为了支持所罗门修耶和华圣殿，希兰王为他提供了木材、工匠和金子。所罗门王制造船只，希兰就差遣熟悉航海的专家与所罗门王的仆人一同坐船航海。《以赛亚书》中也这样说："推罗本是赐冠冕的，他的商家是王子，他的买卖人是世上的尊贵人。"

所罗门王大概生活在公元前 10 世纪。据考古资料显示，这也是腓尼基人兴盛的年代。正是因为他们的商贸活动遍及地中海，希腊人才会遇上他们，并给他们起了"腓尼基"这个名字，于是，后世人也用"腓尼基"来称呼他们。

在中国人的印象里，古希腊人活跃于地中海，从事商贸，但在古希腊人的文献中，腓尼基人比希腊人更加擅长经商。

古希腊的很多文化元素恰恰是腓尼基商人带来的，其中最重要的一项就是腓尼基字母。古希腊人过去曾有过自己的文字，后来失传了，他们是依靠腓尼基字母重新恢复了自己的历史记忆，也就是说，古希腊语是借着腓尼基字母传承下来的。

在人类文字史上，腓尼基字母扮演了至关重要的角色。腓尼基字母虽然不是最早的表音文字体系，但如果综合一下"诞生时间早"

和"影响巨大"这两个指标，它却可以位列第一。它是希伯来、撒玛利亚、阿拉伯、希腊语和拉丁字母的祖先，换句话说，它几乎是现在所有表音文字字母的祖先。

为什么它能够有如此巨大的影响呢？有一个很有趣的推测，就是它的影响力跟商业活动有关。所有最古老的文字都是象形文字，例如古埃及圣书体、楔形文字和汉字。人把自己看到的客观事物变成用来记事的符号，这是一个很自然的过程。但是，正因为文字必须把客观事物符号化，不同文字系统之间相互交流时，象形文字就会出现问题。

比如，中国人把韭菜叫成"韭菜"，"韭"是对这种丛生小叶植物的象形化，非常直接。但是，一个埃及人怎么知道"韭"是对韭菜、而不是其他植物的象形化呢？埃及圣书体里的"植物"这个词写作 𓏏𓏏，你看它，左半边几乎就是一个竖起来的草字头。但是，中国人怎么会知道埃及人的草字头是竖起来的呢？就算知道了，这个带草字头的字指的又是哪种草呢？所以你可以想象，如果中国人想要跟埃及人买韭菜，麻烦是很大的。

与之形成对比的是，在这种商贸交往的场景中，表音文字具有很大优势。英国人管韭菜叫 chive，但中国人不必去记 c、h、i、v、e 这几个字母的形状有什么符号含义，只需要记住 chive 这个词的发音，对英国菜贩子一讲，就可以买到韭菜。所以，表音文字很可能就是为了适应与异族交流和商贸的需要，而渐渐发展出来的一种书写系统。腓尼基人是远古时代最有名的航海家和商人，所以他们的表音字母才流传最广。

言归正传。腓尼基人出身于一个小地方，因为有航海的一技之长，才远走四方，开创了自己的伟业。但是，航海民族在面对拥有超强暴力的陆地大国面前，总是十分脆弱的。无论是在远古时代，还是 20 世纪，都不例外。

公元前 9—前 8 世纪，西亚地区的强国亚述结束了国内的混乱状态，开始征服周边各国，并实行强制性的移民政策。腓尼基也因此受到影响。正是从腓尼基和亚述开始，一对人类历史上的永恒矛盾，即代表暴力的国家和代表利益的商人之间互相利用又互相斗争的矛盾，开始登上文明史的大舞台。在未来的 3,000 年里，这对矛盾将反复上演，彼此摧残也彼此促进，互为因果也互为代价，共同推进人类文明的演化与现代社会的成型。

也是从这个时期开始，腓尼基人发展出了商贸民族应对强权国家的一套基本办法：服从，但是争取自治权。

腓尼基人必须服从亚述，因为双方的军事规模与武力不可同日而语。同时，腓尼基人也有争取自治的资本，他们精通航海，掌握技术，控制着商路以及青铜矿产等关键性战略资源。亚述想获得这些资源，就必须依赖腓尼基人。

后世很多商人也像腓尼基人一样，借着这些优势与强大的国家进行谈判。从威尼斯到热那亚，从吕贝克到汉堡，从阿姆斯特丹到伦敦，这样的事情在人类历史上不断上演。

为什么商业与国家总是以这样一种矛盾形态反复出现呢？这就要回到两种活动的本质来看了。商业的本质是承担风险，利用信息不对称，并从中获得回报。比如，伊比利亚半岛有一个地方出产丰富的银矿，腓尼基人知道这个地方，而且知道拿一些陶罐铁铲之类的日常用品就能换银子；西亚的尼尼微有很发达的银器产业，当地的国王需要赏赐仆人，贵族需要装点家具，银子需求很大。于是，腓尼基人就把两个地方连接起来，从中赚取差价。当然，这个钱挣得并不容易：腓尼基人要航海远行，承受风浪，克服水土不服，提防盗匪抢劫，还要注意学习两个地方的语言，熟悉当地风俗，以免被当成当地人的敌人。

　　国家的本质是垄断暴力。在古代社会，国王往往还会把自己打扮成半神，告诉臣民自己是奉天承运，或者出身高贵，让臣民发自内心地敬奉。这样做不单是出于迷信，也是为了尽可能降低武力控制的成本。如果臣民个个见多识广，知道法老拉的屎同自己一样是臭的，出的汗一样是臊的，而且300公里外有个巴比伦王也说自己是神的儿子，那他们对君主的崇敬可就要大打折扣了，武力控制的成本也随之上升。希罗多德曾经讲过这样一个故事：美狄亚最早的僭主戴奥凯斯在夺取王位之后，围绕皇宫和宝库建造了七圈城墙，规定任何人都不能直接觐见国王，一切事项都要通过传达员来办理，原因是他害怕出身与他相近、才能比起他来也毫不逊色的同辈见到他的能力不过尔尔，会兴起取而代之的念头。[1]

　　作为暴力垄断者的国家和需要获取利润的商人双方既可能相互利用，也可能相互冲突。国家利用商人提供财富，而商人利用国家制造的壁垒获取高额利润；国家想要打破商人对贸易的垄断，商人则希望努力维系自己的这种优势。因此，双方之间相爱相杀。

　　双方的"相爱"，主要表现为国家允许商业民族以"自治"的形式存在。

　　公元前8世纪亚述崛起后，腓尼基北部沿海的城市和北叙利亚都被纳入亚述人的严格管控之下，但是腓尼基南部的商贸城市推罗却保持了政治独立，而且在一定条件下还有经济活动的自由。亚述史料中，推罗是被当作优惠属国对待的，这从当时献上高级贡品的君主名单中就可以看得出来。[2]

　　据一份亚述文献记载，亚述向希兰王的继任马坦二世收取了150塔兰特，相当于4,000公斤左右的黄金。可见，商业城邦获取自治的代价是非常巨大、高昂的。[3]

　　尽管代价巨大，自治好歹是一种"相爱"，而不是"相杀"。当掌握暴力的国家不满足于仅仅取得金蛋，而是要控制下蛋的鸡时，武力侵犯的"相杀"就到来了。

公元前 701 年，亚述国王辛那赫里布（Sennacherib）发动了对推罗的远征。自此之后 200 年，亚述和腓尼基城邦的战乱纠纷一直持续不断。

你也许会感到奇怪，亚述是陆地强国，为什么打几个小城邦需要 200 年呢？其实单纯的武力征服倒是并不困难，难点在于持续统治。腓尼基人长期航海，在地中海沿岸的据点并不只有一个推罗，还有西顿、比布鲁斯等城市，如果抵敌不住，大不了带上财产逃往其他城邦。

另外一边，亚述是君主制政权，总不免出现王子之间的钩心斗角与争权夺利，内乱一出现，腓尼基人便趁机再度回到推罗。

如此反复拉锯 200 年，之后，巴比伦贵族联合伊朗高原同受亚述统治的米底人一同造反，攻占了尼尼微，亚述帝国灭亡。

米底人就是波斯人，他们灭亡亚述之后，一路西侵，最终建立了波斯帝国的阿契美尼德王朝。

波斯帝国成立之初，开国君主居鲁士再度恢复对商业城邦友好的政策，允许被奴役和压迫的人民各自归国，并把被掳掠的神灵塑像还给他们。腓尼基人也在其中，并且承担了物资运输职能。

《圣经·以斯拉记》是这么记载这段故事的：

> 他们又将银子给石匠、木匠，把粮食、酒、油给西顿人、推罗人，使他们将香柏树从黎巴嫩运到海里，浮海运到约帕，是照波斯王古列（居鲁士）所允准的。

但是，有一部分腓尼基人并没有选择留在黎巴嫩与强权国家反复博弈，而是像后来的清教徒登上"五月花"号一样，离开了故土，开始寻找新大陆。

迦太基的崛起

公元前9世纪左右，一支腓尼基人来到今日的突尼斯海岸，建立了日后闻名世界的都市，也是腓尼基人所有城市中最光辉的那颗明珠——迦太基。

关于迦太基，在腓尼基人中有一个十分凄美的传说。古代有一位推罗国王叫皮格马利翁，据考古学家发现，这是个真实存在的人物，在位时间大约是公元前820—前774年。但这个传说倒不是跟他有多大关系，而是跟他的妹妹爱丽莎（Elissa）有关。

当时战争频发，为了躲避战乱，爱丽莎领导族人乘船来到突尼斯，希望寻找一块避难之地。当地人给了他们一块牛皮，说牛皮圈盖的地方就是他们的避难处。聪明的爱丽莎把牛皮切成细条，围起一大片土地，这便是迦太基的起源。在古代迦太基文献里，这块土地叫"毕尔沙"（Byrsa），希腊语中就是"皮"的意思。考古队在此确实挖掘出了古代城墙。

在爱丽莎的带领下，毕尔沙欣欣向荣，引起当地国王亚尔巴斯（Iarbas）的垂涎。于是，亚尔巴斯提出提案，逼迫爱丽莎与自己结婚，否则就要带兵来攻。

爱丽莎的回应是：她在推罗有一位前夫，已经去世，她要先吊慰前夫的亡灵，才能答应其婚约。亚尔巴斯答应了她的请求。

之后，爱丽莎用三个月的时间，在城市的最高处堆起了如山一般的柴垛。祭奠之日，她登上柴堆，对公众宣布："我这就前去亡夫的所在之处。"然后拔出剑来，了结了自己的生命。

爱丽莎的传说在古代世界广为流传，希腊人、罗马人的文献都有记载。这个传说可能在某种意义上反映了三个历史事实：

第一，迦太基毫无疑问是腓尼基人建立的城市，但不是正式的殖民城市，而是由一群难民建立的逃难城市。

　　第二，腓尼基人有自己的一系列习俗和信仰，但与他们所处的当地环境有冲突，因而难以轻易融合。这个冲突，最终在民间传说中具象化为爱丽莎拒绝亚尔巴斯的婚约。

　　第三，商业城邦与殖民城市有一种"英雄不问出处"的精神。许多民族会把自己的历史祖先渲染成神灵的后裔，或者英雄的子嗣，但是腓尼基人并不这样做。哪怕是落难之人，也可以建立起伟大的功业。我在前文讲过，正增长秩序中的人相信个人是创造财富的源泉，因而一个人有多大潜力，不在于出身如何，而在于能成就何种事业。我个人相信，腓尼基人的这种眼光，正是"正增长"思维方式的体现。

　　公元前 7 世纪，随着亚述帝国逐步压迫推罗等东地中海腓尼基城邦的生存空间，这座由难民建立起来的城邦迎来了自己的崛起时代。他们垄断了伊比利亚的银矿生意，借助银矿积攒起的财富发展工商业，贩运青铜与铁器等战略物资，很快在地中海西部确立了自己的优势。

　　当时，地中海东部的希腊已经崛起，其中有个著名的商贸城邦叫福西亚（Phocaea），它在东地中海势力范围很大，与迦太基形成了竞争关系。

　　为了保障伊比利亚半岛银矿航路的安全，迦太基与意大利的伊特鲁里亚人结盟，在科西嘉、萨丁岛和西西里建立了军事殖民地，用网络状的军事港口封锁希腊海军的西进。公元前 540—前 535 年间，迦太基–伊特鲁里亚联军与福西亚在科西嘉岛的阿拉利亚附近会战，击败了希腊人。

　　这场战争的胜利给迦太基造成了一个附带影响，那就是迦太基自身政治体制的变化。阿拉利亚战争中，迦太基一方的统帅叫马戈（Mago），他带领迦太基人赢得战争后，建立了王制，他的时代也被称为"马戈王朝时代"（Magonids dynasty）。

　　这里需要解释一下古代世界的政治体制问题。一般来说，古代社会都是在有血缘的氏族或部落基础上发展来的，而氏族往往自然而然地采取父权制，拥有权威的长老很容易成为氏族领袖。但是，这并不排斥在氏族时期就出现一些协商式的政治元素，例如原始的部落会议、氏族领袖的推选制以及表决办法等。毕竟，一切政治体制都是为了解决不同意见和利益的冲突、统一共同意志。既然人人都有自己的利益，允许每个人正常表达利益，当然也是一种自然而然的处理办法。古希腊城邦的公民大会，就是继承了村落时期的村镇会议传统，这种传统在许多原始聚落中都存在。

当村落合并为城邦后，这种传统保留下来，就成了城邦的民主元素。因此，古代城邦的政治体制并不像今人理解的那么单调，它往往是很多种元素的混合体。

很可能，有一个人统率军队、发号施令，号令其他公民服从，他便代表了君主制元素。但是，他是不是就一定要取消村镇会议或公民大会呢？很可能不会。同样的道理，一批大部落的成员发展成为后来的贵族，在贵族议事会或元老院这样的机构中制定法律，那么这些机构可不可以跟君主和公民大会共存呢？答案是可以。

一个国家的政体可以是非常复杂的，具体谁强谁弱，差异很大，并不是单纯的君主制或民主制就能概括的。古代地中海世界，一些国家名义上虽然有君主，但这些君主只是一个公共职位，像现代的总统一样，不仅不能世袭，还有任期限制，这些都是很常见的。

马戈王朝带来的变化，就是把迦太基的政体从一个比较弱的君主制变成了比较强的君主制。迦太基的大量史料后来被罗马人烧毁了，保存下来的文献很少。我们只知道，在马戈之前，迦太基也有君主；还可以确定的是，马戈的权力超过以往，他是一个比较倾向于集权的君主，而这样的君主，是不受迦太基人欢迎的。

迦太基人不喜欢强权专制者，个中原因很好理解。首先，腓尼基人以商贸为本，本就被各处由君主统治的帝国和陆地强权国家欺凌，当然不愿意在本国也受强权君主的统治。其次，商业是非常复杂的活动，牵涉利益众多，简单粗暴的君主逻辑很容易得罪大批人，造就内在的反对者，所以强权君主在商业城邦里很难生存。

但是，商业逻辑只是古代城邦生存逻辑中的一种，还有另一种必不可少的逻辑，那就是战争。任何城邦都不可能永远在一帆风顺的和平中发展下去，外敌内乱，危机总会在不经意间到来。一旦战争爆发，一位强有力的领导者，往往要比一个软弱的集体更有效率。

迦太基商人愤恨强权君主的统治，由此埋下了这个商业文明后来悲惨命运的伏笔。

我们说回马戈。

马戈的辉煌只持续了两代人。到他的小儿子哈米尔卡一世统治时，波斯帝国入侵希腊，迦太基瞅准这个时机，也对希腊人发起进攻。结果，希腊人在同一天跟两个对手的海军在两个地方同时开战，且都赢得了胜利。波斯人在萨拉米斯被击败，迦太基人在西西里岛附近的希梅拉（Himera）被击败。

赔款之后，迦太基的海洋贸易地位其实没有受到太大影响，但是它的政治体制发生了变革。由于史料缺失，我们没法了解制度变革的很多细节，可以确定的是，哈米尔卡一世在国内被废黜了，君主权力被大大削弱，君主从世袭改为必须得到元老院的认可。元老院掌握了更多的财政权力，民众的发言权也相应得到扩大。

变革之后的迦太基政体，得到了当时的哲学家亚里士多德的称许。亚里士多德的政体理论，是整个西方历史最悠久、影响也最深远的政治学理论之一，对复盘迦太基和古典时代的商贸—政治关系非常重要。

这个理论是这样的：政体就是一个城邦最高权力的分配方式，它是最重要的政治制度。一般而言，有三种基本的分配方式，或者最高权力归属一个人，或者最高权力归属少数人，或者最高权力归属多数人，它们分别被称为君主政体、贵族政体和民主政体。

君主政体的优点是上限高，因为它权力集中，如果君主足够优秀，那么这种政体可以建立伟大的功业，缺点则是下限低，一旦摊上一个糟糕的君主——这常常发生——人民的自由和权利就会遭灾；贵族政体的优点是选贤任能，充分发挥精英的作用，缺点则是不平等；民主政体的优点是能保障自由和平等，缺点是人民往往囿于知识和见识的缺乏，容易做出目光短浅的选择。

除此之外，还有一种混合政体。它的特点是把最高权力按照职责分类，在不同领域分别实行三种基本的权力分配方式，例如，君主负责军事，贵族负责决策，民主负责立法和表达意见。

亚里士多德认为，这种混合政体，是最优秀的，也是最稳定的。改革之后的迦太基，就是这种混合政体的典型代表。鉴于亚里士多德在古代知识界的崇高地位，这套政体理论也成为西方政治思想史上的权威理论。

当然，从亚里士多德所生活的年代来讲，这种政体的确在一定程度上保障了迦太基的优势地位：君主、贵族和平民三者的利益都能有所兼顾，政局比较稳定。

但是，亚里士多德不知道的是，不久之后，迦太基就会面临一场大考，这场考验将真正回答很多人类政治史上至关重要的问题：决定一个国家崛起的最关键要素是什么？政体问题到底有多重要？大国兴衰背后的核心动力机制到底是什么？

地中海双雄争霸

迦太基商贸的核心在于控制伊比利亚半岛的银矿和其他矿产与东地中海的交流。从地理形势上来看，地中海中部的三岛，也就是科西嘉岛、撒丁岛和西西里岛，是最为重要的岛屿。

这三个岛屿像是矗立在地中海上的三道大门，如果迦太基能够控制好这三道门，那么东来的舰队就很难避开他们的势力范围。这三个岛屿中，又以靠近意大利的西西里岛最为关键，此地离希腊和意大利本土都很近，有很多希腊人和意大利人建立的殖民地，因此很容易跟迦太基发生冲突。

迦太基已经为这些岛屿同希腊交战几次，双方互有胜负，但整体来说，迦太基人还是牢牢地把控着西地中海的航线。直到公元前3世纪，情况发生了变化：另一个足以改变地缘政治规则的玩家入局了，这个玩家就是罗马。

按照古罗马人自己的传说，罗马的建城者叫罗穆路斯（Romulus），他是被狼奶喂养大的，于公元前754—前753年在台伯河畔建立罗马城，开启了罗马历史上的王政时代。考古学家在今天的罗马挖掘出了当时的古城墙遗址和罗穆路斯的名号，证明此人的确存在。不过，罗穆路斯担任的罗马王并不是中国人理解的世袭君主，古罗马的国王不是世袭的，只是在诸多决策方面享有比较大的权力。

根据古罗马史家李维的记载，建城之初的罗马人口稀少，为了扩充人口，罗马人掳掠了邻近部落萨宾人的妇女。数年之后，萨宾的男人发兵攻打罗马，罗马人出城迎敌，萨宾人妇女却来到战场上隔开双方，称一方是丈夫，一方是父亲和兄弟，她们不希望任何一方受损害。双方男人被这群妇女的陈词打动，便坐下来商量合并事宜。罗穆路斯的继任国王努马，就来自萨宾。

这个传说反映了一个历史事实：早期罗马是罗马人和包括萨宾人在内的周边部落交融联合的产物，它同时也折射出罗马民族的一种性格，即将罗马之外的人纳入自己麾下、共存共荣。

依靠写罗马史拿了诺贝尔文学奖的历史学家蒙森，曾对罗马人的性格有过这样的概括:"罗马是农民和战士的民族。"[4]的确,与擅长经商的迦太基人不同,罗马人性格沉稳刚毅,崇尚一分耕耘一分收获,认为爱国是最大的美德。但是,罗马人也并不因此否定迦太基人性格中的伟大之处。

在罗马人和迦太基人于第一次布匿战争交手之后,罗马剧作家普劳图斯创作了一部名为《小迦太基人》(*Poenulus*)的剧本。剧里的主角爱上了一位女奴,这个女奴与她的姐姐都是被人从迦太基拐走的。最后,她们的父亲,一位叫汉诺的迦太基贵族寻女而来,帮助主角击败狡猾的红灯区老板,赢得了大团圆的结局。

这其中汉诺的角色有点像《威尼斯商人》里帮助丈夫好友赢得官司的波西亚,精明而富有正义感,利用欺骗和小手段玩弄坏人,又不失绅士风度。这就是罗马人当时对于这个对手的印象。

这样的两个对手,围绕地中海中央的西西里岛,展开了命中注定的第一次交锋。

公元前 264 年,西西里岛上的叙拉古城因为雇佣兵问题爆发战争,这队雇佣兵同时向罗马和迦太基两大势力求助,由于双方都害怕对方控制西西里岛,于是爆发了战争。这就是历史上赫赫有名的"布匿战争"。"布匿"(Punicus)其实就是"腓尼基"(Poeni)的另一种说法。

"布匿战争"是那个年代地中海国际关系上最重要的大事,它决定了后来数百年的历史走向,也决定了古罗马文明的演化路径。甚至,在某种程度上,它也决定了古典文明如何隐秘地影响现代社会的形成过程。

第一次布匿战争中,决定西西里岛归属的主要是海军力量,而迦太基的海军强于罗马,因此开始时罗马处于劣势。但是,罗马人别出心裁,在自己的军舰上装上了一种名为"乌鸦"的吊桥。海战中,

"乌鸦吊桥"复原图

罗马军舰利用"乌鸦"吊桥勾住敌船，罗马士兵便可以跳上敌船，然后发挥陆军的优势，屠杀敌军。罗马人就是这样在海战中赢得了优势。

反过来，迦太基人却在本来不擅长的陆战中取得了一定成果。说到这里，就要提到一个关键人物哈米尔卡·巴卡（Hamilcar Barca）。

哈米尔卡是迦太基的一员将领，出身军事贵族巴卡家族，受迦太基委任驻守西西里岛。他以亚历山大大帝和皮洛士为模范，建设了一支多兵种相互配合的部队，并在西西里岛多次击败罗马军队。最后，罗马不得不绕过西西里，派海军直攻迦太基本土，迫使迦太基求和。

公元前 241 年，双方签订和约，迦太基撤出西西里岛，将附近的岛屿和港口转交给罗马，赔款给罗马人，并不得再供给西西里岛城邦叙拉古及其盟友。

公元前238年，罗马人乘胜继续攻下萨丁岛。迦太基一连失去了三座岛屿中的两座，海上防线岌岌可危。而外部危机必然引发内政问题。

当时，恰好发生了一件事，哈米尔卡的部下因为战败而未能得到酬劳，于是发动了叛乱，迦太基国内的商人贵族便集体甩锅哈米尔卡，把战败的责任都归结于他代表的军人集团不忠于祖国。然而，哈米尔卡凭借着高超的指挥战术，很快平定了叛乱，并在国内的平民群体中赢得了巨大的声望。

这次事件不但没能让商人贵族凌驾于军人集团之上，还激发了两者之间的仇恨。商人贵族想起了历史上马戈凭借军功称王的故事，对哈米尔卡百般提防，而哈米尔卡也为了自保，且愤恨于商人贵族的无用，在国内成立了新的政治派系。

根据狄奥多罗斯的记述，哈米尔卡在战后创建了一个由社会地位最低阶层成员组成的政党，利用这些人的财力和战利品，他聚敛了一笔数额巨大的财富。他认为他的成就已经为自己赢得了巨大的权力，于是便一心致力煽动民粹，并以此博得民众的欢心。这是当时许多城邦独裁者惯用的政治手段。[5]

平心而论，迦太基的商人贵族惧怕哈米尔卡是有道理的，因为他的做法很符合独裁者攫取权力、独揽国家大权的戏码。但是反过来，哈米尔卡的策略也是有道理的，他判断商人贵族无法允许自己掌握对抗罗马所必需的权力与资源，所以要不择手段攫取自己所需的地位。

从哈米尔卡日后的所作所为来看，他获取权力的确不是为了一己之私，而是把击败罗马当作了人生信条和家族理念。用科幻小说《三体》中的人物来比喻，哈米尔卡就像是不择手段前进的维德，而他的反对者们，就是那些把程心选上台的人。

然而，哈米尔卡和维德共同的悲哀在于，他们没有办法取信于自己的同胞。这或许就是现实政治的悲哀之处。有眼光和动机实现伟业的人，往往不是理想中的完人，所以，他们总是会面对各种各样的反对者。这些反对者最终所起的作用，就是拖垮这位不完美的人本来有机会建立的伟业，最终使国家和民族蒙难。

言归正传。职业军人集团和元老院贵族的斗争持续了数年，最后哈米尔卡找到了一个迂回的解决方案：他决定离开迦太基，前往伊比利亚半岛，也就是西班牙。西班牙的银矿是迦太基维系经济优势的必需产业，如今迦太基战败，需要向罗马支付巨额赔款，因此捍卫西班牙的安全也就成了重要国策。

元老院当然对这个结果很开心，但哈米尔卡其实另有图谋：他要借机在西班牙建立自己的独立王国，自己筹备资源来对付罗马人。

公元前237年，哈米尔卡·巴卡离开迦太基，前往伊比利亚。当时的西班牙还处在部落林立的时代，哈米尔卡花了四年时间，平定当地部族，建立起几座新城市，组建了一支拥有50,000名步兵、6,000名骑兵和200头战象的庞大军队。实际上，巴卡家族在当地建立起来的，就是一个直属于该家族的王国，哈米尔卡就是国王。

可惜，哈米尔卡还没能实现一生中最大的理想，也就是向罗马报仇，就离开了人世。公元前3世纪20年代，他死于一场战斗。不过，他也许是笑着死去的。因为他知道，自己有一个已经继承了他的意志，发誓终身与罗马为敌的儿子。

李维是这么记载这个人的：

> 一旦危险降临，他会立刻展现出一流的战术能力。这个人从肉体到精神都是不知疲倦的，无论是在酷热或是严寒的环境下，都能安之若素。他并不纵情于吃喝，饮食仅以维持必须的体力为限。他醒着和睡觉的时间都是不固定的，并无白天黑夜之分。当忙碌之中的他得以抽出时间睡上一觉的时候，他既不会去找一张柔软的床铺，也不会去找一个安静的环境，因为经常有人看见他

裹着一条军用披风睡在地上，周围是一群担任警卫的普通士兵或执勤的哨兵。从衣着上来看，你是绝对无法将他与同一年龄段的其他年轻人区分开来的，但他的装备和坐骑是那么引人注目。无论是骑马还是徒步，他在一群战士中间都显得那么与众不同。他总是第一个投入进攻当中，又总是最后一个离开战场。[6]

这个人就是在西方军事史上被众多君王和领袖奉为天才的绝世名将——汉尼拔·巴卡。

从9岁起，哈米尔卡就要汉尼拔发誓终身与罗马为敌。26岁时，汉尼拔继承父亲统帅职位，现在，他决定践行誓言了。

就在汉尼拔为向罗马复仇摩拳擦掌、踌躇满志之时，迦太基城中的商业贵族也注意到了他的举动。当时的迦太基已经出现了批判巴卡家族军队世袭、挑战共和国的声音：

> 难道我们在担心，哈米尔卡的儿子像其父一样掌握着无节制的权力，俯瞰着帝王般盛大游行的那一天会姗姗来迟？难道我们在担心，为成为这位暴君的奴隶而等下去是件毫无必要的事吗？他已经将我们的军队像他家的遗产一样馈赠给了自己的女婿！[7]

由于巴卡家族的活动完全自行其是，迦太基国内对此并不认可。甚至到后来，罗马因为注意到汉尼拔的活动而派出使节来迦太基质询的时候，他的政敌、贵族领袖伟人汉诺（Hanno the Great）还发表了一篇反对汉尼拔的演说：

> 我奉劝过，并且警告过你们，不要把哈米尔卡的儿子送到军队里去。那个人的精神，还有那个人的子孙后代是不休息的。只要有一个代表巴卡这个家族或姓氏的人活在世上，我们与罗马签

汉尼拔像

订的协议就绝不可能得到保障。……萨贡托的废墟将会砸在我们的头上，这场起于萨贡托的战争将迫使罗马加入。[8]

但他的演说没有得到认可，因为当时的迦太基国内也充斥着对罗马的仇恨情绪，有人认为，巴卡家族对罗马开战，正是一次复仇机会。所以，伟人汉诺并没能阻止汉尼拔的行动。不过从他的演讲中我们可以看出，迦太基国内对汉尼拔远征的分歧相当之大。

汉尼拔的这场战争，从一开始就不是迦太基与罗马的战争，而是他一个人与罗马的战争。

公元前 218 年，汉尼拔率军队从新迦太基出发，向意大利进军，吹响了第二次布匿战争的号角。

已经有无数史料、书籍和电子游戏反复渲染过这位天才统帅的战绩，我们在此就不一一重复了。简单说来就是，汉尼拔率领自己的军队，在意大利国土上肆虐了 16 年，未尝一败，还以少胜多，

透纳,《暴风雪,汉尼拔率领大军翻越阿尔卑斯山》(1812 年)

打出了西欧古代史上单日消灭敌人最多的一场战役——坎尼会战。

此战中,汉尼拔以大约 5,700 人死亡的代价,杀伤并俘虏了 67,500 名罗马人,其中包括罗马最高行政长官和 80 名元老院成员。消息传到罗马,举城震动,妇女捐出银器,青年奔赴战场,悲壮地迎向怀着复仇之火将要吞噬他们的敌人。

汉尼拔的多场胜利却还是没有带给他彻底击败罗马的机会。这里有两个重要原因,一是汉尼拔在异乡作战,难以取得补给;二是罗马城防坚固,如果没有攻城器械,汉尼拔的部队很难赢得攻城战。

汉尼拔能不能克服这两个困难呢?答案是,他本可以的——假如迦太基国内支持他的话。

然而,整个第二次布匿战争前后持续 16 年,迦太基国内仅仅给汉尼拔提供了极其有限的支援。鉴于迦太基的实力、汉尼拔的成绩以及他应得的尊重,这些支援实在是太少太少了。

假使迦太基在坎尼之战后配合汉尼拔进军罗马,罗马很可能必须签订战败条约，而历史也将从此改写，那个影响了整个西方历史两千年，成为美国建国榜样的伟大帝国可能就此被扼杀于摇篮之中。

那么，迦太基为什么没有给汉尼拔提供援助？

根本原因就在于我们之前提到的，商人贵族对军事集团根深蒂固的不信任。在第一次布匿战争结束后，国内的商人贵族元老与巴卡家族代表的职业军人集团之间的矛盾已经走到了内战边缘，哪怕哈米尔卡远走西班牙，也并未抚平两派的鸿沟。贵族害怕巴卡家族获得独裁地位，害怕巴卡家族代表的职业军人集团反攻倒算，所以，就算汉尼拔赢了罗马，元老院又能从中得到什么裨益呢？非但如此，汉尼拔一定会调转枪头，直扑迦太基本土，彻底打垮贵族势力。毕竟，双方之前的仇怨摆在那里。

我们快进跳过战争过程，直接说结果吧。

罗马发现无法在陆地上正面击败汉尼拔，只能用拖延战术一边跟汉尼拔周旋，一边调动海军，进攻汉尼拔的基地。公元前 209 年，罗马人派军队渡海来到西班牙，直捣汉尼拔的老巢，击败汉尼拔留守西班牙的部下，摧毁了新迦太基城。第二次布匿战争自此迎来转折。汉尼拔虽然依旧保持不败纪录，但是他已经失掉了最大的支援基地，不得不转而求助迦太基城。

公元前 204 年，罗马将军大西庇阿登陆迦太基，迦太基向汉尼拔求援，汉尼拔不得不回到祖国，协同防卫。公元前 202 年，西庇阿在扎马与汉尼拔决战，汉尼拔迎来了他一生中第一次，但也是最重要的一次战败。此败之后，罗马逼迫迦太基签订了极为苛刻的和约：迦太基割让所有海外领土，支付 50 年的赔款，只能保留 10 只小型军舰，并且未经罗马许可，不得对外作战。

拒绝支持汉尼拔的迦太基，终于品尝到了苦果，民众冲进元老院，杀了许多元老，而商人贵族则不得不接受汉尼拔主导的政治改革,削减贵族的权力,扩大军官与民众的发声渠道。然而,一切为时已晚,不是民众不给他们机会,而是罗马人不给他们机会了。

公元前195年,眼看迦太基在汉尼拔的带领下渐渐恢复了经济实力,罗马人再度派出使者,要求交出汉尼拔。为此,汉尼拔自愿离开城市,自我流放。他去了腓尼基人的故乡,又先后在罗马的敌对国家那里担任指挥官职务,践行自己一生与罗马为敌的誓愿,屡败屡战。

公元前183年,罗马人在与帕伽马的战斗中再次败给汉尼拔,于是施展外交压力,要求帕伽马交出汉尼拔。汉尼拔不愿落入罗马人手中,服毒自尽。

汉尼拔虽然死了,但是依靠商贸立国的迦太基元气却很快得到恢复。尽管自身军事实力被严重削弱,迦太基却依靠雇佣兵的力量,再度恢复了一定程度的实力,控制了一些地带。

然而,这一切都逃不过罗马人的眼睛。汉尼拔给他们造成的心理阴影太大了,许多罗马贵族认为,迦太基是罗马最坏的敌人。其中最有名的便是老加图,据说他当时在元老院里做任何发言,哪怕是跟迦太基完全无关的演讲,末尾都要加一句:"在我看来,迦太基必须毁灭!"

公元前149年,罗马人找了个借口,发动第三次布匿战争,彻底烧毁了迦太基城,将城中男女都变为奴隶。这座由腓尼基人建立的最光辉的璀璨明珠,就此永远在历史舞台消失。

商业共和国与军事共和国

现在,为了进一步阐明本书想讲的主题,我们必须要做一些看上去有些枯燥,却至关重要的理论探讨了。

前面已经介绍过亚里士多德的政体学说，他认为，人类社会有三种基本政体：君主制、贵族制和民主制，而能够把这三种政体混合起来的政体，就是最好的政体。

那么，在古代社会，有没有这一最好政体的典范呢？答案当然是有。

我们熟悉的斯巴达是一个，亚里士多德认为迦太基也算一个，但是迦太基的对手罗马，在西方历史上更加赫赫有名，影响力也更为巨大和深远。

亚里士多德的年代，罗马还没有崛起，所以他保存下来的著作中并没有提到这个新兴政权。最早称赞罗马政体的，是比亚里士多德要晚，但是亲身经历了第二次布匿战争的希腊历史学家波利比乌斯。波利比乌斯在自己书写的史书中，以自问自答的形式写道："为什么罗马在不到五十三年的时间里统一了（地中海）世界？"他说，答案就是罗马的政体。[9]

波利比乌斯完全继承了亚里士多德的理论，他认为，罗马采取的就是亚里士多德提出的最好、最稳定的政体。波利比乌斯之后差不多又过了100年，罗马政治家与演说家西塞罗又完全继承了波利比乌斯的理论，并且指出，罗马的这种政体不是人为设计的，而是在漫长历史中博弈出来的，所以罗马的成功，是天意命定。

对罗马政体（及其成功历史）的这个阐释，是整个西方政治思想最重要的一段历史案例和思想资源。其精髓，被称为"共和主义"。[10]

不研究政治思想的人，可能不太清楚共和主义在西方知识分子心中的地位。这么说吧，如果说中国历代大儒心心念念的是恢复"三代之治"，那么，一代代西方思想家推崇的就是要重建罗马的共和主义。

现代政治思想的奠基人马基雅维利以《君主论》为世人所熟知，

但他心目中真正的理想是共和制，一个强大的君主国只是佛罗伦萨求共和而不能的妥协方案。所以，他一生中真正耗尽心血、非比寻常的著作并非《君主论》，而是借讨论罗马来抒发史观与政见的《论提图斯·李维的〈罗马史〉前十卷》。[11]

孟德斯鸠是启蒙时代的思想大师，以提出"三权分立"学说为世人所知，然而孟德斯鸠所谓的"三权分立"，实际上就是波利比乌斯混合政体的现代版本。在这个话题上，孟德斯鸠基本没有什么原创性。

要说到近世最推崇罗马、成就也最大的一批人，大概还要数美国的建国之父：约翰·亚当斯是古罗马政治家和演说家西塞罗的忠实粉丝；托马斯·杰斐逊说他起草《独立宣言》时主要的参考来源就是西塞罗；麦迪逊和汉密尔顿为制宪会议制定的美国宪法辩护时，用的笔名是古罗马执政官普布利乌斯的名字。

美国的权力制衡制度，实际是从古罗马混合政体那里借来的。美国总统就是执政官的翻版；参议院就是古罗马的元老院，在英文里，它们是同一个词；众议院模仿的是平民会议，在弗吉尼亚版本的美国宪法方案里，这两个词也是同一个；美国的国会大厦叫国会山（Capitol Hill），这个名字实际上来自罗马的卡皮托里欧山，它是古罗马七丘之一，也是古罗马广场所在地；美国联邦政府发行的第一批货币的图案，描绘的是罗马的正义女神和自由女神，印的是罗马诗人维吉尔的诗句；美国第一任总统华盛顿在两届任期满后归隐田园，是致敬古罗马执政官辛辛那提的高风亮节，后者在担任独裁官、拯救完罗马之后，携妻子一道归隐田园，再不涉政治。

有很多历史学家称美国是新罗马，而考察美国国父的思想倾向和知识结构，我们会发现，这不仅仅是一个说法，而是带有很多事实性成分。

　　罗马真正的成功经验是怎样的呢？它真的是亚里士多德、波利比乌斯、西塞罗和后世一大批西方思想家心目中所赞叹向往的吗？

　　如果我们以迦太基为对照，答案会非常暧昧可疑。因为按照亚里士多德的标准，迦太基同样是混合政体，那它为什么败在罗马手下了呢？罗马三权分立，迦太基难道不是三权分立吗？罗马相互制衡，迦太基的商业贵族和军人集团难道不是相互制衡吗？

　　对此，波利比乌斯给了一个非常含混的解释。他说，这是因为迦太基处在下降期，而罗马处在上升期。[12] 这个解释其实没有太大意义，因为这等于说根本变量是历史进程，而不是制度因素。

　　其实，从布匿战争的历程中，我们已经可以总结出来，迦太基失败的原因，在于国内精英集团的撕裂，具体来说，就是商业贵族和军人集团的撕裂。

　　受限于阶级经验的差异，古代社会的思想家对社会的经济驱动力没有现代人理解得那么透彻，因此不能很好地区分不同类型的精英集团。同样是贵族，通过商业发家的，跟通过军事征服发家的，当然会有很大区别。商人与别人打交道的信条是和气生财，而军人则是你死我活、不能共存；商人注重的是共商协调，而军人则强调上令下达、令行禁止。这样两个精英集团，其阶级基础是完全不同的，倘若他们彼此共存于一个共和国内，矛盾是很难调和的。

　　这个问题在迦太基历史上不是没有暴露过，但迦太基以往遇到的对手不足以使这个矛盾成为致命弱点。然而，当它遇上罗马这个足够强大的对手时，这个破绽就极为致命了。第二次布匿战争中，迦太基的商人贵族只是犹豫了一次，错失了支持汉尼拔攻入罗马的良机，之后十年，一直到被罗马亡国，都再也找不到崛起的机会。

　　高手过招，只争一线，一线之差，身死国灭，历史上的生死争斗，就是这么残酷。

　　由这个洞见出发，我们会发现，古往今来的共和主义理论家的关注焦点，其实是有所疏的：很多人总是过分关注共和政体本身的制衡性，而忽略了其背后作为团结基础的共识性。只有不同集团之间在根本问题上存在共识，制衡才能起到集思广益、平衡利益的作用。如果社会的基础共识消失了，那么政体上的制衡，反倒可能导致国家的撕裂。

从这个角度出发，再反过来观察罗马的胜利，我们就会意识到，罗马的强大并不仅仅在于它的共和政体，更在于共和政体中代表君主、贵族和平民的三种力量，从根本上是互信的。

这三种力量的互信基础，就是罗马人的军旅本色。

为了解释清楚这个问题，让我们深入观察古罗马具体的共和制度到底是怎样的。

古罗马共和国前后历史大约有 500 年，其间政体并不是一成不变的。大致而言，共和国有三个分支，分别对应亚里士多德所阐释的三种政体：平民会议对应民主制，元老院对应贵族制，由执政官和保民官率领的行政分支对应君主制。

但这只是表面现象。仔细看一下这三个分支的产生机制，我们会发现，它们其实统一于罗马的军事生活之中。

先来看平民会议。[13] 古罗马并不只有一个平民会议，而是有很多个发挥类似功能的机构。随着历史的演进，新的机构会诞生，但旧的机构不会消失，久而久之便形成层层叠叠的机构设置。考察它的起源，可以发现，其军事组织色彩非常明显。

最早发挥平民会议功能的组织叫"百人团会议"，从纸面的职务上看，这个组织能够选举行政长官并颁布法律，它的法定权力是最高的。这里的"百人团"，就是罗马的军队组织。

早期罗马共和国把全部公民分为 5 个等级，共 193 个百人团，并按照公民的财产收入，决定他们是担当骑兵、重装步兵、轻装兵还是投石兵。这些百人团既是连或排这样的作战组织单位，也是进行投票表决的政治单位。而且，就像美国的选举人团一样，每个百人团在平民会议中都有一张选票。193个百人团中，最富有的第一等级百人团有80个，加上骑士百人团的18票，一共是98票，这就已经过半了。而且，他们担当的兵种（重步兵和骑兵），在作战中是最重要的。显然，这个制度中，精英士兵的话语权最大。这个平民会议的投票机制更像美国的选举人团制，而且把尽可能多的话语权赋予在战场上地位更重要的主力士兵。

再来看元老院。纸面上，平民会议的权力是最高的，但实际而言，元老院才是古罗马权力最大的机构。元老院是由罗马最古老、最重要、权势最大的家族组成的寡头组织，在祭司的监督下按照法定程序运行，确定罗马最重要的执政方针，提前确定行政长官的人选，并且供各方政治势力发表演说，进行政治交易，或者颁布紧急法令；最重要的是，它还掌握财政大权。

仔细观察元老院，同样会发现，它与军事组织关系密切。首先，所有元老院成员都是骑士阶级的成员，他们为共和国提供骑兵部队；其次，罗马共和国逐渐形成了一种不成文的惯例，所有共和国的执政官，也就是掌管军事事务的最高领袖，结束其任期后，都会进入元老院。也就是说，这里是所有军事领袖的权力俱乐部。

最后是行政长官。古罗马共和国在公元前509年开始由百人团会议选举执政官，负责军事和宗教事务，基本可以被视为最高军事长官。执政官每年产生两个，互相可以否定对方的决策，任期一年，不允许连任，但可以再选。执政官任期结束后，往往会被选为元老，再被指派为代理执政官（Proconsul），这是一个民事总督的头衔，主要职责是代替执政官处理文官政事。随着罗马共和国不断地扩张征服，这些代理执政官后来也被指派为行省的最高统治者。

换句话说，古罗马共和国的文职首领，是由退役后的最高统帅担任的。这个制度一是为了保障在任执政官专心军事事务，二是为了允许退役执政官在经济建设领域合法地攫取利益。[14]

我们已经基本勾勒了罗马共和政体的结构，现在请你切身代入罗马公民的身份，仔细想一想，这个体制会如何运作呢？

假设你是一个等级比较低的公民，那么，首先你的军事义务是为共和国担当轻步兵或者投石兵，因为你家境不是很好，承担不起重装步兵所需的装备。然后，你会被编入一个第四或第五等级的百人团，这个百人团在战争时是你的作战编制，在和平时就是你的投票编制。

当然，古罗马人的生活跟现在人不同，当时的战斗还是很普遍的，罗马共和国自成立以来，几乎一直在跟周边民族打打停停，这是零增长社会的常态。

所以，对你而言，百人团大概率是战友情谊多过政治派系情谊。当投票日到来的时候，作为百人团的一个士兵，你能选举的最高行政长官，恰恰又是军事事务最为紧要的执政官。他平日里指挥你作战，在战场上你已经了解他很多，当然对他非常熟悉，选举日只是给了你了解他的政见和口才的机会。

当然，讲实话，你的话语权并不特别重要，因为骑士阶级和重步兵阶级两个集团加起来的票数已经过了半数，对此你也可以理解，因为他们在作战中承担的职责更大，功用也更大。

至于元老院，那是贵族们的事务，你不太理解，也不大关心。你只知道，那批人是声明赫赫的退休统帅，他们已经证明过自己的能力，这就足够了。

这样捋下来，古罗马共和国到底是一个什么样的组织呢？

首先，它肯定不是一个现代知识分子脑海中想象的维护自由与平等的政治共同体，而是借由共同军旅生涯建立起来的一个精密的战争机器。

　　它的强大之处在于，作为一台军事机器，它的设置巧妙而合理：首先，最高统帅权力很大，但是任期有限，所以他要在任内不断攻伐，赢取功名，这样卸任后得到的利益才会越大；如果最高统帅经验不足，就会有元老院的老前辈出来给他提供咨询意见，卸任的军事精英好借此捞取政治资本和经济利益；最高行政长官是一线作战士兵选出来的，但是这个选举不是一人一票的普选机制，而是保障了重点部门（兵种）话语权的选举人团机制，因为对于推进"杀人"这项业务来说，这是极为合理的。

　　其次，三个分支因为共同的军旅生涯而存在着基础信任，所以不太会像迦太基那样，出现两个精英集团之间的严重撕裂与内耗。

　　像古罗马这样，将共和制与战争事业如此精密地结合在一起，在其他共和国里是很难见到的。这也是为什么很多强大城邦，甚或埃及、波斯这样的帝国，无论采取共和制还是君主制，都不是罗马的对手。在这台战争机器面前，他们的制度都显得太过粗糙。

　　相比之下，迦太基共和政体的最大困难，在于生活方式、价值取向和政治理念完全不同的两个集团——商人贵族集团和军事精英集团，很难彼此信任，无法在共和政体的框架下协调解决根本矛盾。

　　所以，共和政体并不是罗马强盛的唯一答案，相互信任和共同价值（基础共识）恐怕更为重要。

军事共和国的崩溃

　　迦太基虽然最终战败，但却以另外一种形式向罗马实施了自己的报复。

　　汉尼拔率领自己的军队，在意大利国土上肆虐了16年。这场战争之所以持续时间如此之长，一个很重要的原因是，在坎尼会战遭受惨败之后，被后世称为"拖延者"的罗马执政官费边，决定采取拖延和骚扰战术，也就是带领一支部队远远跟在汉尼拔后面，永远不跟他正面作战，而是尽可能击败他的盟友，切断他的补给。

汉尼拔在异国他乡，很多时候必须靠威慑或动员意大利当地部落才能补充所需的给养，所以费边的策略是，他虽然打不过汉尼拔，但是谁帮汉尼拔，他就打谁。

费边最终给罗马拖来了胜利，但也造成了极为严重的后果，这就是罗马中产阶级农民的破产。

罗马本来是一个由自耕农组成的城邦，很多罗马士兵平时是农民，要照顾自己的一亩三分地，养活老婆孩子。现在来了一个怪物一般的汉尼拔，一仗杀死六七万罗马人不说，还打了一场持续16年的仗，对普通士兵来说，这等于是田地荒芜，妻子改嫁，家破人亡。

据德国社会学家马克斯·韦伯估计，汉尼拔发动的战争大概消灭了十分之一的罗马中产阶级，并把这称作"汉尼拔迟来的报复"。[15]

而另外一方面，罗马最终的胜利，却为大贵族提供了获利空间。

既然罗马损失了数量庞大的劳动力，那么补充劳动力势在必行。通过什么方式补充最快呢？答案是战俘与奴隶。第二次布匿战争到第三次布匿战争期间，罗马发动了数次对外战争，其中一个很重要的目的，就是掳掠奴隶补充劳动力人口。

奴隶的到来，进一步摧毁了罗马弱势阶级的生存状态。在奴隶到来之前，许多罗马人像其他农耕文明的农民一样，主要依赖农耕为生，在此基础上，做一些简单的手工业生产弥补日常所需。然而，战争之后，一方面，土地兼并严重，战争中掳掠的大量贵金属涌入罗马，造成通货膨胀；另一方面，大量成本低廉的奴隶涌入制造业，造成手工艺人和自耕农的大规模破产。[16]

如果你不能感同身受，就想象一下，一边是失业，一边是房价高涨，你的心情会如何？对古罗马人来说，这意味着一线士兵与精英集团之前存在的那种相互信任和共识基础遭到了严重破坏。

这些是宏观经济结构发生变化导致的必然结果，但是缺乏相关思维的古人却不能正确理解。西塞罗在后来写作《国家篇》时，借西庇阿之口说，布匿战争之后的罗马开始堕落了，并为此忧心忡忡。[17] 当时大多数知识分子把这解释为道德上的堕落，根本没有认识到背后的阶级状况变革。

当然，也不是没有头脑清醒之人。比如，有一位贵族叫提比略·格拉古（Tiberius Gracchus），他曾经参加过第三次布匿战争。这个人年轻时喜欢四处旅行，走遍了意大利的广袤国土，看到罗马农民和士兵的生活极其凄苦，大量小农庄破产，贵族庄园趁机四处兼并，"富者田连阡陌，贫者亡立锥之地"（《汉书·食货志》），这给了他极大的震撼。于是，他开始从政，提出要给罗马公民重新分配土地，保证每个人只要劳动，就可以吃上一口饭。

在共和国贵族眼中，这么做却是破坏共和国的政体。提比略后来虽然当上了执政官，但是元老们给他扣上一个"煽动民粹、意图独裁"的帽子，组织一伙暴徒将他刺杀。十年后，他的弟弟盖尤斯·格拉古以同样的政见和手法当上执政官，想要推行跟哥哥一样的改革，最后也被刺杀了。

只要元老院开了暴力刺杀的头，共和政体中不同集团之间互相信任的规则就被打破了，彼此的斗争更不择手段。

与此同时，普通罗马人的生活条件每况愈下，唯一能够赚钱糊口的渠道，就是去当兵领取军饷和掳掠战利品。不管罗马内部阶级斗争如何混乱，军队的组织、指挥经验和战斗力依然得到保持，就作战能力而言，依然碾压周边民族，所以底层民众纷纷视当兵为唯一出路。而共和国元老院和其他组织既然无力阻挡阶级矛盾的加剧，也就只好承认这个变化趋势。

提比略 · 格拉古被杀

公元前 107 年，时任执政官盖乌斯 · 马略（Gaius Marius）推行了一项改革，彻底取消罗马人参军的财产资格限制，把原先的征兵制改为募兵制，由国家出钱为穷到被迫当士兵的平民提供装备，而士兵退役之后，既可以从统帅的战功中分得奖赏，还可以分得土地。布匿战争后，罗马扩展速度突然加快，先后征服马其顿、希腊和叙利亚，背后的根本原因恰在于此。

有一句很流行的话是这样说的，当你回头看你做出重大决定的日子，那一天其实非常平常，平常到跟普通的一天没有什么区别。对罗马共和国来说，马略改革的那一天，就是这个平凡到几乎被人忽视的重大日子。

这里我要解释一下。为什么这个改革如此重要？因为它彻底改变了民众、士兵与共和国之间的信任关系。过去，在罗马共和国采取征兵制的年代，应征入伍是罗马公民的义务，是他们为集体做出的贡献。他们把这既看作一种负担，也视为一种荣誉。改为募兵制之后，对于底层民众而言，当兵成了一种职业，这不再有什么荣誉可言，在战场上卖命，只是为了拿钱。

于是，有产者不再参与军队，穷困者反而成为军队的主体，军旅生活就此成为罗马阶级划分的界限——日后罗马的阶级斗争，经常表现为军队领袖与元老院贵族之间的斗争。

共和制的瓦解和军人的干政，就是从这里开始的。

更要命的是，既然士兵的目的是赚钱，那么军饷，也就是工资从哪儿来？——共和国政府其实只提供装备，不提供工资。因此，罗马军人的工资，只能是从他打胜仗的战利品里分出来。而打胜仗的能力与分配的权力，自然全部集中在将军身上。

因此，罗马士兵的忠诚对象变成了军事统帅，在他们眼中，军事统帅的权威高过共和国。只要将军愿意，他就可以打破过去的政治规矩，逼宫元老院。

在枪杆子和刀把子面前，所谓贵族的头衔实在是没有什么用的。从此以后，再没有什么实质力量可以支撑共和国了，它注定要倒台。

公元前 82 年，长期统率军队的苏拉利用军事优势，逼迫元老院同意他成为终身独裁官，开启了破坏共和政体的先河；公元前 60 年，恺撒、克拉苏、庞培三个军阀达成"前三头"同盟，控制了罗马政坛；公元前 48 年，恺撒引军渡过卢比孔河，击败庞培，当上终身独裁官；公元前 44 年，恺撒被刺杀，次年安东尼、雷比达和屋大维结成"后三头"同盟；后来，屋大维将另外两人打败，公元前 27 年，元老院给屋大维上"奥古斯都"尊号，共和国正式结束。

从此，罗马进入帝国时代。

中国人普遍对罗马历史了解很少，以为恺撒、奥古斯都这些人物称帝，是与秦始皇称帝类似的伟业。其实根本不然。秦始皇称帝，是以先进的暴力集中体制征服落后体制的历史事件；屋大维称帝，则是罗马内部阶级矛盾到了无法调和，因而必须以无上的专制权力压抑动乱的产物。

我们可以从两件事上看出二者的区别。

第一件事，是秦统一六国后，推广本国国土上实施的郡县制，并且统一了文字、货币与度量衡。日后虽经反复，秦制却终于在汉朝的修正中固定了下来，成为两千年中国帝制史的基本形态。

罗马治理地方属国与附庸的制度，基本是在共和国时期就确立下来的。奥古斯都称帝，改变的主要是罗马城本身的政体结构，也就是中央的政府形式问题。换言之，罗马从共和国转为帝国，更多是内战的结局，是不得已而为之，而非主动求进步的选择。

第二件事，是罗马帝国化后对内和对外的转变。

共和国时代，罗马不断开疆拓土，这背后固然有军队领袖向外征服以攫取财富和积累资源并反过来在罗马城内寻求独裁的动机，但也从侧面反映了罗马的强大国力，更为罗马文明从整体上影响西欧文明奠定了基础。但是在帝国时代，罗马扩张的步伐其实是大大放缓了，道理很简单，最大的军队领袖已经获得了独裁权力，当然没有必要再把自己的性命赌在对外战争的成败上。

帝国时代，除了图拉真等少数几个有为的皇帝外，帝国疆域整体上没有什么扩展。即便是图拉真在对外征服上取得了很大的成绩，也没能守住超过一代。他一死，外族很快把罗马占领的土地夺回来了。更多的罗马皇帝其一生中的战绩，主要是守住原有的疆土，而非开辟新的领地。

对内政治上，由于皇帝的上位实际上是靠着军队的支持，一旦皇帝自己驭军无能，罗马近卫军就很容易把持朝政，控制皇帝人选，造成政治动荡。罗马帝国后期有上百年的时间受困于这个局面。君士坦丁大帝想改革近卫军，选择接收大量日耳曼蛮族士兵加入罗马军队，这反而为罗马最后的陷落埋下了伏笔。

总而言之一句话，罗马帝国的建立，不是罗马共和国的进步，而是罗马共和国的崩溃。

商业社会的繁荣

有趣的是，罗马共和国的瓦解史，却也是罗马商业社会的繁荣史。

布匿战争之后，罗马的经济实力和繁荣程度大大提升，出现了许多繁华的商贸都市，还发展出很多发达的工业技术，在古代社会，几乎冠绝全球。

罗马帝国的商业活动有多发达呢？我们可以通过一个非常具体的例子来直观感受。这个例子就是被火山灰掩埋，因而得以保存完好的庞贝古城。

在古罗马，庞贝是一个得到自治授权的商业城市，换句话说，只要它交够了税，又不反叛，罗马就不干涉它的内政，允许它自行选举官员，自己制定法律，保障自己的自由。按照当时人的记载，它不只是一个富庶的商贸港口，还是顶尖的繁华之地，其地位大致相当于今天中国的青岛或大连。

公元前80年，罗马共和国授予庞贝城自治宪章（lex），根据这一宪章，庞贝人民可以组成公民大会（comitium）选举官员，组成"十人社"（ordo ducurionum）履行立法工作，选举两名市长（duumvirs）和两名副市长（aediles），分别负责司法行政事务、公共建设、建筑维护、礼拜祭神和公共盛典活动等。

一句话，在古代世界，有了这种自治保证，基本就相当于放开了自由竞争的口子，设立了经济特区。生活在其中的商人可以获取权利，自由发展，扩充自己的财富：雇人研究法律条文，提出法学观点，为自己的商业利益辩护；在广场上发表演说，参与政策讨论；修建豪华的宅邸，赞助城市的公共建筑和节日，邀请哲学家和艺术家参与清谈，创作伟大作品，流传后世。这就是繁华城市背后的动力。

我曾专门到庞贝古城拜访，沿着古罗马人的行迹，在脑海中靠史料和想象力复原这座商业城市当时的繁华景象。

首先，如果你是一个罗马人，走进庞贝，你的第一印象就是臭。准确地说，是臭中还带有臊气。这臭来自哪里呢？鱼露（garum）。

庞贝离海湾不远，是当时著名的鱼露产地。在当时的罗马，鱼露相当于今天的鱼子酱，是富人喜好的美食调味品，价值如同黄金。按罗马学者普林尼的说法，这是当时最受重视的一种液体。

鱼露最好的原材料是红鲻鱼，其次是金枪鱼、鲭鱼和沙丁鱼。庞贝和赫库兰尼姆的渔民在广场旁的市场上出售这些鱼类，有些是新鲜的，有些则是腌过的，城中的鱼露制造商用这些鱼身上的肠子、鳃、鱼子和鸡蛋混合起来，打成糊状，生产鱼露。

听我的描述，你就知道这个味道一定不好闻，而且庞贝城的鱼露制造业规模很大，浓烈的气味一定弥漫在整个城市里。

臊，来自尿液。

发酵过的尿液中含有高浓度的氨，而氨有漂白功能，可以清洗油污。古罗马人很早就发现了这个现象，所以当时穷人会自己在桶里倒上尿液和脏衣服一起踩，漂白之后再清洗；富人则把衣服集中到专门的洗衣工厂，和发酵的尿液一起倒入一个大桶，由奴隶们集中踩洗。

当时，有些人甚至靠洗衣业成了大富翁，他们租下数十间私人房屋，装设成百上千相互连接的水池或水箱。在这些水箱旁，奴隶们流水作业，洗涤脏污。

由于洗衣业过于发达，甚至从公共厕所专门收集尿液也成了庞贝的产业之一。在古罗马，这个产业发达到了甚至连皇帝也要对其征收"尿税"的地步。

罗马弗拉维王朝的第一任皇帝维斯帕先就曾经征收过尿税。他的儿子提图斯对老爹的政策大为鄙视，维斯帕先抓过一把金币，放到儿子面前，问他：臊吗？儿子摇摇头，维斯帕先说，这些都是从尿里来的，然而钱只有可爱的味道，没有臊味。[18]

所以，庞贝的臊臭不是一般意义上的臊臭，它散发的是铜臭的味道。古往今来，没人不喜欢这种味道。

当然，除了这两个产业的臭味和臊味，庞贝还有一些能够产生香气的产业，那便是酿酒业和榨油业。

在维苏威，葡萄酒和橄榄油是当地人的主要收入来源，不少庞贝城的有钱人虽然喜欢居住在热闹的城市，喜欢这里的剧场、竞技场、浴室和妓院，却在乡下有大片大片的葡萄田和橄榄田，以及散布其中的乡间别墅。比如，庞贝银行家卢西乌斯·凯西利乌斯·于孔都斯（Lucius Caecilius Jucundus）就有一座葡萄田别墅。[19] 他们让自己的亲属、管家统领大批奴隶管理农庄，甚至还实现了机器化生产——利用榨汁机来压榨葡萄。庞贝周边出土了一些古罗马时代的葡萄酒庄遗址，可以窖藏 120 桶，大约 5 万升美酒。

橄榄油制造在当时也实现了机械化。庞贝城的房屋和粮仓里都发现了压油机，这种机器可以将果肉与果仁相分离，以免榨取后的橄榄油带有苦味。罗马政治家加图在《农业志》里面说过，用熔岩石制成的庞贝压油机是最好的一种压油机。

此外，绿橄榄还有一种可以带来不同味道的副产品：香水。古罗马贵族妇女喜欢用橄榄油炼制的香水，然而那些崇尚斯多亚道德哲学的男性卫道士则认为，这是"所有奢侈品中最没有意义的一种"。

谈起食物，必不可少的当然是主食，对欧洲人来说，也就是面包。

在欧洲历史上绝大部分时间里，人人必须要吃的面包却不是人

庞贝壁画上的海鱼

人都能制作。这是因为，专用于烤制面包的炉子体积庞大，烤制工艺又很专门化，所以即使在农村，农民也是定期去磨坊把自己家里打下的麦谷磨成面粉，再去面包房把面粉烤成面包。因此，在农村，面包师和磨坊主都是十分受人尊敬的，甚至可以凭此发家致富。这在中国古代也是常态，甚至在我自己的家乡山东，就在几十年前，农民们依然要到专门的作坊把自己磨出来的面粉加工成煎饼作为干粮。

　　然而，在两千年前的庞贝，市民却可以如当代城市居民一样，到类似于"巴黎贝甜"这类的门店里购买面包。

　　庞贝城迄今为止一共发现了33家面包店，其中一家叫莫德斯图斯（Modestus）的面包店拥有三个小磨坊和一台大烤炉，面包店遗址中还发现了81条碳化的面包，从中我们可以辨认出，这家店至少有10种不同的面包产品，包括一种在意大利流传至今的小饼干（Offellae）和一种宠物狗吃的饼干。若你漫步在赫库兰尼姆的街上，可以看到面包店打出的广告："专业烘烤25种不同青铜盘尺寸的蛋糕，从四英寸到一英尺半，应有尽有。"

　　除了食品加工行业，庞贝的手工制造业也很发达，其中最主要的一个行业是羊毛加工与制衣。

　　你可以在城中发现大大小小的毛料加工和制衣作坊，它们构成了一条完整的服装加工产业链。生羊毛要先送到专门的加工作坊，在铅锅中煮沸脱脂；梳理好后，它们会被送到纺纱厂和织布厂——有些其实是家庭作坊，由主妇将其纺成布料，再送去染色。最常见到的颜色，是古罗马人喜爱的大紫色或藏红色这种鲜艳富贵的颜色。染成的布料一批批分发给布料商人，在街上售卖或送去成衣店。

　　此外，羊毛产业的发达，也带动了毛毡加工业，其产品可用于制成拖鞋、帽子、毯子和斗篷。

　　……

　　当然，庞贝毕竟处在古典时代，当时的产业规模再发达，在一个现代人的眼中，也不过如此。真正使我感到惊讶，并且直观感受到庞贝商业经济之发达的，是城中四处弥漫的消费主义气息。

　　庞贝人有酒吧。经过机械压榨过后的葡萄被送到酒吧里，供城中寻醉客们狂欢。这些酒吧还会给自己打广告。庞贝附近的赫库兰尼姆曾出土了当地酒吧的广告，上写着"请认准有碗的标志"，还列了 6 种葡萄酒及其出产年份。

　　现代世界的酒吧是一个放肆的前卫场所，古典世界也一样。庞贝出土的酒吧墙上还有涂鸦，其中有一篇涂鸦是酒客骂老板的："淹死在你的尿酒里吧，你这头猪，卖的都是差劲货，好的留给自己。"我们不太清楚酒吧老板是出于什么理由保留了这篇涂鸦，还是他没来得及清洗就被火山灰掩盖了。

　　庞贝人有富丽堂皇的公共浴室。它不是我们理解的"澡堂子"，而更接近于按摩足疗类的场所，同时伴有比较重要的社交功能。

　　中国扬州人有"早上皮包水，晚上水包皮"的惬意生活，"皮包水"

庞贝妓院中的性服务广告

指的是早茶,"水包皮"说的自然就是泡澡堂子。古罗马人起得晚,早茶是喝不成了,其对泡澡的热爱却近于扬州人。他们喜欢在澡堂里赤裸相见,吹一吹哲学或诗歌的牛,因而对澡堂的水准要求很高。庞贝城有四个大的公共浴室,饰以高大的拱券,拱顶和地底都铺设有暖气管道,冬天时可以烧煤供暖。室内热水、温水、冷水一应俱全外,还设有休息厅、娱乐厅和运动场。

俗话说,饱暖思淫欲,古罗马人洗完澡,很自然地会想到"红灯区"。庞贝的红灯区位于酒肆与旅馆旁边,离富商和政客的住宅也不远。红灯区内灯红酒绿,极尽奢华。从出土的妓院遗址中可看到,描绘性爱的壁画从墙壁延伸到天花板,姿势各异,内容大胆。研究者推测,妓院内的壁画除了装饰功能,也许还暗示每个房间中服务人员的服务内容和专长是什么。在当时,古罗马人的性观念十分开放,勾栏内有妓女,也有妓男,性工作者还要合法上岗、缴纳税金、接受预约。由于工作人员多为奴隶或奴隶的后裔,这是他们能找到的最好工作，因此，他们往往秉持公平交易、耐心服务的态度，包客人满意。[20]

　　我当年走在庞贝废墟中，眼见这两千年前的繁华古都，心中感受到的却是一股熟悉的气息。

　　这种气息跟中国的古都是有极大差异的。无论古西安、古北京还是古洛阳，你会感受到雄浑与苍凉，仿佛历史在你血管中脉动。然而在庞贝，我嗅到的却是三里屯，是陆家嘴，是时代广场，是现代消费主义的气息。

　　我清楚地记得那一天，我站在庞贝的广场上，嗅着这股气息，打开手机，戴上耳机，为自己播放了拉娜·德蕾的《萨尔瓦多》，听着她用梦游般的迷离声音唱歌，我知道我把握住了这座城市的精髓：

> 迈阿密的灯光开始闪烁，
> 像是蓝色宝石和绿色霓虹。
> 从上俯瞰，
> 万事万物都那样美好，
> 像是深蓝色的海洋之石。
> 美酒佳肴，
> 豪车别墅。
> 再见爱人，
> 甜美可口的冰激凌。

奴隶肩上的正增长社会

　　古典时代，庞贝毫无疑问是一座正增长岛屿。

　　站在它的断壁残垣前，我们可以感受到那个世界与现代世界精神相通：大资本追逐利润，制造业逐渐集中于沿海城市，富人无限制地以种种娱乐方式满足自己的欲望，市民阶级可以分享城市化红利，奴隶努力工作也只能获得立锥之地……

　　一句话，庞贝是高度发达的商业社会。

　　这里有细致而专门的分工，有市民阶级的精打细算，有聚集五湖四海商品的市场，有丰富多元的消费主义生活，有放浪不避讳的享乐主义，有伟大思想的碰撞，有严重的贫富差距，也有自治、自由的公民社会精神。

　　庞贝并非孤例。在古罗马帝国兴盛的年代，地中海沿岸，有成百上千座这样的城市。在这些城市中，在保护商人与港口的城墙后，是巍峨的神庙与竞技场、发达的法律制度、丰富的商品贸易、自治的市民精神……如此种种，普遍存在，实属常态。

　　它们与古代的田园农村差别甚大，而与今天的巴黎、伦敦、纽约、东京、北京、上海和深圳更为相似。这种发达的消费主义社会，背后是许多现代人熟悉的经济运行机制。

　　我们从中学课本上学过，资本主义萌芽于14、15世纪的意大利，最重要的标志之一是雇佣制。但其实这个说法是不准确的。古罗马就有雇佣制。罗马人像现代人一样开办私人企业，像现代人一样雇佣员工劳动，只不过很多罗马企业利用奴隶工人来劳作，现代社会已经不再允许类似事情的发生。

　　罗马人也像现代人一样开展金融业务，事实上，最早的金融业务在美索不达米亚已经可以见到雏形，希腊的神庙周边已经开始兼营货币兑换和贷款等金融业务，而罗马已经出现了职业银行家。

　　罗马人还像现代人一样发展法治，从事诉讼业务。西塞罗本人就是一位诉讼高手，写过很多优秀的辩护词。罗马时代的法律已经对商业和权益纠纷做出了细致的规定，甚至在一些判例中，罗马法对楼上楼下的业主与租户在空间使用权利方面有何异同都做出了详尽的规定。事实上，整个现代民法体系是在罗马法的基础上建立起来的，许多术语和概念也是罗马时代就已出现了的。

罗马人的这些经验未必是原创。正如我们所说，古罗马最初是一个农民和战士的民族，但是，在征服地中海的过程中，罗马人已经和古希腊、迦太基这些海上民族打了足够长时间的交道，以至于他们已可以接受并熟练地运用这些海上民族的"正增长秩序"经验。

毫无疑问，罗马当时已经出现了典型的正增长社会中才会出现的高成本制度。这些制度养活了很多职业人士，不管是技术人才、银行家还是辩护士。这群人的存在，使罗马的法律和其他社会制度可以处理许多复杂的纠纷，也可以在更多细节上维护公平正义。

当然，以上这些制度主要发挥作用的场所还是城市，尤其是意大利本土的城市，那里受罗马影响最深，适用罗马的制度和法律最多，意识也最先进。毋庸置疑，这些制度都是正增长社会的典型特征。

为什么古罗马文明能发展出这样发达繁荣的正增长社会？这背后有两个原因，其一是政治制度，其二是宏观经济变量。

首先，从政治制度的角度讲，罗马的地方管理体制，与中国人熟悉的那种中央集权式的垂直官僚管理体系是有很大区别的。

罗马人征服某地后，主要是派出行省总督和税务官等地方官员去维系治安、收取税赋，税务官也往往采取外包制，也就是罗马只看他拿没拿到足够的钱，而不会管他到底是怎么拿到的，是靠私兵还是靠关系运作，看他自己的本事。除非发生反复的叛乱，罗马一般不改变当地政治体制。

所以，如果这个地方过去是习惯于采取共和政体的，那么罗马人会依旧保持其共和政体，还可能为它颁布一个自治宪章。作为回报，当地往往要向罗马缴纳很多税，并且与相关的罗马官员结成利益集团。

罗马的这种制度，恰恰给许多商贸城邦留出了足够的生存空间。

其次，从宏观经济变量角度讲，经济发展有三大要素：劳动力、资本（包括土地在内）和技术。罗马在对外征服战争中，一是获得了大量的廉价劳动力，也就是奴隶；二是攫取了其他城邦已经积累的巨大财富，也就是资本。两个要素一叠加，创造出了高度繁荣的古典商业社会。

古罗马贵族瓦罗的《论农业》中有这么一句话流传甚广："奴隶是会说话的工具。"这本书是瓦罗结合自己的经验出版的庄园管理方法，类似于现在企业家出版的一部管理学手册，其中第十七章的标题就叫作"农庄的设备——奴隶"，文中介绍了三种农具分类：会讲话的农具，会发声的农具，无声的农具。第一类就是奴隶，第二类指的是牛马牲畜，第三类指的是锤头镰刀等各种工具。[21]

所以，这句话不是比喻，而是事实描述。

瓦罗在后文详细介绍了如何合理地管理奴隶，比如给他们安排女奴隶同居，选出一个带头人作榜样，给予适当的奖赏。瓦罗认为，这是科学地对待奴隶的方式，正如应该科学地养牛养狗一样。瓦罗还专门提醒庄园主购买奴隶时应该着重观察的素质和应该签署的合同，有点像今天各大自媒体给出的手机评测指南。

瓦罗的这个观点实际说明了一件事：古罗马人并不把奴隶当作完整意义上的人，因而正常人所享有的权利，奴隶是不享有的。换言之，这个社会不必花费时间精力去为奴隶打造一套维护其权利的高成本制度，更不必关心奴隶是否能从"正增长"中获益。这当然就可以压低奴隶劳动的成本，变相增加奴隶主在"正增长"秩序中分得的蛋糕。

　　的确，博采希腊、埃及和西亚众长的罗马人甚至会使用起重机，会制造复杂的齿轮传动装置，会利用风能和水能建立大规模生产的工厂，还会制造我们之前描述过的榨油机等种种机器，但是，这些机器的运用，主要目的是修建更巍峨的建筑或生产更多的奢侈品，供罗马社会上层人消费使用，而非替代奴隶的生产。因此，这些先进的技术，绝无可能在当时引发产业革命。罗马商人从来没有像工业革命后的现代商人一样想过这样一种可能：一旦解放了奴隶的地位与消费能力，再辅以相应技术，原先的奢侈品完全有可能转变为大众负担得起的消费品，从而赚取更多利润。当然，这种想象力，在启蒙运动将普通人的地位提升至与王公贵族平等之前，是很难出现的。我们无需为此苛责罗马人，但是也不能忽视罗马文明成就背后对奴隶欠下的累累血债。

　　罗马通过征服获得了大量极为廉价的劳动力，也以此缔造了自己的辉煌文明，建立了巍峨的城墙、宏伟的庙宇和壮观的斗兽场。如果我们认可马克斯·韦伯对罗马奴隶制的描述，就不应该把它跟埃及、亚述、印度或远东的早期奴隶制混同起来，后面这些文明对奴隶的压榨和使用效率都无法与罗马相比。

　　在我看来，古罗马极其有效地利用了奴隶生产，达到了古典时代正增长社会的第一波高峰。这背后的根本原因，在于古罗马那种奴隶生产制度几乎达到了一种在后世看来能与资本主义模式相比肩的水平，它几乎运用了一种类似于近代工业革命时代的工厂组织制度，唯一的区别在于他们使用的是奴隶而非机器。

　　奴隶扮演机器的角色，固然可以在生产力并不发达的情形下实现工厂化的生产和流水作业，但是也隐藏着一个致命的隐患：罗马大量的人口是没有消费能力的，是极少数富人的消费能力在支撑这个庞大经济机器的运作。

地中海周围星罗棋布着像庞贝这样的城市,其消费主义经济的驱动力,是腰缠万贯的大贵族。从亚历山大到安条克、从大马士革到雅典、从庞贝到米兰、从波佐利到帕多瓦,地中海上熙熙攘攘、往来穿梭的罗马商船,运输的大宗物资都是些葡萄酒、橄榄油、颜料、化妆品、陶器、金银饰品、象牙和名贵家具……它们都是奢侈品。不像现代社会,大宗贸易品都是粮食、工业原材料和大众消费品。

这些奢侈品的确是奴隶们在当时的工厂中生产出来的,但奴隶不是机器。机器可以无穷尽地被制造出来,奴隶却不可以。一旦罗马这架获取奴隶的战争机器停止下来,它蒸蒸日上的商贸经济也会随之萎缩。

罗马从共和国变成帝国后,奴隶的获取途径一下子中断了。

公元9年,罗马将军瓦卢斯试图征服日耳曼尼亚,却被凯路斯奇族首领阿尔米尼乌斯击败,被逼自杀。当时的罗马皇帝屋大维闻讯得知此事,破口大骂:"瓦卢斯,还我军团!(Quintili Vare, legionesredde!)"此骂恰巧押韵,遂流传千古。

此战之后,罗马彻底放弃以武力征服莱茵河流域地区。这标志着帝国扩张的停滞,之后便只能渐渐收缩。商贸城市里那些发达的工厂没有了新的生产工具(奴隶),只能渐渐没落。有钱人逐渐从城市搬到乡村,因为只有直接控制土地的人才能获得粮食、蔬菜、肉类和酒类,自给自足。

这就是我们之前讲过的零增长社会的一大特征:相比其他生产资料,土地的价值更高了,因为它直接产出人们生活所必需的消费品。

城市的消费群体一旦不存在,为其提供服务的商人、银行家和各种服务业也就失去了存在基础。这些人不得不想办法到庄园去,寻求两亩地过自己的营生。

利用水力驱动的古罗马面粉工厂复原模型

　　罗马帝国后期法律文献记载，当时的皇帝三令五申严禁城市人口外流，尤其谴责地主拆除城中的住宅，把木料和家具搬到乡下去。这种谴责当然拦不住地主离开城市的脚步，因为城市所代表的正增长社会已经全然瓦解和崩溃。

　　到了这个阶段，皇帝们要征召士兵也已经变得非常困难，被征召者宁肯去庄园做农奴，也不愿意到军中服役，而庄园主则很愿意帮助这些人藏匿身份，使用这些廉价劳动力。

　　最终，罗马人不得不从日耳曼蛮人那里征募和雇佣军队，日耳曼人也因此掌握了罗马的弱点，最终于 5 世纪攻入这座据说"永不陷落"的城市，毁灭了西罗马帝国。

　　古罗马时代创造的第一波"正增长高峰"，几乎就这样在历史舞台上消失了。

总结：商贸秩序与暴力秩序

从公元前 11 世纪腓尼基人崛起，到公元 5 世纪西罗马帝国的灭亡，有 1,500 年的历史。其间，正增长社会在星星点点的商贸城邦出现，罗马时代发展到举世无双的高峰，却又在罗马帝国的衰落中瓦解崩溃。

接下来，让我们用一个关于"正增长社会"的模型来概述这一长时段的人类文明演进，以使我们更好地概览和理解这段历史在人类文明史中的地位与意义。

我们先来设想一种"原初状态"。假设有两群人，一群人是习惯于武士阶级统治的农民，另一群人则是来自另一个国度的商人，毫无疑问，两个团体彼此是互不理解的。

农民生活在自己的村落中，一辈子与泥土和作物打交道，企盼着老天赏饭，自己卖力气，可以挣口饭吃。一个村落是一个小的人情社会，大家互相了解，形成了一套固定的交往规则。婚丧嫁娶，人情往来，这些人际间规则也调整着整个村落共同体对社会基本秩序的看法。当然，这里也会有简单的交易活动，但只是农业生产的延伸，交易的商品是农业生产的剩余，制作者是农闲时的农民。

远道而来的商人就不同了。他们能够离家万里，来到这个地方，之前必定已经习惯了漫长的漂泊，走过很多地方。他们要冒着遭遇自然灾害、病痛和盗匪的风险，还必须具备相当强的自卫能力，而这种自卫能力在农民看起来非常有侵略性。他们走出家门原是为了求财，不是爱好也不是做慈善，因而必须将全部的聪明才智浓缩成一种对自己负责的品格——精明，而这在农民眼中，几乎与职业骗子没有差别。

两个生活状态、价值观、社会规则完全不同的群体，如果要进行交易，就必须有一种"居间规则"，否则交易无法进行。我们把这种"居间规则"称为"商贸秩序"。

"商贸秩序"这个词说着挺宏大，其实很简单。宽泛地说，任何以"促成交易"为目的、对个人或组织行为做出规范的秩序都可以叫作"商贸秩序"。举例来说，你走进一家超市，商品摆放在什么样的货架上，收银台在什么样的位置，你是否可以打开饮料喝一口再付款，这些都可以被称为"商贸秩序"。纽约交易所平日下午四点关盘是一种商贸秩序，KTV 不允许自带酒水是一种商贸秩序，淘宝交易平台的规则也是一种商贸秩序。

最古老的商贸秩序，可能是腓尼基人发明的"静默交易法"。腓尼基商人旅行到某个陌生地，会与当地人举行一个仪式，到了仪式的那一天，腓尼基人先到达集市场所，摆下他们出售的商品，然后离开；当地人再来到集市，在自己想要的商品边摆下自己愿意付出的商品，然后离开。双方如此重复两三次，直到对方的出价与自己心中的估值相匹配，然后各自拿走自己买下的商品。

这种商贸秩序虽然简单，却是后来许许多多高度复杂的商贸秩序的鼻祖。

同时，我们要理解一条基本原理：任何秩序的产生都是有成本的。商贸秩序也不例外，而且成本还格外高。这是因为，但凡发达一点的商贸秩序，都需要有专业人士的参与。羊毛交易商要懂得关于毛料与制衣的知识，葡萄酒交易商要学会品尝酒体内的复杂味道，更不用说维系交易存在的其他职业人士，例如律师、拍卖员和银行家等。不经过漫长的知识积累，一个社会不可能培养出足够多的这类专业人才。在古代社会，知识绝对是一种成本极高的稀缺资源。反过来，建立暴力秩序的知识成本就很低。国王只需要派出一队士兵拿上武器，就可以建立起基于暴力威慑的简单秩序。

商贸秩序的高成本由谁来承担呢？当然是商人。出钱雇佣律师的是商人，向银行家支付利息的是商人，雇佣制皮、纺线与酿酒专业技工的也是商人。商人从自己承担风险因而获得的高额利润中分出一部分来，供养这些从事生产或不事生产的专业人员，才会为社会其他人员提供一种预期：我学习这种知识是可以赚钱的。这样，知识才会顺利地传承下去。

商人承担成本的目的是逐利，他们希望这套秩序能够维护商业活动的持续展开，更希望这套规则可以协助他们追逐更大的利益。此时，就有可能产生一种危险：那些无法被纳入这套体系中的人，可能既无法从中得利，又被迫承担商人逐利的后果：更高的消费品价格和更大的贫富差距，就像布匿战争结束后的罗马平民那样。此时，这群人就有可能求诸另一个提供秩序的集团，例如暴力集团。历史学家波兰尼在其名著《大转型》中引用过罗伯特·欧文的一句经典名言："如果人们任由市场经济按照它自身的规律发展，就会产生巨大而永久的灾难。"[22] 因此，波兰尼认为，要有一种与市场经济相反的原则，即社会保护的原则，防止受到市场有害行为影响的人遭受过多伤害。波兰尼讲出的这个道理在人类任何时代都适用，古典时代也不例外。如果商人集团不能正确认知这一问题，民众就会诉诸暴力集团来表达这种诉求，即使这将导致巨大的灾祸与内战。

因此，一个古典国家的政治经济结构，可以初步被表述为民众、商人和暴力集团三者之间的博弈结构。这三者中的任意二者，都可能结盟对抗第三者。民众可以跟商人结盟制衡暴力，也可以跟暴力结盟制约商人，商人也可以为暴力集团贡献税收、提供关键物资，甚至在必要时提供武装力量。

在农耕技术条件下，商人团体与暴力团体都是能够快速积累财富与实力的团体，因此两者之间的关系，比起它们与民众团体的关系，更能够有效地影响一个国家的政治体制与政治命运。

古代社会的商人集团比之暴力集团而言，在两个方面存在巨大劣势：第一，掌握政权的暴力集团动员民众获取兵源是非常容易的，但商人集团获得相应的武力资源就比较困难；第二，受限于古典时代的大众消费水平，商人集团的主要客户群体同时也是暴力集团的精英，一旦发生冲突，最终受损的还是商人自身。

这两点决定了，在绝大多数古代社会，商贸秩序难以正面挑战暴力集团。一旦商贸秩序因机缘巧合占据了主导地位，商人集团也很难信任暴力集团，这就是迦太基的悲剧所在。

对于暴力集团，取得商人集团的信任，并以此来培育长期增长力量，也是有好处的，因为这能够稳定地扩大税源，提升国力，也让暴力精英享受更多的物质财富。

因此，我们经常可以看到，在历史上暴力集团愿意对商贸秩序做出承诺。在古代社会中，暴力秩序对商贸秩序的低级承诺形式是允许其自治。

比如，亚述帝国承诺授予推罗城一定的自治权，波斯帝国允许腓尼基人和希腊人有自由经商权，唐帝国允许粟特人在长安等城市建立自治社区，自行选举官员并解决内部矛盾，蒙古帝国允许伊斯兰商人在泉州、广州等商贸城市建立同样的自治社区，甚至允许私人部队存在，明清则允许广州十三行处理外贸活动，诸如此类的例子在世界各地随处可见。

当然，暴力集团也可以随时推翻这种承诺，所以我称它为低级承诺形式。更高级的形式，是以法律和规则的方式，允许暴力秩序的内部结构向商人集团开放，也就是允许商人集团进入政治体系，参与政治权力分配。

波斯君王允许富商担任官职，唐帝国接纳粟特人和伊斯兰教徒成为重要官员，都是允许外来商人集团参政的一种表现。但是，所有这些表现形式中，最为开放的，还是公开允许商人参选公职的共和政体，也就是迦太基和罗马采取的办法。

尽管罗马本城的政治机会比较稳固地掌握在本国军事贵族手中，但是在罗马统治的许多区域，地方长官的职位经常开放给商人，由此实现的政治权力分配效应也是相当可观的。

暴力秩序对商贸秩序的承诺水准高低，直接决定了正增长社会的成熟程度，也直接决定了社会文明的进步水平。

在技术不发达的年代，农民无论如何辛勤劳作，也只能维系正常的繁衍。只有商贸不断演进，社会才可能持续进步。商贸秩序的发达程度，就是正增长社会发达程度的指标。即便是像"静默交易法"这样最原始的商贸秩序，也可以给当地人提供他们自己无法生产的商品，从而提高生产率或满足消费者需求，而更高级的商贸秩序，则有可能创造出更复杂的制度，这些制度反过来又能够更好地确保经济增长。

比如，一个城邦里的海洋商贸活动越发达，就越可能有大量掌握精湛航海技术的船员，这样的船员越多，航海事业的风险就越低，普通人参与远航的程度就越高。这会鼓励从事放贷活动的商人投资商船，因为通过航海挣钱的风险是可评估或可控的。放贷和投资活动的增加，又会鼓励从事相关法律事务的人员增加，因为所有的合伙投资行为都会涉及权利和义务的明晰化，由此可能产生大量利益纠纷，从而促使凭借这些活动发展职业生涯的法官与律师的出现。最后，当社会发达到以上活动领域都持续存在时，对这些活动中的客观规律进行总结的专业性学术著作就会出现，也就是知识的积累与扩散。

以上，就是关于一个远古社会中正增长社会如何产生与发展的简单模型。

这个模型的作用，一是给我们提供一个关于社会演进的动力视角，二是能够帮我们确定一些关于正增长社会虽不明确、但可以作为参考意义的指标。受制于历史学与考古学的资料依据，经济史研究是很难重建古代城邦人均 GDP 数据的，因而我们没有办法通过量化手段严格判定古代正增长社会的状态。但是，通过这个模型，我个人认为可以提出一个比较简单甚或粗糙，但足够我们使用的判断标准：当某个城邦／区域／社会出现专业从事重要服务部门的职业共同体时，我们就可以说，这个地区明显进入了正增长社会状态。

就古代社会的一般经验而言，有三个"重要服务部门"最具参考价值，一是金融行业，二是教育行业，三是法律行业。

金融行业之所以出现是人们预设未来金钱会增值，因而放贷者可以获得利息回报。

金融业的诞生和货币的流行几乎是同时出现的。公元前 8 世纪起，古希腊已经开始打制钱币，而资料显示，当时一些神庙已经开始充当放贷角色。公元前 395 年，一位名叫伊索克拉底的希腊人撰写了一份法庭辩护词，旨在控告一位名叫帕西欧的雅典银行家盗用储户存款的行为，包括肆意欺骗、伪造和偷窃合约以及贿赂等罪名。这份文件甚至暗示，帕西欧行为的严重性并不在于欺诈，而在于从事银行业务却没有足够的准备金，也就是违反了金融机构的合规性。[23] 这份文件从侧面说明，当时的银行业已经有了相当的发展。

职业教师不是一般意义上的智者、宗教创始人或思想家，而是能够教授明确技能，并且以此收取回报的人。

在职业教师出现之前，无论是农民、手工业者，还是神庙祭司或公职人员，其知识传承主要依赖行业内的学徒关系。只有当某个领域充分发展，有人能够不靠职业技能，而是单纯靠教授职业技能也能赚取足够生活费时，职业教师才会出现。职业教师的特点是功利化，学生与老师的关系越功利，表示这个领域的经济活动越发达，职业水平就越高。当然，由于明确的专业学科思想是在亚里士多德对知识进行分类后才普遍流传开来的，早期的职业教师多半被归为智者（sophist）或辩术师一流。古希腊比较著名的几位辩术师，像大约生活在公元前 5 世纪的普罗泰戈拉、西比亚斯和高尔吉亚这类人，都是依靠教授演说和辩护技巧生存的，学生们学习这类技巧的目的是从政或成为律师。

职业法律人这个团体比较特殊，因为一个法律体系不采取辩护制度的话，职业法律人的作用就很有限，只需要像乔太守或葫芦僧这样的行政长官就可以把案件判了。而以职业人员采取辩论形式为载体展开的法律体系，只在西欧文明中得到了充分发展。

出现这种状况的原因，可能与古代地中海周边城邦较多采取共和政体，或保留了更浓厚的广场辩论氛围有关。毕竟，法律是以政府暴力为后盾的社会规范，因此只有在公开讨论法律问题并通过民意机构来进行立法的社会中才有可能率先发展起来。最早的职业法律人士是古希腊的辩护演说人（logographos），在古希腊法庭上，原告和被告要么自己发表演说，要么聘请辩护演说人代替自己发言，赢得陪审团的认可，最终决定审判结果。据说，最早从事这一职业的人是公元前 480 年出生的雅典人安提丰（Antiphon）。

现在，我们可以这 1,500 年的文明发展史，来构建一个关于正增长社会诞生和发展的演化模型了，如下图所示。

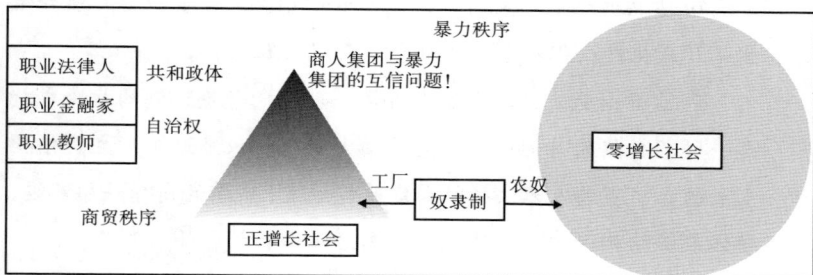

正增长社会演化模型

我这里列出这个模型想要表达的几个重要观点，并称之为"商贸秩序与暴力秩序关系"（以下简称"商暴秩序关系"）：

　　1. 我用面积较大的圆来代表"零增长社会"，用面积较小的三角形来代表"正增长社会"。这是想说明，在古代生产力条件下，绝大部分地域和人口依然分布在自然经济条件下的零增长社会中，两者的体量是不对等的。正增长社会只是一座座孤岛，集中于部分商贸城邦中。当然，它们有可能凭借财富的积累来获得与自己体量并不相称的权力。

　　2. 暴力秩序普遍笼罩于两种社会，只是在不同社会有不同表现形式。正增长社会有可能采取君主制，零增长社会也有可能采取共和政体（如斯巴达），但是共和政体的确对高水平正增长社会更为友好。

　　3. 正增长社会的主要驱动力是商贸秩序，充分发展的商贸秩序会培养出职业教师、职业金融家和职业法律人团体。

　　4. 暴力秩序对商贸秩序做出承诺的低级形式是允许自治，高级形式则是采取共和政体。

　　5. 古典时代，商人集团与暴力集团之间的相互信任问题始终未能得到解决，这是古代商业共和国最终败给军事共和国的根本原因。

　　6. 古典时代普遍施行奴隶制，奴隶制在正增长社会可能会催生工厂式生产，但在零增长社会则表现为农奴制。

　　7. 古典时代，正增长社会在罗马共和国晚期达到的巅峰成就是一种不自然的畸形成就，它是由大规模的奴隶制工厂生产催化形成的。当罗马人无法持续稳定获得奴隶，城镇的商贸秩序萎缩，整体经济结构退回到自然经济状态，正增长社会就崩溃了。

以上七点，勾勒出了正增长社会取得成功或遭受失败的核心要素。

　　不过，现在先不要急着提出疑问或下额外结论，我们的历史漫游还没有结束。我已经在一开始解释过，这场历史漫游想要采取的视角，既不是传统意义上的帝王将相或帝国兴衰，也不是历史线性主义为我们规划的社会不同发展阶段。

　　我们的视角只有一个，那就是正增长社会究竟如何产生，如何发展和维护自己，以及如何与外界作斗争。

　　在接下来的漫游中，我们还会沿着这个全新的视角观察下去，并对这个列表进行补充和更新，讨论哪些问题得到了解决，哪些问题自行消失了，哪些新问题又产生了。

　　我相信，当这个视角与近现代社会相连之后，我们的很多问题自然而然就会得到解决。

注　释

1　可参见希罗多德《历史》，徐松岩译注，上海人民出版社，2018。

2　栗田伸子、佐藤育子：《迦太基与海上商业帝国》，黄耀进译，八旗文化出版社，2019，第 74 页。

3　栗田伸子、佐藤育子：《迦太基与海上商业帝国》，第 74 页。

4　参见特奥多尔·蒙森《罗马史》，李稼年译，商务印书馆，2015。

5　参见理查德·迈尔斯《迦太基必须毁灭》，孟驰译，社会科学文献出版社，2016，第311—312 页。

6　转引自理查德·迈尔斯《迦太基必须毁灭》，第 329 页。

7　转引自理查德·迈尔斯《迦太基必须毁灭》，第 329 页。

8　转引自理查德·迈尔斯《迦太基必须毁灭》，第 334—335 页。

9　Polybius,*History*,ch.6.

10　关于"共和主义"，有兴趣的读者可参阅以下几本代表性著作：萧高彦《西方共和主义思想史论》，联经出版公司，2013；菲利普·佩迪特《共和主义：一种关于自由与政府的理论》，刘训练译，江苏人民出版社，2006；应奇、刘训练编《共和的黄昏：自由主义、社群主义和共和主义》，吉林出版集团有限责任公司，2007。

11　参见吉塞拉·波克、昆廷·斯金纳、莫里奇奥·韦罗里编《马基雅维里与共和主义》，阎克文、都健译，生活·读书·新知三联书店，2019。

12　Polybius, *History*.

13　需要说明的是，这里的"平民"并不是真正意义上的平民，他们的社会地位比罗马的普通民众要高得多，只是比那些贵族门阀低而已。

14　若要更为详细深入地了解罗马共和政体，亦可参见弗朗切斯科·德·马尔蒂诺《罗马政制史》，薛军译，北京大学出版社，2009。

15　参见马克斯·韦伯《古典西方文明衰落的社会原因》，载《民族国家与经济政策》，甘阳译，生活·读书·新知三联书店，1997。

16　马克斯·韦伯：《古典西方文明衰落的社会原因》。

17　西塞罗：《国家篇 法律篇》，苏力、沈叔平译，商务印书馆，1999。

18　参见盖乌斯·苏埃托尼乌斯·塔奎卢斯《罗马十二帝王传》，谢品巍译，浙江大学出版社，2019，"被奉为神的维斯帕芗"一节。

19　参见 M.P. 加图《农业志》，马香雪、王阁森译，商务印书馆，1986。

20　参见玛丽·比尔德《庞贝：一座罗马城市的生与死》，熊宸、王晨译，民主与建设出版社，2019。

21　参见 M.T. 瓦罗《论农业》，王家绶译，商务印书馆，1981。

22　卡尔·波兰尼：《大转型：我们时代的政治与经济起源》，刘阳、冯钢译，浙江人民出版社，2007，第十一章。

23　参见 Jesus Huerta de Soto, *Money, Bank Credit, and Economic Cycles*, Ludwig von Mises Institute, 3rd edition, 2012, pp. 42-44。

第二章　中世纪的商贸共和国

古代城邦的残余与新生

罗马帝国后期，随着奴隶制度的崩坏，发达的手工业和商贸城市都无以为继，贵族和富豪们渐渐从城里搬走，移到乡下，靠他们购置的田产生产的农作物与牲畜过活。这批人就是最早的庄园主。他们的奴隶渐渐被释放，变成了自由人，依靠租种他们的土地来生存，也就是最早的农奴。

城市贵族变成庄园主，奴隶变成农奴，这就是正增长社会蜕变为零增长社会的历史。

这个转变是黑暗的、血腥的，它基本影响了普通人对黑暗中世纪的一般印象。

这是因为，零增长社会条件下，暴力至上规律开始发挥作用，曾经的社会精英统治阶层，开始直接转变为强盗和歹徒，参与对财富的暴力掠夺，即便是领主和骑士也不例外。

例如，公元 9—12 世纪编纂的《盎格鲁—撒克逊编年史》（*Anglo-Saxon Chronicle*）中记载，布卢瓦的史蒂芬（Stephen of Blois）统治期间，由于王权衰弱，骑士们发现自己的任何行为都不会招致国王的惩罚，于是开始强迫百姓修建城堡，并且为了掠夺他们的财富

而用酷刑折磨他们；10—13 世纪，莱茵河畔的领主在河上设立关
卡，强收过往客商的过路费，被时人称为"强盗骑士"（Raubritter）；
在中世纪高地德国流行的史诗《尼伯龙根之歌》中，主人公西格弗
里德前往莱茵河畔布尔恭滕王国会见自己思慕的姑娘，当他见到姑
娘的哥哥、国王恭特尔时，公然宣称自己要把整个王国都抢夺过来，
而王庭中人依然把他当英雄好汉，好言相慰，足见劫掠行为在当时
社会评价中并非多大的道德污点；而迟至 15 世纪，贞德出生的年代，
圣女的故乡附近还有一位著名的以抢劫为生的贵族罗伯特·德·萨
尔布鲁克，他动不动就按照洛林地区的习惯窃取财富，还曾为了看
清地势而烧毁了一个村庄的庄稼。

然而，在广袤无垠的零增长沙漠中，古典时代的正增长社会依
然留下了一些残留的绿洲。虽然商贸水平大大退化了，发达的商贸
秩序消亡了，金融家和法律人这样的角色都不复存在了，但是古罗
马时代一些最基础、最重要的政治传统依然保存了下来，那就是商
业城邦的自治传统和共和政体传统。

罗马虽然灭亡，罗马的传统却保留了下来。这可能吗？

这里涉及一个历史理解视角的问题。一般情况下，历史学家很
容易把理解视角局限于国家层面，这当然是很自然的，因为绝大多
数史籍都是关于帝王将相和国家兴衰的历史。

从帝王将相和国家兴衰的角度来说，罗马灭亡了。但是，如果
把视角下探到社会基层，就会得到很不一样的结论。

我们前面介绍过，罗马人在很短时间内征服了这么大一片地域，
却没有足够的时间发展出相应的集权制度来管理它们。因此，罗马
对地方行政经常不得不采取一种放任自由的态度。结果就是，罗马
文明治下的地方政治和社会结构，一定意义上与帝国政治结构的命
运是不重合的。

公元前 27 年屋大维被授予奥古斯都称号的时候，国家意义上的共和政体结束了，但是地方自治市的共和政体却依然得以保留。同样，公元 476 年西罗马帝国虽然覆灭，但是地方自治市却依然有幸存者，像马赛、米兰、佛罗伦萨、热那亚、比萨、拉文那、那不勒斯、帕多瓦等城市，虽然经济与社会状况大幅倒退，但其政体好歹一直延续了下来。

这些城市的多神教信仰大都被基督教取代了，发达的商贸活动也不复存在，但是城市的衰落，并不代表旧制度马上就会荡然无存。已经延续数百年的制度与传统，纵然不能像发达时期那样辉煌，却总可以某种形式一直苟延残喘下去，等到适当时机再度复兴。

对此，19 世纪的历史学家其实早已取得了共识。基佐就说过，罗马市政制度并没有随着帝国而消亡，这是一个公认的看法。他从法国的角度看到，罗马市政制度在公元 7—8 世纪的南部高卢诸城市仍然存在而且很活跃；雷努阿尔的研究也表明，佩里格、布尔日、马赛、阿尔勒、图卢兹、纳尔榜、尼姆、梅斯、巴黎和兰斯的市政制度都有罗马的痕迹。[1]

意大利是罗马帝国曾经的中心领土，也是经济和产业最发达的地带。在整个地中海，意大利处于中心，拥有形成优良港口的优越地理条件。所以，这里保留下来的正增长社会"绿洲"也是最多的。

在黑暗时代到来之后，一些沿海港口，再度凭借自己的地理优势，复兴为重要的商贸都市，重新建立商贸秩序，进而发展出正增长社会空间。

这其中，在中世纪早期到中期，发展最蓬勃、对地缘政治影响最大，甚至影响了整个欧洲文明走势与格局的一个，就是北意大利的知名城邦威尼斯。

威尼斯的建立

今日以水城闻名世界的威尼斯，最早其实是一座由难民建立的城市。

公元 5 世纪，西罗马帝国衰灭，除了哥特人和日耳曼人，阿提拉率领的匈人部队也在咄咄逼近北意大利的土地。为了逃避蛮族入侵，亚得里亚海北部威尼托地方的人逐渐逃往今天大桥对面的沼泽地避难，并且把首都定在今天的主岛南边，一个名为马拉莫科（Malamocco）的地方。这里海水较浅，枯水期可经由沼泽连接到陆地。

今天，漫步威尼斯的街道，放眼城内四通八达的水道，颇感优哉游哉，赏心悦目。但是威尼斯的水道，其实是它艰难历史的见证。因为要利用涨潮后的海水来逼退敌人，所以威尼斯人必须在海中造出陆地。

他们造陆地的方法是用大量的木桩，将木桩头削成如钉子般尖利，再将它们密密麻麻地打进沼泽里。打完桩，再用耐腐蚀的柱石将其固定，最后在上面铺上木板（15 世纪后为了防火改成铺石块），连成平台，之后才能修建房屋。17 世纪的一本著作详细解释了这个建造程序，根据记载，修建岛上最优美的安康圣母圣殿（Basilica di Santa Maria della Salute）时，威尼斯人总共使用了 1,106,657 根 4 米长的木桩，木材都是从斯洛文尼亚、克罗地亚和黑山的森林中采伐后通过水路运到威尼斯的，仅仅打木桩的过程就持续了两年零两个月。[2]

我特意讲述这个细节，是想强调一点：商业民族的精神性格里往往并不缺乏一股狠劲、韧劲，以为他们为了钱财利益，脊梁里就缺几根硬骨头，那是大错特错的。

中国的温州与潮汕地区多山少田，当地人自古以来以好斗闻名，

古代威尼斯建筑使用的木桩，今天依然清晰可见

也许恰恰是因为自然环境逼出来的这种拼劲，才成就了"温商"与"潮商"的盛名。

威尼斯人在中世纪面对的环境之恶劣、人心之凶险，相比温州和潮汕而言，有过之而无不及。没有这种毅然决然、筚路蓝缕的精神，也成就不了后来的伟业。

威尼斯人坚定地选择了海洋生活，而海洋则以自己物产的丰富与交通的便利补偿了他们。

公元 523 年，来自东罗马帝国的使臣卡西奥多鲁斯（Cassiodorus）留下了最早关于"潟湖居民"（incolae lacunae），也就是威尼斯人的确切记载：

> 你们的人民拥有一笔巨大的财富，这便是能满足所有人需求的渔业资源；你们之间没有贫富差距；你们的食物是一样的，你们的房子也很相似。世界其他地方充斥着嫉妒，而你们却不会这

样。你们将所有精力都花在盐田上，你们的繁荣源自那里，让你们有能力去购买你们缺少的商品。尽管可能有的人对黄金的需求很小，但没人会不需要食盐。[3]

在当时，威尼斯人只是一群逃到岛上的难民，没有哪个中央政府关心他们。他们自认为是罗马帝国的臣民，但正统的罗马已经沦陷了，第二罗马，也就是首都定于君士坦丁堡的东罗马帝国派出使臣找到了他们，因此他们就承认自己是东罗马帝国的臣属。

这个臣属只是名义上的，双方出于现实需求，承认了威尼斯的自治状况。

其实，就滨海商业民族的生存状况来说，自治是一种必然的选择。为什么这么说呢？我们看一看这座城市公共服务部门的主要工作清单就知道了。首先，一切工作里最基础的是打木桩和维护木桩，对这座水中城市来说，地基是城市必需品。木桩需要年年查看，及时更换，否则无法新建房屋，已建好的房屋也会陷入水中。然后，为了防止大潮或风浪冲击城市，人们需要在城市外围修建防水堤坝。再然后，是修建和维护港口，而港口修好之后，还要勘测水文、标识水道。

所以说，一个居住在海边的商业民族，其所需要的政府公共服务细节要比农耕民族多得多，水平也要高得多。

德国学者魏特夫有著名的"东方专制主义"理论，认为农耕民族有修建大型水利工程的需求，所以会形成强大的中央集权政府。但是，除了大型水利工程，农民的日常自然生活几乎可以与中央政权无涉。正所谓："日出而作，日入而息。帝力于我何有哉。"

然而，与农耕文明这种"大而粗糙"的公共服务需求不同，商业城镇的需求是"小而精细"。越是小而精细的服务，由中央政府来提供的效率就越低，因此，海滨商业城市必须采取自治的形式来自力更生，公民的政治能力和素养也因此得到锻炼，其内在的凝聚力，往往强于"大而粗糙"的农耕社会。

而且，对于滨海商贸民族来说，仅仅是海洋生活本身，就迫使他们以"平等而团结"的精神组织共同生活。

我曾经登上过许多中世纪的船只，它们中有复原的模型，也有捞起的文物。这些船只中，即便是中世纪晚期的大型军舰，内部空间也无比狭小。

你可以想象，当时的水手们只得低头弯腰，快速穿行于舱室与甲板之间，在颠簸的风浪中操纵船帆、搬动器物、装填炮弹、打击敌舰。船舱狭小，是因为当时人们缺乏足够的技术制造庞大且足以抵御风浪的船只，即便船长和大副的房间，也只不过比普通水手的房间宽松一点而已。

这其中蕴藏着一个朴素的道理：对上了船的人来说，社会地位的不平等和阶级的分化是没有意义的，在风浪险恶的大海上，谁也不比谁高一等，谁也离不开谁。因此，在船上，人们最需要的品质其实是敬畏，因为敬畏，人们才会意识到彼此都是平等的，在大海面前不过是渺小一粟；因为敬畏，才会意识到每一个人都是不可或缺的，必须团结，才能安全抵达陆地上的港口。

团结和平等，也是威尼斯公共生活的精神所在。由于完全立足于水上，威尼斯人要想修建建筑，就必须把木桩打进地面，再在木桩上铺设平台，这项浩大的工程不是任何一家一户自己能够完成的。此外，人们生活所需的水源、出行所需的运河，也必须以公共财政修建。因此，威尼斯人关于土地私有化的概念十分淡薄，本土的建筑和规划，必须经由共和国政府统一安排。

当然，威尼斯人内部也有贵贱之分，但是这里的有产阶级所持有的地产不在岛上，而在大陆。所以，这些居住在岛上的有产贵族也没有住进统一的贵族区或别墅区，他们按照教区分布，与教区内

1628 年建造的瓦萨号战舰

的普通市民一起居住，一起祷告，一起参与公共生活。

在对威尼斯人的生存状态有了基本了解之后，我们便可以理解在公元 6—10 世纪，威尼斯在对内和对外的重大政治决策中的一系列选择。

根据威尼斯人自己的记载，他们从公元 568 年开始选举管理委员会实施自治，697 年选举了第一任总督。这其实采取的是罗马帝国早期自治城邦的政治传统，就如我们前文所说，尽管罗马帝国已经灭亡，自治城邦的政治传统却延续了下来。

所有城邦都会因为选举政治而形成党派，威尼斯也不例外。公元 8 世纪，东罗马帝国实际上已被迫撤出意大利，威尼斯被日耳曼人建立的伦巴第王国包围，更西面还有一个更强大的日耳曼国家——法兰克王国——虎视眈眈。因此，威尼斯人内部形成了两个大党派和一个小党派，两个大党派中，一个是亲东罗马帝国的，一个是亲法兰克王国的，还有一个小党派认为应该跟伦巴第王国搞好关系。随着东罗马帝国的持续衰落和查理大帝的崛起，亲法兰克王国的党派占了上风，其领袖奥布莱里奥·安特诺略（Obelerio Antenoreo）当选总督。

这个党没想到的是，查理大帝的儿子，意大利国王丕平竟然要武力征服威尼斯，还预谋把威尼斯赶出内河贸易。威尼斯人别无选择，只能奋起反击法兰克人的入侵。

大军压境之下，威尼斯人民驱逐了亲法兰克的党派，杀死其党魁。然后，在当地贵族雅尼洛·帕提西帕奇奥（Agnello Participazio）的带领下，放弃了旧的首都，迁移到里亚尔托群岛上，靠着对内海水文的熟悉击败了法兰克军队。丕平率兵围城 6 个月，结果染瘟疫去世了。一年之后，也就是公元 811 年，查理大帝和东罗马帝国之间签订了一项协议，放弃对威尼斯领土的索求，承认威尼斯归属东罗马帝国，还允许威尼斯人在查理曼帝国境内自由通商。

在当时西欧最强大的皇帝面前，威尼斯人取得了一场辉煌的胜利，赢得了自治和自由权利。

此时，带领威尼斯人反抗查理曼帝国的英雄雅尼洛·帕提西帕奇奥已经被选为总督。他说服民众，只有彻底迁居岛上，才能捍卫来之不易的自由。

威尼斯人接受了他的看法，以背水一战的决心，前往里亚尔托，把上百万的木桩打进岛上的淤泥和沙地里，确立了这座城市的地基。他们建造桥梁，挖通运河，修建防御工事，把版图拓展到海中。今天我们看到的威尼斯主体区域，就是雅尼洛留给这座美丽城市的宝贵遗产。

可能是威尼斯人的这种意志和决心感动了上天吧，公元 828 年，他们获得了一项在中世纪极为重要的财富：圣马可的遗骸。圣马可是耶稣七十门徒之一，《新约》中《马可福音》的作者，在基督教里的地位极其崇高。他的遗骸长期保存在埃及亚历山大港的修道院中。当时，修道院被穆斯林控制，基督教修道院处境非常危险。传说，两名威尼斯商人向当地修道院买下了圣马可的遗骸，跟猪肉一起偷运出港口，才把它运回威尼斯。

威尼斯人为此欣喜若狂，以盛大的仪式欢迎了遗骨。总督捐出自己的大部分财产，为其建造专门守护的圣马可教堂。

在当时来说，这相当于拥有了一个像埃菲尔铁塔或者自由女神像这样的奇迹景观，它不仅能带来瞻仰朝圣方面的经济收入，也是一个地区实力强盛、走向辉煌的体现。人们相信，圣马可遗骸的出现，证明威尼斯人选择的道路是正确的，在圣物遗骸的护佑下，威尼斯共和国接下来一定会走向荣光。

历史证明了这点。

公元 992 年，东罗马帝国和威尼斯共和国签订了一项条约，再次确认威尼斯名义上附庸于东罗马帝国，实际上依然享有独立性。同时，条约规定，威尼斯商船停靠东罗马帝国首都君士坦丁堡时，缴纳的码头税从 30 苏尔多（soldo）金币降为 17 苏尔多金币，且只有威尼斯商人能够享有这种特殊待遇。[4]

为什么东罗马帝国要给出这个优惠待遇呢？原因是，他们想借助威尼斯人的海军力量维护西北领土的安全，肃清海盗。

威尼斯人对此求之不得。他们早就想控制亚得里亚海北部地区的沿岸港口，而这个条约，等于以东罗马帝国的名义，给了他们扮演当地海洋警察的保障。

公元 10 世纪，威尼斯人派出一支强大的舰队，以解决附近的纳伦丁海盗问题。他们访问了位于克罗地亚王国伊斯特拉和达马提亚地区的主要城市。当时克罗地亚王国陷于内战，城市的安全得不到保障，这些市民便向威尼斯宣誓效忠。随后，威尼斯人顺利地肃清了纳伦丁海盗，接管了当地海域。他们在沿岸建立港口，修筑灯塔，来往船只一旦失事，只要发出信号，就会得到救援船的帮助。

威尼斯人做这种公共服务有什么好处呢？好处在于，这意味着他们在这里建立起了一种秩序，沿途的商人、渔民和船队，只要享用这种服务，就等于承认威尼斯人在这里建立的秩序，接受他们的管理。

今天国际法原则中对领海有一项"历史性权利"的原则，指的是谁在历史上长期对这片海域进行过管理，尤其是公共服务性质的管理，比如设立灯塔、浮标，建立救援机制等，那么它就可以根据这项原则取得对这片领海的主权。

威尼斯人在亚得里亚海北部建立的秩序，就是这项原则的起源之一。

让我们换个视角再看看威尼斯。

从传统的陆地视角来看，威尼斯领土狭小，被水包围，似乎处在随时被淹没的危险境地。

然而，如果你意识到，海洋就是他们的领土，海洋出产的鱼群供他们食用，出产的海盐供他们销售，而且他们在海上航行如履平地，那你就会发现，威尼斯的势力范围并非局限于那一小堆岛屿，而是延伸到整个亚得里亚海北部，以及沿岸的数十座城市和港口，这些港口又能向内陆继续辐射广大的乡村地区，将巴尔干半岛西北和亚平宁半岛东北都囊括进商贸航线。

更为重要的是，不同于陆地空间，这个伟大的海洋空间创造的是一个正增长社会，而不是零增长社会。在正增长社会中，人们可以凭借投资和贸易致富，而在零增长社会中，只能依靠土地微薄的产出，抑或变成强盗劫掠彼此。

实际上，我们可以把亚得里亚海北部视作威尼斯的领土。这始

加纳莱托描述的海婚节

于威尼斯总督彼得罗二世对达马提亚的征服。为了纪念这场巨大的胜利，威尼斯人设立了这座城市最著名的节日——"海婚节"。在我看来，它最能反映威尼斯的城市性格。

这个节日从公元 10 世纪一直延续到今天。18 世纪的威尼斯画家加纳莱托在一幅精美的油画中表现过盛大的海婚节仪式：每年耶稣升天节那天，威尼斯人会以金饰和红绸装点庞大的舰队，送其驶出港口，总督率领官员站在最大、最豪华的一艘船上，带头驶向位于潟湖与海洋交界处的利度岛（Lido）。在利度岛上的教堂参加完弥撒后，总督从主教手里获得一枚金戒指，然后他回到船上，在万众瞩目之下将这枚戒指扔进亚得里亚海，大声念出下面的誓词：

> 大海，我与你结姻，我要你永远地、真真切切地属于我。
> （Desponsamus te, mare, in signum veri perpetuique domini.）

瞎老头

公元 11 世纪，威尼斯肃清了亚得里亚海上的海盗，建立了为数众多的殖民地和庞大的贸易网，看起来，它已经是一个成功的民族，离伟大只差一步。这一步就是一场辉煌的胜利。而对威尼斯来说，这场辉煌胜利，是由一个瞎老头带给他们的。

恩里克·丹多洛像

他就是恩里克·丹多洛（Enrico Dandolo），威尼斯历史上第 41 任总督。

参与了第四次十字军东征的法兰西骑士克莱里的罗贝尔说他是"最可敬和最睿智的人"，法兰西贵族圣波勒的于格称他"性格审慎，在做艰难决定时谨慎又明智"，维尔阿杜安说他"睿智、勇敢，且充满活力"；而他的敌对一方，希腊编年史家尼西塔斯·柯尼阿特斯则说他"对拜占庭（东罗马帝国）人极其奸诈，充满敌意，既狡猾又傲慢；他自称智者中的智者，对荣耀的欲望超过了所有人"。[5]

这些评价在历史学界产生了一定的影响，以至于后来史学家们总结第四次十字军东征中最大的恶人时，所有人都把矛头一致指向了恩里克·丹多洛率领的威尼斯人。

然而，如果我们单看这些描述，很难想象他担任总督时已经是一个85岁、双目失明的老人吧。

丹多洛家族是威尼斯望族，出过许多律师、商人和教士。他们曾参与过12世纪中期城市教会和国家机构的改革，也参与了十字军冒险，为共和国做出了卓越的贡献。这个家族的男性成员都颇为长寿，而且智慧过人、精力旺盛。但是，像恩里克·丹多洛这样高龄，而且还是在双目失明的情况下出任总督，这在威尼斯历史上是绝无仅有的。

关于他的失明，有一个很有名的传说：1172年，拜占庭（也就是东罗马帝国）的皇帝下令监禁了生活在拜占庭帝国的数千名威尼斯人，丹多洛亦在其中。皇帝"下令用玻璃亮瞎他的眼睛，他的眼睛没有受伤，但什么也看不见了"。[6]人们说，经此一事，丹多洛对拜占庭有切齿深仇，一定要将这个帝国推翻。

历史学家已经证明这个传说是假的，在一份1174年由丹多洛签署的文件上，他的签名很明显清晰有力，非常整齐，说明他肯定不是在拜占庭人质事件中失明的。不过，到1176年，他的签名已经向右下方倾斜，表明他已经无法判断纸上的空间关系了。再后来，威尼斯的法令干脆规定，若无证人在旁，丹多洛就不能签署文件。[7]

不过，这样的不便条件依然没有妨碍威尼斯人对他的信任，并于1192年选举他为总督。丹多洛的就职誓词是历史学家目前所能找到的最早的总督就职誓词。就职时，总督像现代国家的总统一样，宣誓"全心全意为威尼斯人民的荣誉和利益效劳，绝不欺瞒"，否则愿意接受惩罚。当时的威尼斯共和国已经建立起对总督的监督体系，而且，人民也常常因为不满总督的作为而发动公开审判甚至将其处死，可以说，惩罚是极其严厉的。

丹多洛就这样以 85 岁高龄就职威尼斯总督，在这个职位上又干了九个年头。在这九年里，他试图平定扎拉的叛乱，但是没有完全成功；他还改革了威尼斯人的货币体系，铸造出纯度极高的格罗索银币，使其成为地中海贸易的主要货币。

总的来说，丹多洛任职期间兢兢业业，表现不错。如果没有意外，他将作为一名成绩中等偏上的总督去世，其画像会挂在总督府的大议会厅（Sala del Maggior Consiglio）里，尸体会安葬在圣马可教堂或其他圣殿中，并在历史著作里占据一个小角落。这种待遇，已经可以使人类历史上绝大部分的人心满意足了。

然而，命运要让一个人成就非凡的丰功伟绩时，是不看他的年岁和健康状况的。只要他的心智、经验、智慧和运气到了成熟的时刻，命运随时会让机运降临在他头上，使他获得可以改变世界的力量，而不论他究竟是年轻还是年长。

威尼斯人和恩里克·丹多洛自己都没想到，在他生命的最后四年，他将改变威尼斯的命运和整个西方的历史。

就在威尼斯人信心满满，准备向大海进军的同时代，也就是公元 1000 年这个时间点前后，整个欧洲大陆充满了躁动和不安。

基督徒们疯狂地相信，经过了一千年，离他们而去的耶稣基督将重新复活，降临世上，届时便是这个世界的末日。到那时，西方皇帝将在耶路撒冷加冕，并与敌基督者在那里展开最后的决斗。在那个年代，前往耶路撒冷的朝圣者队伍大规模增长。

1064 年，科隆和美因茨的主教率领上万名基督徒和一支军队前往耶路撒冷，结果有 3,000 人在途中倒毙。与此同时，控制耶路撒冷圣地的阿拉伯帝国，其形势也发生了变化。

建立之初，阿拉伯帝国的统治总体上是公正、开明的，允许基督教教徒自由前往圣地朝拜。但是到了 10 世纪，阿拉伯帝国内部逊尼派和什叶派的冲突开始抬头，而反对宗教宽容的突厥人力量也开始增长。

这一系列躁动、不安和焦虑情绪，加上争权夺利的阴谋与社会氛围的变化，最终点燃了十字军东征的火焰。

1095 年，东罗马帝国使者来到西方，控诉突厥人对基督徒的迫害。时任教宗乌尔班二世于法国克莱芒举行宗教会议，号召基督徒去征讨东方的异教徒，夺回圣地耶路撒冷，前后持续 300 年的十字军东征大幕就此拉开。第一次十字军东征取得了一定成绩，占领了耶路撒冷。但是他们在安提阿和耶路撒冷展开的屠城行动激怒了穆斯林，穆斯林随后展开反击，击败第二次和第三次东征十字军，收复了耶路撒冷。

当第四次十字军东征开始时，威尼斯站在了舞台的中心。

1198 年，新任教宗英诺森三世宣称要发起新一轮圣战。他的使者于次年抵达法国香槟伯爵的比武大会，煽动那些刚刚经过比武、热血沸腾的骑士加入十字军，展开圣战。

鉴于以往几次十字军东征的经验，这些骑士认为走陆路太过危险，应该寻找能够运送大批军队的船只，经海路攻占埃及，再以此为基地进攻耶路撒冷。

1201 年 5 月，十字军的使者来到威尼斯，见到了恩里克·丹多洛。恩里克·丹多洛热情地欢迎了使者，并询问其来意。使者要求丹多洛于次日召开内阁会议，丹多洛借口人员不足，时间仓促，要求四天后再行开会。使者答应了。

四天后，使者被带到金碧辉煌的总督府，在威尼斯全体内阁官员面前说明了来意。使者的领袖维尔阿杜安提出要求，请威尼斯运输 30,000 名士兵前往埃及。丹多洛显然对这场军事行动的规模大吃一惊，回答说，这是一项艰巨的任务，需要充分的时间进行讨论，八天后，还是在这里，将告知使者最后的答复。

没有人知道，在那八天里，丹多洛想了什么。然而，我们不妨从一个老练、精明，又有国际视野的商人角度揣测一下他的心理活动。

从事后双方签订的契约可以得知，这是中世纪历史上规模最大的一笔交易合同。然而，这也是一场豪赌：合同的利润当然是丰厚的，但是，如果十字军不能按时付款，或者远征失败，威尼斯也将陷入前所未有的债务危机。

以商人的眼光，如果要签这笔合同，首先应该考虑的是风险，也就是对方的偿还能力。然而，作为交易的另一方，十字军扮演的角色是特殊的：他们当然有钱，但更重要的是，他们自带盔甲兵刃，是一支战斗力很强的军队。在中世纪，武力本身就是最强的生产力之一。

丹多洛一定很快就想到了这点，并且继续推演：如果要动用十字军的武力来偿还，那么最适合还债的方式是什么呢？一般人很容易想到的是，既然十字军要去攻打埃及，那么就以此战的战利品来偿还，自然是合理的。但是，丹多洛更看重的是除了财富以外的东西。

当时，埃及的开罗和亚历山大是真正意义上的世界都市，然而威尼斯在这两个港口中所占的份额不高，比不上其意大利的竞争者热那亚和比萨。丹多洛曾多次出海去往亚历山大港，对这个港口的富庶和防御力之薄弱有亲身体会。而且，圣马可的遗骸也是从这里运往威尼斯的。若能拿下它，对威尼斯在整个地中海贸易格局中的地位肯定是一个巨大的提升。也许，正是看到这一点，丹多洛才决定放手一搏。当然，之后我们会看到，他凭自己的老谋深算，在合同中留下了漏洞，也为威尼斯人留下了后路。

　　然而，他没想到的是，事情虽没有按他的计划展开，命运却给他的审慎和大胆以同样丰厚的回报。

　　八天之后，会议如期召开。恩里克·丹多洛在会上和蔼地对使者说："我们决定接受你们的要求，不过，这个要求还要提交共和国国会和市民大会并得到认可。我们愿意提供运载 4,500 名骑士、20,000 名步兵、4,500 头马匹和 9,000 名马夫的船只，合约中包括了人和马匹所需的粮食。我们提供的价格低廉，以神圣罗马帝国的银马克计算，一匹马 4 马克，一个人 2 马克，自十字军从威尼斯港出发起，为期一年，费用总计 85,000 马克。"[8]

　　此外，威尼斯人还提出了一个要求：总督将亲率 50 艘战船及 6,000 名士兵参战，条件是得到十字军征服土地的一半。

　　公允地说，威尼斯人开出的这份合同价格是公道的：十年前，热那亚与法国国王菲利普·奥古斯都签订的合同中，运送 2 匹马和 3 个人及 8 个月口粮的价格是 9 马克，而威尼斯的合约期限是一年。而且，法国国王当年只要求运送 650 名骑士和 1,300 名马夫，威尼斯则要承担将近 35,000 人的运送，风险要大得多。因此，这个收费不能说不合理。而就出兵来说，威尼斯此举是想从乙方变成合伙人，这更证明了他们对远征的真诚态度。

　　但是，丹多洛真正的狡猾之处在于：合同中没有约定出海后的目的地。

　　十字军使者其实注意到了这个问题，然而威尼斯人给出了非常合理的解释：这项工程过分庞大，必然劳师动众。如果约定了目的地，对方一定会严防死守，军事行动的难度会增加太多。因此，考虑到情报保密，目的地是不适合在合同中约定的。

　　单纯的法国骑士认为这个理由是合理的，接受了这一解释，同意了这份合同。但他们没有想到，"没有约定目的地"这个漏洞给了威尼斯人巨大的自由解释权，进而扭曲了整个东征进程。

丹多洛在圣马可教堂召开公民集会，骑士代表维尔阿杜安眼含泪水，发表了热情洋溢的演说，还率领六名使节涕泗横流地拜倒在地。自然而然，威尼斯人民高声欢呼，批准了合同。

次日，热泪盈眶的使者和威尼斯官员完成了签约手续，向威尼斯银行借款 2,000 马克，支付了定金，返回故土，开始召集军队。

威尼斯也热火朝天地开始投入到战船的建造、水手的募集和后勤物料的准备工作中。

他们从威尼托和达马提亚海岸进口建造船只用的橡木和松木，在北意大利和克罗地亚沿岸港口募集水手，在著名的威尼斯兵工厂（Arsenal）中，人们热火朝天地制造船只和战争器械，建成可以拆卸的投石车和攻城塔，以便于海上运输。此外，威尼斯人还精确计算了为士兵和马夫提供的口粮：每人一年 377 千克面包与面粉，2,000千克谷物和豆类，以及 300 升葡萄酒。谷物经烘焙制成航海饼干，是最便携的水手主食。

这一切费用都是由威尼斯政府预付的，造币厂甚至主动铸造额外的格罗索银币，提前付给工匠们工资。倘若十字军还不清债务，威尼斯将承担严重的后果。

到 1202 年，威尼斯人完美履行了自己的合同，这一点是连十字军领袖自己也承认的。

违约的，是十字军一方。

维尔阿杜安错误地预估了己方集结士兵的能力。到合同约定的出发时间，十字军只召集了大约 12,000 人。而且，由于当时根本没有现代财政制度，没有哪家银行或机构负责向参与十字军的领主们收款，再转账给威尼斯政府，领主们只能督促每个士兵自己支付与威尼斯人约定的旅费。可以想象，这些应收欠款注定要打水漂。

恩里克·丹多洛也看到了现实：第三次十字军东征总共召集了

5 万—7 万人的大军，其中还有四五千重装骑兵，也就是堪堪与埃及领袖萨拉丁战成平手。如今只有 10,000 多人的部队，即便攻下亚历山大港，又如何防守？

此时，他在合同中刻意留下的、用以防范风险的漏洞发挥作用了。

丹多洛先是装模作样，疾言厉色地谴责十字军违背约定，不能履行合同，进而威胁要对十字军断水断粮。

骑士们一来十分疲敝，二来知道自己理亏，任凭老总督如何埋怨，也不敢还口。贵族们则以身作则，拿出金银细软抵偿债务，拼死拼活凑了 51,000 马克，还有 34,000 马克的缺口，他们却死活凑不出了。

看到这群贵族们焦头烂额，丹多洛估摸着火候已到，开出了真正的条件：十字军可以为威尼斯征服另外一个地方，以其收益来偿还欠款。

这个地方叫"扎拉"，位于达马提亚海岸。

公元 1000 年的时候威尼斯曾派出过舰队访问此处，剿灭海盗，而扎拉也在当时的舰队访问之列。不过，这个城市不甘受威尼斯的控制，于 1181 年同匈牙利国王签署了保护条约，还跟威尼斯人的对手比萨眉来眼去。威尼斯人早就想教训扎拉人，重新树立自己在亚得里亚海北部的权威。

我个人倾向于相信，像丹多洛这样老谋深算的商人，一定在与十字军签约前的那八天中，就想好了并推演过种种预备计划。

此刻，便是提出预备计划的最好时机。

十字军的领袖听完丹多洛的计划，个个瞠目结舌。十字军圣战的发起动机是征服异教徒，扎拉人与他们一样同信基督，而且，匈牙利国王埃默里克自己也是十字军，这意味着十字军要去打十字军。

其实，埃默里克已经知道威尼斯对自己图谋不轨，提前跟教宗通了气，所以教宗已经严令禁止丹多洛进攻匈牙利的领土，若违规，一定绝罚出教。

但是，老总督态度很坚决：不打扎拉，就必须立刻还钱。

最后，十字军领袖不得不接受威尼斯人的要求，把教宗的使者留在威尼斯堵他的嘴。老总督则为表诚意，亲率威尼斯部队，与十字军一道组成联军，出海前往扎拉。

广大十字军士兵自然不知道这背后的阴谋勾当，他们只知道在军营里憋了这么长时间，吃了这么久饼干和咸鱼，终于可以出战了。当清新的海风吹在每个人脸上时，大家的士气简直高昂极了。当时，维尔阿杜安断言："世上任何港口都不曾有如此雄壮的舰队起航。我们可以说，森林般的樯橹覆盖了海面，闪闪发光，仿佛熊熊烈火。"后来，克莱里的罗贝尔回忆说："这是自创世以来最壮丽的景观。"[9]

就这样，饱含杀意的十字军雄赳赳、气昂昂，沿着亚得里亚海北岸一路高歌前行，摧枯拉朽地打败了自己的同教同胞，洗劫了扎拉城。

攻占君士坦丁堡

十字军进攻扎拉的消息传到教廷，教宗勃然大怒，派使者去绝罚了十字军和威尼斯人组成的联军。

然而，十字军领袖知道，如果让士兵了解此事，必定军心大乱，军队当即土崩瓦解。所以，他们不得不让随军主教向全军颁布赦令。其实按照教规，这些主教压根没有这样的权力。

丹多洛意志坚定，根本不在乎自己的灵魂是不是会下地狱。十字军领袖则忧心忡忡，派使者反复向教宗解释。

然而，关键问题依然是，这支舰队能否按照原计划前往埃及，攻打异教徒。

　　狡猾的威尼斯人再度展现了奸商本色：没错，我之前是说过，不打扎拉，必须立刻还钱。但是我可没说，打了扎拉，就不用还钱呀。行，你打了扎拉，可以暂缓还钱，但要求你最终还是要还钱。

　　也就是说，34,000 马克的债务一分不少，依然压在十字军的背上。

　　骑士们傻了眼：此刻他们已经来到异国他乡，若得不到威尼斯人的协助，连家乡都回不去；而若按威尼斯人的吩咐做事，就只好继续攻打基督教城市，才能筹集到足够的款项。

　　此时，一根救命稻草落在了他们眼前。在十字军骑士为了和威尼斯的履约关系闹得焦头烂额之际，东法兰克国王施瓦本的腓力派出一群使节，到达扎拉。

　　他们是为了腓力的小舅子亚力克赛·安戈洛斯来的。这个安戈洛斯宣称自己对东罗马帝国的皇位有合法继承权，但是却被他的伯父亚力克赛三世篡夺了，是亚力克赛三世弄瞎他父亲的双眼，将其囚禁在一所修道院。如果十字军能帮他夺回王位，君士坦丁堡人民一定会打开城门，倒戈来降。到时候，安戈洛斯许诺会让整个东罗马帝国臣服罗马教廷，并且拿出 200,000 银马克和 10,000 名士兵资助此次东征。

　　前文已经讲过，虽然东西罗马分裂，西罗马帝国灭亡，东罗马帝国却一直认为自己是罗马帝国的正统继承人，以及按照政教合一的原则，东罗马皇帝继任教会的正统领袖。但是，教宗从来没有认可过东罗马皇帝。这也是天主教和东正教的分歧来源，史称"东西教会大分裂"。

　　而如果安戈洛斯的许诺兑现，这将会彻底终结大分裂，让东西方教会合而为一，尊奉罗马教宗为共主，教宗必定心花怒放。这是基督教的千年大计，意义非凡。

　　机会听来十分动人。然而，这个安戈洛斯实际上是个眼高于顶的无能之辈——他很可能就是《权力的游戏》中龙母丹妮莉丝的哥哥韦赛里斯的历史原型。此人志大才疏，谎话连篇，专会许空头承诺。按照东罗马帝国的继承法，安戈洛斯其实压根没有资格继承皇位。而且就在一年前，他曾带着这份计划的大纲前往罗马亲自拜见教宗英诺森三世，被回绝。

这个时候，他来到匈牙利面见十字军和威尼斯人，实在不过是试试运气，就像一个拿着不切实际的商业计划书四处寻找投资人的创业者一样。

这份计划书提交给十字军的时机实在是太好了。恩里克·丹多洛当然一眼就看出这个安戈洛斯虚伪肤浅，然而，重点不在于安戈洛斯说的话有多少水分，而在于十字军高层会不会接受这个提议——尤其是在这个时间、这个地点。

由于教宗言辞激烈地反对十字军继续攻打克罗地亚和匈牙利，看来让他们继续为威尼斯打工，扩张亚得里亚海北部的威尼斯殖民地是很困难了。但是，如果攻下君士坦丁堡，那情况就不一样了。在西欧人的传说里，君士坦丁堡处处天堂，遍地黄金。虽然它是声名煊赫的罗马帝国的首都，但归根结底只是座城，未必就不能攻破。

另一方面，十字军确实没有什么别的好选择。听说十字军有意接受他的提案，安戈洛斯大喜过望。他来到营帐，涕泗横流，双膝下跪，乞求十字军帮他攻打君士坦丁堡。然而此举引发了巨大的反感，骑士们认为此人言行"望之不似人君"，更不愿意启程。

最后，还是在丹多洛的逼迫下，那些同意出征的人哭求反对者，才令十字军避免了解散的命运。

终于，所有人登上战舰，浩浩荡荡地驶往"罗马帝国"的首都，当时西方最富裕的城市——君士坦丁堡。

1203 年 6 月 23 日，君士坦丁堡的居民看到了令他们惊诧万分、百思不得其解的一幕：一支庞大的威尼斯舰队满载 10,000 名基督教徒的十字军，逼近城市，意在废黜他们的皇帝。

安戈洛斯的伯父亚力克赛三世，不仅昏庸无能，还过分相信教宗英诺森三世的和平保证，没有准备抵御进攻的海军。不过，他还有强大的三层城墙，以及三倍于敌方的军队。

十字军战士看着庞大的君士坦丁堡城墙，被震惊得久久说不出话来。他们中很多人一辈子也没见过如此巨大的城市。他们以前的一切攻城知识在如此厚重的城墙面前都是无用的，以至于这些作战还算勇敢的士兵们手足无措，不知如何是好。

恩里克·丹多洛提议，把安戈洛斯带到甲板上，让他向城中喊话。城内居民却说根本就不认识他。不仅如此，还对他射了一轮箭。之后，十字军看待安戈洛斯的眼神立刻变了，这个眼高手低的年轻人许下无数空头支票，结果在自己家乡城外绕了一圈，就破产了。

安戈洛斯关键时刻掉了链子，恩里克·丹多洛只好亲自站出来。这位老商人曾多次到访君士坦丁堡，知道它的弱点所在：此城的港口位于名为金角湾的狭长小海湾内，那一段城墙最为薄弱，只有铁链横波阻挡战船的行进。

于是，联军制定了海陆两线齐头并进的计划。十字军沿海滩向城市逼近，而威尼斯人则乘船攻进金角湾，再利用船上架起的飞桥攀上城墙，进攻城市。

总攻之日，战鼓隆隆，号角烈烈，"战斗的轰鸣嘈杂仿佛让陆地和大海都震动了"。十字军从陆上架起云梯尝试登城，却被东罗马皇帝的瓦良格卫队阻挡住了。而在海上，威尼斯人的进攻也陷入僵局：桨帆船水手们看见城墙上射来的箭林弹雨，拒绝上前。

此时，恩里克·丹多洛全副武装，毅然站在船首，面前飘扬的是圣马可的大旗。盲眼老总督下令，他的指挥船必须立刻前进，把他送上岸，否则全船都将受到惩罚。指挥船当即向前，冲锋陷阵，

丁托列托，《君士坦丁堡的陷落》

将圣马可的金狮旗送到了岸上。其他船只见此，羞愧难当，立马跟了上去。

这是威尼斯历史上最为重要的时刻之一，十字军在陆上已经战败，如果威尼斯人在海上也失利，整个远征可能就此崩溃。

400年后，著名画家丁托列托于威尼斯总督府创作的油画重现了这一幕，画面上老总督昂然挺立，抬手向前，鼓舞威尼斯人向前冲锋。终于，威尼斯人冲上海岸，撞开城门，从城内给十字军送来了战马和补给。

十字军被眼前的一幕惊呆了，他们开始相信自己的战斗真的得到了上帝的眷顾。受此鼓舞，他们一鼓作气，最后击败了东罗马皇帝的卫队。

亚力克赛三世仓皇逃走，宫内贵族惊慌失措地把安戈洛斯的父亲，已经被弄瞎双眼的伊萨克二世从修道院接回来，重登皇位，并让父亲和儿子团聚，成为共治皇帝。

安戈洛斯没有想到自己的离谱计划真能成功，欣喜若狂。不过，当他登上皇位后，就改变了主意。

一开始，他还肯履行承诺，向联军支付许诺的报酬。但是，君士坦丁堡市民财富遭到洗劫，对十字军恨之入骨，更不可能向罗马低头。

在民众的煽动下，志大才疏的安戈洛斯很快也翻了脸，不再愿意履行承诺。

一向唯利是图，却从来不肯违背契约的威尼斯人感到很惊诧。威尼斯总督恩里克·丹多洛径直来到安戈洛斯面前，用十分粗鲁的方式直言不讳地质问他。参与了第四次十字军东征的罗伯特·德·克拉里记录下总督与皇帝的这番对话：

> 恩里克·丹多洛走近海滩时，看见皇帝骑马过来。他对皇帝说："亚力克赛，你到底在想什么？你记得我们把你从多么卑贱的地位上抬起来吗？我们把你变成了个老爷，又给你加封帝位。你现在打算食言了，不再做任何事了吗？"皇帝回答说："不，我不再做任何事了。""不？"总督说："小王八羔子，我们能从泥潭里把你抬起来，就能再把你扔回到泥潭里。你要知道，从现在开始，我要尽全部可能给你造成伤害。"[10]

联军重新开始战备，摩拳擦掌，准备攻打城市。另一方面，安戈洛斯却举棋不定，不想跟联军彻底破裂，因为他还想借助西方人的力量对付城内不肯服从他的市民。

但是，双方冲突的状态很快超出了他的预期，市民们发动暴乱，选举出一个新的皇帝。安戈洛斯被投入监狱，随后被勒死。而新选出的皇帝也很快被属下篡权杀死。最后这个举动给了十字军一个进攻君士坦丁堡的借口：这座城市的人民杀死了他们的合法君主，犯下人神共忌的大罪，因而必须剿灭。

十字军重新开始围城，悲剧因此发生。

经历了如此之久的动乱，君士坦丁堡内的人民已无力防守敌人。十字军很快攻破城门，蹂躏了这座西方最美的城市，抢夺其财富，毁灭其修道院，奸杀抢掠其市民。

不仅如此，他们还撬开查士丁尼大帝的墓穴，扒走尸体上值钱的财物，抢夺曾经包裹耶稣尸体的裹尸布、圣母玛利亚的头发、圣保罗的胫骨、荆棘冠冕的碎片、圣雅各的头骨、真十字架的碎片、基督的圣血、圣乔治的臂骨和圣约翰头骨的一部分。

今天，若你访问巴黎圣母院、都灵主座教堂小堂、布鲁日圣血小堂和威尼斯圣马可教堂，还可以看到这些所谓的圣物遗迹，或者说强盗掠来的赃物。

君士坦丁堡遭受了浩劫，丹多洛却获得了巨大的胜利。

威尼斯人总共从这次劫掠中获得了 25 万银马克，远高于他们一开始期望得到的报酬。而更重要的回报，则是他们与十字军一道建立了一个新国家——"拉丁帝国"。[11]

丹多洛知道这个国家注定不会长久，因此他大度地把皇位让给了十字军的领袖之一，佛兰德斯伯爵鲍德温，是为鲍德温一世。仅仅一年之后，鲍德温在远征保加利亚时遭袭，四肢被从关节处砍断，头骨被保加利亚国王做成了水杯。

拉丁帝国比它的创始皇帝只多坚持了半个多世纪，于1261年覆亡。

然而，海上帝国威尼斯依然蒸蒸日上，其爱琴海畔的港口，船只熙攘，好不热闹。

还是让我们暂时回到 1204 年，那一年，丹多洛带领威尼斯成为整场十字军东征的最大赢家。

根据协议，他们获得了整个希腊西部、科孚岛、爱奥尼亚群岛、爱琴海上一系列基地和岛屿、加里波利半岛、达达尼尔海峡，以及君士坦丁堡的八分之三，包括其码头和兵工厂，以及最重要的是，以这些岛屿、港口和贸易据点而建立起来的四通八达、横亘地中海东半部分的商贸路线的控制权。

让我们晚点再来盘点威尼斯的胜利要素，先来了结盲眼总督恩里克·丹多洛的生前身后事。

攻克君士坦丁堡、完成拉丁帝国建国后，老总督积劳成疾，自知命不久长，于是写信给教宗请求他免除自己的十字军义务。

教宗不无快意地拒绝了丹多洛的请求，因为这个瞎老头一再违背他的命令，不啻一直在打教宗的耳光。现在有机会报复，教宗当然不会放过他。

最终，丹多洛以 98 岁高龄客死君士坦丁堡，其尸骨葬于圣索菲亚大教堂地下。

250 年后，奥斯曼帝国的军队攻陷君士坦丁堡，灭亡东罗马帝国。军人们打开了恩里克·丹多洛的墓穴，没有找到财宝，便把骨骸扔到大街上，任凭野狗撕咬。今天，由圣索菲亚大教堂改建的清真寺中依然保留了这座墓穴，碑铭犹在，然而已空无一物。

不过，假使恩里克·丹多洛泉下有知，恐怕也不会在意这些事吧。在整个十字军征讨途中，他曾多次被教宗绝罚。如果是一个虔诚的基督教徒，他也许会对这种惩罚感到极度恐慌，因为这意味着死后不得上天堂，必下地狱。然而，不管对手是扎拉、十字军同盟，还是拜占庭人，老总督多次如狮子般发出怒吼："即便遭受绝罚，我

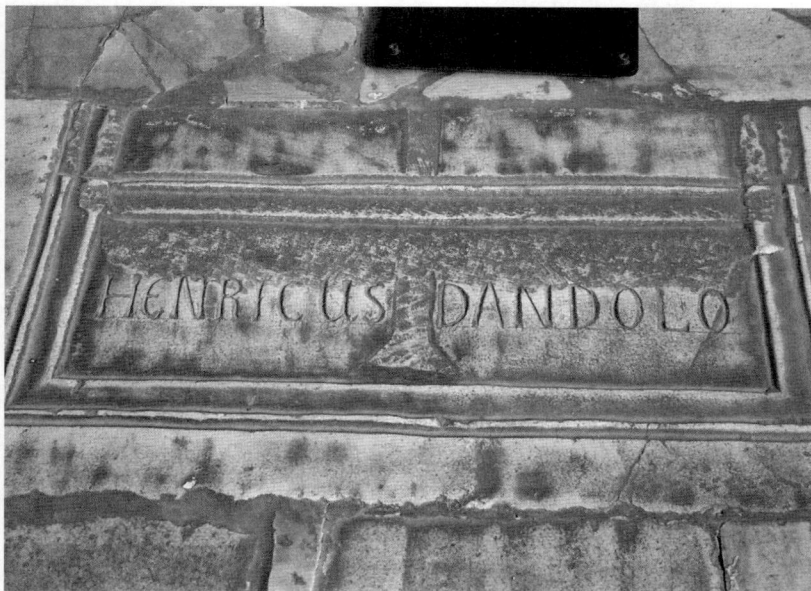

圣索菲亚大教堂地下恩里克·丹多洛的墓穴

也要你遵守我们之前的契约！"

　　恩里克·丹多洛，一生精打细算，审慎行事，到老却一掷豪赌，为威尼斯留下横跨半个地中海的伟大帝国，夙愿得偿，恐怕早已做好了下地狱的准备。

　　可以这么说，他的一生完美践行了马基雅维利的那句名言：

　　　　我爱我的城邦，胜于爱我的灵魂。

威尼斯与中世纪共和主义思想

　　1583 年，一位叫加斯帕洛·巴尔比（Gasparo Balbi）的威尼斯珠宝商人来到下缅甸地区，受到了正在与明朝交战的缅甸东吁王朝国王南达勃因的接见。

这位珠宝商人给南达勃因讲述了西欧许多有为君主的故事，并提及发生于12年前的一场大海战，即后世鼎鼎大名的"勒盘陀海战"。巴尔比告诉南达勃因国王，在这场大海战中，西欧国家的联合舰队击败奥斯曼苏丹，捍卫了地中海的和平与天主教的胜利，而立下最大功劳的，是一个叫威尼斯的国家。

南达勃因听后饶有兴趣地问，威尼斯在什么地方？哪个国王统治这片土地？

接下来的对话，被巴尔比忠实地记录在自己的日记中：

> 我说，威尼斯位于意大利，它是一个不受任何国王统治的共和国。缅甸国王好像听到了前所未有的巨大奇谈一样，放声大笑起来，笑到几乎窒息过去。[12]

南达勃因之所以大笑，自然是因为东方君主从来没有听过共和国这种政体和共和主义这套理论。但巴尔比的叙述，则反映了16世纪许多知识精英的共识：威尼斯的成功是共和主义的成功，这是一个如同罗马一样，符合古典共和主义理论的共和国，它很好地平衡了对内的自由和平等与对外捍卫自身独立和利益的能力。

就像是今天的许多知识分子喜欢讨论英美的成功之处，中古时代的许多学者则是"威尼斯吹"，把古代的共和主义学说套用在威尼斯的经验上，说这就是威尼斯的成功之道。

前文已经介绍过，罗马帝国衰落后，这套学说在西欧几乎失传了。幸运的是，有关这套学说的主要作品依然在东罗马帝国有所保留，后来又经翻译介绍到阿拉伯世界。由于伊斯兰世界和基督教世界的相互碰撞和渗透，从12世纪开始，古典思想家的著作又重新由阿拉伯语译回拉丁语，在西欧广泛传播，也就是后世所讲的"12世纪的文艺复兴"。

其实，"12世纪的文艺复兴"的主要载体是大学，而大学是中世纪商业城邦中恰巧出现的、为获取知识而成立的专业机构。中古欧洲最早的一所大学是博洛尼亚大学。在当时，博洛尼亚是意大利著名的商业城邦，由于商贸发达，法律纠纷案件频发，对法律的研究和学习成为当地的刚需。

1088年，一些想要学习法学的学生组织了一个团体，采取众筹和外包的方式，募集资金，聘请老师，同时对老师提出课程大纲要求，如果老师达不到要求，就会被罚款。这些具体事务都由学生选举的委员会讨论，其重要决定由全体学生公投决定。这就是大学最早的起源。

如果你还记得在前一章中讨论过古代正增长社会的标志之一就是职业教师的出现，那么大学的出现，则代表着中世纪的正增长社会发展到了相当的水平。

大学就是把古希腊罗马知识重新译介回欧洲的载体。在大学教授的努力下，亚里士多德的政体思想和共和主义学说也被重新译介回欧洲，并经由托马斯·阿奎那这样享誉全欧洲的经院哲学家引用介绍，回到了西欧知识分子的视线之内。

这是西欧的人们第一次接触到古希腊和罗马时代的伟大著作，也开始自然而然地运用古典理论来诠释当时的世界。

1266年，但丁的老师之一，曾任佛罗伦萨共和国理事会秘书的布鲁纳托·拉蒂尼（Brunetto Latini）出版了现代欧洲历史上第一本百科全书《宝库》（*Li Livres dou Trésor*），其最后一章名为"城市政治"。

在这一章中，他对比法国和意大利的制度时评论道，"法国人民和几乎所有其他国家的人民都被迫服从于国王和其他世袭贵族的权力"，然而，这些统治者"只是把公职出卖给标价最高的人，几乎毫不顾及他们的公民们的福祉和利益"。而这恰恰与意大利"按年数统治城市"的制度形成鲜明对比。意大利城邦的公民、城镇居民和市镇有权选举自己的最高执政官或"大公"，这样的结果便是，意大利人民可以选择那些最有效地服务于城市和城市居民的公共福利的人担当统治者。[13]

在另外一本书《论贵族》中，拉蒂尼则称，政体可以分为三种形式，第一种由君主统治，第二种由权势派统治，第三种则由城市自己统治。在这三种政体中，第三种比其他两种好得多。[14]

如果你还记得亚里士多德的理论，就会明白拉蒂尼的这种说法是从哪里继承来的。

1324 年，出生于威尼斯南部一个商业城邦帕多瓦的马西利乌斯发表了《和平的保卫者》，后来被认为"人民主权"学说的开端。

在这本书中，马西利乌斯引用了亚里士多德的理论，认为建立王权有五种方式，即（1）从社会功能（如军事领袖）中自然产生；（2）通过继承；（3）通过选举产生，但凭自己的意志进行统治；（4）通过选举产生，并凭着符合公共利益的法律进行统治；（5）按照家长制的方式统治共同体。但是，如果说谁要建立"稳健"而非"病态"的政体，那他就得经由臣民的"同意"才能上台执政。"非选举产生的君主和选举产生的君主都可以统治'表示同意'的臣民……但选举产生的君主凭着更有利于公共利益的法律进行统治，其臣民'同意'他统治的程度必然更高，按照亚里士多德的说法，这样的政体当然也就更'稳健'。"[15]

我这里要说明的是，拉蒂尼和马西利乌斯所讲的道理都不是仅仅基于威尼斯的政治制度阐发的，因为城市的选举、人民的自治和通过公开讨论来决定大政方针，是意大利商业城邦长期以来的自治经验。他们只不过是把意大利城邦共和国的实践用理论术语表达出来而已。

比如，1292 年，热那亚大委员会 600 多人经过连续七天的辩论，100 多人轮流发言后，终于解决了与西西里的战争问题。类似这样的例子，在当时意大利很多其他城邦也不罕见。

不过，意大利多数城邦中的这些共和制元素是不够稳固的，很多城市经常因为突发事件或一两个强力人物的崛起，而受家族或强人把持。

威尼斯却是少有的能够长期维系那些共和制元素的共和国。所以，虽然有很多意大利城邦符合亚里士多德的描述，但是在所有这些共和政体中，威尼斯被认为是最成功的一个。

从 12 世纪后半叶开始，威尼斯知识分子就已经开始讨论威尼斯的政体。他们引用托马斯·阿奎那的《论政体原理》(*De regimine principum*)，称在所有北意大利的统治者中，只有威尼斯总督不是独裁暴君，而是只拥有有限权力。

14 世纪起，当时人们普遍认为，威尼斯政体是享有稳定和普遍和平的。比如，著名人文主义者弗兰齐斯科·彼得拉克 (Francesco Petrarca) 当时曾赞颂威尼斯说：

> 这是一个富藏黄金，但更是声名卓越的城市；这是一个拥有强权，但更是拥有美德的城市；这是一个建立在坚固大理石之上，但更是建立在其公民的齐心协力、坚定团结之上的城市；这是一个被海洋守卫，但更是被其子女们的聪明智慧所捍卫的城市。[16]

最早把亚里士多德的混合政体理论用于解释威尼斯兴盛的知识分子叫皮尔·保罗·弗吉利奥 (Pier Paolo Vergerio)，他是一位出生于 14 世纪末的早期人文主义知识分子。弗吉利奥在一篇手稿中说，威尼斯是个贵族制共和国，但这是个建立得非常好的贵族制共和国，因为它有一些君主制和民主制的元素。

弗吉利奥的这个理论很快在意大利知识群体中产生了影响，1404—1415 年担任四届教皇秘书的波焦·布拉乔利尼（Poggio Braccioloni），在《威尼斯共和国赞》中就表达了类似的观点。[17]

到 15 世纪中叶，这个观点已经非常流行。当时有位希腊学者忒雷比松德的乔治（George of Trebizond），他写信给自己的威尼斯赞助人弗朗切斯科·巴巴罗（Francesco Barbaro）时是这么说的：

> 建立您的共和国的先祖们，当然是从柏拉图的《法律篇》里学到了所有如何让一个共和国长存且幸福的诀窍。……柏拉图说，除非一个共和国能够包括所有的政体元素：一人统治、贵族统治和民主制度，否则它就不能长存且幸福。[18]

如果只是威尼斯人自己对自己的政体进行标榜，那只能叫王婆卖瓜。但是，威尼斯人的标榜确实得到了其他城邦的认可，这其中的主力就是佛罗伦萨。

15 世纪起，美第奇家族在佛罗伦萨崛起，将城市带向辉煌的同时，却也把城市卷入到一系列政治冲突与动荡中。对外，佛罗伦萨在法国入侵意大利的战争中损失惨重；对内，佛罗伦萨平民与美第奇家族之间反复争斗，引发了多起政治骚乱。

佛罗伦萨的有识之士痛定思痛之余，把威尼斯作为成功案例加以对比，反复强调共和政体的重要性，最终塑造了政治思想史上所谓的"威尼斯神话"。

1494 年，法国入侵意大利，逼近佛罗伦萨。美第奇家族因向法军投降而被愤怒的市民推翻。一个叫萨弗纳罗拉的修士站出来，成为佛罗伦萨的精神领袖。他一边鼓吹极端禁欲主义，声称佛罗伦萨人遭受苦难是因为过于奢侈，沉溺于各种物欲享受；另一边又援引威尼斯的政治体制，主张限制贵族的权力，扩大民主要素。

尽管在历史上，萨弗纳罗拉主要是以"神棍"形象出现，但他的的确确思考过如何参考威尼斯政治体制，给佛罗伦萨制定"转型路线"。他认为，佛罗伦萨应该研究威尼斯的"大议会"模式，建立有更多人参与决策的民主机构。

此处举这个例子，主要不在于说萨弗纳罗拉是研究威尼斯政体的改革家，而在于，即便是关键时刻煽动民粹的佛罗伦萨神棍，也要拿威尼斯的成功当榜样来吸引民众。

比萨弗纳罗拉稍晚的，则有马基雅维利的朋友、《意大利史》（*Storia d' Italia*）的作者弗朗切斯科·圭恰迪尼（Francesco Guicciardini）。他目睹佛罗伦萨遭受的混乱，写下了《关于佛罗伦萨政府的对话录》，称赞威尼斯是"永葆自由的所在地，令意大利在全世界受尊荣的名字"，但同时也批评说，是威尼斯狡猾的外交手段导致意大利在西班牙和哈布斯堡王朝面前丧失了独立性。

在佛罗伦萨人进一步渲染了威尼斯神话之后，1543 年，一本有关威尼斯政体的集大成研究著作出版了。这本书的名字叫《威尼斯共和国及其行政部门》（*De magistratibus et republica venetorum*），作者是加斯帕洛·孔塔里尼（Gasparo Contarini），出生于威尼斯显贵家庭，曾担任过威尼斯驻法国大使和威尼斯元老院议员。

在这本书里，孔塔里尼把威尼斯共和国的国家机构大大美化了一番，赞扬它实现了和谐、公正与宁静。

孔塔里尼认为，大议事会成员选举元老院的机制是确保"公共利益惠及所有公民"而不是只惠及"一个家族"的制度设计。他还把威尼斯总督这个职位解释为共和国对君主职位的审慎模仿，认为总督既是共和国的心脏，也是"公意的完美体现"，与其说他是一个统治者，不如说是一个引导者，一个考虑城邦整体利益的引导者；

而且，威尼斯的贵族也与其他城邦的贵族不同，他们不是靠地位的优势，而是靠对共和国的贡献赢得了尊荣。[19]连马基雅维利都在其著作《论李维》中认可过这一点。他说：

> 威尼斯共和国所谓的贵族阶级，只有名义上的特权。他们并非依靠不动产的收入生活，庞大的资产来自贸易。他们没有一个人是住在城堡里，也没有任何高人一等的司法权力。其他国家的贵族所享受的特权，威尼斯贵族完全没有享受到。[20]

16世纪以来还有很多人表达过相关的学术观点，但是我想已经没有必要再一一列举了。

之所以要列举这一长串学者及其著作中的观点，不是为了要让本书显得更学术，而是要让已经几乎遗忘了那个时代的我们，重新理解中古意大利思想世界的丰富性。

为什么要这样做？因为我们习惯的一些人类进步的历史叙事很愿意告诉我们，历史是断裂的。漫长的中世纪乏善可陈，是近代思想革命的一声霹雳，给我们送来了自由、民主、共和和立宪思想。

它告诉我们，是霍布斯、洛克、伏尔泰、孟德斯鸠和卢梭这些伟大的近代思想家，热烈地讨论自然权利、社会契约、共和主义，人们则受其激励，反抗王权与专制，反抗教会的束缚……诸如此类。而在此之前的漫长中世纪，似乎就是黑暗和愚昧的化身，似乎就停留在教权与王权的撕咬拉斗上，似乎它的一切意义就是为了给"近代思想革命"准备条件和契机。

然而，当我们真正接触那个丰富的世界，真正了解像佛罗伦萨和威尼斯这些商业城邦的精英在思考和讨论何种问题，真正理解当时人的焦虑与希望，就会发现，情况似乎并不是这样。中世纪商业城邦的思想家已经在热切地讨论选举与共和，讨论捍卫自由的条件，讨论主权者应当承担的责任和义务。尽管他们的用词带有那个时代的拗口特征，但他们的思想却是如此解放，问题意识如此鲜活。

他们是上一个时代的霍布斯、洛克、伏尔泰、孟德斯鸠和卢梭，只是我们已经不记得那个时代。我们不记得，他们曾在那个时代代表着"正增长秩序"中最人文主义、最进步、最文明的一面，与那个时代的僭主、暴君和投机分子们坚定地斗争过。

这样说，不是要故意夸大这些思想家的重要意义。因为的确可以在思想脉络上清晰地梳理出，这些先行者与后来一批得享盛名的思想家之间存在着明确的理论传承与发展关系。换句话说，在宗教改革和启蒙运动之前，意大利就已经为后来的欧洲预演了一幕幕思想革命。

霍布斯的国家主权理论基本上承袭了博丹，而博丹关于主权合法性的讨论基本是以本章介绍过的帕多瓦的马西利乌斯为基础的；

教皇秘书波焦·布拉乔利尼先于马基雅维利一百年提出了"马基雅维利主义"，也就是用现实政治的观点扩张佛罗伦萨共和国的安全；

卢梭的"公意说"几乎就是孔塔里尼关于威尼斯总督和人民"公意"之间关系的论述的翻版；英国内战时期的约翰·弥尔顿所使用的共和主义术语，则基本来自布伦尼和圭恰迪尼等人的著作。

越是了解这些被湮没的思想家，我越发不相信，现代思想革命是凭空产生的。历史之所以看上去是"断裂的"，只是因为我们对在它之前的时代不甚了解罢了。我们错误地认为，前现代的世界是黑暗无边的中世纪，是一望无际的零增长社会。

事实并非如此。真正的事实是，在零增长社会的黑暗中，有着孤星一般的商业城邦，在这些小天地内，人们得以保有一些较之同时代更好的制度，使他们得以享受更自由、平等和正义的生活。

的确，零增长社会时常试图侵入这些城邦，觊觎他们的财富，侵犯他们的自由；与此同时，也有一批人在战斗，在为保存于星星点点的城市灯火中的自由、共和与正义理念而战斗和坚守，也正因如此，正增长社会的经验与智慧才得以保全，穿越千年的历史，经由我们熟悉的那些思想家的传递，延续到今天。

中世纪行会与共和国

然而，只看知识分子的理论与学说，是无法理解中世纪商贸城邦真正的政治实践的。在我看来，所谓的"威尼斯共和国赞"，更像是知识分子用理论比附和概括复杂多变的政治实践而已。

威尼斯真的那么共和吗？佛罗伦萨真的那么寡头吗？它们的政体差异真的对它们的成败有那么大影响吗？

我们决不能在这些历史细节方面掉以轻心，上了知识分子过分崇古的当。要想真正理解商贸城邦的政治结构，我想，得先从一个关键性的组织入手，这个组织就是行会（Guild）。

维基百科对"行会"的定义是，手工业者或商人在商品经济有相当发展的条件下，为限制竞争、规定生产或业务范围、解决业主困难和保护同行利益，由同业或相关行业联合组成的组织。

这个词条像所有百科全书的词条一样干巴巴的，枯燥得很。但实际上，中国人对"行会"这个组织并不陌生。"行会"这个东西，其实反映了商业活动的一些基本诉求，中国历史上也诞生过在功能上类似于"行会"的组织，只是中国社会的特点，使得这些组织的表现与西方"行会"有很大差异而已。

那么，中国本土这些近似于"行会"的组织究竟是什么呢？

为了解释清楚这个问题，我们先来回忆一下在中国人人皆知的《水浒传》中，"黑旋风"李逵与"浪里白条"张顺不打不相识的一段剧情吧。

　　当时，因为宋江嘴馋想吃鲜鱼，李逵自告奋勇去渔船上讨鱼买。渔人们回答说："我们等不见渔牙主人来，不敢开舱。你看，那行贩都在岸上坐地。"

　　李逵见他们不答应，跳上船就抢，结果因为不知道渔船藏鱼的诀窍，把一船活鱼放走了，与渔夫们厮打起来。就在这时，张顺赶到。

　　对此，施耐庵是这么描写的：

　　　　李逵看那人时，六尺五六身材，三十二三年纪，三柳掩口黑髯，头上裹顶青纱万字巾，掩映着穿心红一点儿，上穿一领白布衫，腰系一条绢搭膊，下面青白枭脚，多耳麻鞋，手里提条行秤。那人正来卖鱼，见了李逵在那里横七竖八打人，便把秤递与行贩接了，赶上前来大喝道："你这厮要打谁？"李逵也不回话，抢过竹篙，却望那人便打。

　　请注意一下，在这里，张顺的职业叫作"渔牙"。"渔"好理解，"牙"是什么意思呢？"牙"是中国古代商贸行当里面一个特殊的职业，换成今天的表述，实际就是中介。

　　想象一下，假设你住在古代某个交通不便的小镇，某天镇上来了个外地商人，卖一些镇上没有的货物，比如西洋钟、眼镜、鼻烟壶之类。东西是好东西，但是因为稀见，谁也不知道这东西卖多少钱算值，这个时候怎么办呢？就需要有几个在镇上说得上话，本身又见多识广，大概能给这东西估个价的人站出来，跟外地商人商量着确定一个价格，既要保证外地商人不会过分坐地起价，也要保证本地人不会欺生，这样才便于买卖的达成。

　　扮演这个角色的人，就叫作"牙"。"浪里白条"张顺的职业是"渔牙主人"，其实就是一位贩鱼的中介。所以施耐庵还要专门写他"手里提条行秤"，这是对他商人本色的准确描摹。

能扮演"牙"的人，要具备几个条件：第一，他的作用是制定买卖双方的价格。在古代信息不通畅的情况下，"牙"就是所谓市场经济"看不见的手"的化身，只不过他是用自己的经验和对人心的把握调节价格，而不是像现代市场一样通过交易信息调节。第二，他同时为买卖双方提供服务，从中获取高额利差。第三，他想挣这个利差的钱，就要有相应的能力来捍卫市场秩序，这往往体现为他掌控暴力的能力。"浪里白条"张顺显然是个成功的渔牙，武功高，能服众，能保护众渔民，能捍卫鱼市的市场秩序。

在中国古代，"牙"是一个长期存在的职业。到明清时代，由于商品经济的发达，牙商人数大大增加，还形成了专门的牙行。清代著名的广东十三行，其实是指专门经营进出口贸易的十三家牙行。当时的外国商人来到中国，无论做什么都得通过这十三家牙行，上到货物买卖，下到日常起居，都是十三行包办。这是中介商做到顶级的典范。

为什么中国人对"浪里白条"张顺的印象跟对"十三行"的完全不一样呢？这需要从微观经济学的角度去解释。

其实，对"鱼市"这种市场来说，"牙"的存在意义有多大呢？并不大。因为打鱼卖鱼的生产流程非常简单，劳动力成本也很透明，这个市场几乎是一个信息公开市场，中间人存在的意义并不大。

但是，在一个零增长社会里，暴力是无处不在的。因此，即便是鱼市这样简单的自发市场，也可能面对各式各样的暴力侵犯。而李逵就是这样一个角色。他的职业是江州的一个牢子，也就是狱卒，属于底层执法人员，而像这样的人以暴力侵犯正常鱼市人家的权益，在《水浒传》中简直比比皆是。

除了李逵这样的公务人员，还有"没毛大虫"牛二、"踢杀羊"张保这样的社会闲散人员时常侵犯市场秩序。因此，扮演"牙"角色的人就得有相应的暴力组织能力，这样才能捍卫市场秩序。

　　同时，要注意到的是，零增长社会中暴力无处不在，这会导致"牙"本身对市场秩序缺乏忠诚。换句话说，他们捍卫市场秩序，是因为可以牟利。如果他们本身就可以用暴力牟利的话，他们也完全可能破坏市场秩序。对于"牙"来说，今天可以是市场公平的捍卫者，明天就可能是欺行霸市、钻营渔利的破坏者，就像张顺的职业是鱼牙贩子，哥哥张横却经常扮成摆渡艄公抢劫杀人。抢劫杀人的行为当然会扰乱摆渡业的市场秩序，但这些人在两种角色间切换自如，不会有任何心理负担。

　　古代中国人对"牙"的普遍印象，正来自这种亦黑亦白的团伙头目形象，商人只是他们的合法外衣，真实身份其实是底层的暴力垄断者。

　　现在再说说西方商贸城市的行会。从社会功能主义的角度来说，行会发挥的功能实际上跟中国的"牙"一样，都是市场秩序或商贸秩序的捍卫者。他们都是中间商，也是"市场规律"在中世纪的"道成肉身"，是利用自己的职业经验和社会地位来平衡市场价格、捍卫市场秩序的人。

　　但是，西方的行会，暴力色彩却较中国的"牙"弱很多。其实，这背后也是简单的经济学原理。

　　首先，由于西方商贸城邦往往受惠于长途贸易而得以发展各种附加值较高的手工业，其行会多半集中于一些生产链比较长、各个环节的附加价值比较多、信息壁垒比较高的行业。

　　例如，佛罗伦萨有七个大型行会、五个中型行会和九个小型行会，其中七个大型行会分别覆盖法官与律师、布料商、羊毛商、银行、丝绸商、医生与药剂师、皮匠七个领域，每个领域的专业知识技能门槛都很高。这个时候，社会就更加认可行会提供的专业服务价值。

　　其次，商贸城邦本身的消费水平较高，行会凭借专业服务能够赚到更多的钱，也就没有动力用暴力手段破坏正常的商贸秩序。

再次，商贸城市的行会还有一点与中国的"牙"有本质区别：中国的"牙"是底层商人为了维护市场秩序而自发形成的组织，从暴力属性上站在国家的对立面，因而往往带有所谓的"江湖"色彩。但是，西方的行会本身就是商贸城市的主导组织，是城市共和国本身要保护的力量，因此这种组织不仅不是城市的对立面，相反还是城邦政治的重要参与者。

比如，在佛罗伦萨，从 1280 年开始，其主权议会（Signoria）就接收七个大型行会的领事作为议会顾问。到 1291 年，十二个大中行会和九个小行会都被吸纳进了城邦共和国的权力机构。[21]

威尼斯也有类似的行会，只是政治权利相对佛罗伦萨的行会而言要低一些。威尼斯的行会有一个专有名词，叫 Scuole，意思是学校。叫这个名字是因为这些行会是培训各个职业学徒的"预科班"。威尼斯有 200 多个经元老院许可注册成立的 Scuole，广泛分布在各个细分领域，比如制鞋、玻璃、法律、书籍、金匠、银匠、酒馆、丝绸、奶制品等，甚至卖扑克牌和卖炸鱼的商人也有自己的 Scuole。

这其中，还有一类特殊的 Scuole 被冠以"大行会"（Scuole Grandi）之称。它们是基于行业和领域，甚至以教会为单位建立起的"群众组织"。在威尼斯，非贵族的普通人或外来人口是没有议会选举权的，但是这些人可以加入"大行会"。相反，贵族则不允许加入这一组织。威尼斯政府会用财政预算采购服务的方式，委托"大行会"承担一些公共服务职能，比如组织游行庆典、救济贫民、资助普通人提供女儿的嫁妆、为穷人提供医疗与丧葬服务等。为了监督采购质量，威尼斯检察官会监督这些"大行会"的运转状况。

从佛罗伦萨和威尼斯这两个城市的行会案例来看，我们或许可以这么说，在中世纪的意大利城邦，行会其实是一个城市的器官和

佛罗伦萨羊毛行会的纹章，后来掌控整个佛罗伦萨的美第奇家族即出自该行会

1889 年 Telemaco Signorini 描绘的佛罗伦萨羊毛行会中心所在地

血脉，是一个城市公民参与公共政治生活的组织和渠道。

中世纪城市是有选举制的，但是这种选举制不是现代意义上的普选，而往往是以行会为单位组织起来的，因而，其选举权严格地限制在行会商人群体中。其实，这些商人的经济地位，也并不一定比普通人高多少。一些资料显示，13 世纪佛罗伦萨的纺织行会里，一些会员甚至穷到没有自己的纺织机，但仅凭他们依靠自己的手工劳作赚取生活费这一点，他们就可以加入行会，得到保护。

前文曾仔细分析过罗马共和国的选举结构，现在我们可以得出这样一个结论：如果说罗马共和国是一个以军团为组织基础建立起来的战争机器，那么中世纪的意大利城邦共和国的实质就是一个以商人行会为组织基础建立起来的"公司国家"。

有了这个基本判断，我的初步结论就是：意大利知识分子对于当时城邦共和主义的理论描述，本质上都是因为缺乏对公司制度的深入理解，而不得不使用古代共和主义理论来比附说明当时的政治实践而已。

"公司国家"这个概念，是我后来搞清楚"威尼斯神话"的关键所在。说实话，为了弄清楚这个问题，我曾经找了很多关于威尼斯共和国政体的资料，又参考了许多版本的理论分析，但它们层层叠叠的架构，实在过于繁杂。

直到某天我突然想起现代公司的治理架构时，"公司国家"才像闪电一样划过我的脑海，照亮真相，这才把一切串联起来，猛然领悟到威尼斯共和政体的实质：威尼斯的本质就是一个公司国家。

下面，我尽可能用一个现代普通人能看懂的方式，把受到的启发讲清楚。

首先，来看一下威尼斯共和国的政体示意图[22]：

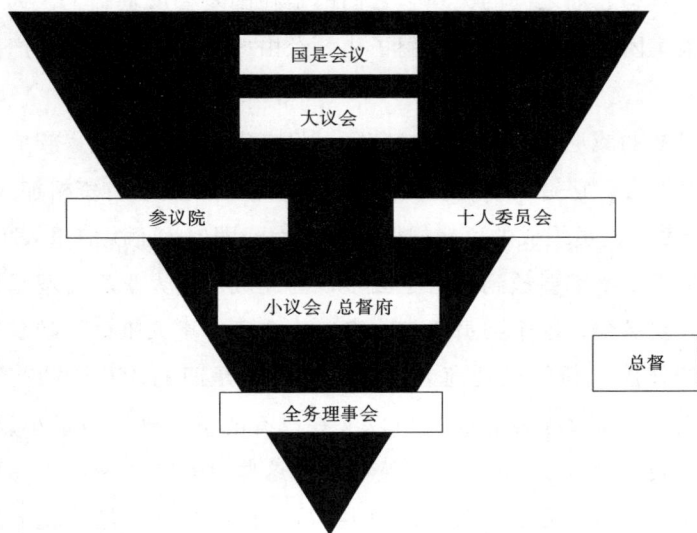

威尼斯共和国政体示意图

图右边的总督是行政首脑，而左边的这个庞大的倒三角，上层是议会结构，下层则是行政机关。总督被单列出来，是因为这个职位的权力是独一无二的，也是其他机构无法匹配的，它是威尼斯的国家元首，也是一切政府机构的首脑。但是，这个职位的权力受到两个限制：一是它的选举流程非常复杂，尤其是 1172 年改革之后，总督选举委员会要经由议会议员的五轮抽签后产生，再由这一委员会选出总督，这样就无法通过贿赂等方式操纵选举；二是议会可以制定法案，来具体限制总督的特定权力。就像是前文举过的例子，恩里克·丹多洛的眼睛瞎了，所以议会可以制定法案：如果没有别人在场，丹多洛就不能签署重大法律文件。

左边的这个倒三角看起来非常复杂，有国是会议、大议会、参议院、十人委员会、小议会 / 总督府等立法机构，但其实用一句话就可以解释它们之间的关系：它们都是在国是会议基础上，为了适应决策集团越来越精英和小圈子化，经由叠床架屋地累积而产生的机构。

最初的威尼斯立法机关，实际上只有由 480 个精英家族成员组成的大议会。它是一个贵族控制的机构，普通人是没有资格加入的。480 个家族成员组成的议会规模依然很大，即使为了决定重大事项，也不至于事事都要放到大会上去吵，为此威尼斯人学习古罗马设立了十人委员会，这个委员会基本可以决定所有重大事件。随着城市经济的发展，新的成功商人越来越多，但是旧的 480 个精英家族未必空得出那么多新位子，所以又在已有的机构外添设了小议会、四十人委员会（Quarantia），然后又把这些合并在总督府里，再在外层设立很多"智者"（Savii）的委员会作为顾问，最后就形成了一个看起来十分臃肿的立法体系。

这其实是在尽量不发生大的革命变化的基础上，对旧制度进行微调以使之适应新情况，从而避免对整个结构造成剧烈的震撼。这就是威尼斯共和政体一直被当作稳定象征的根本原因——维稳的最好办法就是小步改革。古往今来都是如此。

这些机构看起来好像非常复杂，难于理解，但其实只要把握"公司制"的实质，一切就非常清晰了：总督相当于这个公司的董事长。稍有社会经验的人都清楚，越小的企业，民主化程度越低。小企业必须通过个人独裁来降低决策成本，必须有人来决定公司的走向，必须有人来为公司开拓新业务披荆斩棘。在威尼斯历史上，决定共和国关键时刻发展方向的，往往是总督，比如决定迁往里亚尔托的帕提西帕奇奥，决定开拓亚得里亚海北部的彼得罗二世，以及决定参与第四次十字军东征的恩里克·丹多洛。这个职位必然是终身制的，因为不能让总督期待混完日子退休，过上无忧无虑的生活。只要活着一天，他就必须考虑威尼斯的前途命运。

层叠累积的议会，相当于公司的董事会。威尼斯的主要财政收入中，来自贸易税（间接税）的只是很少一部分，大部分来源于发行国债，有些甚至是专门强制有钱精英必须购买的国债。当然，威尼斯的国家信誉很好，但是总会有急需用钱的时候。"强制购买国债"，其实可以理解为现代公司里的"股份回购"操作。从这个角度，一定要采取"层叠累积"的渐进改革方式，而不是撤销旧机构、设立新机构，个中原因就很好理解了。因为古老精英在共和国持有的"原始股"还在，不能随意剥夺。同时，随着新时代的发展、新技术的进步和新商业机会的涌现，必然会有新崛起的精英。或许他们从人数上讲比旧精英少一些，但他们的意见也需得到重视。因此，与其把他们单纯放在旧议会里做少数派，不如单为他们设立新机构来得更合适。

至于员工，或者说威尼斯的市民，我们将看到中世纪最巧妙、最大胆的构想和最能够发挥商业城邦优势的制度解决方案，那就是用"国有企业"把民众包养起来，为他们提供工作，从而赎买他们的政治权利。

在第四次十字军东征中，威尼斯承诺运送十字军骑士的船只，就是由他们本城的兵工厂（Arsenal，这个词也是英超球队阿森纳名字的来源）负责建造的。这个兵工厂建立于 1104 年，占地 45 公顷，用去了威尼斯土地的 15%，是工业革命之前欧洲最大的工业园区。它的资金由威尼斯政府提供，管理由威尼斯官员负责，除了船只，海战所需的弹药、绳索、船具和需要组装的攻城器械都在这里生产。巅峰时期，30%—50% 的威尼斯国民受雇于兵工厂和海军，到 16 世纪，他们甚至发明了流水线作业和标准化可更替零件，能够在一天里生产一艘船。[23] 熟悉工业发展史的人都知道，这两项发明是现代化工业大规模生产的必要条件。而且，兵工厂还曾聘请过伽利略，请他研究有关弹道的物理问题。

一句话，威尼斯兵工厂是一个集研发、生产、运营和社会管理于一身的超级企业，是威尼斯社会运转的发动机。

正是因为有兵工厂，威尼斯市民才愿意接受一个贵族统治的社会。严格意义上讲，威尼斯并不是一个典型的罗马式共和国，因为它的政体中缺乏民主要素：威尼斯议会的席位并不向所有市民开放，而是有身份认定条件的。如果你不属于城中的精英贵族家庭，那么你就不能当选议员。但是，作为对价，威尼斯市民得到了相应的福利，在中世纪普遍匮乏的社会条件下，他们竟然可以获得一份由"国有企业"提供的工作。换位思考一下，如果我是中世纪的一个普通人，我也情愿用投票权换取一份稳定工作。毕竟在匮乏条件下，面包确实比自由重要得多。

因此，如果你把威尼斯国家理解成一个大的公司，那么兵工厂就是它最核心的生产部门。这个部门生产威尼斯最重要的一种产品：基于海洋的暴力能力。现在，整个"公司"在不同部门的配合下有条不紊地运作起来了：总督是董事长，谈判获取最关键的商业资源，决定公司大的发展方向；议会机构是公司高层管理部门和董事会，讨论整体方案，并分解具体执行工作；兵工厂则负责给全体市民发工资，雇佣他们建造船只。而这些生产出来的船只强化了威尼斯的海上暴力能力，在和平时期维护附近海域的稳定，为商人创造便利的贸易环境，在战争时期则可以承担十字军东征这样的重大项目，为共和国赚取高额财富。最终，共和国再从收入中继续拨款给兵工厂，实现下一轮循环。

国家就是一家公司。当把握住威尼斯政体的这个实质，我们再把眼光放到制度之外，放到威尼斯人那种特有的商人精神上，就可以咂摸出更多味道。

让我引用一位威尼斯总督的临终遗言吧。这位总督名叫托马索·摩契尼哥（Tommaso Mocenigo），生于1343年，死于1423年，

活了整整80岁。弥留之际,他在病榻上拼尽最后气力,说了这样一番话:

原本1,000万达克特的国债,减至600万达克特。

出口总额1,000万达克特,基本与进口总额持平,由此产生的利润约400万达克特。

国有造币厂每年制造120万达克特金币、80万银币。由于金币的含金量长期稳定,因此,威尼斯的货币是最有信誉的国际货币。

威尼斯市内的房产价值总额超过700万达克特,一年的租金收入达到50万达克特。

公正的法律,名闻遐迩。犯罪外国人甚至愿意在威尼斯受审。

45艘大型加莱船及其1,000名船员,始终保持出海的状态,超过300艘的200安弗拉(Amphora,约120吨)级以上的大型帆船,配备了8,000名船员。总数高达3,000艘40安弗拉至200安弗拉(24吨—120吨)级的小型帆船,雇用了1.7万名船员。

造船工人超过了6,000名,包括帆布在内的丝绸、棉布的纺织工人多达1.6万人。

年收入在700—4000达克特的威尼斯市民人数超过了1,000人。(除去房租,一年只要15—20达克特,即可在威尼斯维持日常生活)……

如果继续保持这个势头,威尼斯将可能成为基督教世界第一经济大国。因此,必须避免无谓的战争。

倘若国家时刻处于战时状态,那么今日有10,000达克特的人,明天可能只有1,000达克特,拥有两栋房子的人,只剩下一栋。[24]

在整个中世纪历史上,无论古今中外,很少再有一位国家元首的遗言像这位摩契尼哥总督一样令我动容了。哪位君主的眼中曾真有人民？遍读史书，我从未见过。

多少国家元首一生平庸，碌碌无为，而那些志在开拓四方的有为君主呢？用零增长社会的分析框架来看，这批人无非就是最大化暴力价值的恶棍，本质上，他们是荼毒民众的人，是尽可能压榨农民集团劳动力成果的人。

只有这位来自威尼斯共和国的总督托马索·摩契尼哥，在生命的最后关头忘却了一切荣耀，絮絮叨叨地关照着普通人的年收入、房租和家庭财产，计算着他们维持日常生活的所需。

我举这个例子，并不是想赞美这位摩契尼哥的道德多么高尚，这段遗言与道德无关；毋宁说，在根本上，它所说明的是，一个人要想当好威尼斯总督这样一个角色，必须像商人一样精打细算地对待国家的治理。

换句话说就是，如果一个公司老板了解自己的公司就像了解自己的身体一样，对报表、利润和负债的重视程度比得上对自己血压、血脂和胆固醇的重视程度，那他就是一个好老板。同样的道理，像摩契尼哥这样了解威尼斯的总督，就是一位充分履行了自己职责的好总督。

总而言之，一种好政治的最高境界，就是把国家当公司一样来管理运营。我认为，这就是威尼斯成功的奥秘。

当然，威尼斯的公司国家模式，与我们理解的现代国家差异悬殊，但是从组织生存发展的角度来说，却极为合理。威尼斯共和主义与我们现代人理解的自由民主关系并不大，它没有普选权，没有平等主义，决策机构里没有普通人的位置，它的运行充斥着阴谋与小集团利益，然而，在中世纪，这套机制却是合理的，因为它是国家公司化的延伸，是基于售卖产品并赚取利润的逻辑而自发生长出来的一套可以持续运行的政治制度。

威尼斯共和国制度的真相，与鼓吹它的知识分子粉饰出来的共和主义理论之间形成了饱满的张力，而这种张力，对于今天的现代社会而言，依然有着令人深思、值得玩味的借鉴意义。

告别威尼斯

虽然威尼斯有着成功的公司国家制度，但它依然在 16 世纪显出颓势。这不是因为威尼斯自己没落了，而是因为国际政治舞台上的新型玩家崛起了。

无论在哪种意义上，15—16 世纪都可以说是现代社会的开端。而对于国家而言，由于战争的频发和技术的进步，中央集权的年代到来了，受集权力量的驱动，体量和规模上远超中世纪封建领主和公国的新兴政治体出现了。

在地中海的东方，一个新兴国家——奥斯曼——快速崛起，不断侵吞着东罗马帝国的领土，并终于在 1453 年彻底摧毁了这个罗马帝国在世界上最后的遗物。奥斯曼帝国的体量和政治集权程度根本不是衰弱的东罗马帝国能比的，对威尼斯的威胁也就陡然提升了一个数量级。

在地中海西部的伊比利亚半岛，在意大利城邦航海家的协助下，葡萄牙和西班牙开拓出了通往印度的新航路：1418—1425 年，葡萄牙占领了马德拉群岛和加纳利群岛；1427—1432 年，又发现了亚速尔群岛。于是，葡萄牙移民开始开垦这些大西洋中的岛屿，种植葡萄、甘蔗，其所产的葡萄酒和蔗糖给威尼斯通过控制希腊各岛屿生产葡萄酒和蔗糖的贸易带来了挑战。

因此，从 15 世纪上半叶起，威尼斯开始转变国策，从积极开拓海洋航线转变为进军内陆，以威尼托地区为基础，向西拓展，力图控制肥沃的伦巴第平原，觊觎工商业繁荣的维罗纳、布雷西亚和帕多瓦等都市。在当时环境下，单凭威尼斯一城之力不足以在海洋航线贸易上对抗伊比利亚半岛和奥斯曼帝国这两个新近崛起的强大对手，只能寻求向陆地退守，巩固其产业腹地。这个思路本身不能说错，但是，威尼斯人的运气不够好，它遇上了西欧崛起的另一个强权玩家——法国。

15世纪中叶，法国艰难地赢得了百年战争的胜利，收回被英军占领的领土。这场战争促使法国国王组建常备佣兵团与重骑兵部队，大量部署火药武器，采取集权措施削弱贵族力量，并促成了法兰西民族的统一。但是，发源于民族斗争的热情产生之后，很容易被君主利用。法王查理七世赢得百年战争后只过去两代，他的孙子查理八世就打算让经受了战争锤炼的军队越过阿尔卑斯山，进军意大利的富饶领土。

点燃查理八世野心的导火索是意大利的内部分裂。1494年，那不勒斯的新国王阿方索二世与教皇亚历山大六世结盟，对米兰构成威胁。米兰公爵卢多维科·斯福尔扎只好援引查理八世作为盟友，允许法军通过米兰，以便他们进攻那不勒斯。法军因此顺利进入意大利半岛，入侵比萨、佛罗伦萨和罗马，并在那不勒斯发动大屠杀，还反过来宣称法国对米兰有正当的统治权，史称"意大利战争"的一系列战役就此开始。

整个意大利战争从1494年一直延续到1559年，前后跨越60余年，将法国、西班牙、神圣罗马帝国、英国和奥斯曼帝国这些当时主要的强权国家全部牵扯了进来。

跟这些庞然大物比起来，威尼斯的规模就完全不够看了。1494年第一次意大利战争时期，威尼斯总人口大约有120,000，和平时期大约能够保留3,000名骑兵和1,000名步兵的常备军，而在战时能够扩充为8,000名骑兵和3,000名步兵，这已经是意大利城邦中最强大的军事水平。

　　第一次意大利战争中，法国士兵的动员人数是 25,000 名，其中包括 8,000 名瑞士雇佣军，以及火炮等攻城器械。后续战争中，法国依然可以持续不断地扩张自身的军力，但威尼斯的军力已经触达它的人口和财力极限。

　　1494 年 8 月底，法王查理八世亲率大军翻越阿尔卑斯山，进入意大利，诸多城邦望风而降。佛罗伦萨和教皇国这些较大的势力，都不敢对查理八世说不。直到法军抵达那不勒斯，要求驻军投降时，驻军杀死并肢解了法王使节，将尸块送回法国阵地。法王震怒不已，命炮军猛轰堡垒，堡垒被摧毁后，法军进入城市，展开了肆无忌惮的屠杀。

　　法军在那不勒斯的屠杀震动了整个意大利，威尼斯也不例外。

　　威尼斯起初在战争中袖手旁观。这是因为无论米兰还是那不勒斯抑或教皇国，都是它的对手，所以它宁愿坐山观虎斗，择机进场。但法军摧枯拉朽的进军速度，迫使各城邦和公国不得不前来求助独立城邦中实力最强的威尼斯，而威尼斯也不得不站出来组织反法同盟。

　　1495 年 3 月，经过威尼斯、米兰、教皇国和哈布斯堡王朝（当时控制了西班牙和神圣罗马帝国）多方的谈判，名为"威尼斯同盟"的反法联盟成立。意大利联军开始在战场上反击法军，但是损失惨重。此时，多亏了发明西班牙大方阵的传奇将军贡萨洛·科尔多瓦（Gonzalo Fernández de Córdoba）带兵前来意大利，才击溃法军。

　　查理八世出师不利，于 1498 年去世。他的儿子路易十二继承了父亲的野心，于 1499 年再度入侵意大利，攻占米兰。

　　为了防止像第一次战争那样遭到西班牙的中途干涉，路易十二与西班牙国王伊莎贝拉签订了《格拉纳达条约》，同意将那不勒斯划分为两国。但是，在权谋花招上，路易十二还是输西班牙女王一筹。伊莎贝拉早就注意到法国入侵意大利对西班牙的危害性，因而再度派出贡萨洛·科尔多瓦，利用这个条约的内容与法国和威尼斯一道组建了对抗奥斯曼帝国的部队，并借机在意大利打下据点。

1503—1504 年，贡萨洛·科尔多瓦率领西班牙–意大利联军，以改良过的西班牙大方阵战胜法军，最终于 1505 年将法国再度逼离那不勒斯。

在这两次战争中，威尼斯都不是主角，因为在法国和西班牙这样的大国面前，威尼斯已经力不从心了。而且，这两场战争涉及的意大利城邦有很多与威尼斯是死敌，因此不管是威尼斯还是其他城邦，都常常在战争中反复横跳，加入对自己有利的一方。即便威尼斯自己，也在 1498 年查理八世去世后马上与路易十二结盟，将祸水引向了米兰和佛罗伦萨，然后又在 1501 年加入西班牙反对法国。

战争中，威尼斯赖以自保的武器，不再是强大的海军，而是顺势而为、相机行事的外交策略。意大利联军和城邦的雇佣兵虽然在战场上不敌强大的对手，但威尼斯依靠自己数百年积累下来的丰富外交经验，在战场之外折冲樽俎，居然也能与对手有来有回。

1500 年，因佛罗伦萨与法国结盟而出使法国、向国王汇报战况的马基雅维利，曾经与法国宫廷的安布瓦兹枢机主教有过一段微妙的对话。安布瓦兹枢机主教说："意大利人不懂战争。"马基雅维利则立刻反唇相讥："法国人不懂政治。"[25]

然而，法国人再不懂政治，也能看得出两次意大利战争背后威尼斯耍的花招。1508 年，在教皇儒略二世（Julius II）的主导下，法国与神圣罗马帝国和西班牙一道缔结了一个反威尼斯联盟——康布雷同盟，并在 1509 年击败威尼斯。

威尼斯人的外交天赋再一次发挥了作用。他们先向教皇表示臣服，答应了苛刻的战败条件，然后开始离间教皇与法国之间的关系。1510 年，威尼斯跟教皇达成同盟，再度共同反对法国人。

1512 年，教皇与威尼斯的联军共同战胜了法国，双方之间的矛

第三次意大利战争中的马里尼亚诺战役

盾再度激化。次年，在儒略二世去世之际，威尼斯再度与法国结盟，击败了教皇国和与之同盟的神圣罗马帝国。第三次意大利战争宣告结束。

　　昔年楚汉相争时代，得到刘邦分封的齐王韩信势力强大，一位叫蒯通的说客认为"天下权在韩信"，想要策划他自立为王，三分天下，说他是"足下为汉则汉胜，与楚则楚胜"。第三次意大利战争中的威尼斯，差不多就是这样的地位。然而，韩信的重要性，是建立在楚汉实力均衡的基础上的，而并非他本人有角逐天下的能力。

　　同样的道理，威尼斯是天平上的一块砝码，加到哪一端，哪一端就会下沉，但这座城邦本身已经丧失了登上舞台成为主要玩家的资格。整个意大利战争前后60余年，法国、神圣罗马帝国、西班牙和奥斯曼帝国这些体格庞大的玩家都觊觎此地积累的巨额财富，竞相争夺，划定格局，切分沃土。许多商贸精英被迫逃往他处，而其经验与智慧将为其他君王所用，这就是我们在后续章节要继续讲述的故事。

总结：特定条件下的互信关系

在第一章末尾，我们总结和盘点第一波高峰期内的"商暴秩序关系"时，曾经归纳出七个要点：

1. 在古代生产力条件下，绝大部分地域和人口依然分布在自然经济条件下的零增长社会中，两者的体量是不对等的。正增长社会只是一座座孤岛，集中于部分商贸城邦中。当然，它们有可能凭借财富的积累来获得与自己体量并不相称的权力。

2. 暴力秩序普遍笼罩于两种社会，只是在不同社会有不同表现形式。正增长社会有可能采取君主制，零增长社会也有可能采取共和政体（如斯巴达），但是共和政体的确对高水平正增长社会更为友好。

3. 正增长社会的主要驱动力是商贸秩序，充分发展的商贸秩序会培养出职业教师、职业金融家和职业法律人团体。

4. 暴力秩序对商贸秩序做出承诺的低级形式是允许自治，高级形式则是采取共和政体。

5. 古典时代，商人集团与暴力集团之间的相互信任问题始终未能得到解决，这是古代商业共和国最终败给军事共和国的根本原因。

6. 古典时代普遍施行奴隶制，奴隶制在正增长社会可能会催生工厂式生产，但在零增长社会则表现为农奴制。

7. 古典时代，正增长社会在罗马共和国晚期达到的巅峰成就是一种不自然的畸形成就，它是由大规模的奴隶制工厂生产催化形成的。当罗马人无法持续稳定获得奴隶，城镇的商贸秩序萎缩，整体经济结构退回到自然经济状态，正增长社会就崩溃了。

那么，威尼斯的历史能为这个规律列表增添什么吗？威尼斯在地中海的崛起史，正是1、2和3的完美体现，那么，威尼斯有没有解决古典时代商贸秩序面临的根本问题，也就是商人集团与暴力集团之间的互信关系问题呢？

威尼斯，只是在自身的特殊语境中解决了这个问题。威尼斯共和国自身具备的武装力量以海军为主，陆军则高度依赖雇佣兵。诚然，在历史上，威尼斯的雇佣兵很少发生欺诈或叛变问题，但其根本原因在于威尼斯从不把它当作最高希望。威尼斯对外作战的主力和最后屏障，始终是海军。无论是第四次十字军东征，还是勒盘陀海战，发挥关键性作用的主要还是威尼斯海军的力量。而海军将领与职业水手，又恰恰是威尼斯可以一城之力提供的。

海军与陆军的作战逻辑有根本不同：陆军的作战目标是支配与占领，海军的作战目标却是封锁与控制。占领大海既不可能，也没有必要。海洋国家在与陆地国家作战时的关键在于封锁陆地国家沿海港口通过海岸线获取补给的能力，控制其海上航贸路线，然后静待陆地国家因补给短缺而投降，或其内部由于财源的枯竭而产生分裂，从而寻找机会渔翁得利。海洋国家对陆地国家作战的优势就在于此。

的确，陆地国家往往能够利用人口和领土规模的优势，组织起庞大的军队，但只要这支军队无法威胁海洋国家的本土，那么它在海洋国家的眼中就并不构成根本的威胁。海洋国家的人口或许较少，但却可以集中优势，组织一支海军，封锁陆地国家的港口。

犹太教有一个神秘主义学派被称为"卡巴拉"。在中世纪，卡

《圣经》故事中利维坦与比荷莫斯的搏斗

巴拉学者们曾经用一个源于《圣经》的神话比喻了这两个类型的国家的斗争。他们说，陆地国家是长有利齿与尖爪的比荷莫斯，海洋国家则是海中怪物利维坦。比荷莫斯试图用尖牙利爪撕碎利维坦，利维坦却可以用自己的鳍封住比荷莫斯的呼吸道，令其瘫痪。[26]

　　仅仅依靠本城邦的力量，便可组织起优势海军，而这种情况下诞生的海军，本身就是商人集团的直接产物——它的士兵与将领本来就是和平时期的水手与船长，此时的商人集团与暴力集团之间就存在着稳固的信任关系。与此同时，威尼斯的军工厂又用国家雇佣的力量解决了普通市民的生计问题，也就消解了商人集团与普通民众之间的敌意关系。

　　因此，我们可以说，在特定的城市规模与地缘政治条件下，商贸城市可以凭借自己的海军力量赢得地缘政治方面的优势，从而暂时性地解决暴力精英与商贸精英之间的互信关系问题；同样，在城市经济的规模下，商贸城市可以通过国家提供普遍性福利的手段，收买底层民众自发产生的民主诉求，维护贵族精英的政治地位。

这样，上述"商暴秩序关系"列表可以增补如下：

1. 在古代生产力条件下，绝大部分地域和人口依然分布在自然经济条件下的零增长社会中，两者的体量是不对等的。正增长社会只是一座座孤岛，集中于部分商贸城邦中。当然，它们有可能凭借财富的积累来获得与自己体量并不相称的权力。

2. 暴力秩序普遍笼罩于两种社会，只是在不同社会有不同表现形式。正增长社会有可能采取君主制，零增长社会也有可能采取共和政体（如斯巴达），但是共和政体的确对高水平正增长社会更为友好。

3. 正增长社会的主要驱动力是商贸秩序，充分发展的商贸秩序会培养出职业教师、职业金融家和职业法律人团体。

4. 暴力秩序对商贸秩序做出承诺的低级形式是允许自治，高级形式则是采取共和政体。

5. 古典时代，商人集团与暴力集团之间的相互信任问题始终未能得到解决，这是古代商业共和国最终败给军事共和国的根本原因。

6. 古典时代普遍施行奴隶制，奴隶制在正增长社会可能会催生工厂式生产，但在零增长社会则表现为农奴制。

7. 古典时代，正增长社会在罗马共和国晚期达到的巅峰成就是一种不自然的畸形成就，它是由大规模的奴隶制工厂生产催化形成的。当罗马人无法持续稳定获得奴隶，城镇的商贸秩序萎缩，整体经济结构退回到自然经济状态，正增长社会就崩溃了。

8. 在特定的城市规模与地缘政治条件下，商贸城市可以凭借自己的海军力量赢得地缘政治方面的优势，从而暂时性地解决暴力精英与商贸精英之间的互信关系问题。

9. 同样，在城市经济的规模下，商贸城市可以通过国家提供普遍性福利的手段，收买底层民众自发产生的民主诉求，维护贵族精英的政治地位。

而且，这最后两点经验（8 和 9），依然在今天的世界上以某种形式发挥着作用，我说的就是马六甲海峡上的另外一个"城邦"——新加坡。当今的许多学者以民主化的视角看待李光耀一手建立起来的这个奇怪混合物，说它是综合了英国法、父爱式政府与一党政治的共和国，并且对它进行了种种批评。但是站在商贸城邦的历史经验上，这就很好理解了。我在拜访新加坡时，于图书馆中翻到了一本 20 世纪 90 年代的中学社科教材，教材中有一章专门讨论了威尼斯的历史经验，其挖掘深度与重视程度，恐怕还要高于意大利本国的历史教材。我认为，新加坡的精英也许早就对此有过深思熟虑。

新加坡的状况与历史上的商贸城邦是非常相似的。它太小了，以至于它对政治精英决策的容错率非常低，稍错一步，国家就会灭亡。因此，会引发民粹风险的民主政体是它无法承受的。而作为对公民权利受限的弥补，新加坡必须为公民提供额外的福利，例如住房和普遍高收入的工作机会等。这反过来要求它通过淡马锡等国有资本力量进一步强化对经济资源的掌控。此外，新加坡的精英主义也要求其政党主动摸索民众的吁求，采取与其他一党制国家不同的选举体制，以免精英阶级脱离民众，忽略足以冲击立国之本的重大危机。

从这个角度讲，若单以现代民主化视角审视新加坡的学者，恰恰是忘却了这段纵贯千年的伟大历史经验：是商贸秩序催生了现代民主，而非现代民主决定了商贸秩序。

注　释

1　基佐：《法国文明史》（第四卷），沅芷、伊信译，商务印书馆，1998，第 9 页。

2　参见 Elina Gugliuzzo, "The 'Serenissima' at Hazard: the Historical Phenomenon of Acqua Alta in Venice." *Humanities* VI. 12 (2017): 31-43。

3　Cassiodorus, "Tribunes of the Maritime Population." 参见 https://www.gutenberg.org/files/18590/18590-h/18590-h.htm#Page_515。

4　参见盐野七生《海都物语：威尼斯一千年》（上册），徐越译，中信出版社，2016，第 45 页。

5　罗杰·克劳利：《财富之城：威尼斯海洋霸权》，陆大鹏、张聘译，社会科学文献出版社，2015。

6　罗杰·克劳利：《财富之城：威尼斯海洋霸权》。

7　罗杰·克劳利：《财富之城：威尼斯海洋霸权》。

8　盐野七生：《海都物语：威尼斯一千年》（上册），第 87 页。

9　转引自罗杰·克劳利《财富之城：威尼斯海洋霸权》，第 3 节。

10　Peters, Edward. *Christian Society and the Crusades, 1198—1229*, University of Pennsylvania Press, 2011, p.14.

11　与"拜占庭帝国"一样，"拉丁帝国"并非当时使用的正式国号，而是由后世历史学家发明的说法，用于分别古典时代罗马帝国、中世纪以东欧君士坦丁堡为首都之罗马帝国以及十字军所建立之罗马帝国，因为三者均自号罗马。由于十字军乃天主教徒，以拉丁文为礼拜及学术用语，异于当时拜占庭帝国东正教使用的希腊语，故以拉丁帝国名之。当时拜占庭人则称之为法兰克治下或拉丁治下。

12　转引自 Finlay, Robert. "The Immortal Republic: The Myth of Venice during the Italian Wars(1494—1530)." *Sixteen Century Journal* XXX/4(1999)。

13　约翰·邓恩：《民主的历程》，林猛等译，吉林人民出版社，2003，第 61—62 页。

14　约翰·邓恩，《民主的历程》，第 63 页。

15　Marsiglio of Padua, *The Defender of Peace*,CH. IX.

16　转引自 Rubinstein, Nicolai. *Florentine Studies: Poltics and Society in Renaissance Florence*, Faber and Faber, 1968, p.467。

17　Finlay, Robert. "The Immortal Republic: The Myth of Venice during the Italian Wars(1494—1530)." *Sixteen Century Journal* XXX/4(1999)。

18　转引自 Finlay, Robert. "The Immortal Republic: The Myth of Venice during the Italian Wars(1494—1530)."。

19　参见 Contarini, Gasparo. *De magistratibus et republica venetorum*。

20　马基雅维利：《论李维》，冯克利译，中央编译出版社，2017，第 55 章。

21　Staley, Edgcumbe. *The Guilds of Florence*, Methuen,1906,p.602.

22　参见 https://en.wikipedia.org/wiki/Republic_of_Venice#Government。国是会议：12 世纪以前是选举总督并讨论重大决策的会议，后来演变为全体公民参与的立法会议。大议会：12 世纪后正式成为威尼斯主权机构，是一切政府权威的来源。该机构有两千多名议员，只有登记在威尼斯金皮书内的贵族家庭才有资格参选，候选人由抽签产生，随后通过选举上任。大议会有权制定法律，选举参议院与十人议会。参议院：大议会选举产生的特别委员会，审议有关税收、商业、外交政策和军事行动的法令。最初人员有 60 席，后来扩展到 300 余席，但只有 230 人有投票权。十人委员会：1310—1797年间威尼斯共和国的主要管理机构。十人委员会对国家安全事务有广泛的管辖权，凭借其秘密资金、间谍系统、警察制度和国家安全事务的管辖权成为威尼斯寡头贵族的核心小圈子。小议会／总督府：总督是威尼斯共和国的首领，是政府各部门的领袖。总督府是威尼斯的法定政府机构，总督权力是其权力的一部分。总督的六名顾问构成小议会，总督与六名顾问一道主持召开大议会、参议院会议或十人委员会会议。全务理事会：威尼斯共和国的主要执行机构，可类比为今天的行政部门。全务理事会在总督、顾问和三组有特殊职责的"智者"委员会的领导下，处理各部门报告、接待外国使节，并准备议题提交参议院表决。如遇财政或外交事务上的紧迫问题，理事会可以选择跳过参议院表决流程，改为提交动议并交由十人委员会投票表决。

23　参见 https://en.wikipedia.org/wiki/Venetian_Arsenal。

24　转引自盐野七生《海都物语：威尼斯一千年》（下册），第八章。

25　马基雅维利：《论李维》，第 4 章。

26　卡尔·施密特：《陆地与海洋：古今之法变》，林国基、周敏译，华东师范大学出版社，2006，第 7 页。

第三章　去中心化的"汉萨同盟"

"汉萨"这个名字

2021 年 6 月，一则新闻触动了我的神经。由于新冠肺炎疫情的冲击，德国老牌航空公司，也是全欧洲最大的航空公司——汉莎航空，向政府请求援助。最终，德国政府决定向汉莎航空注资 90 亿欧元纾困，并以此换取了汉莎航空至少 20% 的股权。

看到消息的那一刹那，我不由地感叹：啊，这真是让人感慨的标志性事件。

身边的朋友纷纷凑过来，又不以为意地评论道："这有什么稀奇？疫情期间航运业遭打击的多了。"

我喃喃道："但是从历史的眼光来看，这有多么反讽啊，汉萨接受了政府的资助。"

朋友问："不可以接受吗？"

我回道："在历史上，'汉萨'可是正面战胜过国家力量，鼎盛时期远超政府的组织呀。"

朋友又问："一家航空公司？"

我哑口无言，知道自己又发表了不合时宜的感慨，于是不再继续这个话题。然而，我的内心却抑制不住地呐喊——当然不是那家航空公司！

"汉莎航空"（Lufthansa）名字中的"汉莎"，其实就是"汉萨"，德国历史上鼎鼎大名的汉萨同盟。鼎盛时期，这个商贸同盟控制的经济命脉远超欧洲任一国家力量，从斯堪的纳维亚半岛到伦敦，它的势力无人不知，无人不晓，它的军队还曾逼迫王国握手言和。它是商贸秩序的巅峰，是欧盟之前的欧盟，是现代国际商法的奠基人，是建立现代德国的另一支力量。

这些已是现代人不再关注的老皇历了，不光绝大多数中国人毫不知情，就连许多德国人都已忘却这段史前史的史前史。

与今人的理解不同，汉萨同盟不是一个帝国，不是一个国家，甚至都不是一个邦联，它的宪章与条款非常松散，并没有任何强制性的政治约束，也不涉及将城市主权结合在一起捆绑为更高政治体的约定。汉萨同盟城市会员享有高度的政治自由与政治独立，缔结的一切条款都是建立在自愿与相互对等的基础上。然而，就是这样一个组织，可以战胜当时的王国与帝国，捍卫商人的和平与尊严。

即便在消亡数百年后，汉萨同盟依然在遗泽后人。如果今天拜访汉萨同盟历史上的活跃地区，也就是以德意志北部为圆心辐射周边各国的区域，你会遇上一连串明珠般的美丽都市，它们个个小巧精悍，风物宜人，不知道哪个角落里就藏着某个有数百年历史的老企业，或者某个本国或本州的经济力量骨干。它们自汉萨同盟时代以来就已开始积累资本、经验与技术，已有近 800 年之久。

看看这些汉萨城市的名单吧！汉堡、吕贝克、不来梅、柏林、哥本哈根、哥廷根、科隆、明斯特、安特卫普、奥斯陆、斯德哥尔摩、卑尔根、但泽、柯尼斯堡、克拉科夫……有多少是你闻名已久，却从来不知其历史上的来龙去脉的？

下面，就让我们来追溯这个伟大商贸秩序的来龙去脉。

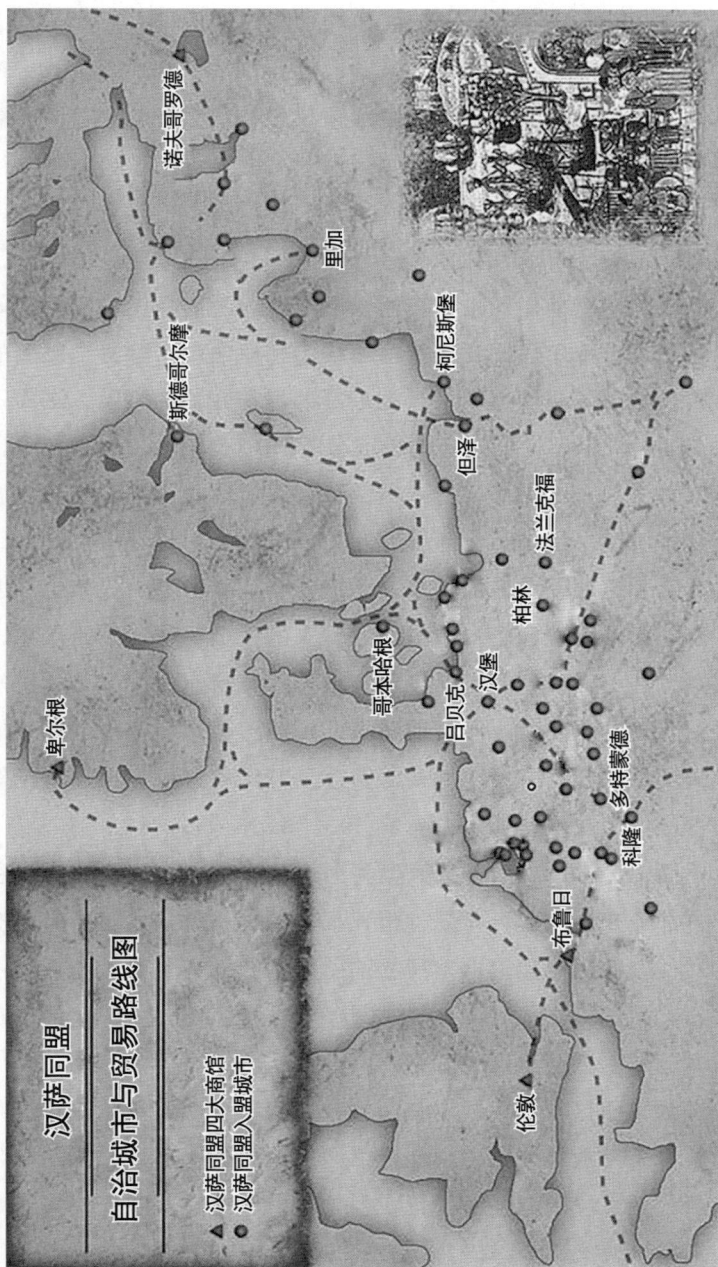

汉萨同盟主要城市分布示意图

图例：

汉萨同盟
自治城市与贸易路线图

▲ 汉萨同盟四大商馆
● 汉萨同盟入盟城市

诺夫哥罗德
里加
柯尼斯堡
斯德哥尔摩
但泽
卑尔根
哥本哈根
法兰克福
吕贝克
柏林
汉堡
多特蒙德
科隆
布鲁日
伦敦

商人同盟的诞生

今天若说起德国境内最美的一段风景，那么有着葡萄园、精致的小镇与星星点点神秘古堡的莱茵河沿岸，一定可以进入排行榜前列。

在印欧语系中，"莱茵"的词根（reie-）是"奔跑"之意，这条大河自阿尔卑斯山而出，奔泻入瑞士境内的博登湖，沿着山岭折向西行，过巴塞尔后倾注进德法边境的平原之中，孕育了肥美的土地、多山的丘陵，创造了世界上最好的雷司令葡萄酒园，滋养了科尔马、斯特拉斯堡、曼海姆、沃尔姆斯、美因茨、科布伦茨、科隆、杜塞尔多夫等一干城市，进入荷兰境内，又留下了乌德勒支、鹿特丹等繁华城镇，最终于鹿特丹附近入海。

今天，这条河上轮船往来，商旅密布，是世界上最繁忙的航道之一，但为了让人领略自中古时代以来的壮美风光与田园景象，德国人愿意在美因茨到科布伦茨河段放弃修建所有桥梁，全凭游船摆渡过河。若是于夏秋之际乘船而下，披习习微风，畅品琼瑶浆的同时远眺山中古堡，在沿途葡萄泛黄、秋叶灿美中缅怀霍亨索伦等家族的古迹，实在是一种人生至乐。

然而，上推 800 年，往来莱茵河上下游的商旅可远没有这么惬意。

古往今来，水运一直是性价比很高的运输方式之一。有河流的地方往往会有商船运输群落所必需的货物，商人也必然会云集沿途港口，如此一来，贸易兴盛，城市繁荣。然而，在 1250 年左右的莱茵河沿岸，情况并不这样简单。

在为写作这本书寻找资料时，我发现，关于莱茵同盟和汉萨同盟的学术研究资料并不少，但是很多资料要么是枯燥无味的文献选摘，要么是大段的概述与理论，很少有资料能够直观反映当时商贸活动的具体状况。

年少时，我曾经设想过很多以中世纪为背景的小说，并参考了不少中世纪的商贸史资料。因此，思索再三，我决定厚着脸皮，把当年的小说草稿放上来。我个人认为，这足够普通人直观地了解当时商人的活动状况了。

天色灰蒙蒙刚亮，商人戈德里克[1]和他的商队已经离开美因茨的镇中心，走向港口。清晨的河面上升起氤氲的雾气，平添了空气中的不少凉意。然而若不趁早出发，到中午太阳高挂，马匹定会受不了炎热。

然而，码头已经有了几个黑色的身影，瞧那轮廓，似乎是披甲的士兵。戈德里克微微吸了口凉气，心往下一沉。在这个时代，士兵未必是公正的化身，谩骂、勒索乃至一时兴起的斗殴杀人都不罕见。好在，他的伙伴们都随身携带兵器，并不是完全没有自卫能力。这支商队是从沃尔姆斯出发，运送羊毛到布鲁日去贩卖的[2]，沿途未必太平，任何人做这样的长途旅行都需要保护好自己。

商队慢慢走近码头，士兵也看见了他们，招手让他们过来。戈德里克心微微提起来，迎上前去。领头一个高大的兵士像是长官的样子，手持一张羊皮纸，穿着一身链甲。兵士上下打量了一下戈德里克，开口盘问：

"什么货？"

"羊毛。"

"去往哪里？"

"到科布伦茨。"虽然戈德里克的终点是布鲁日，但他只打算搭船走美因茨到科布伦茨这一段。这段路沿途森林繁茂，路程凶险。

"过河费一袋两个马克。"

戈德里克瞪大了眼睛："六天前我的兄弟刚从这里过，只要一个半马克。"

　　兵士白了他一眼，展开手中的羊皮纸："奉美因茨大主教和法肯海姆伯爵之命，为荣耀我主上帝，剿灭附近的盗匪，敕令过河费涨价，前天的文书。"

　　戈德里克识几个字，也看到羊皮纸上主教的签名。尽管他不知是真是假，但眼前兵士的甲胄和兵器绝不是假货，他可不想脑袋上挨那么几下。他叹口气："大人，你稍等，我得和伙计们商量一下。"

　　他引着几个伙伴，走到附近的树荫下，坐在地上商量起来。汉斯是他村里的同乡，小他十二岁，此行是出来学做生意的。小伙子着急得不行："一袋羊毛，打包收起来才几十个芬尼，到这里上船倒要两个马克[3]，前面的关口要是再涨价，这趟就要赔本了。"

　　施坦因是个老头子，沉着脸不说话。他知道汉斯的话说得没错。今年羊毛在布鲁日的行价大概有十五六马克，然而这里面的绝大部分成本都是沿途的关卡过路费。刨去这些成本，每袋的利润也不过两个马克上下。眼下美茵茨港这笔费用一涨，利润几乎要少掉四分之一。

　　"放宽心，走这条路的人都要涨价，也不止我们，布鲁日这几天羊毛价怕也是要涨上去。"有人宽慰道。

　　戈德里克摇摇头："又不是只有莱茵河上的商人去卖货。若是伦敦的船费不涨，今年科茨沃尔兹[4]的羊毛一定卖得好。"

　　"别坐船了，走陆路吧，不见得就遇上强盗。"又有人提议。

　　施坦因唾了一口："呸！你不晓得么，这附近的什么强盗，就是骑士老爷。他跟那个鬼的主教什么，都是沆瀣一气。他既然这样发了命令，那你走什么路，都绕不开那群狗娘养的，倒是老老实实交买路钱，能买一条命。"

　　商队里几个人不吭声了，都望向戈德里克。最终，戈德里克一拍大腿，下了决心："上船吧，这段路实在不安全，赚钱总不如命要紧。布鲁日'康托'[5]有我的熟人，找他想想办法，我们的货总能卖得出去。"[6]

……

如你所见，这段故事虽然属于虚构，但文中的货物成本和物价则有史料为证。

这反映出中世纪商贸活动的基本状况：在当时的商品售价中，商人的利润只占到不足 10%，而大概 90% 以上的成本都来自运输。这个数字的背后，是商路沿线各地领主和主教设下的各种关卡、税费和过路费。

10—13 世纪的莱茵河沿岸船运是最为臭名昭著的代表。当地大大小小的领主都倾向于在港口码头加设关卡、收取税费，并强迫过往商人租用他们价格昂贵的专用船只。有武力作为后盾，他们很容易便可以垄断租船业务。

你也可以这样理解：中世纪的商品售价中，有 90% 实际上是这些领主盘剥的"暴力税"。骑士们则更不用说，经常跟我们前文所说的"强盗骑士"——也就是虽然身为骑士，却自甘堕落，以劫掠和发动战争为乐的人类渣滓——沆瀣一气，骚扰商人，夺取财物。至于商人很可能因为这临时的一项加税、加费而折了本钱，市民所必需的生活用品也可能突然提价，但这都不在他们的考虑之列。让我们再回到我写的小说中吧。

美因茨的街道上，一个人慷慨激昂地发表演说，吸引了许多商人驻足聆听。他抨击领主的贪婪，抨击税费的不公，指责主教违背了上帝的公正之义，给他们做后盾。最后，他大声疾呼："我们要团结起来，反抗不公！"

人群中传来窃窃私语，有不认识他的人低声询问自己的同伴："那是谁？敢说这样大逆不道的言语？"同伴说："他是沃尔坡德·阿诺德（Wolpode Arnold），曾走南闯北做过生意，又有一副好身手。当年他驻守塔楼的时候，击退过不少盗匪，人们都叫他'塔之阿诺德'（Arnold of the Tower）。"

阿诺德注意到人群中的低语，停下了演讲，示意众人可以提问。

人群中有人喊道："你是让我们拿起武器造反吗？"

又有人喊道："这是违反法律与正义的！"

阿诺德单手平按，示意众人噤声，然后大声说道："造反？不，我不是要大家造反，我也不是要违反法律与正义！相反，我比所有人都渴望法律与正义，但是领主和主教的行为已经违反了法律与正义。我要的是，在我们手中实现法律与正义！"

群众哗然了，有人问："在我们手中实现法律与正义是什么意思？"

阿诺德昂起头，高声道："我们自己来决定税费和关税问题！我们自己按照上帝和国王的法律组建法庭，对不法行为进行审判！我们不需要领主或主教来替我们做这些！"

人群被他的想法震慑了，静了下来。阿诺德的信心增长了，他继续大声喊："美因茨的市民朋友们，我和你们一样，都是走南闯北讨生活的人，也见过世面。我们会对我们的合作伙伴随意抬高价格吗？我们会不遵上帝的律法，随意出借高利贷吗？我们会随意扣下远道而来的商人的货物吗？不，我们不会！我们了解商业的规矩！我们了解合同的精神，那么，我们为什么不能审理这些事情，自己决定纠纷的解决方式，而一定要等那些老爷们为我们裁决？我再说一遍，我恨这个不公正的秩序，我们要的不是混乱和无秩序，我们要的是，我们自己来建立一个更好的、公正的秩序，而且我们有能力做到！"

……

建于 13 世纪早期的美因茨铁塔，主要功用为瞭望和
防卫

　　这些具体故事的史料细节早已湮没，但我们知道的是，1247 年，
一位名为沃尔坡德·阿诺德，又称"塔之阿诺德"的美因茨市民奋
起呼吁，联合莱茵河沿途的商人和市民反抗河运航道上的沉重路费，
以及强盗骑士和堕落贵族的抢劫。

　　阿诺德的呼吁影响了城市中的自治公会，在他持续不懈的努力
下，到 1254 年 2 月，美因茨与沃尔姆斯两座城市签订条约，互为盟友；
7 月，科隆、特里尔等莱茵河中下游城市同意共同签署为期十年的
共同安全协定。这一同盟史称"莱茵城市同盟"。

1255 年，神圣罗马帝国皇帝"荷兰的威廉"也承认了同盟的合法性，还把同盟章程纳入帝国组织法。到 1256 年，在阿诺德的奔走下，从科隆到巴塞尔的莱茵河城市，以及中北德的亚琛、不来梅、吕贝克，南德的维尔茨堡、纽伦堡和雷根斯堡，以及瑞典的苏黎世等 70 多个城市都加入了同盟。

在中世纪历史上，莱茵城市同盟是一个非常独特的跨区域组织。在它之前不久，意大利也曾出现过商业城市之间的同盟，即"伦巴第同盟"。但是，伦巴第同盟是出于政治与战争目的成立的，莱茵城市同盟则是各城在维护自身主体性的平等条件下，为了跨区域和平，营造有利于商业发展环境而结成的。

讲到这里，你大概已经开始意识到这个城市同盟与威尼斯的一个重大区别。威尼斯尽管是自治城市，但它是中心化的，相比之下，莱茵城市同盟则是"去中心化"的。

威尼斯这类商业城市的一大特点，便是城市自治，也就是城市中的商人自己管理与自己相关的事务。但是，每个城市的习惯和法律不同，很难说一个城市实施商人自治就一定会迎来公正的法治环境，实际上，它也有可能演变成几个大家族对城市政治生态的垄断。

比如，中世纪的科隆有一个 1169 年就已见诸史册的"富豪兄弟会"（die Richerzeche），这个组织由垄断寡头构成，把控了科隆的市政治理。然而，"去中心化"的城市同盟却可以解决这个问题，因为，只要加入同盟，这个城市之外的商人们必然会要求在这个城市得到一致、公平的对待，此时，同盟内的城市需要修正自己的法律和审判方式，对各地商人给予一视同仁的待遇。所以，同盟本身也就成了传播公正与法治的渠道。

然而，很不幸的是，莱茵城市同盟建立不久，就遇到了分裂危机。荷兰的威廉去世后，美因茨大主教和特里尔大主教各自支持一个选帝侯参选神圣罗马帝国帝位，而这两个城市恰好都是莱茵城市同盟的重要带头者。最终，昙花一现的同盟于 1257 年解散，阿诺德十年心血毁于一旦。

19 世纪的瑞士历史学家雅各布·布克哈特（Jacob Burckhardt），曾经这样赞誉莱茵城市同盟：

> 就在此时，莱茵河流域的城市正处于最蓬勃发展的兴盛期，看到皇权崩落，各城于是想借由联盟的方式来相互扶持与支援。这正体现真正的日耳曼法团精神（Corporationsgeist）。当王权在某个层次上因为自身因素走向积弱不振，这种结盟精神也在日后提供"国族整合"理念重要的支撑。[7]

莱茵城市同盟的精神如此伟大，却只存在了这么短的时间，听起来很令人遗憾。不过，不必太过惋惜，因为就在阿诺德为莱茵城市同盟奔走呼吁的同时，在今天德国的北方地区，一个更强大的、由自治城市组成的新同盟正在崛起。这个同盟，便是德意志历史上赫赫有名的"汉萨同盟"。

去找汉萨

在前面的小说片段里，我曾提及商队的目的地是布鲁日。之所以提及这座城市，用意是想描述一起历史上发生的真实冲突，借此说明汉萨同盟成立的起因与必要性。

这段历史上的真实故事与一个经历很精彩的女人有关，她是当时布鲁日所在的佛兰德斯的伯爵玛格丽特二世（Margaret II, Countess of Flanders）。

玛格丽特二世的父亲参与过第四次十字军东征，客死海外，母亲不久后也去世了，女伯爵小小年纪就被迫执掌一方大权，可想而知，她那稚嫩的肩膀经历过多少考验。这位少年老成的女伯爵有多厉害呢？从当时历史编纂家送给她的绰号"新美狄亚"中可以看出端倪。美狄亚是希腊神话里的角色，因为被伊阿宋欺骗，于是设计杀了伊阿宋新欢一家。玛格丽特二世能够赢得这个绰号，自然说明她的精明残忍与希腊神话里的美狄亚不相上下。

　　当时有一个关于她的故事流传很广，说她的两个儿子居伊（Guy）和丹皮尔的约翰（John of Dam）被敌人俘虏后，敌人曾用两个儿子的性命威胁她，迫使她在谈判中让步，然而，女伯爵的回答却是："你这个食肉大胃王，弄死他们吧，其中一个蘸辣椒酱吞下去，另外一个用大蒜烤。"[8]

　　她在我的小说里却是个亦正亦邪的角色。我把她设定为有深谋远虑，却不被世俗所理解的女强人——她之所以心狠手辣，归根结底是因为要振兴佛兰德斯伯爵领。

　　这个设定是有史实依据的。历史上，玛格丽特二世需要远途而来的商人带来必要的货物，同时也需要他们为城市增加税收，因此，她赋予外邦商人很多特权，准许他们像当地人一样开商店销售货物。在中世纪普遍排外的背景下，这已经是了不起的政策。很自然地，这样的政策引发了布鲁日市民的极大反感和抗议，但都被她的铁腕一一镇压。

　　1280年2月，78岁的玛格丽特二世撒手人寰。她的儿子居伊登上大位，自以为应该顺应民意，于是下令收回给予外邦商人的特权。布鲁日本地人受到鼓舞，开始发起排外运动。这其中，来自德意志地区的商人所受的损失最为惨重。

　　我在小说里特地写了一个戏剧性的情景：

　　　　远道而来、儿女双亡的巴伐利亚老人带着手艺上佳的织毯来到布鲁日贩卖，好为唯一的孙女准备独一无二的嫁妆，然而他不知道，原本对外邦商人敞开大门的布鲁日却发生了针对商行的暴力袭击。老人的织毯全被抢走，自己也上了吊。

这段故事虽然是虚构的，但是在每个年代，类似的政治动荡造成个体悲惨命运的故事，总是屡见不鲜。

小说里接下来的情节是主角收养了老人的孙女，并想办法为之复仇。但是，只针对具体的暴徒复仇是不够的，更重要的是惩罚随意变换政策的统治者们。

如何是好？一位行商给主角出了主意：去找"汉萨"。

"去找'汉萨'"这四个字，也许真的是当时德国商人的说法。"汉萨"这个名字在德语中本来的意思是"堆积"。商品堆积之处，就是货栈，而人们会自然而然围绕货栈形成商会，因此"汉萨"就有了"商会"的含义。"去找'汉萨'"的意思就是"去找商会"。

早在1190年，德国商人就建立各种"汉萨"，主要目的是给在波罗的海沿岸从事贸易的商人提供帮助。波罗的海东岸的冬天寒冷严酷，商人要经常应对海盗和外敌的入侵，因此必须组成公会来互相提供帮助。

后来成为"汉萨同盟"专有名词的那个"汉萨"，则是在1241年建立的，它的发起者是吕贝克，一座位于德国北部地区的城市，主要业务是海盐贸易。为了打通产业链，也为了像莱茵城市同盟一样互相帮助，保护商人不受沿途盗匪和领主的伤害，吕贝克拉了北部贸易城市汉堡入伙，正式成立了汉萨同盟。汉萨同盟成立之后，针对波罗的海沿岸罗斯人（斯拉夫人的一支）的入侵组织了好几次成功的应对，因而在商人中获得了一定的威望。

听完主角的诉求，"汉萨"议事会开始了讨论。反击是必然选项，出来混，你不以眼还眼，以牙还牙，就会被别人误认为软弱可欺，到头来你在其他地方也守不住自己该得的东西，利益遭到更大损失。但是，到底该用什么手段发起对布鲁日的反击呢？居伊毕竟是个厉害角色，他之所以纵容底下人肆意攻击商站，本就是想要激起外邦商人拿起武器自卫，然后再以这些商人心怀叵测、想要威胁城市安全为罪名，将他们一网打尽，收缴其财产，剥夺其地位。因此，尽管商人们群情激愤，"汉萨"还是否决了动用武力手段进行报复的议案。

这时候，我安排小说主人公向"汉萨"议事会提出了发动贸易战的建议，也就是动用商人手中的最大武器——贸易——来针对佛兰德斯伯爵领。

这个议案令许多商人耳目一新，也令把持"汉萨"的几个大商人对主角刮目相看，从而推动了后续剧情的发展。

实际上，我这么写是掠人之美了。"贸易战"这种手法本身就是古代商人常用的博弈手段，汉萨同盟更是运用此道的高手。

在真实的历史上，汉萨同盟解决与布鲁日纠纷的手段正是动员商人从布鲁日撤出，并且在布鲁日的竞争对手阿尔登堡市（Aardenburg）开了一个新商站。这是佛兰德斯新伯爵居伊即位之后仅几个月的事情。很快，阿尔登堡市的商站运行起来，市场开始繁荣，当地领主觉得自己的力量能够超过佛兰德斯，便蠢蠢欲动，想要取居伊而代之。布鲁日本地那些依赖外邦商人的产业则惶恐不安，开始给居伊施加压力。

迫于压力，居伊不得不与汉萨同盟进行谈判，最终答应恢复商人在玛格丽特二世时代的特权，赔偿商人的损失，承诺保护商人的人身和财产安全。

所有这一切阴谋诡计得以成立的基础是"钱"，是商人的力量能够作为供给养分的"树根"，才使得建基于其上的"枝干"（种种政治力量）和"枝叶"（阴谋诡计）能够顺利成长。

汉萨同盟与佛兰德斯伯爵相互博弈的历史资料,有许多已经湮没,大致过程只能从残存文献中猜测。但我认为,"以钱为本"的猜测,大概是最符合人世常理,也最符合历史逻辑的猜测了。

从13世纪晚期到14世纪上半叶,汉萨同盟带领德意志商人组织过多起这样的贸易战,对象从佛兰德斯到挪威,手段从搬迁商站到实施贸易禁运,多种多样,不一而足。在此过程中汉萨同盟的力量不断壮大,商业活动也不断拓展。

很自然地,随着商人力量的不断壮大,许多领主和国王对此或者感到不安,或者虎视眈眈。他们觊觎商人的财富,认为这些财富本来应该归自己所有,当然,他们更害怕商人用这些财富去支持他们的反对力量,比如争夺王位的王子,或者心怀不轨的贵族。

对此,我们可以从14世纪中叶的丹麦国王瓦尔德玛四世的例子中一窥究竟。

汉萨的敌人

中国读者可能不太了解丹麦的历史,这个国家其实非常有意思,因为它早在13世纪就成了一个"君主立宪国家"。

这个"立宪制度"是怎么来的呢? 1227年,当时的丹麦国王跟吕贝克和汉堡打了一仗,那时候汉萨同盟还没成立呢。这一仗,商贸城市把国王给打败了,心怀不满的地方贵族(主要是以霍尔施泰因伯爵为首)趁机指责国王无能,逼迫丹麦国王签了一个宪章(charter),极大限制了国王的权力。而且,这个宪章与英国那个稍微早一点的《大宪章》(1215年)不同,它对国王权力的限制是非常实质性的。所以,如果要把这个称为"君主立宪制"的话,丹麦的君主立宪确实要比英国的光荣革命还要早个400多年,只是它的寿命很短，瓦尔德玛四世即位后做的主要一件事情，就是废止了这个宪章。

中世纪的"宪章"跟我们熟悉的宪法有一定的区别，它更像是一份合同。每一代国王都需要跟贵族重新拟一份合同，并在上面签名。按照中世纪人的观念，每一份合同都要经过上帝的见证，而在合同上签名的人在上帝面前只能为自己代言，不能为自己的子孙后代代言，所以父辈签过的合同，儿子辈必须重新签订，才能继续具备法律效力。

瓦尔德玛四世继位时，他的父亲克里斯托弗二世已经为丹麦王室欠下了巨额债务，还把国土抵押了出去。当时的丹麦贵族认为，在这种情势下，国王的权力只会进一步衰落，搞不好王室很快都不会再继续存在，所以就没有在意这个年轻人的举措。

谁知道，瓦尔德玛四世虽然只不过是个 20 多岁的年轻人，但做事雷厉风行。他动用军队，实行高压税收政策压榨农民，同时寻找各种借口四处进攻地方诸侯和伯爵，要求他们交出港口和码头的收税权，否则就认定他们对国王不忠。他还把名义上归属自己，实则无法开发的国土卖给条顿骑士团，以获得更多的资金来偿还贷款或用于对外作战。经过这一系列操作，瓦尔德玛四世的王权空前加强，获取了对贵族的优势。

1349 年，黑死病爆发，有大约 1/3—2/3 的丹麦人被感染。里伯主教区有 12 个教区完全消失，一些城镇根本没有人存活。但是，瓦尔德玛四世的高压税收政策并没有改变，农民和贵族已经无法生存，因而爆发了起义。

1354 年，贵族迫使国王召开国会，要求重新恢复宪章，限制王权。为了转移国内的不满，瓦尔德玛四世决定对外发动军事进攻。于是，他盯上了汉萨同盟，看中了其手中的两块肥肉。

其一，是捕鱼港口。

维斯比

　　中世纪，许多天主教派号召信徒斋戒。据统计，中世纪斋戒的信徒一年中可能有三分之一的时间是不吃肉的，然而，鱼类不在禁止之列。因此，大西洋最常见的食用鱼——鲱鱼，成为最受欢迎的战略性食品之一。历史上，不知道有多少国家和城市为了鲱鱼渔场和捕鱼权大打出手，以至于有位历史学家说，在中世纪，鲱鱼可以算得上是一位历史人物。

　　为了从商人手中抢回鲱鱼贸易的主导权，瓦尔德玛四世下令废除汉萨商人在丹麦港口的特权，对捕鱼贸易课以重税。商人十分恼火，又去找了汉萨。以吕贝克为首的城市便去信谴责了瓦尔德玛四世，然而国王对此置若罔闻。

　　其二，是富饶的汉萨城市本身。

　　国王对汉萨城市发出的谴责置若罔闻，钱和土地，两个他都想要。他看上的第一座城市是维斯比。

维斯比，瑞典哥特兰岛一座迄今仍保留中世纪风貌的小城，就是在今天，其人口亦只有二万余人。在中世纪，这座城市的规模更是小巧玲珑。

1361 年的某一天，这座小城的居民惊奇地发现，海上多了许多不祥的阴影——是军舰！

瓦尔德玛四世集结了一支舰队，突袭了哥特兰，兵临城下！城市别无选择，只有同丹麦国王开战。在损失 1,800 人之后，被迫投降。

据说，瓦尔德玛四世破城之后，在城中心摆放了三只木桶，告诉城中长者，如果三天内维斯比人不能用金银把木桶装满，他就要放纵手下洗劫城市。令他惊讶的是，第一天夜幕降临之前，三只木桶就被装满了。

瓦尔德玛四世要的不仅仅是财富。他更希望的是，这座城市完全臣服于他。因此，他要求维斯比修改自己的宪章，从汉萨同盟中退出。

对中世纪的商业城市来说，宪章关乎生死，是一份重要的承诺，是这个城市对自己市民权利的承诺，也是对外来商人权利和安全的承诺。汉萨同盟之所以强大，就是因为它的每个成员城市都按照统一的宪章权利来对待其他成员的市民和商人。一旦维斯比无法再履行这个承诺，它必将迅速衰落。

然而，以暴力为后盾的国王不懂，也不想听这些。维斯比被迫同意了这个要求，瓦尔德玛四世带着财宝和新的宪章满载而归。但是，他刚一离开，维斯比就派使者把情况通报给了汉萨同盟的领袖——吕贝克。

商人愤怒了，在他们看来，国王用武力逼迫城市修改宪章，是对他们神圣权利的侵犯。只是这一次，他们决心用贸易战和武力两种手段来回击丹麦国王。

汉萨同盟发出通告，号召所有成员放弃在丹麦的所有业务，不得与丹麦人通商，封锁丹麦港口和船只。同时，他们开始组织舰队，准备进攻丹麦。

1362年，汉萨同盟组织了一支有52艘战船的舰队，其中27艘是柯克船（cog）。在中世纪的北欧，这是最为先进的船舶，长度可达30米，重量有100吨—200吨不等。由于汉萨同盟平时最爱用这种船舶进行贸易，此船也被称为"汉萨柯克船"（Hanse cockle）。

不幸的是，这支军队的领导者约翰·威腾伯格（Johann Wittenborg）弄错了登陆地点，而瓦尔德玛四世抓住这个机会，奇袭汉萨军队，捕获了12艘战船。约翰·威腾伯格被迫撤军，返回后因军事失利被处死。

这场失败撼动了不少城市的决心。它们转而要求与丹麦人展开谈判。对此，瓦尔德玛四世信心满满。他知道，这些商人平时总会因为利益分配不均而钩心斗角，吵吵嚷嚷，最终致使联盟破裂，到那时，他便可以在谈判中尽占上风。

他没有想到的是，危机面前，汉萨同盟的商人空前团结，而且找到了最关键的武力外援——条顿骑士团。

在中世纪欧洲，骑士团是个很神奇的组织。公元8—9世纪，维京海盗南侵，许多骑士受召征讨盗匪，但他们道德水平低下，自律能力不足，往往成为新的盗匪力量。面对这样的乱世，天主教会站出来，号召骑士实现"上帝治下的和平"，遵守基本宗教戒律。一些骑士受到感召，自发成立了骑士团。中古欧洲有三大最著名的骑士团，分别是医院骑士团（Knights Hospitaller，后演变为"马耳他骑士团"流传至今）、圣殿骑士团（Ordre du Temple）和条顿骑士团。与汉萨同盟进行合作的，正是条顿骑士团。

条顿骑士团加入汉萨同盟的直接原因，是丹麦王国在海上针对汉萨同盟的商船发动无差别袭击，把条顿骑士团的船也当作猎杀对象，结果惹火了这个骑士团。

为了报复丹麦，1366 年，在吕贝克市政厅会议室，条顿骑士团团长温里奇·冯·柯尼普罗德（Winrich von Kniprode）与吕贝克市市长雅各布·普雷斯科夫（Jacob Pleskow）会面，组成共同针对瓦尔德玛四世的军事同盟。次年，受丹麦军舰海上劫掠的影响，荷兰也加入了这一同盟。

三方在科隆召开了汉萨同盟历史上最大规模的一次集会，雅各布·普雷斯科夫推动汉萨同盟与条顿骑士团以及许多商业城市达成协议，组成科隆邦联（Confederation of Cologne）以对抗丹麦。汉萨同盟的每个成员都必须承担军费，靠近丹麦地区的主要城市还需要承担士兵补给职责。

前文说过，比起战争，威尼斯人更擅长外交上的纵横捭阖，这个论断对汉萨商人也适用。经过外交斡旋，汉萨同盟进一步获得了另外两股力量的支持。

其中一支是丹麦本地的贵族。在经历了黑死病、高压税收政策和贸易禁运之后，不少贵族对瓦尔德玛四世的政策极为不满。因此，他们有强烈的动机支持商人的行为，同时亦希望借此恢复宪章权利。

另外一支则是瑞典国王阿尔伯特三世（Albrekt av Mecklenburg）。此前，阿尔伯特三世与马格努斯四世竞争瑞典王位，前者得到了汉萨商人的支持，而后者得到了丹麦国王瓦尔德玛四世的支持，最终，阿尔伯特三世战胜了马格努斯四世。现在，是他回报汉萨同盟的时候了。

1368 年 4 月，汉萨同盟再度组织了 37 艘船只和 2,000 名士兵攻击哥本哈根。这一次，瓦尔德玛四世被各方面力量牵制，没能成功防御。5 月 2 日，哥本哈根被占领，瓦尔德玛四世逃往隔海相望的赫尔辛堡。第二年，赫尔辛堡也被占领，瓦尔德玛四世被迫投降。

1369 年 11 月，瓦尔德玛四世去信汉萨同盟，请求停战。雅各布·普雷斯科夫则派出代表，向丹麦国王宣读了停战的三大条件：

第一，丹麦国王必须恢复汉萨商人在丹麦领地内的排他性权利；

第二，维斯比必须恢复其自由宪章；

第三，丹麦国王在选择其王位继承人之前，必须得到汉萨同盟的同意。

这个停战协议中的前两条还算是恢复到战前状态，第三条则是商人不客气地对国王采取的制裁。然而，瓦尔德玛四世别无他法，只能同意。

1370 年，瓦尔德玛四世和雅各布·普雷斯科夫在汉萨城市施特拉尔松德签署《施特拉尔松德条约》（Friede von Stralsund），答应了上述三大条件。

商人彻底赢得了针对国王的胜利。松德海峡上扬起了汉萨同盟的旗帜。柯克船出没于波罗的海沿岸，把丰饶的货物带到各个角落。连神圣罗马帝国的皇帝也为汉萨同盟的这场胜利惊动，专门颁布诏书认可汉萨同盟的地位。

在中世纪的欧洲大地上，第一次有一群商人，在没有掌握任何国家政权的前提下，赢得了如此崇高的地位。

宪章城市

为什么汉萨同盟的商人能取得如此辉煌的胜利？为什么给人留下野蛮、愚昧印象的中世纪欧洲，有诞生汉萨同盟的土壤？这其中有三个条件至关重要。

第一个条件是 13 世纪全球商路的贯通，惠泽了欧洲中北部地带。

在新航路开辟之前，贯通欧亚大陆的商路主要有两条，也就是中国人熟悉的陆上丝绸之路与海上丝绸之路。陆上丝绸之路大致起于长安，经河西走廊、敦煌、塔里木盆地，分三条路线穿行中亚河中地区，最终在马什哈德汇合前往大马士革或君士坦丁堡，经此进入欧洲。海上丝绸之路则从泉州或广州出发，下南洋绕行马六甲海峡，沿途经过印度与斯里兰卡，去往阿拉伯海或红海，途径大马士革或开罗等地，再前往欧洲。[9]

无论是哪条航线，欧洲之后的行程都是一条附属路线。由于天主教和伊斯兰教的敌视关系，异教徒可能遭到迫害，商船可能被扣押，财产可能被没收，因此，到威尼斯成为地中海霸主之前，由意大利往西的商路基本上可以说是不予考虑的路线。

13世纪，阿拉伯帝国的兴盛和蒙古的征服为欧亚大陆商路的贯通与繁荣创造了条件，往来东西的商人携带货物与资本，就好像为河流注入了水一样，激烈的湍流可以冲开此前淤塞的航道，世界大商路终于可以继续向西延伸，翻越意大利北部的阿尔卑斯山，经由法国的香槟集市，继续向北通往莱茵河流域、佛兰德斯沿岸、伦敦地区和波罗的海沿岸。这些区域的商人活动因此变得频繁。这是商贸秩序在欧洲中北部兴起的根本。

第二个条件是当地的政治社会结构，主要是神圣罗马帝国的"多孔化结构"。

神圣罗马帝国是一个法兰克人的国度，而法兰克人历来实行封建制度。与先秦时代的分封制不同，法兰克人的分封并不一定建立在血缘关系的纽带上，而更像是建立在国王与领主之间的"合同"关系之上。国王把对土地的支配权和收益权分给领主，领主则以军事力量回报国王。

实际上，这种"合同"关系不光存在于国王和领主之间。领主和商业城市、领主和主教、主教和商业城市之间，都存在这种类似的"合同"关系。这种"合同"关系，与"普天之下莫非王土"的权力覆盖关系有很大区别，我称之为"多孔化结构"。

在"普天之下莫非王土"的大一统帝国中，你必须与中央集权打交道，别无选择。因此，中央政府的代表者并不总是有动力遵守合同，而且皇权政府为了扩张权力，更是经常拿红顶商人开刀。

在多孔化的政治结构中，你总可以换一个对象打交道。领主不行有主教，主教不行还有国王，而且国王不止一个，到处都有利益不同、相互对抗的国王。谁撕毁了跟你合作的合同，你可以马上跟他的对手合作。这种情况下，大家就都有遵守合同的动力。

第三个条件是行会组织的兴起。

我们在上一章介绍过，行会的本质是商贸和手工业领域产生的自组织。在商贸城市中，由于各个领域的专业门槛很高，维护市场秩序、达成买卖交易的行会组织的地位就越发重要。而这些行会组织，本身又成为城市自治的"器官"，既是城市内部的决策者，也是主导城市外交政策的力量。故而，这些行会内部的主宰者，是汉萨同盟真正的中流砥柱。

但是，中北欧的商贸城市与意大利不同。意大利是个半岛国家，位于商路发达的地中海，像威尼斯这样的城邦，单是依靠垄断海上航路就可以赚取极为高额的利润，何况还能凭借海军优势捍卫城邦的安全与繁荣。中北欧的绝大多数商贸城市必须依靠陆地商路，更没有海洋天险的屏障保护自身，所以它们很难完全靠自己的力量捍卫自身安全。

也就是说，威尼斯这个正增长社会有条件把自己隔离在零增长社会之外，但是汉萨同盟的诸城市则缺乏这种条件。

既然无法自卫，中北欧商贸城市一般而言就必须选择一种退而求其次的方式，也就是通过与当地领主签署"合同"来获得安全保障。在中世纪，这个"合同"的正式名称叫"宪章"。

"宪章"（charter）这个词来自古希腊语单词 χάρτης，用拉丁字母转写就是 khartes，意思是一层莎草纸。在中国发明的纸传播到西方之前，莎草纸是西方人记录重要文献的一般载体。那么，在日常生活中，这些莎草纸最常用来记录什么重要文件呢？答案就是合同。今天，英文 charter 中还保留了"契约""特许状"和"租约"等含义，就是从这个历史起源里来的。所以，中国人虽然用"宪"这个大词翻译了 charter，所谓"文武吉甫，万邦为宪"（《诗经·小雅·六月》），但其实在欧洲人的理解里，"宪章"一开始就是一份"合同"。

我们可以看看真正的宪章中都记录了什么内容，下面以 1127 年佛兰德斯伯爵授予圣奥默尔（St. Omer）公民的权利宪章为例：

> 我，威廉，凭上帝的恩典成为佛兰德斯伯爵，不希望拒绝圣奥默尔公民的请求，尤其是他们愿意接受我建立佛兰德斯领事馆的请求，并且一直以诚待我，对我怀有信心，所以，为了确保他们享有以下法律所规定之权利，我责令这些法律不可被侵犯：
>
> [1]首先，我将向每个人展示和平，并且像对待其他人一样，以善意保护和捍卫他们。我同意由我的法警给予所有人正义，我希望他们也给予我正义。我给予法警以等同于其他法警的自由。
>
> [2]任何圣奥默尔公民借钱给任何人，并且借款人在该镇及其继承人的合法男人在场的情况下自由承认这一点，如果未能在约定的日期还清债务，则他或他的货物可以被拘留，直到债务付清。如果他不愿支付或拒绝该协议，则在两名法警或两名宣誓就职者有证词的情况下，他将被定罪、拘留直至偿还债务。
>
> ……
>
> [9]凡居住在圣奥默尔城墙内的人，或将来居住在圣奥默尔城墙内的人，我都免除了卡瓦古瓦税，即免收人头税，他们也不会因此被诉讼。
>
> ……

　　［11］此外，他们已经询问过法国国王和佩罗纳的拉尔夫，他们在这些人统治的土地上，无论到哪里去都可被免除通行费、过境费和通行费；我希望他们被授予这些权利。

　　……

　　［14］我每年应从圣奥默尔这里得到三十镑黄金，而无论在此之外我还应得到什么，我确保他们受损的财产可以得到恢复，他们的行会可以得到保护。市民将看到，我此生中所铸造之钱币良好且稳定，因此这个城镇可以繁荣昌盛。

　　……

　　［25］以下人承诺，他们所有人都应遵守这一协定，并且宣誓保守承诺：法国国王路易；佛兰德伯爵威廉；佩罗纳的拉尔夫等。[10]

　　我特别选择了这份宪章内的一些实质内容，可以看出，它的本质就是暴力精英和商贸精英之间的一个交易。

　　文件里的佛兰德斯伯爵威廉保证自己的法警"给予所有人正义"，意思就是他的暴力机构成员不会破坏圣奥默尔城的规矩。伯爵也保证对城内居民免税，保证铸币的币值稳定，保证城内居民借出去的钱可以追回来（在中世纪，这基本就是财产权的最大作用）。伯爵这一切承诺，所换来的核心交易是每年30磅黄金的岁入。仅此而已。

　　说白了，对于中世纪的人来说，司法正义、程序正义、财产权，这些政治权利首先都是一笔交易。他们天然地认为，如果你的政治权利有价值，那一定意味着它可以交易。如果你连为你的权利花钱都不肯，又凭什么要别人相信你的权利很重要呢？

　　这就是正增长社会制度建设的逻辑，跟现代政治理论中的立宪、民主和法治理念，有着本质区别。

　　首先，现代国家的宪法一定会宣称某些基本权利不可被侵犯，不可被让渡，比如基本的人身权利、财产权利等。

让我们先来看看体现现代人权观念的第一份重要文件，起草于法国大革命期间的《人权宣言》：

第一条 在权利方面，人们生来是而且始终是自由平等的。除了依据公共利益而出现的社会差别外，其他社会差别，一概不能成立。

第二条 任何政治结合的目的都在于保护人的自然的和不可动摇的权利。这些权利即自由、财产、安全及反抗压迫。

第三条 整个主权的本原，主要是寄托于国民。任何团体、任何个人都不得行使主权所未明白授予的权力。

第四条 自由就是指有权从事一切无害于他人的行为。因此，各人的自然权利的行使，只以保证社会上其他成员能享有同样权利为限制。此等限制仅得由法律规定之。

第五条 法律仅有权禁止有害于社会的行为。凡未经法律禁止的行为即不得受到妨碍，而且任何人都不得被迫从事法律所未规定的行为。

……

看看这些条款的用词，非常地斩钉截铁：一概、不可动摇、一切、不得……均采取全称用词，一种纯粹的理念，就像是文学家、哲学家和历史学家在书斋中想象出来的。

但在中世纪真实的而不是抽象的社会中，在吃喝拉撒行走坐卧都要付钱的现实社会中，权利得以实现和得到保障，却是需要交钱的。

这背后有一个也许会伴随人类社会到永恒的朴素真理：天底下没有免费的午餐。

如果我们今天问，现代社会要求权利做什么，要求民主做什么，一定会有很多人回答：人之为人，天生就该如此，这是必需品，又有什么好说的呢。

从理念而言，似乎的确如此。但从现实来讲，所有权利的实现，又必须以花钱为基础。如何让纸上书写的人权在现实中落地呢？答案是设置相应的机构，保障在每一个领域中都按照符合人权的方式来对待每一个人。

如果相信每个人天生都该受教育，那我们就得盖出空间足够能容纳每个人的诸多学校，聘请相应的老师，设立相应的机构，以确保每个人受教育权的实现。同样，如果相信每个人天生都有不受歧视的权利，都有自由恋爱的权利，都有财产权得到保护的权利，都有发表自由言论的权利，那我们就该采取诸如设立与之相应的机构、训练相应的人才等措施，以确保这些权利的实现。而这些，都需要钱。

天底下没有免费的午餐，这些保障权利的机构也不是从一开始就存在的。

它们之所以产生，最根本的原因还是有人愿意为它们花钱。谁来为它们花钱呢？商人。

最初，是商人希望自己走到一个异国他乡的城邦，也可以得到与在自己家乡同等的公正对待。

看看圣奥默尔城用每年30磅黄金为代价要求佛兰德斯伯爵保障的是什么吧：佛兰德斯伯爵的法警要守规矩，也就是一视同仁地对待市民；圣奥默尔城居民借出去的钱在其他城市也可以安全地被追缴回来，只要这个城市是在佛兰德斯伯爵管辖下；圣奥默尔城居民走到哪里都不必被再收人头税，只要这个地方是受佛兰德斯伯爵统治的……这些都是商人在外做生意时要求的平等对待条款，他们之所以宁可花钱买别人的这种对待，是因为这些对待可以使他们平安地开展生意，因而可以赚到更多的钱。

"权利"最初是商人"买"出来的！

商人"买"权利的最初动机是赚更多的钱！

这才是"权利"这个概念在人类历史上的真正起源！

"基础性利商制度"的开源协议

诚然，中世纪给人留下的印象是封闭、落后、愚昧。在那个年代，大部分人不识字，相信死后有天堂和地狱，相信教士的祈祷能够让自己脱罪。他们也相信国王和领主有尊贵的半神地位，他们享有更高的身份和地位是上帝的安排，你只需要接受和服从他们的统治就好。

如果能够抛弃身为现代人的傲慢之心，同情地理解中世纪人的处境，我们会发现，中世纪人的野蛮与粗鄙背后，也许潜藏着一些对人类文明而言更为根深蒂固、更加本质和底层的普遍逻辑。

中世纪人在乎现代人关于平等、自由、民主和立宪的理念吗？显然没那么在乎。毕竟，这些理念不能够当饭吃，不能够养家糊口。中世纪人很质朴，很实在，他们要的是那些直接能够换来饭养活家人的理念。所以，在整个宪章城市历史上，我们找不到什么关于民主自由的理念表达，看到的反而是一些很实在的诉求。

宪章城市的商人用钱换来的制度有哪些呢？圣奥默尔宪章只是中世纪诸多城市宪章中的一部。中古欧洲的城市宪章多种多样，有的给城市市民免税，有的允许城市设立公共市场，有的确保商人在城市获得自由通行权，有的规定何种身份的人可以在什么场所享受什么样的税收待遇……诸如此类。

这些制度存在一种共性，那就是它们都是实实在在有利于商业活动具体开展的制度，是能够直接带来生产力解放的制度。它们虽是最初级、最原始的正增长制度，然而也是确保正增长社会能够获得健康的"现金流"，并持续向前发展的核心制度。我把其称为"基础性利商制度"。

汉萨同盟的宪章跟圣奥默尔城市宪章是不一样的。签署圣奥默尔宪章的一方是伯爵领领主，另一方则是圣奥默尔这个商贸城市。签署汉萨同盟宪章的各方，都是商贸城市。比起合同来说，汉萨同盟的宪章更像一个"用户协议"，哪个城市通过了这份宪章，就意味着它同意按照宪章中规定的内容，保护所有签署了宪章的城市的市民在它的治下开展商业活动。

汉萨同盟的这份用户协议，其原型是吕贝克所推行的"吕贝克法"（Lübisches Recht），德语中，Recht 兼具"法""权利""正义"等含义，相当于英文中的 right，因此，吕贝克法也可以译为"吕贝克权利"。吕贝克法其实是由一系列复杂的法典构成的，我在这里只介绍它的重点：它与普通城市宪章的最大区别，在于它关注加入同盟的城市应该采取的政体问题。

比如，吕贝克法规定，一个城市应该由一个市议会（Rat）来管理，这个市议会应该有至少 20 名议会成员（Ratsherrn）。这些人不是由市民选举产生的，而是由城市商人行会自行任命的，任期两年，允许连任。市议会选举四个市长（Bürgermeister），其中最年长的一个担任"第一市长"（Primus inter pares），也就是最高行政长官。但是，其他市长能够对他进行一定的制衡。市长任期几乎是没有限制的，但是有可能因为政治失职而被追责，甚至被处以死刑。

同时，如果一个家族有一个成员已经当选为市议会成员，那么这个家族通常不能有第二个市议会成员。这样做是为了避免家族利益控制城市利益。到了汉萨同盟时期，吕贝克法其实还有一个原则上的要求，就是所有加入汉萨同盟的城市都应该以此为蓝本制定自身的宪章与政体。

除此之外，吕贝克法的其他内容与一般意义上的城市宪章就比较接近了。比如，它也规定了城市市民享有的免除人头税等权利，规定市民应当按照公正的原则得到审判、公民借出的钱款能够追还、暴力机关的行事规范等等。一言以蔽之，这些内容就是前文所说的"基础性利商制度"。

那么，吕贝克为什么要实施这个政体限制呢？答案是为了便利商贸城市之间的谈判。

设想，如果一个城市是由一个国王管理，或者是由某个家族把持——就像佛罗伦萨那样——这个国王或家族就很有可能动用种种手段，利用自己的集权优势，在事实上破坏吕贝克宪章中的"基础性利商制度"。所以，为了避免麻烦，吕贝克法干脆规定，不要跟这种城市打交道。随着吕贝克法在汉萨同盟内的推行，这一政体资格限制后来成为汉萨同盟普遍承认的基本原则。

也正是有了这个资格性的政体认证，吕贝克法才有条件从传统意义上"一对一"的城市宪章，变成"一对多"的共同宪章。这就好比谁想加入 WTO，就必须对国内机构进行改革，使其符合 WTO 准则一样。谁想加入汉萨同盟，就要按照吕贝克法相应地修改自己城市的宪章与政体，然后宣布给予所有汉萨同盟城市的市民如同吕贝克法给予他们的权利，那么所有汉萨同盟城市也会按照对等原则给予这个城市市民相应的权利。之后，这个城市就可以被视为汉萨同盟城市的一员，派人参加每年定期举行的吕贝克大会了。

宪章所代表的政治制度看起来就像是某种新发明或者新技术，一旦证明它对促进生产力有很大帮助，就会有很多人学习并扩散它。而且，制度相比技术还有一个好处：如果没有对知识产权的保护，技术发明者就不会再有动力；但是，实施了先进的制度，对发明者和扩散者来说都能带来利益，因为制度本身被使用就是它的最大意义所在。

基佐在《法国文明史》系列课程中也讲过类似的例子，比如，

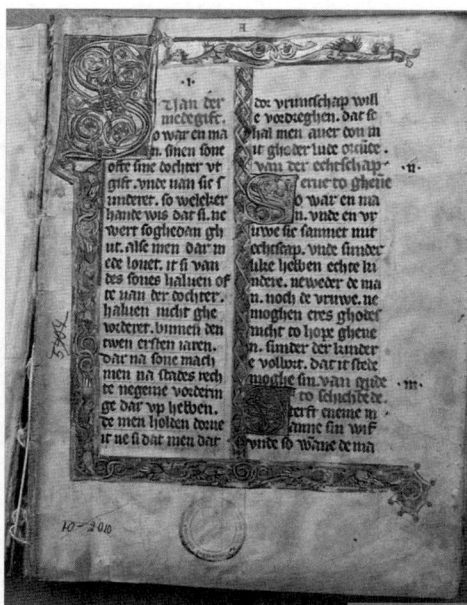

吕贝克宪章中的巴德维克法典（Bardewiker Kodex），签署于 1294 年

很多城市的居民认为法国国王路易颁给洛里斯的宪章制定得非常好，因此也要求获颁同样的宪章。[11] 结果，从 1163 年到 1200 年，有七个城市获得了这种宪章。

也正是因为这类规则在实践中得到了检验，大家都认为它们是有效的，都认可它们，所以才造就了汉萨同盟的另一项奇迹：穿透国家的壁垒。

就像汉萨同盟对抗丹麦瓦尔德玛四世的例子中所讲的那样，在后来的战争中，丹麦贵族也站在了汉萨同盟一边。这是因为，贵族们认识到，与瓦尔德玛四世的侵略政策不同，汉萨的规则的确更有益于商业发展，因而能够给当地带来和平与繁荣。事实上，在战争结束后，维斯比也依然留在了丹麦王国的境内。汉萨城市并不是不能表达对国王的忠诚，它要求的是正当的权利。

在最辉煌的年代，汉萨同盟有 195 个会员，分布在 16 个国家。这些会员城市既是这个国家的一分子，也是汉萨同盟的一分子。瓦尔德玛四世这样的例子当然也存在，但在多数情况下，这两种身份之间是可以并行不悖的。

制定能为大多数人获利而服务的规则，用"去中心化"的方式在实践中检验，这就是汉萨同盟能够取得胜利的根本原因。如果用现代社会的例子来比喻，我能想到的可能就是开源代码协议。

开放源代码，简单说来，就是电脑程序的开发者愿意向所有人免费开放程序的内部代码，目的是鼓励更多参与者来使用、传播和更新程序，但所有使用开放源代码的开发者，都需要遵守一定的开源代码协议。

遵守这个协议其实就意味着你同意某种"宪章"，也就是要按照一定的规则使用别人的代码，并且允许他人按照一定的规则使用你的代码。这样，别人也可以随时更新你的软件，为它增加新的功能或者新的服务。

开源代码协议中影响最大的可能就是 Linux 操作系统。这是一种自由和开放源代码的类 UNIX 操作系统内核。如今智能手机上的安卓操作系统，就是基于 Linux 系统开发的。安卓系统本身也是一个遵照阿帕奇自由软件许可证授权而发布的开源操作系统。到 2016年，安卓系统已经成为全球第一大操作系统，在全球智能手机出货市场的份额达到 87.5%，每月活跃用户超过两亿。

在我看来，中世纪的"吕贝克法"和"自由宪章"，就是一种"开源协议"。只要你按照相应的规则制定城市内部的宪章和相关法律，你就可以获得加入汉萨同盟的资格，而汉萨同盟的商人就类似于应用开源软件协议的开发者，吕贝克等主导城市扮演的角色则类似于阿帕奇自由软件基金会这样的会议召开者和规则制定者。

为什么汉萨同盟要采取"开源协议"的方式扩散自身的政体与宪章？这背后实际上有着深刻的政治考量。

我们前面介绍过，中北欧商贸城市的地缘政治环境，比起意大利城邦来说要恶劣得多。因此，很少有中北欧商贸城市能像威尼斯一样凭借自己的力量来捍卫自身安全。大多数中北欧商贸城市要像圣奥默尔一样，找一个在当地有威慑力的领主，跟他签订一个"合同"性质的城市宪章，以向他进贡为代价，换取安全庇护。

但是，单一城市与单一领主的合同，还是无法解决商路被割裂的问题。就像我们开篇举过的莱茵同盟的例子一样，当许多个领主依靠暴力手段切割了河运的上下游，或者设立诸多关卡切断陆路商贸时，商人们的处境会再度面临危机。这种情况下，商贸城邦就不能把安全庇护的希望完全寄托在领主身上，而是要号召各个商贸城市团结起来，跳过领主，自己解决安全问题。

这种情况下，单一的安全契约就变成了互相之间的"社会契约"，也就是大家要"众筹出钱"，凑够大量资金打造或聘请足以与国家匹敌的暴力组织，例如条顿骑士团。

这个"众筹"的份子钱靠什么来弥补呢？答案就是靠商贸城市之间的互惠条约，也就是"吕贝克法"保障之下的"基础性利商制度"。你利商，我利商，大家都利商，然后多赚出的钱就可以用来打造更强大的海军或者聘请更强大的佣兵团。这就是一个正反馈过程。

政治哲学史上有所谓的"社会契约"理论，也就是一个社会的人通过签订社会契约的方式，让渡彼此的权利，组成一个最高国家主权，让它来保卫社会。但是稍微了解政治史的人都知道，英国、法国、德国、俄国这些主要国家，没有一个是真正通过社会契约组建起来的。为国家奠定领土的是垄断暴力的集权王国，这是政治史上的常识；"社会契约论"只是对这个现象的理论化粉饰，是想通过粉饰来论证国家权力的合法性，这在政治研究中也是人人心知肚明的观点。

然而，如果说历史上真有哪个机构想过用契约的办法来让渡各自的权利，建立互惠的权利，跳过王国那血腥肮脏的征伐史阶段，直接组建一个"众筹国家"，那么，汉萨同盟很可能是独一份。

这是何等浪漫的理想主义！更令人激动的是，它真的可以说已经取得了成功——战胜了其他王国，获得了帝国的认可，守护北方商业秩序长达四五百年。

单为这一点，我也希望我们这个时代的人可以更多了解并铭记汉萨同盟那已被湮没的故事。不为别的，只为人类历史上永不磨灭的理想主义。

汉萨同盟的衰落

很不幸的是，汉萨同盟最终也衰落了。

它的衰落有两大原因。其一，新航路的开辟使伊比利亚半岛和英伦三岛逐渐成为世界贸易的中心；其二，能够将商贸精英和暴力精英真正团结在一起的现代国家出现了。

第一个原因好理解，自哥伦布、麦哲伦和达·伽马的远航之后，欧洲商人在东方之外找到了新的增长点，跨大西洋贸易的规模很快超越了地中海贸易的规模。汉萨商人所在的波罗的海商圈，并不是跨大西洋贸易的第一线，只是跨大西洋贸易商圈的附属品。

第二个原因更为致命，因为能够将商贸精英和暴力精英真正团结在一起的国家，恰巧又是跨大西洋贸易商圈最大的获利者——英国。这话说起来有点长，让我们逐一摊开来看。

其实，汉萨同盟一直以来在英国都有着十分重要的地位，四大商站中，最西端的商站就是伦敦商站。鼎盛时期，汉萨商人在英国的特权地位甚至远高于英国商人。这里，我要纠正一个不少人脑海中可能存在的误区，以为汉萨同盟是一个跨国商贸组织，所以自然就是国际自由贸易的支持者。其实并不是。汉萨商人所谓的支持国际贸易，实际是只支持自己占据主导和特权地位的国际贸易。

之所以会造成这种状况，有两个方面的原因。其一，汉萨同盟的"基础性利商制度"是最为发达的，换句话说，他们建立的商贸秩序是最为发达的，其他人要想学习如何做国际贸易，只能跟着他们的规则慢慢学习。汉萨商人也自然会以此为优势，要求其他国家为自己提供特权地位。所以，在很多国家和地区，汉萨商人的特权确实常常高于本地商人，在某种程度上，这也是汉萨同盟政治实力的一种体现。

其二，在中世纪，还并不存在如现代世界一般的"全球化"概念。无论是威尼斯商人，还是汉萨商人，他们都没有后来人的那种全球自由贸易能够提升所有人福祉的理念。他们从事贸易，归根结底是为了追逐自身的私利。追求特权地位本身就是逐利的一部分，至于这个特权地位是否有害于公平自由的跨国贸易原则，中世纪商人是从来不考虑的。

哪里有不公，哪里就会有反抗。汉萨商人在他国造成的不公，最终也会渐渐反噬自身。

15 世纪起，丹麦女王玛格丽特成功地将丹麦、挪威和瑞典合并起来，从而严重削弱了汉萨同盟的实力。汉萨同盟的盟友条顿骑士团也在几次关键战役中接连输给俄国人，逐渐衰落了下去。最后，新崛起的商业国家英国，给了汉萨同盟最致命的一击。

英国本来是给予汉萨商人待遇最好的国家。在汉萨商人之前，英国封闭且落后，英王需要以特权地位笼络和吸收汉萨商人，借助资本的力量来发展本国工商业。

从 14 世纪初开始，英国国王爱德华二世就授予汉萨商人"天秤商人"（Merchants of the Steelyard）的称号，免除进口税，赋予特别待遇，其目的是从汉萨商人身上学习做生意的诀窍。从此，汉萨商人几乎垄断了英国的对外贸易。休谟在《英国史》中所说的，英国的商业以前完全掌握在外国人尤其是东方人手里，指的就是这个年代。比如，当时的汉萨商人只用来自汉萨同盟的船只进行运输，由此英国的航运业处于极度衰落状态。

这样经过一百多年的发展后，英国的工商业开始成熟，英国国王想要实施政策限制外国商人，保护本国商人。例如，1413 年起，英国毛纺织业发展成熟，国王规定，任何外来商人出售输入商品所得的利润，都必须用于购买英国产品。[12] 到爱德华四世期间，英国进一步规定，禁止外国商人输入任何毛纺织物。但由于汉萨商人的抵抗，国王后来不得不取消这个禁令，恢复了他们的原有特权。

16 世纪中期英国国王爱德华六世统治期间，英国枢密院找到一个借口，取消了汉萨商人的"天秤商人"头衔。但是，汉萨商人通过运作疏通了神圣罗马帝国皇帝，后者提出抗议，于是爱德华六世的继任者玛丽一世不得不重新恢复这个特权。

但这一次，汉萨商人的运气没能持续很久。玛丽一世的继任者，以嫁给英格兰的"童贞女王"闻名的伊丽莎白一世，是一位温和但坚决的女王，她打定主意要捍卫英国商人的利益，排斥汉萨商人的商业活动。作为报复，汉萨同盟在 1597 年说服神圣罗马帝国皇帝通过一项敕令，禁止英国商人在神圣罗马帝国境内进行任何商业活动。伊丽莎白一世随后实施了报复行动：在英西战争期间，有 60 只汉萨商船与西班牙有贸易往来，女王于 1598 年 1 月 13 日下令截获这批商船，并且没收一切货物，只留两只船回吕贝克报告事情的前因后果。

汉萨商人一下子慌了神，时过境迁，他们的武力已经不能像 14 世纪那样可以正面挑战国家了。当然，这并不是因为汉萨同盟衰落了，而是像英国这样的现代国家崛起了。

一直以来，汉萨同盟都没有组织起一支公共军队，发动战争的主要方式是依靠雇佣兵、各城市自行组织的民兵和海军。而且，并不是所有城市都参加战争，只是那些最有直接利害关系的城市参加。在中古时代，这种组织办法是可以应对同时期的王国的，因为那时国王也没有调动全境一切军队的实力，他的封建义务仅止于他的直系封臣，而且国王与封臣之间往往还存在着复杂的掣肘关系。

但是，16世纪伊丽莎白治下的英国，是一个全新的物种，是经历了国内改革，因而掌控和垄断资源的能力远比前代为高的新型国家。况且，汉萨商人一直以来倚仗的条顿骑士团已经衰落，他们的海军早就无法与经历了大航海洗礼的英国战舰相匹敌。他们只能奔走欧洲各国朝廷，到处哀求，但一再碰壁，备受嘲弄。

1669年，历史上最后一次汉萨同盟大会在吕贝克召开，会议结束后，许多城市宣布脱离汉萨同盟，最后只剩下吕贝克、汉堡和不来梅三座城市依然把"汉萨自由市"（Freie Hansestadt）的头衔保留在城市的正式名称里。20世纪，吕贝克的"汉萨自由市"头衔被希特勒剥夺，今天只有汉堡和不来梅还依然保留着这个称谓。

汉萨同盟虽然已经消逝，但它给当今世界留下了一笔宝贵财富，那就是国际商贸仲裁。

其实，处理跨国贸易纠纷，自古至今都是一件很难的事情。试想一下，你来自中国，我来自波斯，我们在印度古吉拉亚特邦的市场上相遇，那么，当我们的买卖关系发生纠纷时，我们到底该承认中国的规矩、波斯的规矩、还是印度的规矩呢？承认谁的规矩，就意味着谁的利益占据主导，这必然会引发各种各样的纠纷。为了在跨国商务中避免这样的纠纷，经过千百年的实践，商人想出的办法，就是诉诸第三方的中立机构。

在整个人类历史上，大规模的商业仲裁诉求，是从汉萨商人的实践中诞生的。汉萨商人往往来自几十个不同的商贸城邦，而且各个城市都实行类似的法律，所以要找一个第三方中立机构（汉萨同盟）就比较容易。

这是汉萨同盟的一大优点：它并不代表任何一个国家，也不代表任何一个城市。

古代泉州和广州的商业活动很发达，但官府是朝廷的机构；威尼斯是地中海最强大的商贸城邦，它的法庭也是共和国的公权力机构；然而，汉萨同盟天生处理的就是来自不同城市，按照不同行业规范和准则进行交易的商人之间的纠纷。如果想要使仲裁结果令各方都满意，那就唯有尽可能不站在任何城市的立场上，从各种不同文化背景的规则中找到"公平交易"的共识点，然后做出裁决。

汉萨同盟的仲裁经验，先是以国际法和海洋法的形式保存下来，而后融入各国的相应法典之中。例如，源自汉萨同盟的《维斯比法典》《条顿骑士海洋法》《东方商业航海法》《但泽海洋法》《吕贝克船舶法》，深刻地影响了丹麦、俄国、瑞典、挪威、英国等国的相关法典，例如《海事法典黑皮书》《布鲁日紫皮书》《佛兰德海洋法》《航海法案》和其他法律汇编。

这些法典名义上叫"海洋法"，实际内容却大致分为三类：涉及从事商业活动的一切人的一般条款、仅涉及船主与商人的条款和仅涉及船主与船员的条款。其主要内容和精神是在船主和商人之间保护商人的利益，在船员和船主之间保护船主的利益，以使商业活动尽可能安全地完成。所以，它们虽然名为"海洋法"，实质上却是"商业保护法"。

汉萨同盟的商业仲裁机构一向以公正闻名。条顿骑士团历史上有个著名的老团长叫康拉德·冯·荣金根，他统治的年代是条顿骑士团最鼎盛的时期。在他治下，当时的但泽海洋法庭因其公正的审判而享誉欧洲，以至于半个波罗的海的商人都愿意到这个法庭来打官司。

汉萨同盟的遗泽穿越数百年的时空，至今仍在发挥影响力。今天全世界第二大商业仲裁机构是斯德哥尔摩商业仲裁庭，它之所以久负盛名，就是因为一直保存着自汉萨同盟以来的仲裁案例，专业人员也因此积累了丰富的经验。

"两个德意志"问题

在这里，我要岔开一句，谈一个离汉萨同盟的主题相对来说较远，但是对我们理解近代历史而言极为重要的问题，这便是德国的历史经验与教训。

很多人曾经问过我，为什么德国这个民族的性格如此纠结，如此两极分化？一方面，他们有康德、黑格尔、马克思、韦伯这样最优秀的头脑和最理性的思维方式，另一方面，他们又诞生了俾斯麦和希特勒这样最疯狂、最极端的军国主义传统，实施了人类历史上最骇人听闻的大屠杀。德国民族性中的这种极端悖反到底是怎么回事？

以前我也不知道该如何回答这个问题，只是当我更为深入地梳理了汉萨同盟的历史之后，才在某一天灵光一闪，找到了答案。

从来就没有一个单一的德意志，我们今天看到的德意志国家，其实是两个传统被拼凑在一起后而形成的。这两个传统，历史上恰好分别对应着汉萨同盟与条顿骑士团的联盟。

先说条顿骑士团这条线。

条顿骑士团成立于1198年，1210年参与了第五次十字军东征，因为参战有功，被教宗授予了113项特权。战争结束后，骑士团前往匈牙利和波兰，协助当地人防御东边侵袭而来的诸民族，包括鞑靼人、斯拉夫人等。1226 年，骑士团受波兰公爵康拉德一世邀请征讨波罗的海地区的古普鲁士人，并成功占领这片地区。随后，教宗把普鲁士的全部权利授予了条顿骑士团。这就是后来普鲁士公国的起源。

古普鲁士人居住的地方位于今天俄罗斯的加里宁格勒，在第二次世界大战之前，这里是德国领土，是普鲁士的"龙兴之地"，也是好几代普鲁士公国的首都。康德、霍夫曼和希尔伯特都在这里出生并生活过，数学史上著名的"七桥问题"也与这个城市有关。

不少中国读者比较熟悉的是普鲁士统一德国的历史，很多人以为，是先有一个天生的德国摆在欧洲土地上，民族已经形成，只剩谁来把它在政治上统一而已，所以，普鲁士人是德国人，普鲁士统一了德国，那么德国就是普鲁士。

然而事实上根本不是这样。从文化上来讲，古普鲁士人和德意志民族没有多大关系，反而更接近斯拉夫人，他们来自更寒冷、生存环境更严酷的北方，是先被条顿骑士团征服，而后才德意志化的。

粗鲁无知的士兵王腓特烈·威廉一世、四处征战的腓特烈大帝、坚持铁血政策的俾斯麦首相，这些人都来自普鲁士。但事实上，普鲁士是一股与许多德意志文化地区格格不入的力量。

另外一个德意志，那个诞生了诸多哲学伟人、艺术大师与浪漫主义文学的德意志，则来自商贸城市营造的宽容、自由的思想氛围。

马丁·路德求学于埃森纳赫，居住于维腾堡，两地都是以市镇为基础发展起来的宪章城市；歌德在美茵河畔法兰克福出生，这里是从 8 世纪起就获得自治宪章的著名商贸城市，他后来在魏玛定居，这也是席勒的居住地，而魏玛在 1438 年就获得了贸易特权；歌德、席勒、谢林、费西特和黑格尔都曾在耶拿教书，而耶拿从 13 世纪

条顿骑士团的铁十字纹章，在德国文化中代表军事力量

起就赢得了市镇特权，14 世纪则开始推行哥达市镇法，一种类似于吕贝克法的城市宪章；著名诗人施莱格尔出生在汉诺威，一个汉萨城市；创办了现代大学的洪堡兄弟曾在哥廷根的大学念书，也是汉萨城市；哲学家叔本华生于但泽，又是汉萨城市；最后，与汉萨同盟关系最密切的德国文学家，应该要数 1929 年获得诺贝尔文学奖的托马斯·曼，他是吕贝克人，出身于吕贝克的传统商人望族，并以自己的家族为背景写下了人生第一部小说——《布登勃洛克一家：一个家庭的没落》（*Buddenbrooks: Verfall einer Familie*）。

我在这里列举这些思想家出生或求学的城市，不是要在商贸城市、宪章城市或汉萨城市与思想家之间建立一种对应关系，而且人世间也不存在只有商贸城市才能诞生大思想家的道理。我想说的是，我们无法忽视，还有一个德意志文化传统，既不铁血强悍，也不闭塞压抑，它是由自由城市的空气与水土滋养而成的，鼓励宽容与浪漫，鼓励自由思想，培育了德意志文化史上一大批光辉灿烂的名字。这个文化传统，与我们熟悉的那个普鲁士没有什么关系。

　　一个从条顿骑士团到普鲁士的铁血德意志，一个从汉萨同盟到商贸城市思想文化的自由德意志，二者之间在历史上有过纠缠也发生过冲突，而决定命运的那一刻，则是 1848 年。

　　这一年，德意志自由主义者携全欧洲大革命之威势，迫使普鲁士国王腓特烈·威廉四世坐下来，于法兰克福召开国民议会，讨论以立宪民主方式和平统一德意志。会议首先讨论了德意志人民应当享有的公民自由权利，再以此作为各个德意志邦国制定自己民主宪法的基础，最终制定德意志联邦或邦联的统一宪法。

　　然而，自由主义的统一之梦，被突如其来的战争打碎了。

　　当时，德国北部的石勒苏益格州想要并入丹麦，理由是丹麦国王也即将实施宪法改革。然而，当地的德意志民族对此不能接受，而是希望石勒苏益格成为德意志邦联的一分子。于是，丹麦国王出兵镇压了当地德国人的反叛。普鲁士随即出兵与丹麦交战。

　　迫于形势，法兰克福议会请求瑞典调停双方战事，但普鲁士将军拒绝议会指令，声称自己只接受来自柏林的命令。最终，战争的主导权落到了普鲁士手里，自由主义者与民族主义者分裂为两个阵营，互不信任，1848 年法兰克福议会统一德国的努力也因此破产。

　　自由德意志的方案失败，该轮到铁血德意志的方案上场了。

　　1862 年，刚刚担任首相的俾斯麦在下院中对议会发表铁血演说，准备用战争完成德国的统一大业。经过 1861 年的普丹战争、1866 年的普奥战争和 1870 年的普法战争，普鲁士成功运用军事手段统一了德意志民族。但是，普鲁士的成功经验最终也推动它走向了军国主义道路。第一次世界大战后，德意志帝国失败，德皇退位，然而普鲁士的军国主义传统并未被肃清。直到第二次世界大战后，美、苏、英、法四国占领德国，实施了一系列去纳粹化和去军事化的措施，并专门针对普鲁士军国主义传统发布了第 46 条法令：

魏玛歌剧院门前广场上的歌德与席勒像

　　普鲁士国（Prussian State）自古以来即为德国军国主义及反动力量的担当者，自今以后取消其事实存在的地位。

　　将德国分为自由德意志传统和普鲁士军国主义传统，并且寄希望于强调前一个传统，从而把德国从后一个传统中拯救出来，这并不是我自己的独特创见，一些怀有深刻历史感的学者也为此做出过努力。

19世纪著名史学家兰克有一名学生，名字叫雅各布·布克哈特，终其一生都在研究像科隆这样的自治市和莱茵同盟这样的自由城市联盟，他认为，可以从中寻找到德意志民族的自由精神传统。[13] 20世纪的美国历史学者詹姆斯·希恩在他富有感情的德国史著作中也持有类似的立场。[14]

受他们启发，我才意识到，德国有两个传统，一个来自普鲁士，一个来自自由城市。但是，与他们不同的是，我个人的观察视角是立足于德国史之外的。我们或许可以说，这两个传统一个来自正增长逻辑，一个来自零增长逻辑。我们或许可以说，像德意志这样的世界历史民族，也不过是冥冥之中那两个简单的秩序变量——商贸秩序和暴力秩序——的俘虏。

或许我们可以说，每个伟大民族在其历史的关键时刻面前，都只有一个抉择，那就是选择正增长秩序，还是零增长秩序。

总结：跨越国境的商贸秩序

还是回到汉萨同盟的主题上来吧。汉萨同盟自13世纪到17世纪的伟大实践，能够给我们的正增长秩序增添什么经验与教训呢？

本章讲述的故事是从中北欧商贸城市与意大利城邦共和国的差异开始的，但是实际上，中北欧商贸城市的条件比意大利城邦还要差一些，因此，中北欧商贸城市没有办法发展成威尼斯那样高度自治也可征服广大地域的共和国，但也正因如此，它们建立的商贸秩序也更加质朴，更加现实，更加符合商贸秩序得以诞生的那种筚路蓝缕、以启山林的原初状态。

从本书的开篇到现在，我们都在讨论商贸城邦与正增长社会（秩序），但千万不要以为，正增长社会是从天上掉下来的。当然不是！

财富本质上是由人创造的，正增长社会的繁荣本质上是由商人缔造的，是商人所承担风险的变现。

从遥远的东方向伦敦运送香料，不知要经历多少风浪、遭遇多少海盗、罹患多少疾病、克服多少官员的盘剥与奸商的欺诈，才能成功。如果获取香料的过程不是这样艰难，香料的价格也不会那样高昂。但是，除了那些人力不可及的因素，比如风浪、海啸或疾病，人类总可以通过一定的努力减少那些人为造成的阻碍，比如，被领主突然抬高的关税，被国王突然没收的货物，被不公正的法庭胡乱宣判的案件，等等。

人类终究是要通过建立一定的制度来降低这些风险，从而更好地保障获取利润。这也是这些制度建立起来之后，能长期维系经济增长的根本原因——因为它本身就是为了这个目的设计出来的。我给它起的名字叫"基础性利商制度"，因为利商，当然可以长期增长。

在意大利，威尼斯和佛罗伦萨这样的大城邦有能力靠自己的力量建立并捍卫"基础性利商制度"。但是，中北欧商贸城市并不具备这样的条件。因此，它们选择了一种聪明而现实的方式：与当地领主谈判，用金钱或商贸利益来"赎买"建设"基础性利商制度"的权利。这就是"宪章城市"的实质。

此外，一个很幸运地建立了正增长社会的城邦，想要维系自己的繁荣，就需要维护商路的安全，这当然也就需要维护其上游与下游的"基础性利商制度"。当宪章城市产生这样的需求之后，有共同需求的城市自然可以团结起来，并将不设立"基础性利商制度"的城市排斥在外。这就是"汉萨同盟"的实质。

当然，"基础性利商制度"对政体是有所要求的。所以，一旦跨越国界，主权问题就会浮现。

没有国王愿意看到自己的首都有不为自己掌控的制度设计，没有领主和城市喜欢自己的政治框架被干涉，因此，汉萨同盟在自己能控制的地域和自己不能控制的地域，分别采取了不同的务实态度。在德意志自由城市那里，汉萨同盟要求各个城市修改自己的政体；而在英国或丹麦，汉萨同盟则为自己的商人要求特权。虽然这些特权本身是"基础性利商制度"的雏形，但是汉萨商人却不公正地要求只有自己才可以享受这样的待遇，排斥其他商人，包括不允许本地商人享受同等待遇。这自然是这个组织的落后之处，但我们同时也应看到它的智慧之处：对商贸活动来说，政体的重要性，不如"基础性利商制度"的重要性来得直接和紧迫。

　　汉萨同盟为整个人类贡献了跨越国界的"基础性利商制度"，这些制度更多是商人在实践中，经历多方利益博弈后摸索创设出来的，与知识分子的顶层设计的关系其实并不大。至于偏"顶层设计"的那一面，也就是政体如何设计、宪章如何起草，归根结底还是为了服务于"基础性利商制度"。所以，最原初的宪章并不是抽象权利理念的表述，而是具体权利实践的交易。如有必要，也可以与特定国家达成交易，以商贸利益换取商人在当地的特权。

　　此外，吕贝克法规定，同盟内部城市的议事机构既不能由民选产生，也不能被寡头家族控制，归根结底也是为了生意的正常开展。

　　由此，在前面归纳的"商暴秩序关系"的基础上，我们可以增加如下三条：

　　　1. 如果一个商贸城市的暴力能力不足以自己建立基础性利商制度，那么它可能采取"赎买"权利的方式与当地领主合作，建立正增长社会。

　　　2. 一个城市或国家的正增长社会需要跨国贸易的支持，因而也需要跨国界的"基础性利商制度"。汉萨同盟的成功经验是用去中心化的宪章传播了这一制度。

　　　3. "基础性利商制度"比政体更直观地促进商贸利益，但"基础性利商制度"对政体有一定要求。汉萨同盟对此采取的务实态度是,在同盟内部做高质量要求,而在同盟外部与王国进行谈判,"赎买"特权。

还是老规矩,我们继续将其统合如下:

1. 在古代生产力条件下,绝大部分地域和人口依然分布在自然经济条件下的零增长社会中,两者的体量是不对等的。正增长社会只是一座座孤岛,集中于部分商贸城邦中。当然,它们有可能凭借财富的积累来获得与自己体量并不相称的权力。

2. 暴力秩序普遍笼罩于两种社会,只是在不同社会有不同表现形式。正增长社会有可能采取君主制,零增长社会也有可能采取共和政体(如斯巴达),但是共和政体的确对高水平正增长社会更为友好。

3. 正增长社会的主要驱动力是商贸秩序,充分发展的商贸秩序会培养出职业教师、职业金融家和职业法律人团体。

4. 暴力秩序对商贸秩序做出承诺的低级形式是允许自治,高级形式则是采取共和政体。

5. 古典时代,商人集团与暴力集团之间的相互信任问题始终未能得到解决,这是古代商业共和国最终败给军事共和国的根本原因。

6. 古典时代普遍施行奴隶制,奴隶制在正增长社会可能会催生工厂式生产,但在零增长社会则表现为农奴制。

7. 古典时代,正增长社会在罗马共和国晚期达到的巅峰成就是一种不自然的畸形成就,它是由大规模的奴隶制工厂生产催化形成的。当罗马人无法持续稳定获得奴隶,城镇的商贸秩序萎缩,整体经济结构退回到自然经济状态,正增长社会就崩溃了。

8. 在特定的城市规模与地缘政治条件下，商贸城市可以凭借自己的海军力量赢得地缘政治方面的优势，从而暂时性地解决暴力精英与商贸精英之间的互信关系问题。

9. 同样，在城市经济的规模下，商贸城市可以通过国家提供普遍性福利的手段，收买底层民众自发产生的民主诉求，维护贵族精英的政治地位。

10. 如果一个商贸城市的暴力能力不足以自己建立基础性利商制度，那么它可能采取"赎买"权利的方式与当地领主合作，建立正增长社会。

11. 一个城市或国家的正增长社会需要跨国贸易的支持，因而也需要跨国界的"基础性利商制度"。汉萨同盟的成功经验是用去中心化的宪章传播了这一制度。

12. "基础性利商制度"比政体更直观地促进商贸利益，但"基础性利商制度"对政体有一定要求。汉萨同盟对此采取的务实态度是，在同盟内部做高质量要求，而在同盟外部与王国进行谈判，"赎买"特权。

注　释

1　本故事当然是虚构的，但是戈德里克确有其人。12 世纪的一位隐修士德罕的雷吉纳德（Reginald of Durham）著有《圣戈德里克生平》一文，记载了这位不平凡商人的一生。他生于 12 世纪的英国诺福克郡，出身贫寒，早年在乡间游荡，学习商贩的求生技巧，后来远行至罗马，从事长途贸易，投资商船，赚了大钱。之后他前往耶路撒冷朝圣，并在 16 年的商旅生涯后，将全部财产捐给教会和穷人，成为隐修士。

2　12 世纪前后，布鲁日是佛兰德斯地区最大的纺织业中心，有许多代理商做着收购羊毛的生意。

3　芬尼是自 9 世纪起就在德国地区开始使用的辅币单位，不同地区货币重量有所不同。以纽伦堡马克计，1 马克大约相当于 120 芬尼。

4　英国城镇。

5　Kontor，中古德意志商人在海外的商站。

6　一份 15 世纪后半叶的契约合同显示，自英国中部地区运一袋羊毛到伦敦，关税、津贴和运费的成本大约达到每袋 2 英镑 13 先令 4 便士，而若出口，则成本就多至 8 英镑，运到法国加莱地区，成本就上升到 11 英镑了。一袋优质英国羊毛在布鲁日的销售价格大约在 12—13 英镑之间，其利润只有 1—2 英镑。中古时期，1 马克大约可以兑换 0.75—0.8 英镑。参见 M.M. 波斯坦、爱德华·米勒主编《剑桥欧洲经济史·第二卷：中世纪的贸易和工业》，钟和等译，经济科学出版社，2003，第 169 页。

7　转引自花亦芬《布克哈特与中古城市史研究——从〈科隆大主教孔拉德〉谈起》，《台大历史学报》2010 年第 46 期，第 132—133 页。

8　参见 https://en.wikipedia.org/wiki/Margaret_II,_Countess_of_Flanders。

9　关于海上丝绸之路的叙述，另可参见拙著《技术与文明》，第 93—97 页。

10　参见 https://sourcebooks.fordham.edu/source/1127stomer.asp，由作者译出部分。

11　基佐：《法国文明史》（第四卷），第 31 页。

12　大卫·休谟：《英国史》，刘仲敬译，吉林出版集团有限公司，2016，第 25 章。

13　参见花亦芬《布克哈特与中古城市史研究——从〈科隆大主教孔拉德〉谈起》。

14　参见 James Sheehan, *German History, 1770–1866*, Oxford University Press, 1989。

第四章 远东的商人集团

故事讲到现在,你可能已对西欧社会"正增长秩序"的脉络(存在与传承)有了大体的了解。与此同时,我猜想,你也许正在心里暗暗地将西欧社会的这些治理经验与办法,跟你所了解的古代中国进行比较。

中国古代历史丰富而复杂,要将如此之大的一片国土上发生的故事,与威尼斯、佛罗伦萨等几个商业城邦,或者控制了吕贝克、汉堡、不来梅等数十个商贸城邦的汉萨同盟相比较,无论从哪种意义上,似乎都不甚明智。

我也并不希望这些故事给各位读者造成这样的错误印象:偌大的古代中国举目所及都是零增长社会,而西欧社会则处于"正增长秩序"。这个历史图景是错误的。正如我反复强调的,在古典时代的技术条件下,零增长社会所覆盖的疆域与人口都十分广阔,而正增长社会仅限于少数的商贸活动发达区域,这在古代东西方都是一样的。

中国的情况还需更详细的分析。尽管自墨家—商鞅演化而成的大一统集权体制,的确是"零增长秩序"的集中体现,对中华帝国的政治运行逻辑的影响十分深刻,甚至在它主导的"儒法秩序"中,商人的地位遭到了系统性的压制,但是,人类社会对贸易和交换的自然需求，依然为商人集团留出了足够重要的活动空间。甚至，在某些时空范围内，商人集团势力，能够起到指点江山、颠倒乾坤的作用。

在中国历史上，大一统政权掌控的疆域十分辽阔。横向对比，中华帝国的版图和人口往往居于当时世界的前列。但是，囿于山川河流的间隔和交通技术的限制，庞大的古代帝国实际上是以数个自足的经济地理区域（区域内部独立、自给自足）存在的，长途商人则在这些经济地理区域间从事着转运与交易工作。[1] 但是，中国古代很少有儒家知识分子以经济地理学的视角对商人活动进行观察与追踪。所以，如果我们想要辨认本土商贸集团到底在古代中国的分裂与统一或战争与和平中发挥了怎样的作用，那这个工作难度之大、所牵涉的范围之广，就远远超出本书力所能及的范围了。

不过，我们还可以有另外一个观察视角，那就是连接中国与海外的商贸集团。

这一章，我想讲三个关于这类商贸集团的故事，从中我们可以洞察和分析商贸秩序与大一统秩序互动的一些规律与特点。这些规律与特点，对我们重新理解自己的历史，重新理解本书的主题——现代化脉络——以及重新理解当下中国与世界的关系，或许可以起到一些以史为鉴的作用。

粟特商人：中亚的"犹太人"

第一个商人集团，是发源于中亚地区，并在北方亚欧丝绸之路上十分活跃的粟特人。

许多人也许不知道这个已在历史长河中几近消失的族群，但他们在历史上却真正干出过许多惊天大事，从北朝中原政权与突厥人之间的博弈，到唐帝国对中亚的经营，再到安史之乱，背后都有粟特人的影子。

因此，考虑到全世界各国民间社会对犹太人集团阴谋论的热衷程度，我特意起了个更有噱头的小标题："中亚的犹太人"。[2]

好的，我们现在来回答一些基本问题：粟特人是谁？他们从哪里来？他们怎样生活？

在历史记载中，粟特人最早出现在是公元前 6 世纪波斯帝国阿契美尼德王朝的一篇文献中。这篇文献提到，居鲁士大帝征服了生活在中亚阿姆河中游，大概在费尔干纳盆地以西地区的一个很有个性的族群。被波斯征服后，该族群就被当作波斯诸族的一支，因其居住地而得名"粟特"。

粟特，处在农耕世界与草原游牧民族接触的边缘地带，因此当地的农耕产品与游牧产品间的交换非常发达。

请记住，农耕与游牧的交界地带，这一点对中原—中亚—西亚的贸易活动非常重要。

为什么这么说呢？

首先，我想纠正一种常见的对游牧民族的误解，就是认为游牧民族只擅长杀戮和劫掠农耕民族的财富。诚然，在早期人类历史中，来自草原的远古部落因为掌握了驯化马的技术，从而相对于其他民族存在军事优势，这一点毋庸置疑。但是，草原本身并不意味着贫穷与落后。

苏联人种学家谢尔盖·温斯坦（Sergei Vainshtein）和美国历史学家狄宇宙（Nicola Di Cosmo）等学者的研究已经表明，畜牧业能够生产充足的食物，平均来看，牧民可能比同时期中国和欧洲的农民吃得好。[3]更关键的问题在于，马的驯化进一步推动车轮的发展，而这又使得人类活动的边界大大拓展，远途运输能力大大增强。

因此，马背上的游牧民族，以及与游牧民族打交道的周边民族，实际上在战争之外还擅长一个领域，那就是商贸。

摊开地形图，以中亚河中地区（阿姆河中上游—费尔干纳盆地）为中心向东、南、西三侧观察，我们会发现，三侧的地形恰好如同三条走廊一般，面向中亚河中民族。

在东线，沿锡尔河溯其上游行进，走开阿利克（Kayalyk）一线翻越天山，进入中国的新疆地区，经乌鲁木齐后继续向东到玉门、敦煌一带，就进入了中原地区的门户。这一路上有崇山峻岭，也有戈壁险滩，任何人想要完成旅行，都得在沿途所经过的绿洲地区随时停驻，补充食物与水源。因此，马匹与车队至关重要。

在西线，从阿姆河向西南进入伊朗高原，我们会发现北部的厄尔布尔士山脉与南部的札格罗斯山脉将伊朗高原包围起来，留下东西向的通道，可以直抵两河流域与小亚细亚半岛。

在南线，中亚民族只要能够占领喀布尔（今阿富汗首都），向南就能获得印度次大陆的广袤平原。这也是贵霜帝国、德里苏丹国和莫卧儿帝国在历史上占领印度所走过的路线。

换句话说，中亚河中地区这片被沙漠和高山包围起来的农耕地带，是整个亚欧大陆交通要道上的一个重要枢纽。而粟特人就生活在这个枢纽的西部。

虽然粟特人生活的区域非常重要，但在地缘政治上却受到一个长期性威胁，这个威胁就是伊朗高原上的政权。自高原向下进攻平原地区的行军路线较易取得成功，反其道而行之则难上加难。因此，若伊朗高原被强大政权占据，阿姆河中游地区的民族是很难进行有效抵抗的。

公元前 6 世纪，来自伊朗高原的波斯大帝居鲁士征服了粟特地区，将其划归波斯帝国统治。不过，波斯帝国与中华帝国不同。它是一个松散的、其治下的众多族群与城市在很大程度上保留了自治权的帝国。因此，粟特人得以保留自己的生活方式与文化习俗。

　　同时，粟特出产天青石和石榴石，这是用于装饰宫殿和艺术品的华贵宝石，因此粟特人逐渐凭着垄断这些宝石的贸易开始崛起，在中亚地区的商贸路线上留下自己的名声。

　　客观来讲，相对其他农耕中心地带而言，当时中亚地区的繁荣程度与技术水平是落后的。此地夹在东方的中华文明、西方的两河流域文明与南方的印度文明之间，依赖三大农业文明成果的输入。自然，离三大文明中心地越远的区域，水平越落后。因此，在纪元初年之前，粟特人是中亚商业民族中最不发达的。[4]

　　公元前 4 世纪，亚历山大大帝东征，阿契美尼德波斯灭亡，粟特也臣服于马其顿帝国。亚历山大大帝娶了一位粟特贵族的女儿罗克姗（Roxana）为妻，并生下了他的继承人亚历山大四世。粟特接受了希腊人的统治，成为希腊－巴克特里亚王国（西方学界多认为此即中国史书中的大夏）的一部分。这一时期，粟特人进入了希腊化时代。

　　讨论一下希腊化时代对粟特人的影响是很有意思的。通过后来7—8 世纪的文献得知，粟特地区城邦林立，各个城邦的君主并不一定是父死子继，反而有被人民罢黜和通过选举上台的记录。以至于研究粟特史的法国历史学家魏义天感叹说，这使他想起了中世纪晚期意大利的商业自治。[5]

　　经过前几章讲述的故事，我们已经可以梳理出从古希腊城邦到罗马市政制度再到意大利城邦这一条明确的历史脉络。那么，粟特人的这种政治结构也受到了这支脉络的影响吗？它也是古希腊文明成就的遗产吗？

　　因为缺乏粟特希腊化时代的考古和文献记载，所以我们对这一点不能给出明确的答案。我自己对这个问题是这样看的：古希腊城邦的政治经验很可能对粟特人产生了影响，但更重要的是，这种政治经验与粟特人的商业生涯是相匹配的。

我们前文已经总结过，与暴力精英不同，商人知道必须尊重行业内部专业精英的意见，因而必须在政治制度上采取协商的方式，而不是粗暴地实施一言堂。而且，商人的思维方式是，暴力可以为交易服务，掌握王权不如掌握世代传承的财富来得稳定一些。

况且，粟特这个地方可能随时受到西南部伊朗高原上强大敌人的威胁，东面则有匈奴和中国这样强大的帝国，哪怕是附近的大夏或撒马尔罕，也不是粟特人能与之抗衡的。这种地区的君主如果产生了欲壑难填的军事野心，其命运将会非常悲惨。因此，倒不如专注做生意来得妥当。

让我们书归正传。亚历山大去世后，马其顿帝国很快分裂。他的部下塞琉古控制了原先的波斯帝国疆域，把大批不顺从的希腊人迁徙到此地，但此举反而推动了中亚的希腊化进程。公元前3世纪中叶，塞琉古帝国衰弱，巴克特里亚总督狄奥多特一世趁机独立，建立大夏王国，粟特很可能也受到大夏的管辖。

公元前2世纪，北方游牧民族塞人和大月氏入侵大夏。这里的大月氏，就是中国史书中记载的，被匈奴王把国王头盖骨制成杯子的那个大月氏，也是张骞想要联络的那个大月氏。

大月氏人将大夏分为五个部族，每个部族的酋长称为"翕侯"。五个翕侯中的贵霜翕侯消灭了其他翕侯，击败安息（帕提亚帝国），又南下攻取克什米尔地区，建立起贵霜帝国。贵霜帝国从时间上一直延续到公元4世纪，疆域上统治了从中亚到今天印度中北部的地区。因为贵霜帝国的国王不是印度贵族出身，故而他抬升佛教地位，贬低婆罗门教，使得佛教传遍中亚地区，并进入中国。

公元4世纪后期，大月氏人的另外一支后裔嚈哒人经阿尔泰山向西南占领粟特，并在公元5世纪侵略贵霜帝国和波斯帝国，建立嚈哒帝国。粟特经历了一次大劫难。但是到公元6世纪突厥帝国兴起，并联合波斯帝国瓜分嚈哒帝国后，粟特突然以极快的速度复兴。

粟特人为什么会有这样的表现，我们下一节会加以讨论。这里，我想先停下来，对公元前 6 世纪到公元 6 世纪粟特人的这段历史做一个简单梳理。

粟特人历经波斯、马其顿、大夏、贵霜、嚈哒等数代，正所谓"城头变幻大王旗"，但粟特商人却完美地奉行着科尔马老太太讲过的"花钱买平安主义"，不管谁来做我的主人，我都接受，在他的庇护下慢慢延伸我的贸易网络，安稳做生意就好。

也许是受到这种政治经验的影响，粟特人渐渐磨炼出一种生存本能，那就是从小学习周边各民族的语言。中国史书记载粟特人通"六蕃语"或"九蕃语"，说的就是这个民族通晓多种语言，代代相传的本领是跟各个民族打交道。[6] 这倒也很好理解，一来这确实是做生意的需要，二来粟特人也不知道周边哪个民族忽然就变成自己的主人，多会一门语言多条路，总不会错。

可能是粟特人的这种执着于追求商人之道的生存方式，使他们在中亚各商业民族中渐渐崛起，后来居上。公元 6 世纪以后，在其他民族集中精力征服土地和建立帝国之时，粟特人已经悄然把持了中亚道路上的商业网络。

这里需要解释的是，古代社会的贸易往来不像现代社会有全球统一标准和市场规范制度。因此，长途贸易的交易风险是很高的。我们前文已经讲过，商人赚取的超额利润其本质是风险折价，因此站在商人自己的角度上考虑，他必须有效控制贸易中的风险，才能最大化自己的利益。

古典时代控制贸易风险的最有效途径，就是熟人关系。换句话说，古代社会即便是跨国贸易，也不是在陌生人与陌生人之间发生的，而是在熟人与熟人之间发生的。本地消费者跟本地代理商打交道，本地代理商跟中介商打交道，中介商跟货物来源地的卖家打交道，货物来源地的卖家再跟生产商打交道。其中每一个环节，都高度依赖商人之间的人际网络。

在这些环节中，中介商对缓解信息不对称所做的贡献最大，因为他们可能横跨数百公里、翻山越岭、长途旅行。粟特人的地理位置、风俗习惯以及从小学习多种语言的生活方式，恰好就是为这种角色准备的。

粟特商人在中亚商路上，对中介角色的垄断地位，可以由出土文献得到证实。新疆吐鲁番市高昌区阿斯塔那古墓群出土的一份约公元 7 世纪初记录的文件，统计了当时吐鲁番的 35 笔商业交易，其中 29 笔至少涉及一位粟特人，13 笔交易的买卖双方都是粟特人。[7]

吐鲁番离粟特大概有 1,500 公里，相距如此之远，而粟特人在当地商业中的地位却如此重要，这足以证明，到公元 7 世纪早期，粟特商人已经成功控制了陆上丝绸之路。

粟特人与中国

现在，让我们来回答刚才遗留的那个问题，为什么粟特人会在公元 6 世纪突然快速崛起？

如果你要我给出一个最简短的答案，那么答案就是两个字：中国。

如果你要我再给出一句补充说明，那么我会反问一句：你有没有想过，为什么这条路要用"丝绸"来命名？

这其实涉及经济史中的货币问题。我们在前文介绍过，为了维护商贸活动的顺利进行，稳定金银货币的币值是很有必要的。换句话说，就是铸币标准要达到一个很高的水准，保证钱币的贵金属含金量稳定。否则，我拿一批美酒，在你这里换来的金币含金量是 6 成，但是到其他人那儿去换来的含金量只有 3 成，那我做了这个生意岂不等于赔钱。

在货币史上，像希腊人、迦太基人、威尼斯人这些商贸民族铸造的货币，币值普遍都比较稳定，东罗马帝国铸造的金币更是硬通货。但是很不幸，中国铸造的钱币却不在其列。对此，马克斯·韦伯在《儒教与道教》第一章有过详细的讨论，我们就不在此赘述了。

简而言之，中国的货币流通是按照与西方完全不同的模式进行的，金属货币的内在价值和数量都是在逐年减少的，根本无法满足中国这个庞大经济体的交换需求。

既然技术条件无法满足，人们就会自然而然地选择另外一类性质特殊的商品充当代币。丝绸，就是其中一种。

为什么丝绸可以成功扮演代币的角色呢？一是丝绸便于携带，也容易分割，适合各种价值的交易；二是丝绸价值足够高，能够被普遍接受；三是中国的大一统政权本身具备在全国范围内调配丝绸的行政能力。

以上三点，对中华帝国在西北保证其军事和政治存在特别重要。敦煌的一份文件显示，当地一名高级军官在唐天宝四年（745 年）遭遇 6 个月欠饷，折算成铜币支付，需要 160 公斤铜，折算成谷粮，则超过 8 吨。运输成本显然太高了。[8] 但是以丝绸支付，相应问题均可得到解决。因此，丝绸成为中国经略西北的重要经济工具。

据统计，在公元 8 世纪前半叶，中国生产纺织物的 20% 用于控制西部地区，每年总计达 500 万匹以上。从敦煌到碎叶的各个乡镇，士兵和汉族官吏的薪俸与开销均以丝绸计算。[9]

丝绸的这些优点，在中亚商路上同样也可以得到发挥。其实，早在张骞、班超出使西域，汉朝试图经略西北时，丝绸的重要性就已经为粟特人和其他中亚民族所熟知。

当时中亚局势过于不稳定，汉人于 2 世纪中期以后退防东部。

然而，一部分粟特人当时受到利益的驱动，做出了一个重大决定：跟随汉人前往甘肃和中原地区，以获得稳定的丝绸来源。

公元 4 世纪，费尔干纳和康居（一个著名的粟特国家）均派出使节前往前秦王庭拜谒苻坚。公元 5 世纪，粟特使团前后八次抵达北魏王庭。粟特人对东方商路的这种持之以恒的投资，最终为他们垄断丝绸贸易打下了基础。

公元 6 世纪，突厥崛起，这给粟特人带来了一个意想不到的机会。

当时中国正处在南北朝时期，北周和北齐为争夺控制权，双方都需要争取突厥的支援，而突厥也乐得成为两个政权的平衡势力。北周曾在 6 世纪中叶与突厥结成短暂军事联盟，但是北周实力明显超过北齐后，突厥逐渐考虑在周齐之间实施平衡，北周不得不进一步加强对突厥支援的争取。

比如，北周屡次派出使者，积极迎娶突厥公主到京师，而阿史那公主抵京后，北周武帝大聚长安胡人，并对境内的西域胡人予以高规格礼待；北周宣帝甚至采取突厥的礼仪祭天，被汉儒批评为"淫僻不可纪"。这些都是当时地缘政治影响的表现。[10]

在这种情况下，擅长在西域各民族间周旋的粟特人，就成为北周与突厥联系的重要桥梁。

公元 545 年，北周太祖宇文泰遣"酒泉胡"安诺磐陀出使突厥，当时突厥尚未建国，非常欣喜地接待了使臣。这里的"酒泉胡"安诺磐陀，从姓名上可以判断是一位粟特人。[11] 宇文泰成功运用了粟特人的外交才能，这与 16 世纪奥斯曼帝国任命犹太人为高级外交官的作用非常类似。所以将粟特人比作中亚的犹太人，是有道理的。

当然，粟特人也反过来利用中原政权对自己的这种需求，进一步垄断中亚商贸道路上的丝绸来源，攫取更大的利益。对粟特人和中国来说，这是一种双赢的局面。

莫高窟第 45 窟中表现的粟特商人形象

到了唐朝，粟特人更是迎来自己的黄金时代。

唐朝是中国历史上对西域最为开放的朝代，李唐皇室宣称自己来自陇西世家，唐王朝的上层社会十分喜爱胡风胡俗，西域文化就此在中国大范围扩散：西域的食谱传入中国，胡饼（馕）成为街头大受欢迎的小吃，中国人上元节点灯的习俗传自中亚诺鲁兹节，杨贵妃从安禄山那里学得了胡腾舞，甚至唐玄宗本人都会打龟兹鼓。[12]

在这种情况下，为唐王朝继续效力，提供大量商业税源并发挥外交才能的粟特人，受到非凡的礼待。粟特人在当时获得了一个中国化的称呼，即所谓的昭武九姓，来自康居（撒马尔罕，其时已经粟特化）、史（史国，又称羯石国）、安（即布哈拉）、曹（曹国）、石（塔什干）、米（米国）、何（何国，又称贵霜匿）、火寻（即花剌子模）和戊地九个粟特国家的胡人以国家为姓。史书又称他们为

"九姓胡"。甚至，更进一步讲，隋唐时期大量中文文献记载中的"胡"，多数指的其实是粟特人。

当时的中国官方只承认来自粟特城邦入贡的方物，不承认费尔干纳、花剌子模或吐火罗等国的贡品。长安建立了五座粟特人祆（xiān）祠，长安西市更成为粟特人聚集地。粟特商人甚至还在中国境内经营高利贷，以至于政府在 8 世纪后半叶不得不采取措施限制汉人的欠债数额。[13]

在粟特人于中国享有的诸多优待权中，最有趣的一点，就是粟特聚落在长安城享有的高度自治制度。

我们已经讲过，粟特人是以中亚河中地区为中心，往来于两河流域、印度次大陆与中原地区的商贸民族。就如同罗马人是亦兵亦农的民族，粟特人也是亦部落亦商队的。换句话说，粟特人的商队不是因为生意关系或旅行关系临时拼凑起来的团体，而是在聚落基础之上组织起来的商队。

这其实很好理解：中亚丝绸之路的自然条件十分严苛，天气多变，盗匪盛行，商队需要一个强有力的领袖，能对每个成员令行禁止，而在一个临时拼凑起来的商队里，领袖权威是很难实现的。

粟特聚落的领袖，叫萨保（中文也称"萨宝"或"萨甫"）。萨保既是聚落领袖，也是商队领袖，经常还总管商业事务。粟特社会，其实是一个以萨保为中心组织起来的等级社会。

古代中国政府其实非常了解这一点。早在北周和北齐年代，中国政府就设置过"萨保府"这个机构，后来一直延续到唐代。简单说来，就是把来中国的粟特萨保管理起来，派官员进行监理的机构。当时中国的各个等级的政府，都有可能建立本级政府的萨保府，例如首都的萨保府，或者一个州的萨保府，或者一个县的萨保府。

实际上，中国政府对萨保的设置相当重视。一般一个粟特聚落的规模如果达到 200 户以上，这个聚落的萨保就要在萨保府注册备案，也就是成为政府承认的官员。这个级别，比一县之长还要高。治理几万户中国人的县长都未必享受的待遇，统领 200 户粟特人的萨保却可以享受，这足以证明粟特人的地位之高。

一旦当地有萨保的存在，基本就等于官方认可了自治制度的实施。这个聚落内部的一切社会、商业和宗教事务，均可由萨保自行处理。粟特人内部如何通婚，如何祭拜祆教（拜火教）的神祇，如何决定族中事务，政府一概不予监管。官员只需要与萨保沟通并进行问责即可。

这就是从北朝开始，中国政府曾对粟特商人实施过的类似"一国两制"的管理措施。

我们前文曾介绍过，商贸城邦在与集权帝国打交道时，经常需要考虑的策略是服从，但是要求自治权。粟特商人的案例表明，这一经验在远东社会也是管用的。而且，商人和政府各自都实现了目标，得到了好处。双方合作最淋漓尽致的时代，就是唐代前期。唐代经营西域的巨大成功背后，粟特人的商贸与外交网络功不可没。

但是，双方的这种合作关系，被 8 世纪中叶的一系列地缘政治冲突打破了。

中亚火药桶

粟特起源地以东的费尔干纳盆地，后来成为乌兹别克斯坦、吉尔吉斯斯坦、塔吉克斯坦三国的交汇地。此地生活的 1,100 万人属于 100 多个不同的民族，族群关系错综，国境犬牙交错，领土飞地林立，地缘政治关系复杂，冲突不断，有着"中亚火药桶"的称号。

之所以有这种局面，根本上是因为此地位于整个欧亚大陆中心地带的通衢枢纽，数个文明中心都可能对此地产生影响，不同文明与信仰都在此地汇聚交流。在和平年代，这固然能够缔造多元共存的繁盛局面，然而在动乱年代，多元交融的局面就有可能造成反效果：任何简单的冲突，都可能跟民族、宗教或文化冲突纠缠在一起，演变为难分难解的局面。

倒退回 1,200 年前，由于一个关键变量的出现，粟特人也面临着这样一个"火药桶"的局面。

这个关键变量，就是西方开始崛起的阿拉伯帝国。

阿拉伯帝国是公元 630 年由伊斯兰教的创立者、先知穆罕默德建立的。自成立以后，阿拉伯帝国就不断开始向东扩张，于公元 705 年开始染指中亚，这给粟特人造成了极大的压力。

你也许会问，中亚这片地区，不是一直以来就打来打去的吗？粟特人已经换过很多次臣服对象，难道遇到阿拉伯人，他们就不能再继续沿用以前的老策略吗？

这次还真不行。阿拉伯民族，是信奉了伊斯兰教的游牧民族。因为他们本身的民族特性和宗教特性，粟特人还真的没有办法像对待波斯、突厥或者中国那样，一边臣服，一边赚钱做生意。

首先，突厥人和中国人都不是典型的商业民族，但阿拉伯人生活在马背上，又久居地中海沿岸，非常熟悉做生意的这一套。阿拉伯商人的经商才能，在当时世界可以说排名第一，就连后世不少意大利商人采用的经营制度，比如股份制度、风险投资等，都是阿拉伯商人发明的。《一千零一夜》中著名商人辛巴达的故事家喻户晓，足可证明阿拉伯商人的能力与声名。

所谓"同行是最大的冤家"，阿拉伯人来到中亚，压根不需要粟特这个中介商。他们完全有能力把经商资源全部接管过来，自己做生意。

其次，突厥人、波斯人和中国人的信仰，都不属于一神教，对其他宗教信仰没有那么强的排斥感。波斯人是信仰拜火教的，突厥人敬奉上天，属于原始宗教，中国人对宗教的态度则是最包容的，粟特萨保自己在聚落内怎么敬奉祆教或佛教诸神，中国人都不管。

但是，伊斯兰教决不允许这样。伊斯兰教规定，穆斯林有转化异教徒的义务。尤其在阿拉伯帝国扩张时期，不少对外征战的总督都是狂热的信徒，他们习惯于用屠刀逼迫异教徒归顺，否则就要大开杀戒。

当时负责进攻粟特方向的阿拉伯总督，叫屈底波·伊本·穆斯林。在阿拉伯帝国战胜波斯萨珊王朝后，他被任命为呼罗珊总督。他于公元706—709年对粟特诸国展开了血腥的进攻，并且热衷于将当地人转化为穆斯林。

当屈底波攻下贝坎德城（Baykand）后，他严酷镇压当地居民的反叛，处死全部成年男子，将妇女儿童卖为奴隶。此举震惊了当地所有的粟特城邦，他们联合起来与阿拉伯人进行对抗，但因为力量悬殊而失败。公元709年，屈底波攻占昭武九姓中的安国（布哈拉），并迫使康居（撒马尔罕）成为阿拉伯帝国的附庸。

公元715年，阿拉伯帝国与吐蕃联手征服费尔干纳，立了一个傀儡君主叫阿了达。原先的君主则逃往安西都护府向唐朝求救。唐玄宗派监察御史张孝嵩率附近各戎族部落兵马10,000人向西挺进，攻克阿了达3座城堡，斩首俘虏1,000余人，将阿了达赶走，助原费尔干纳王复国。张孝嵩传檄诸国，唐军声威震动西域。

为报复唐军的行动，公元717年，阿拉伯帝国欲联合吐蕃与突骑施人策划袭取安西四镇。安西都护府副大都护汤嘉惠调集周边的突厥部队抗击阿拉伯军队，将其击退。这就是拨换城大捷。然而不幸的是，唐军在这场战争的胜利，因为数十年后另外一场战争的失败而黯淡无光。

那就是怛罗斯之战。

怛罗斯之战的来龙去脉，跟唐军中的一名高句丽后裔将领有关，此人名叫高仙芝。高仙芝的父亲叫高舍鸡，高句丽灭亡后被唐军携带到中原，从河西四镇的一名士兵，一步步干到四镇十将，当上了将军。可以说是个勤勤恳恳的军人。

高仙芝小时候体格并不强壮，他父亲一度担心他状况不佳。然而，高舍鸡真正没有想到的是，自己一辈子兢兢业业，累功晋爵，却培养出了一个与自己性格完全相反的冒险分子。这个年轻人升任安西副都护后，每次出军，随从都有三十余人，个个鲜衣怒马，排场做足，跟父亲行事风格完全相反。

没有人知道，他的胆大妄为，将给这个帝国带来怎样不可估量的后果。

高仙芝初次崭露头角，是收复小勃律国。小勃律国原来是大唐的属国，后来吐蕃赞普赤德祖赞（就是迎娶了金城公主的那位赞普）跟小勃律国联姻后，小勃律国就倒向了吐蕃，进而成为吐蕃控制西北的门户。

公元 747 年 3 月，唐玄宗敕令高仙芝率 10,000 名士兵征讨吐蕃。高仙芝兵分三路，马不停蹄，神速行军深入敌境，大破吐蕃主力，杀五千人，生擒千人，又俘虏小勃律王夫妇。西域各国遂再度归附唐朝。

高仙芝的这场军事冒险取得了巨大的成功，他性格中的激进主义也流露无遗。战役结束后，他越过上司节度使夫蒙灵察直接向皇帝汇报战果，令夫蒙灵察大怒，骂他"啖狗肠高丽奴"。但唐玄宗很喜爱激进有为的高仙芝，提拔他接替夫蒙灵察担任节度使。

高仙芝的任性得到了皇帝的肯定后，更加意气风发。接下来，他将犯下人生中最大的错误。

公元 750 年，因唐朝得知石国与黄姓突骑施人（突厥的一支）相互勾结，触动了自己在碎叶的利益，于是派遣高仙芝征讨突骑施与石国。[14] 高仙芝击败突骑施后，再度发挥了胆大妄为的本色，骗石国国王只要石国投降，和平就可以实现。然而，当石国士兵放下武器后，高仙芝却"将兵袭破之，杀其老弱，虏其丁壮，取金宝、瑟瑟、驼马等"。他还将石国国君俘虏，解送长安处决。

高仙芝此举很可能只是为了迎合唐玄宗晚年好大喜功的心境，为他营造一种"虽远必诛"的强盛氛围。但他没想到的是，石国王子竟然从屠城中逃脱，身怀国仇家恨，向阿拉伯帝国求援。

高仙芝得知此消息后，反而觉得这是一个更好的机会。如果能一举战胜大食，也就是阿拉伯帝国，自己必然会出将入相，名垂青史。于是，他伪称石国王子与大食共谋进攻安西四镇，以此为由，率军西进。

收到石国王子的求助后，阿拉伯帝国随即派兵东进，与高仙芝交战。双方于公元751年在怛罗斯展开决战。唐军与阿拉伯精锐激战五日，不分胜负。最后，原先隶属于大唐联军的葛逻禄部（很可能是在粟特间谍网络的煽动下）背叛唐军，突然发难，切断唐军步兵与主力的联系，而阿拉伯帝国趁机以重骑兵猛攻唐军，击败高仙芝。最终，此战以高仙芝所率七万唐军伤亡殆尽而告终。大唐与阿拉伯帝国的军事冲突，也画上了句号。

有人说，此役是大唐王朝在中亚地区扩张进程的终结，但这种说法并不太符合历史事实。至少，在公元753年，唐将封常清再次破大勃律，说明这场失败并未打断唐军在中亚的步伐。而且，西域各国在战后仍然忠诚于大唐。

但是，怛罗斯之战本身所代表的中亚地缘格局，又的确从另外一个层面深刻影响了唐朝在中亚的进军。因为，它与接下来唐朝内部的巨大动荡，有着密切关系。

回顾公元8世纪以来这个地区的局势，我们会发现，怛罗斯之战，不过是东西方两大玩家——阿拉伯和大唐——一系列地缘政治博弈中的一环。

问题在于，无论阿拉伯人，还是中国人，本质上都不理解中亚地区的本质局面：这里离长安和巴格达都太远，又太碎片化，任何一方想要完全控制这个地方，一来代价太大，二来对当地百姓的生活也是一种伤害。所以，最好的处理方法是任由当地的小城邦保持中立自治，作为两大帝国的缓冲带，做点中介生意赚钱。

然而，阿拉伯人不理解这一点，并在当地推行强力伊斯兰化的政策，这刺激了唐帝国对此地的安全焦虑。一旦东西方两大帝国在焦虑中走入"修昔底德陷阱"，那么二者的碰撞，会很快将当地弱小的中亚民族碾碎。

在两大帝国的夹缝中辗转求生存的粟特人，是当时最快理解这一处境的民族。而我认为，接下来爆发于阿拉伯帝国和大唐帝国的一系列政治事变，就是被粟特人因对自身生存状况的焦虑而点燃的。

粟特人固然没有强大的武力，但却因经商多年而积累下丰厚的人脉、巨大的财富以及成型的间谍运作网络。就算没有国家做后盾，依靠这些地下网络，也能让两大帝国知道自己不是好惹的。

从 8 世纪中叶起，粟特人开始利用自己的商业与地下网络，在东西方两大帝国掀起了两场巨大的政治事变。

在阿拉伯帝国，这场事变主要是粟特商人利用财富和间谍网支持萨曼波斯发动叛乱，成立萨曼王朝。此举迫使哈里发设立以马穆鲁克为名的奴隶兵役制予以回应，从而永久地改变了阿拉伯帝国的政治结构。这两个故事，与本文的主旨没有太大关联，就不展开讲了。

但是另外一场事变，对我们理解自己文明的历史，则有着深刻的意义。

在中国，粟特人掀起的这场事变有一个家喻户晓的名字，史称"安史之乱"，它也永久地改变了唐王朝的命运。

安史之乱

很多人可能并不知道，安禄山其实是粟特出身。

其实，历史文献中早已透露出安禄山粟特、突厥混血的文化身份：

> 安禄山，营州杂种胡也，小名轧荦山。母，阿史德氏，为突厥巫。无子，祷轧荦山神，应而生焉。是夜，赤光傍照，群兽四鸣。望气者见妖星芒炽，落其穹庐。（时张韩公使人搜其庐，不获，长幼并杀之。禄山为人藏匿，得免。）怪兆奇异，不可悉数，其母以为神，遂命名轧荦山焉。（突厥呼斗战神为轧荦山）。

这是唐朝人姚汝能编纂的《安禄山事迹》中的记载。但是，姚汝能不懂少数民族文字，以为安禄山的名字是从突厥语"斗战神"借来的。根据伊朗语专家恒宁（W. B. Henning）的考释，"禄山"，其实是粟特语 roxšàn 的汉语音译。[15] 我们前文讲过，亚历山大大帝征服粟特后，娶了一个粟特妻子叫罗克姗，罗克姗跟安禄山，其实是一个意思：光明。

《安禄山事迹》继续记载了安禄山成长的经历：

> 长而奸贼残忍，多智计，善揣人情，解九蕃语，为诸蕃互市牙郎。

我们前面介绍过，中国文献在提到粟特人时，往往形容他们"通六蕃语""通九蕃语"。"牙"在中国古代就是中介商的意思。所以，安禄山的成长轨迹，是一个典型的粟特人成长轨迹。

"安史之乱"的另一主角史思明，与安禄山一样，也是"营州杂种胡"。他有一个粟特语的名字"窣干"，意思是燃烧发光，"思明"

则是唐玄宗赐给他的名字。他年轻时也是"通六蕃语，为牙郎"。

"安史之乱"中的第三个重要人物李怀仙，是"柳城胡人"。柳城是营州下辖的一座城镇，位于今天辽宁省的朝阳。在唐代开元、天宝年间，这里曾存在着一个相当规模的粟特部落。这说明，安史之乱的背后，有着相当程度的粟特地下网络背景。

当代学者考证，在安史阵营中，有大量出身粟特的将官，包括安庆绪、安忠臣、安忠顺、何千年、何思德、史定方、安思义、安岱、康杰、康阿义屈达干、康节、曹闰国、何元汕、安神威、安太清、安武臣、安雄俊、史朝义、康没野波、康文景、何数、何令璋、石帝廷、康孝忠等。[16]这些都是唐朝史官在记录唐军战功时偶尔提及的安史叛军将领，足可证明，粟特武人是安禄山叛乱的主力集团。

在资金方面，也有强烈的证据显示，安禄山的叛乱，既利用了粟特聚落的商贸资金网络，又利用了粟特聚落的祆教网络。据《安禄山事迹》记载：

> （安禄山）潜于诸道商胡兴贩，每岁输异方珍货计百万数。每商至，则禄山胡服坐重床，烧香列珍宝，令百胡侍左右，群胡罗拜于下，邀福于天。禄山盛陈牲牢，诸巫击鼓、歌舞，至暮而散。遂令群胡于诸道潜市罗帛，及造绯紫袍、金银鱼袋、腰带等百万计，将为叛逆之资，已八九年矣。

"潜于诸道商胡兴贩""潜市罗帛"，这些已明确说明，安禄山有意识地利用粟特商人的地下贸易网络，筹措"叛逆之资"。"百胡侍左右，群胡罗拜于下，邀福于天"则证明，安禄山有意识地利用祆教意识，在粟特商人面前强调自己的信徒属性，增强其凝聚力。事实上，安禄山在粟特人中，被视为"光明之神"。他死后，史思明追谥他为"光烈皇帝"。[17]这些事实都说明，安禄山是有意识地利用粟特祆教信仰，将自己打扮成半人半神的粟特英雄，以增强叛军凝聚力的。

安禄山与史思明所属的"营州胡"集团，是武则天时期，大唐为了经略东北而迁入的粟特集团。粟特人发源于农耕与游牧民族的交接地带，对马背生活并不陌生，放下账簿，拿起弯刀，对他们来讲毫不困难。

怛罗斯之战结束后仅四年，"安史之乱"爆发。

由于安禄山的粟特关系网络多数在地下运行，唐朝又对粟特实施类似"一国两制"的治理办法，故而我们今天找不到太多文献资料，证明两者有直接的关系。

但是，若我们代入粟特人的立场，对当时地缘政治格局略作分析，认为两者之间存在很强的相关关系，也是合理的。

粟特人在中亚河中地区面临两大帝国的碰撞与挤压，这种压力使得他们迫切地想建立属于自己的强大国家，或者说为他们自己服务的暴力秩序。恰在此时，安史二人得到了唐玄宗的高度信任。

对粟特人而言，这是绝好的机会。一旦豪赌成功，他们就能攫取两大强国中的一个。尽管成功概率不高，但诱惑毕竟太大。

因此，与其说"安史之乱"是一场地方势力的叛乱，毋宁说，这是一场文明冲突。

"安史之乱"前后历时八年，造成数十万士兵伤亡，影响人口数千万人，将原本富饶的华北、关中地区变成荒野，"宫室焚烧，十不存一，百曹荒废，曾无尺椽。中间畿内，不满千户，井邑榛荆，豺狼所号"。司马光更称"由是祸乱继起，兵革不息，民坠涂炭，无所控诉，凡二百余年"。"安史之乱"终结了盛唐，改变了中国的社会结构，令唐王朝彻底退出了中亚博弈，深刻地影响了日后的地缘政治格局。

如果安禄山和史思明是汉人，我们当然可以谴责他们背叛自己的同胞同族。然而，这两个人其实都是粟特人，他们之所以起兵，是因为作为中亚"犹太人"的粟特商人在面对两大帝国的倾轧侵略时，选择最终走上了反抗之路。

所以，我们能指责的是他们背叛了唐玄宗个人对他们的高度信任，为人品性令人不齿，以及造成的生灵涂炭。但就背后的文明冲突而言，我们无法判定哪一方是正义的，哪一方不是。粟特和大唐各有各的核心价值观，既然终于分道扬镳，那就各自承担自己选择的后果，没什么好说的。对粟特商人来说，政治豪赌，成王败寇。先秦商人吕不韦投资子楚成功，成为始皇帝嬴政的"仲父"；粟特商人投资失败，事既不成，只得咽下苦果，引颈就戮。

"安史之乱"后，唐朝的精神气质为之一变。初唐以来，自李唐皇室以下，人人皆能以海纳百川的开放心态面对西北诸异族，接纳周边各邦人士为精英豪杰，担任高官，驰骋天下。"安史之乱"以后，唐人的信人不疑因粟特人的背叛而受伤，开阔的胸襟气度不复存在，取而代之的是以韩愈"复古运动"为代表的保守思潮，一直延续到两宋。

这种思潮在政治上表现为严守夷夏之大防，放弃对西域的经略。曾经赐予粟特聚落的"类一国两制"特权也不复存在，取而代之的，是大量中国境内的粟特商人改姓易俗，不再祭祀祆教神灵，接受编户齐民的秦制管理，渐渐融入汉人文化，终于在历史上销声匿迹。

千百年过去，大唐王朝早已灭亡，粟特这个民族也早已消失在历史长河之中，争论孰对孰错，早就没有意义。但这场双输悲剧背后的许多历史规律，却值得我们深入分析。

我们在前面介绍汉萨同盟的历史故事时，曾介绍过汉萨城市得以实现高度自治的一个前提条件：神圣罗马帝国的统治结构是"多孔化"的。也就是说，皇帝的统治之下，有大大小小的空间，这些空间足够汉萨城市落实商贸秩序、制定宪章、实施自治。但是，对于粟特人来说，唐王朝和阿拉伯帝国的统治结构都不是这样的。

这就会导致粟特人难免遇到这样尴尬的局面：当他们与这两个帝国和平相处时，双方互利共赢，没有任何问题。唐朝甚至会给粟特人类似"一国两制，高度自治"的权利，阿拉伯帝国其实也有类似的制度安排。但是一旦两个帝国想染指中亚，那么对久居当地的粟特城邦，例如康国和石国来说，那就是"毁灭你，与你何干"。强大的中央集权帝国是不能允许"多孔化"结构的存在的，因为这是对自身政治意志的对抗和否定。

而且，对粟特人来说，更悲剧的是，这两大帝国对中亚地区的控制，本质上与粟特人自己其实没有太大的关系。唐王朝想要控制中亚是因为害怕它落入阿拉伯帝国的手中，阿拉伯帝国想要控制中亚是因为害怕它落入唐王朝的手中。这就像两个相互紧紧咬合的齿轮，不允许有丝毫放松。粟特人就像落入齿轮的一颗核桃，除了被碾碎，实在很难有别的结局。

但是，碾碎了粟特人这颗核桃，对两大帝国来说，也不是什么好事。

中亚这个地方，离东南西北四个方向上的帝国文明中心（当俄国崛起后，它就成为北方的那个帝国）都实在太远了。谁要是想控制这个地方，都需要投入大量的人力、物力和财力。这会对中央财政造成巨大负担。就像前文我们举过的例子一样：唐朝仅仅是支付一个高级军官半年的欠饷，就需要160公斤铜币或8吨谷粮。考虑当时当地的交通状况，这个运输成本实在是太高了。当然，唐朝比较幸运的一点是，它可以支付丝绸。但是请你仔细想一想，如果当地没有便利的商贸条件，这位军官领到了丝绸，又要去哪里把丝绸变成吃的呢？

从这个魔鬼般的细节中我们其实可以领悟到一个事实，那就是：如果没有粟特人支撑起来的这个贸易网络，那么无论是唐王朝，还是阿拉伯帝国，都不可能维持在中亚的军事与政治存在。

哲学家黑格尔有一个概念叫"主奴辩证法"，意思是主人虽然拥有奴隶，但奴隶却因为直接握有生产和生活资料，反而可以掌控主人的生活。在中亚这片地方，两大帝国的征服者和粟特人之间的关系，恰好就以这样一种"主奴辩证法"的形式吊诡地运行着。

然而，"主奴辩证法"的问题在于，主人从不知道自己已经变成奴隶的奴隶，直到他彻底与奴隶决裂的那一天。这就是两大帝国的悲剧：他们从不知道自己对中亚的经略是依靠商贸秩序而存在的，直到他们与粟特人决裂的那一天。

粟特人的故事使我产生了这样一种遐想：粟特人的悲剧背后，其实是欧亚大陆两端大帝国更根深蒂固的悲剧之缩影。

支离破碎的中亚，是这个地球上零增长社会逻辑面临过的最漫长的玩笑。对其东西南北四个方向上的古代帝国而言，此地既是一个诱惑，又是一个诅咒。

诱惑在于，谁控制了这片土地，既可以免受游牧民族的侵扰，又可以获得因身处通衢之地而掌控的高额利润；诅咒则在于，谁控制了这片土地，就会引发其余各大帝国的疑惑与焦虑，各方从此开始陷入"囚徒困境"，将帝国的大量财政资源耗费在对此地的争夺上。

同样的事例在粟特人、唐人和阿拉伯人的身上预演过，又在乌兹别克人、俄国人和大清的身上重演。

正如我们之前讲述过的，此地无论是距离中原、两河流域、莫斯科抑或印度次大陆，路途都过于遥远了。所以，任何一个古代帝国想要控制这片土地，都需要尽最大努力使本国处于极致的"零增长模式"，才能进行长距离的军力与资源调动，建立起帝国中心对这一地带的有效治理。然而，这种治理的成效，与维护它所需要支付的巨大成本，以及所引发的其他帝国猜忌与怀疑的更大成本相比，到底值不值得呢？

粟特人的幽灵在天上，看着前赴后继，死在中亚博弈上的诸多帝国的尸体，冷笑着。

蒲寿庚家族

第一个故事，跟唐代"安史之乱"有关。第二个故事，则跟宋元交替和元明交替有关。

大概在粟特商人开始没落的时候，阿拉伯商人开始兴起。这是因为，9世纪由粟特人在背后推动的一系列政治事变，深刻地影响了西亚、中亚和东亚的历史走向。

在阿拉伯帝国，波斯文明出现了复兴迹象，先后崛起的萨曼王朝和白益王朝的力量最终超过了原先控制阿拉伯帝国的阿拔斯王朝。

在东亚，唐王朝由盛转衰，经历五代十国的短暂混乱后，形成北方的契丹帝国、党项帝国和女真帝国与南方汉人王朝相对峙的局面，中亚商路的繁荣景象遭到削弱。因此，西亚经印度洋折绕中南半岛的海上商路，就愈发重要起来。

阿拉伯帝国向东征服波斯地区后，西亚和中亚迅速伊斯兰化，穆斯林商人集团开始快速崛起。到北宋建立后，中国社会稳定下来，这个亚欧大陆上最大的产品生产市场吸引了大量阿拉伯商人来此投资贸易。

宋代最初指定广州、明州和杭州三处为对外通商港口，阿拉伯商人很快云集在这三个地区，为宋朝皇帝带来了巨额收入。据记载，当时仅广州一个港口的收入额，就占到北宋全部关税收入的90%。[18]而且，从五代一直到宋朝，中央政府都曾实施过垄断资本主义，也就是官方向阿拉伯商人买下货物后，再以专卖形式售予民间，以获得高额利差。[19] 北宋中央政府从专卖中获取的收入，大概占到每年财政总收入的 5%，可见贸易的规模与利润有多么巨大。[20]

既然中央政府能够从贸易垄断中得到如此之大的利益，那么，朝廷自然而然要给予外邦商人优渥的"超国民待遇"。

为了招揽海外商人来华贸易，北宋政府至少采取了如下几种措施：

一是主动"招商引资"，用外交礼遇和赏赐宝物的办法，吸引"蕃商"来华贸易。据《粤海关志》的记载，宋太宗雍熙四年（987 年），皇帝派遣内侍八人，携带敕书金帛，分四批前往南洋诸藩国，采购香料、犀角、珍珠和龙涎香等珍稀商品。这里所谓的"采购"，其实是赏赐。当时的宋室需要用这种超级礼遇吸引商人来华，足见朝廷有多么需要外贸收入。

二是授予蕃商官职。北宋设有"市舶司"这个机构，"市舶"是商船的意思，市舶司就是管理海外贸易往来的机关。北宋政府有明文规定，凡来华从事外贸，令朝廷抽税分成达五万贯或十万贯以上的，可以赏赐官职，而且是"提举市舶"这类实职身份，类似地方商务局副局长或海关办事处处长，在当时是绝对有利可图的肥缺。

三是官方举办招待活动。北宋惯例，每年十月，通商口岸的地方官员举办大型酒会，犒赏慰问各位来华外商，连他们的船员也允许列席。

四是变相授予治外法权。阿拉伯人以《古兰经》为至高经典，一切法律制度，都要从经文中衍生出来，整个社会实施伊斯兰教法，这与中国的法律有很大不同。为了让在华外商生活便宜，从唐代开始，中国政府确立的基本原则是，若在中国土地上发生纠纷的双方均为阿拉伯人，则听其习俗，按照伊斯兰律法加以处置。如果发生纠纷的一方为阿拉伯人，另一方为中国人，在案情不大的前提下，亦按照伊斯兰律法加以处置。这一原则基本为宋代继承下来，尽管遭受到许多主张"夷夏大防"学者的诘难，却没有过太大变更。

五是允许阿拉伯商人社区自治。在这方面，北宋政府对待阿拉伯商人的态度，与唐王朝对待粟特商人聚落的态度，基本相同。当时阿拉伯商人聚居的社区叫"蕃坊"，社区内部自行选举出来的领袖叫"蕃长"。蕃坊内部出现问题，北宋政府就找蕃长来责问解决，基本不过问具体的内部事务细节。[21]

在这样的优待条件下，阿拉伯商人大举来华，其中有不少人定居在各大港口，他们优渥的生活和集聚的庞大势力，给当时的中国人留下了深刻的印象。

比如，著名抗金将领岳飞有个孙子叫岳珂，曾经跟随父亲岳霖前往广州居住。他记录说，广州城内有很多蕃商，其中以蒲姓最为富豪。蒲姓本来是占城（东南亚占族在越南建立的古国）贵族的后裔，后来迁居到中国，担任管理中国与当地的贸易事务之职。这些蒲姓人来到广州后不久，就建立起高大华丽的宅邸，极尽奢侈之能事。

中国古代划分"士农工商"四个等级，商人的地位是最低下的。历代王朝都严格规定，商人不能穿绫罗绸缎，不能盖深宅大院，宋朝也不例外。但因为是外商，中国官吏对此"皆抱谦逊态度，而置之不问"。而且，岳珂还记载了他们的一系列伊斯兰风俗，比如"尚清净""虽设堂祈福礼拜，然不设偶像""应用之文字颇奇异"等。[22]

岳珂不了解的情况是，"蒲姓"是当时中国人对阿拉伯名字中"Abu-"的误解。这个词缀的意思是"某某之父"，例如，Abu Hassan 的意思是哈桑之父，但在中文文献里就会被写成"蒲诃散"。

我们第二个故事的主角叫蒲寿庚，他的名字也是这样一种情况。但是，由于史料的缺乏，我们无从知晓他的名字"寿庚"到底是哪个阿拉伯名字的转写，只知道，他是"南蕃人"，也就是从南洋渡海而来的阿拉伯人。在当时，这是一个非常大的群体。从苏门答腊岛上的三佛齐，到中南半岛的占城，再到中国的海南岛，都有为数众多的阿拉伯商人居住。

蒲寿庚的父亲蒲开宗是从广州移居泉州的阿拉伯商人。南宋时代，由于宋室南迁，管理皇族宗室的南外宗正司迁至泉州。皇室的巨额消费能力与购物特权，令泉州吸引大批商人，市场迅速膨胀。到绍兴末年，泉州市舶司的收入，大概占到南宋全部财政收入的2%。[23] 蒲寿庚家族从广州移居泉州，也许正说明了泉州经济地位上升带来的吸引力。

蒲寿庚家族迁居泉州后，应该说混得还不错。根据史书记载，蒲寿庚在泉州担任提举市舶近三十年，积累了大量财富。他得到南宋朝廷的信任不是偶然的，他曾出力协助政府多次击退来犯海盗。

我们前文中讲过，两宋朝廷对贸易采取"国家垄断资本主义"，向阿拉伯商人购买货物后，再转售民间商人，而不允许中国商人直接向外商购买。但是，宋代政府在购买货物时往往利用垄断权力刻意压价[24]，从而引起蕃商的不满，于是他们就可能绕过官方渠道，寻找走私商贩。这些走私商贩为追逐利润，往往组成武装海盗集团，与官方对抗。此外，一些认为自己在中国遭受不公待遇的外商，也有可能加入海盗集团。

蒲寿庚发迹的年代，已经是南宋末年。史书记载，他击退海盗受赏是在1274年，其时距元军攻破南宋都城临安（1276年），还有大概两年的时间。可以想象，宋朝政府在当时已经没有足够对抗海盗的财力与军力。

事后从蒲寿庚的所作所为看，他击退海盗的举动大概不是出于忠君爱国，而纯粹是出于维护家族与（穆斯林）同胞的商业利益。然而当时宋廷已山穷水尽，当然只能用荣誉头衔来嘉奖蒲寿庚的忠心耿耿。

击退海盗后不久，蒲寿庚被擢升为福建安抚沿海都制置史。这个官名是宋朝末年新设的一个职位，执掌"一路兵民之事"，"听其狱讼，颁其禁令，定其赏罚"，是福建沿海地区的军事与民政最高长官。宋廷肯向一位阿拉伯商人开出如此价码，足见当时形势危急到了什么地步。蒲寿庚上任没有多久，元兵就攻入临安，俘虏了五岁的宋恭帝，事实上结束了南宋的统治。

元兵破临安后，文天祥、陆秀夫、张世杰等宋室遗臣拥立宋恭帝七岁的哥哥做皇帝，改元景炎，是为端宗，退走福建。这就来到了蒲寿庚的地盘。

当时，小景炎皇帝的船开到泉州，蒲寿庚非常恭敬地前来迎驾，为皇帝准备住处。然而，不知是对阿拉伯商人的不信任（蒙古人非常注重拉拢穆斯林商人），还是出于对安全隐患的担忧，张世杰拒绝了蒲寿庚。

据记载，当时有人劝张世杰拉拢蒲寿庚，因为以蒲寿庚的号召力，一旦拉拢成功，则"凡海舶不令自随"。张世杰否决了这项提议，把蒲寿庚赶了回去。

张世杰与陆秀夫、文天祥并称为"宋末三杰"，忠贞气节，那是没话讲的。然而就实际政治操作而言，此人从拒绝蒲寿庚开始的连续三个"神操作"，只能用"看不懂"来形容。要说这位队友的举动最终导致了南宋整个皇室的终结，可能也不为过。

就在差不多同一时间，元兵派出的使节，也来到蒲寿庚的府上。元兵很清楚，自己是马上民族，对于水战一窍不通。正如因官场倾轧而投降元朝的刘整对元朝大将阿术说的那样："我精兵突骑，所当者破。惟水战不如宋耳。"[25]

对此有着清醒认识的元，认为"欲平定东南，必得蒲氏兄弟之助力"，所以拉拢蒲寿庚这样的海上霸主是很有必要的。[26]

史载，蒲寿庚没有当面回复元的使者，但也没有拒绝。也许，张世杰的态度让他起了犹豫之心。况且，按照商人的本性，待价而沽本就是最佳选择。

就在蒲寿庚骑墙观察的时刻，张世杰的第二个"神操作"，让他最终做出了决断。

1276 年下半年，为筹措军力，抗衡元军，张世杰下令强征民船，蒲寿庚所属船舶也在其列。如果说张世杰的第一个"神操作"是出于安全考量，还情有可原，那这第二个"神操作"，无论如何也说不过去了。

这位深受儒家忠君思想浸淫的人可能是觉得他自己忠贞于宋室，别人也该忠贞于宋室，甚或是沿着大一统的秦制思维认为，政府强征下令，无需得到臣民的同意。然而，他却不理解商人思维的一个基本原则：你要让我办某些事可以，但咱们之间最好本着对等地位谈一谈。

没有跟蒲寿庚谈一谈，就动了商船，此举令蒲寿庚很生气，当然后果也很严重。1276 年 12 月，蒲寿庚决然降元。

专研此段历史的日本京都派学者桑原骘藏认为，如果张世杰没有刺激蒲寿庚，而是争取到这位海上霸主，则宋室或还有一线希望：

> 故当时南人若能不反戈降元，为蒙古军之前驱，则元之平定江南，恐非易事也。[27]

蒲寿庚的降元，对宋元之际的局势，有着极为关键的影响：

> 蒲寿庚弃宋降元之事，影响于宋元运命之消长，至为重大。盖蒙古军之陆上战斗力，当时虽有天下无敌之概。然其海上活动，殆全无能力可言。若仅此而观，或尚有不敌宋军之处。而今管理海上通商，精通海事智识，且能自由调遣多数海舶之蒲寿庚竟降附于元，且助元以征伐东南。此就元朝方面而言之，可谓获得莫大利益。然就宋朝方面言之，则实受无上打击矣。[28]

蒲寿庚降元后，景炎帝被逼离开福建，前往广州。第二年，张世杰有了第三个"神操作"。

1277 年 7 月，张世杰率军攻打泉州。但是，如果你还记得我们之前的讲述，宋室南迁之后，大量的宋室皇族都聚集在泉州。

张世杰在既没有跟蒲寿庚谈判，也没有安排营救计划的前提下，直接带兵攻打了泉州。我们很容易想到这个"神操作"会为皇族宗亲带来怎样的结局。

还是那句话，也许他认为每个人跟他一样都是宋室忠臣，但他没有想过，蒲寿庚没有必要站在宋朝皇室的角度上思考问题。作为一个被宋室抢了商船的商人，蒲寿庚唯一合理的立场是站在他自己利益的角度上思考问题。他认为，防范这些皇族宗亲里通外敌的风险很有必要，为绝内顾之忧，蒲寿庚干脆把这些宗室全宰了。

张世杰攻打泉州三月不下，元兵又前来救援，他不得不退兵。所以，这个"神操作"的唯一后果，就是除了跟随陆秀夫等人南渡广州的，其余南宋宗室基本绝嗣。

再后来发生的事，就是我们都熟悉的崖山海战。南宋 20 万军民不敌 2 万元军，文天祥被俘，陆秀夫背着小皇帝投海自尽，张世杰遍访宋氏宗亲拥立而不得，船只被风雨摧毁，葬身海中。

毫无疑问，他是名垂青史的忠臣，但是，仅仅依靠忠诚，并不能拯救他热爱的大宋。

转过头来说蒲寿庚。蒲寿庚降元后，元人喜出望外，赐予他可以指挥一千名士兵的金符，并令其担任福建、广东的市舶官职，总管对南洋的商贸事务。

1278 年 8 月，忽必烈派遣蒲寿庚出海南洋，劝谕各国商人，仍来中国沿海经营贸易。这一半是经济事务，一半也是外交事务。比起元代朝廷，南宋官员对海外诸国的了解更深，邦交也更和睦。南宋灭亡之际，陈宜中、沈敬之等南宋官员都曾前往占城等南洋国家求援，还有许多宋朝人避难海外。所以，忽必烈派遣蒲寿庚出使南洋，还有着宣布自己继承中国正统，要南洋诸国在外交上予以承认的意思。在阿拉伯商人人际网络的帮助下，蒲寿庚顺利地完成了任务。占城与马八儿（即印度的朱罗王朝）先来通商，其余南海诸国受此鼓励，相继风从。泉州很快开始复兴。

　　站在宋室皇族的立场上，蒲寿庚当然罪大恶极；但是站在泉州百姓的立场上，蒲寿庚倒是一个愿意为本土社区做出贡献的人。1279年，忽必烈决意远征日本，敕令江南四省制造战船600艘，其中泉州造船200艘。1281年，蒲寿庚进谏忽必烈，称"今成者五十，民实艰苦"，忽必烈于是下诏停止。

　　蒲寿庚后来官至行省左丞，大概相当于今天的正省级领导。这没有什么可说的。可说的，是他的家乡泉州。

　　元代的泉州因为遍种刺桐树，被外国人称为"刺桐港"。在蒲寿庚管理下，此地繁华程度空前绝后，可能是当时世界上最大的港口。13世纪来自意大利的犹太商人雅各布记录说：

> 这是一个令人难以置信的贸易城市。街道上的交通永远不会停止。外国社区比你想象的要大。你甚至可以在街上找到意大利语翻译。你还可以在这里找到最好的医生和一些最先进的技术。我看到酒店、剧院、沙龙和像报纸一样的免费印刷小册子。这里女人要裹脚，茶味有点苦。

　　马可·波罗称泉州货物堆积如山，商人如云涌动，难以想象。伊本·白图泰说，泉州和亚历山大港是当时世界上两座最大的港口。[29]一句话，这里就是富庶中华的象征。

　　富庶与繁荣背后，是蒙古帝国相比于前代有过之而无不及的、允许商人社区自治的开放政策。

诚然，汉人有充分的理由憎恶蒙古帝国的种族歧视，因为在蒙古帝国中汉人属于地位最低下的民族。但是站在当时欧亚诸商业民族（他们被统一划入"色目人"类别）的立场上，蒙古帝国是当时开放性最强、最包容的帝国。按照马可·波罗的描述，汗八里（即北京）的城中有不同的高档旅馆，指定给来自不同国家的人，多数是穆斯林，甚至还有少数意大利商人。他们可以在当地修建自己的教堂，施行洗礼，按照自己的习俗行事。[30]

但是，有一点需要澄清。我这里并不是说，蒙古人比起此前的唐宋政权更接近正增长秩序。恰恰相反，蒙古人是最能体会零增长秩序的民族之一，他们所谓的开放，只是以最为功利的心态，吸纳一切地域出身的人才，来为他们的暴力统治服务而已。

这一点，从他们对商人秩序的利用上，也可以看出来。马可·波罗所讲的，指定给不同国家商人的专门旅馆，背后实际上与元朝的货币控制术有关：这一控制术，就是用强制发行纸币为手段，严格管控贵金属流通。当时的古代政府并不掌握现金储备、发行量与流通循环速度这些基本知识，它发行纸币的主要原因是可以凭借政治权力强行指定纸币与贵金属的兑换比例，从而在需要时攫取大量财富。从四川的交子到元代的交钞，概莫能外。古代帝国纸币的这一目的，与后世真正代表信用货币的纸币是全然不同的。

因此，当时的海外商人来到中国，也必须遵从大元皇帝的号令，将金银兑换成纸币使用，直到离开中国时，再兑换回金银。

14世纪的巴杜奇·彼加洛梯提醒前往中国做生意的商人："中国的皇帝会将你们的银币纳入国库，他会给你们换成黄纸，上面盖有皇帝的印章，称为'宝钞'。"[31]

那么，如何让远道而来的商人接受这种他们见所未见、闻所未闻的纸币呢？答案是，只能通过商人自治社区内部建立起来的信任关系。

描绘伊本·白图泰抵达泉州的版画

伊本·白图泰这样描述当时的情形：

> 穆斯林商人来到中国任何城市，可自愿地寄宿在定居的某一穆斯林商人家里或旅馆里。如愿意寄宿在商人家里，那商人先统计一下他的财物，代为保管，对来客的生活花费妥为安排。来客走时，客人如数送还其财物，如有遗失，由商人赔偿。如愿意住旅馆，将财物交店主保管，旅店客人购买所需货物，以后算账。[32]

元朝对穆斯林及其他民族的开放自治态度，背后其实有着这样的可笑原因。

亦思巴奚兵乱

既然开放了社区自治的口子，就会引发帝国管理者不愿看到的后果。

对"自治"这个概念，中国人其实并不陌生，只是从未把这个中国历史中随处可见的现象与知识分子自西方学来的"高大上"术语联系在一起而已。

有一个文化符号最能代表中国古代社会对"自治"最本土化、最特色的理解，这便是梁山。请仔细想一想，梁山自己纠集军队，自己建立行政机构，自己管理当地的治安，自己处理当地的司法纠纷，这不叫"自治"，什么叫"自治"呢？

与梁山并存的，是大大小小的庄园、山寨、坞堡和割据势力，在某种程度上，它们都可以被理解成"自治"机构。史家庄在史进的领导下对抗山贼是一种自治，晁盖作为保正负责郓城县东溪村的治安是一种自治，祝家庄与李家庄和扈家庄联盟，曾头市霸住村坊扎下五个大寨人马过万，都可以说是一种自治。

究其本质，这些小的自治体其实是一些暴力集团，是大一统帝国内底层民众因为畏惧彼此间的伤害，投奔民间暴力精英获得庇护的组织而已。他们与梁山的唯一区别，只在于官方何时宣布他们非法。当然，反过来说，在官方需要的时候，也可以随时以"招安"的名义把他们变得合法，以供朝廷驱策。《水浒传》虽是小说，却忠实反映了零增长社会中所谓"自治"社区与中央政府之间千百年来的动态关系。

在中央政府强大的时候，能够对这些暴力组织形成震慑效应，从而约束它们的行为。但在中央政府出现裂隙的时候，这种震慑力就会大大削弱。甚至，来自中央的裂隙还有可能影响到地方暴力组织。

总而言之，古代中国一旦出现某些形式的"自治"，嗅觉敏锐

的人就会闻到民间暴力集团的味道。粟特人固然不例外，穆斯林商
人自然也不例外。

这就是元末发生在泉州的故事。

13 世纪中叶，元代逐渐失去对地方的控制，豪强四起，盗贼盛
行。福建许多汉人家族按照千百年来的宗族传统组成乡军民团，以
在普遍暴力中求得生存。穆斯林商人也不例外。他们组织起来保护
自己社区或集团的组织，叫亦思巴奚军。

"亦思巴奚"究竟是什么意思，历史学家到目前还没有统一的
意见。有些人认为"亦思巴奚"来自波斯语"سپاه"（sepâh）或其
派生词，即民兵 [33]；有些人认为亦思巴奚得名于波斯的伊斯法罕古
城 [34]；还有些人认为亦思巴奚转译自波斯语 Shahbandar，意为港务
长，后指代商务首领 [35]。不过，我们大可以把这个组织理解为穆斯
林的"民团""乡勇"，或者"梁山好汉""洪兴社"，随你怎么理解。

总而言之，由元代穆斯林商人自行组织的亦思巴奚军暴力集团，
给泉州这个世界最富饶的港口之一以及周边地区，带来了深重的灾难。

这与伊斯兰教自身内部的派系冲突有关。伊斯兰教内部逊尼派
与什叶派之间的争端延续数百年，到今天也未曾平息。泉州蒲寿庚
蒲氏家族属于逊尼派信徒。泉州的穆斯林商人，也历来奉蒲氏家族
为圭臬。但时局动乱之下，长期被压制的什叶派穆斯林，则开始打
量着要趁乱世出人头地。其中两个人分别叫赛甫丁和阿迷里丁，都
是元朝的义兵万户。他们开始纠结穆斯林信众，组织什叶派的"亦
思巴奚"暴力集团，伺机而动。[36]

与此同时，元朝政府高层也发生了政治斗争。原中书省参知政
事普化帖木儿与经营福建多年的廉访金事般若帖木儿发生矛盾，普
化帖木儿找人私下里花钱收买了赛甫丁和阿迷里丁的什叶派亦思巴
奚军，叫他们在福建"搞点事"出来。

1358 年，赛甫丁和阿迷里丁率泉州亦思巴奚军前往兴化，与普化帖木儿的盟军会师，随后一道北上，攻进福州。但次年，亦思巴奚军与盟友内讧，双方在兴化、莆田等地交战，烧杀劫掠无数。莆田一带汉人乡族被迫纷纷组织民团武装，进行防御。1359 年，亦思巴奚军退出兴化，与汉人民团进入混战状态。

什叶派亦思巴奚的崛起，伤害了蒲氏家族所代表的逊尼派利益。在这种混乱局面下，旁观许久的蒲氏家族，终于忍不住出手了。

蒲氏家族推出来的这个人物，叫那兀纳。蒲氏家谱记载他是蒲寿庚的女婿，这显然是不可能的。他活跃的时间距离蒲寿庚活跃的时间相差差不多有七八十年，年龄根本对不上，所以现在一般认为是蒲寿庚的孙女婿。无论如何，那兀纳本人是蒲氏家族的代表，这是毫无疑问的。

1362 年，那兀纳趁什叶派亦思巴奚军主力北上时，在泉州突然发难，杀死阿迷里丁。他的逊尼派亦思巴奚军合并了泉州的什叶派亦思巴奚军，实际掌控了泉州。

那兀纳并未继承蒲寿庚爱护本地社区的精神。他在泉州鱼肉乡里，无恶不作。史载，他"炮烙粥人，杀戮残酷"，还"大意淫虐，选民间女儿充分其室"。[37]

曾被世界各地诸多商人交口称赞过的泉州港，如今正在被那兀纳蹂躏着。然而那兀纳的这一切行为，均得到了他在元朝政府高层中的盟友中书省参知政事燕只不花的纵容。

当时福建局势糜烂，元朝中央命燕只不花接管普化帖木儿的职务。为了确保自己能够掌控地方局势，燕只不花也向普化帖木儿学习，将那兀纳这支逊尼派亦思巴奚军收归麾下。那兀纳对燕只不花颇为忠心，三次逼退元朝派驻福建兴化的官员，只接纳燕只不花的政治同盟就职。[38]

由于亦思巴奚军多次用兵兴化，当地不同分支的汉人民团开始联手对抗亦思巴奚军。这其实是说，燕只不花与那兀纳之间的政治勾兑关系，演变成了民族冲突问题。

1366 年，亦思巴奚军与数支汉人民团交战，并将其击败，但殃及无数平民，死伤无数。当时，元朝各地烽烟四起，朱元璋击败陈友谅与张士诚，统一江南，元朝已经失去对诸多地方的控制能力。

时任福建行省平章事的元朝忠臣陈友定，已无法得到中央政府的援助，他决定自行平定福建乱局。此人极擅用兵，什叶派亦思巴奚军中由赛甫丁率领的那一支，就是他剿灭的。1366 年 5 月，陈友定率军攻打泉州，那兀纳强征民众入伍，以抵抗陈友定的军队。陈友定利用什叶派穆斯林金吉仇恨逊尼派穆斯林的情绪，令其作为内应，助元军打开城门，那兀纳被俘，解往福州后被处决。

亦思巴奚兵乱对富饶的泉州港造成重创，也波及周边地区。那兀纳兵败后，不少家乡被屠戮的汉人士兵，对泉州色目人展开报复性屠杀。蒲寿庚家族更是首当其冲。蒲寿庚的坟墓被掘开，许多家族成员被虐杀。嗣后朱元璋平定福建，规定蒲氏家族后裔永不能参加科举、入朝为官，主导泉州百年的蒲氏家族，就此没落。

对此，我们能从中得到什么历史经验或教训呢？

与粟特民族的悲剧相比，蒲寿庚家族的命运更多了些"咎由自取"的味道。尽管粟特人因"安史之乱"失败而被杀，也是咎由自取，但粟特人的反应，好歹还可以被解释成是对强势进攻的阿拉伯帝国和言而无信的高仙芝采取的行动。然而那兀纳荼毒泉州人民，实在是没有什么可以为之辩护的。得道多助，失道寡助，亘古之理，莫非如此。

但蒲寿庚本人的特殊角色、泉州的特殊地位以及"亦思巴奚兵乱"的前后性质，也许可以让我们窥见东亚这片土地上商贸秩序与暴力秩序反复上演的一种悲剧性的互动方式。

对于古老而庞大的帝国来说，来自东南沿海的商贸利益是不可或缺的；但是，由于"重农抑商"等零增长思维的存在，帝国财政收支平衡的密码箱，往往又掌握在外邦商人的手中。对此，帝国给商人开出的价码，是超国民待遇和自治条件，这原本也无可厚非。

但是，所有来到这片土地的外邦商人，似乎都会被"传染"上一种习惯，那就是利用暴力手段来解决问题。其实，阿拉伯商人的秩序构建经验不可谓不发达，许多意大利城邦的法律制度，还是从阿拉伯商人身上学来的，但是为什么这些秩序经验到了元朝的地盘上，就有"生淮南为橘而生淮北为枳"的"自然演化"结果呢？为什么在泉州这个全世界最大的商贸港口城市里，无论什叶派还是逊尼派，他们最后得出的结论都是，只有组织暴力集团才能获得安全感呢？这到底是时代使然，还是这片土地上的逻辑向来如此？

或许我们可以带着这样的疑问，继续来看第三个故事。这个故事也跟中国东南沿海的商贸集团密切相关。

公司与海盗

取元而代之的明朝建立者朱元璋，既是一个中华主义者，又是一个零增长秩序维护者。

从中华主义者的角度，他于 1367 年发兵北伐之前，发布了《奉天讨蒙元北伐檄文》。檄文中有云："自古帝王临御天下，中国居内以制夷狄，夷狄居外以奉中国，未闻以夷狄居中国治天下者也。"所谓"胡虏无百年之运"，如今天运循环，当降生他朱元璋这样的圣人，来"驱逐胡虏，恢复中华，立纲陈纪，救济斯民"。

从零增长秩序维护者的角度，朱元璋心目中的理想帝国是这样一个社会：每个人的命运都被帝国的行政机器安排得妥妥当当，按照预先规定好的身份扮演自己的角色，发挥自己的职能，永不变更、世代罔替。

他把户籍分为三等，分别是民、军、匠。民户中再分出儒、医和阴阳，军户中有校尉、力士、弓手和铺兵，匠户中有厨役、裁缝、马户、船户，滨海地区有盐户、灶户，再加上寺庙中的僧人、道观中的道士，天下人就这样被分门别类到明帝国的户籍制度中，世代如此，不能变更。[39] 除非官职达到一定程度，否则家族内的男丁要世世代代重复既往的社会角色。

这样高度计划化和行政化的社会，最不能容忍的就是像商人和外国人这些游弋在外的社会角色。所以，朱元璋把商人的社会地位贬得很低，不准他们穿绫罗绸缎，不准他们住高楼大宅，还定期打击有重大影响力或染指重要经济部门的商人。

在对外贸易方面，明初朝廷只承认朝贡体系，除此之外的一切贸易关系，都不认可。这就是所谓朱元璋海禁政策的"片板不准下海"。它只允许海外王国派出正式使臣前来朝贡，杜绝一切可能的民间贸易行为。

明初的朝贡贸易与其说是经济性质的，不如说是外交性质的。由于明帝国自命为天朝上国，所以以朝贡名义来华的一切大使（实际上可能只是商人），其费用完全由明政府支付，且明朝赏赐给他们的礼物，完全超过他们带来的货物的价值。[40] 这是祖宗之法，不可变更。毫无疑问，这样的关系在财政上是维持不下去的。所以，尽管 15 世纪早期，郑和成功领导了七次伟大的远航行动，但他和他的支持者永乐皇帝逝世后，明朝官员很快中止了这一系列"劳民伤财"的行为。

东亚经济的历史一再雄辩地证明，一旦中国这一拥有辽阔土地、众多人民和发达手工业的国度进入和平稳定期，此处出产的诸多商品必然会引发周边经济体，甚至更远地区商人的兴趣。从而，活跃的民间自发贸易就会冲破官方的限制。这些民间贸易在官方眼中是非法的，但是只要利润足够丰厚，自会有民间的"不畏死之徒"冲破政府的禁令，从事海盗式的交易。

　　15世纪中叶以后，东亚海洋的情势发生了变化。以日本足利义政将军在位时期发生的应仁之乱为标志，日本历史进入"战国时代"，岛上群雄割据，政局纷乱。原先曾臣服于明帝国，接受朝贡体系管理的日本幕府无力再约束手下的各个大名，而大名为了获取利润，往往会纵容甚至支持由武士、宗族和海贼参与的东亚跨国贸易。

　　这就是明代中叶出现的"倭寇祸乱"的来源。倭寇的发端确实与日本武士有关，但它发展起来之后，甚至有不在少数的中国人参与甚至主导了倭寇组织（例如汪直）。这是因为，中国东南沿海的浙江、福建等省份山区纵横，农田稀少，明政府实施海禁之后，当地老百姓仅凭农业生产不足以果腹，只能铤而走险，从事半商人半海盗的生活。他们很快发现，产自中国的丝绸在日本社会大受欢迎，而中国方面也对日本产的高质量武士刀很感兴趣。因此，在高额利润的诱惑下，一个横跨东海的，以丝绸、武士刀、香料和各种奢侈品为主要货物的地下贸易网络开始快速成型。

　　16世纪初期，又有新的玩家加入了这场游戏，他们就是葡萄牙人。1502年，葡萄牙人达·伽马征服印度的卡里卡特，1511年，葡萄牙人阿布奎克征服马六甲，就此在东南亚站稳脚跟。但当他们想继续向东打开中国大门时，遭到了阻碍：明朝皇帝把葡萄牙人理解为篡位马六甲国王的强盗，要求葡萄牙人归还马六甲国王的王位。葡萄牙人解释说，他们是在中国商人的要求下占领马六甲的。这在某种程度上有事实基础，但却让中国商人在海外的存在暴露无遗。换句话说，有人违反了朱元璋定下来的海禁祖制，就要有官员为此承担责任。为了掩盖这个更严重的问题，明朝官员把葡萄牙人赶走了。[41]

　　1557年，葡萄牙人找到了一条解决方案：通过行贿中国官员，让中国官方在文件中用另外一个名字称呼他们，并允许他们在澳门定居。[42] 需要注意的是，葡萄牙人在澳门这个当时还是帝国边缘的地方，需要每年付给中国官方 500 两租银，而且活动范围不能越过关闸，否则广东官员有权将其逮捕。因此，明代从未在澳门的问题上丧权辱国，葡萄牙人是在 1849 年之后才真正占领澳门的。

定居问题解决了，但是贸易许可还没有解决。最后，葡萄牙人找到的办法是：参与到东亚-东南亚海洋上已经广泛存在的地下商业网络中。我们知道，16 世纪开始的大航海时代，许多欧洲国家的殖民活动并不是以官方机构为主导，而是以冒险家、军人、商人和海盗为主导展开的。当时欧洲各国几乎都签发了种种特许状，成立东印度公司，开辟新航路。

第一批来东南亚的葡萄牙人是这样，第二批的西班牙人和第三批的荷兰人也不例外。这些所谓的公司成员在外行事不受官方身份约束，也不在乎国际条约的束缚，采取的各种手段也不必有什么下限。这种行事风格，恰好很对日本浪人与闽浙海盗的胃口。

16 世纪中叶以后，日本九州大名开发了一片储藏极为丰富的银矿。据统计，当地银矿在 16 世纪末出产了世界上三分之一的白银。[43] 日本白银的开采，使得东海海面上的走私贸易实际上进入无法控制的局面。

为了顺应这一形势，1567 年明朝嘉靖皇帝驾崩后，新即位的隆庆皇帝宣布废除海禁，允许泉州、漳州的中国民间商人出海，参与东西二洋的海上贸易，史称"隆庆开关"。

隆庆开关与九州银矿的开采，一道促成了东洋"三角贸易"格局的出现。是的，你没有看错。到 17 世纪，东海和南海也出现了三角贸易，只不过这个三角贸易与黑奴毫无关联。

那么，它是怎么形成的呢？

原来，倭寇骚扰明朝之后，明朝就关闭了对日贸易的大门。隆庆皇帝虽然允许开关，但并没有恢复对日贸易。因此，为了完成丝绸与白银间的交易，商人们需要借东南亚中转一下，而东南亚的香料等货物，便成为双方交易的中介。因此，东洋海面上，形成了以中国丝绸、日本白银和东南亚香料为主要产品的三角贸易。

也就在这个时候，形势又发生了新变化。1648 年，三十年战争结束，西班牙（当时已经合并了葡萄牙）与荷兰之间签订了和平条约，荷兰独立。条约中赋予荷兰的各种权利，提升了荷兰的海洋地位，也推动了荷兰人殖民事业的野心。

当时的葡萄牙人已经在澳门和长崎获得定居权，生活很安逸，也愿意扮演好公民。他们基本未曾试图挑战过中国和日本政府的主权。但是荷兰人初来乍到，不得其门而入，以为能够像在南亚和东南亚一样，架起几门枪炮，就能轻松挑战东亚这些强大的政权。他们用武力拿下巴达维亚（今雅加达）后，以此为中心，开始试图对周边进行殖民。

1622 年，荷兰东印度公司舰队攻击澳门，但被中国人和葡萄牙人的军队击败。战后，明朝官员要求荷兰前往台湾。于是，荷兰船队启航前往塔尤湾，也就是今天的台南。

荷兰东印度公司本来是不情不愿前往台湾的，但是到当地后，他们认识了两个新朋友，一个叫颜思齐，一个叫李旦。

这两个人都是大名鼎鼎的海盗。清朝小说《台湾外纪》里描写颜思齐"身体雄健，武艺精熟"，"疏财仗义，遐迩知名"。有个拜把子兄弟叫张弘，能举五百斤青石，号称"铁骨张弘"，还有个兄弟林福善使标枪火炮，绰号"深山猴"。李旦的名气在洋人那里则更大一些，西方人管他叫"中国船长"，或者按照漫威漫画的命名法，也可以叫"中国队长"（Captain China）。

这两个人遇到荷兰人之后，几杯酒下肚，拍着胸脯说，没有问题，跟中国的贸易我来搞定。

　　不知道荷兰人有没有听过，江湖上有句话，叫"君子一言，快马一鞭"。总而言之，这两位海盗，还真的帮荷兰搞定了跟中国商人的贸易。

　　我们前文讲过，中国沿海的许多贸易，是由宗族和海盗控制的。这些民间"自治"团体的力量大到什么程度呢？当地出海的商船，要给他们交"水税"，也就是保护费，从而换取出海的凭证，才能在海洋航线上自由航行。如果拒不交钱，海盗就会袭击他们的船只，或者绑架他们的妻儿。

　　颜思齐和李旦，就是当时东南最强大的一伙海盗势力。他们见到荷兰人船坚炮利，也希望与这些荷兰人做个交易：用先进的船只和火炮，来换取与中国商人做贸易的渠道。

　　荷兰东印度公司答应了这个交易。双方的合作就此展开。但是，大家都没有想到的是，颜思齐和李旦，后来都没有成为故事的主角。故事的真正主角，此刻正在李旦的海盗船中当手下混日子。据说他长相清秀俊美，也有说颜思齐看中了这个手下仪表不凡，能成就大事业，所以把女儿嫁给了他。

　　这个人的名字叫郑芝龙，也就是日后大名鼎鼎的郑成功的父亲。

航海王郑芝龙

　　先来讲一讲郑芝龙的八卦：他会讲六种语言，有三个名字，还有三个文化背景。

　　他会讲的六种语言是：明朝官话（南京话）、闽南话、日语、荷兰语、西班牙语和葡萄牙语。

　　他的三个名字：中文名字是郑芝龙，天主教圣名尼古拉斯·加斯巴德（Nicholas Gaspard），还有一个闽南名字叫一官。一官在闽南话里就是老大的意思，因此西方人有时候叫他 Nicholas Iquan。

　　他还有三个文化背景：他本人出生在福建南安，是地道的"福佬"；他的众多妻子中有一个是日本妻子；最后，他从葡萄牙人那里皈依了天主教，接受了洗礼。据说多年以后一个欧洲商人受邀参观他的豪宅，震惊地发现他的家里有一个小教堂，一边摆着十字架，另一边摆着本地神像——不知道究竟是妈祖、菩萨，还是关公。[44]

　　我为什么要特别讲一讲这些八卦呢？首先是希望你能直观感受一下，一个真正生活在跨文化交融背景中的人，他的具体生活是什么样子的，他可能会以怎样的身份、生活在怎样的世界中。

　　如果对此没有一个直观印象，就很难真正理解郑芝龙以及日后郑氏家族的思维方式和行事逻辑。

　　八卦结束，我们先回到郑芝龙的人生轨迹。

　　郑芝龙最早不叫郑芝龙，而是叫郑一官。他出身不好，十七岁的时候被父亲送去澳门跟舅父黄程学做生意。一官就是在这里学会葡萄牙语，并且接受洗礼的。过了两年，他跟着李旦出海日本，被日本少女田川松看中，两人结婚，田川松为他产下一子，取名郑森，也就是后来名震天下的郑成功。

　　这里要说明的是，当时许多大商人或成功海盗的习惯是，每到一个港口，就娶一个太太，以保证处处都能享受家庭生活。一官也不例外，他在中国有一个姓颜的夫人，有学者推测是颜思齐的女儿。反过来，因为不知道自己什么时候会死在海上，或者回到这个港口，这些商人和海盗对每个港口的太太没有太多约束，只要不当着自己的面，她们可以交男朋友、养情人甚至再婚，这些都是很正常的事情。这很可能就是田川松虽然嫁给郑芝龙，却没有改变自己姓氏的原因。总而言之，双方的关系有一点"开放式婚姻"的意思。

　　1625 年，颜思齐与李旦都在这一年去世，李旦留在台湾的产业和士兵为郑一官继承，郑一官此时自立门户，才改名为郑芝龙。厦门的产业则落到另一个海盗许心素手里。因此，当时的福建东南沿海成为多股势力博弈的场地。这里有代表明朝官方的福建巡抚朱一冯和福建总兵、俞大猷的儿子俞咨皋，有正在争夺海盗群体领导权的郑芝龙和许心素，远洋上还有荷兰人和日本人。每个势力都想借助某个势力消灭另一个势力，大家斗了个不亦乐乎。

对郑芝龙来说，1628 年是非常重要的一年。这一年发生了两件大事。

第一件大事是他击败了自己的老对手许心素和俞咨皋，第二件大事则是他接受了新任福建巡抚熊文灿的招安。

我们一件一件来说。

先说第一件。俞咨皋虽然是抗倭名将俞大猷的儿子，但此人其实是一个趋炎附势的贪官。他攀附魏忠贤的阉党，又收取许心素的两万两贿赂，任命许心素为水师把总，从此垄断了台湾海峡之间的贸易。但是，郑芝龙在 1628 年击败许心素的船队，攻入福建，斩杀了许心素。

再来说第二件。当时魏忠贤在朝中已经被扳倒，郑芝龙攻破福建，正好给了崇祯一个清理俞咨皋的借口。于是，俞咨皋被罢免。新任福建巡抚熊文灿就任，给郑芝龙开出了一个优厚的条件：你接受我的招安，我就可以允许你扮演类似许心素的角色。

郑芝龙盘算了一下，一旦自己获得官方身份，就可以拿到合法的商人资格。以他的实力，加上官府的认可，几乎可以垄断当时的海上贸易。这个买卖合算，可以干。

与此同时，许心素的死，也给荷兰东印度公司带来了变化。此前，荷兰东印度公司一直与许心素合作。后来许心素被杀，他们不得不让郑芝龙继承许心素的合同。但是，郑芝龙不跟他们约定贸易总额，也不做任何承诺。这倒不是郑芝龙有意背约，而是他受招安当官之后，感受到了上级的压力。但郑芝龙的反应，让一切生意都讲究明确合同关系的荷兰人感到很不适应。

1629 年，新任东印度公司台湾长官汉斯·普特曼斯（Hans Putmans）上任。当时荷兰东印度公司用上了一种新商船，名字叫"镜尾返航船"（Spiegelretourschip），船尾平坦，装饰华丽，很像当时的手镜，故而得名。这种船是当时最大的商船，甲板上有通风孔，适宜热带地区航行，还能搭载同军舰相同类型的火炮。因为被东印度公司大规模使用，所以它还有个别名叫"东印度人"（East Indiaman）。这种军舰能够搭载三十多门火炮，而当时多数中国帆船只能装备八门，且质量远逊于欧洲火炮。[45]

普特曼斯认为，这种新商船对当时明朝官方和海盗的军舰，能够形成技术上的碾压。所以，他决定干脆采取武力手段，一举扫平海盗势力，并用武力威慑明朝政府同意与荷兰人直接贸易，一如 1840 年英国人在鸦片战争中想要做的那样。

后来的战争进展证明，普特曼斯的武力评估基本是正确的。这是个不难计算的事实。俞大猷早就说过："海上之战无他术，大船胜小船，大铳胜小铳，多船胜寡船，多铳胜寡铳而已。"[46]

1633 年 7 月，普特曼斯率 20 艘"东印度人"和 50 艘海盗船出发，沿途摧枯拉朽般击垮了海盗舰队和明朝官船。明军经常以数十艘军舰靠近围堵荷兰的数艘军舰，但荷兰军舰从来不怵，四处攻击港口，进行劫掠。明军也非常清楚自己的战船完全无法跟荷兰军舰抗衡——当年 8 月 14 日，明军有 130 艘军舰监视荷兰海军，但依然不敢向前开战。

明朝海军官兵能想到的唯一战术，就是欺负荷兰人没有读过《三国演义》，用赤壁火攻的法子，派火船对荷兰舰队实施自杀性攻击。8 月 18 日，40 艘火船向荷兰舰队发起冲锋。然而，荷兰舰队在火船尚未靠近前率先发起攻击，18 艘火船被击沉，明军剩余火船不得不撤退。

当时，唯一能够与荷兰舰队匹敌的，就是郑芝龙的舰队。这是因为，郑芝龙早已获得葡萄牙人和西班牙人的信任，能够从欧洲直接购买"东印度人"。根据荷兰人的说法，这些"巨大、漂亮的军舰配备了大炮，其中一些比我们自己的军舰还多"。[47]

但是，普特曼斯早已意识到这一点。早在 7 月 12 日，他就派出 5 艘战舰前往厦门。当时明军尚未得到消息，还以为这些荷兰人是友军。荷兰舰队遂对厦门港发动突袭，击沉 25—30 艘大型战船及 15—20 艘小型战船，而郑芝龙从欧洲直接购买的"东印度人"也在其内，可以说损失惨重。

普特曼斯以为，自己的攻击会迫使中国政府同意他的自由贸易要求，这是从西方人对南亚次大陆及东南亚国家的军事行动中总结出的经验。但是他还是低估了一个大一统帝国的文明自尊心与决策意志。

南亚次大陆上的邦国、酋长和东南亚的小王国本来就非常习惯接纳各种商人，让他们对欧洲人的贸易要求做出妥协并非什么难事。但中国是由秉持儒家理想与中华主义信念的庞大官僚治理的。皇帝不可能被海盗胁迫，也没有哪一级官员敢于对抗皇帝的意愿和整个官僚体系的风议，跟普特曼斯达成自由贸易协定。

所以，普特曼斯的攻击，唯一的结果就是让郑芝龙与福建巡抚邹维琏达成了更紧密的结盟。在明朝政府的支持下，郑芝龙写信给普特曼斯，要求像绅士一样堂堂正正地开战。7 月 29 日，双方正式宣战。随后两个月，荷兰军舰与海盗的联军所向披靡，明军不能匹敌，唯有依赖郑芝龙的剩余舰队为主力，伺机与荷兰人决战。

最后的决战是在当年 10 月 22 日于福建金门的料罗湾展开的。在这最后关头，郑芝龙身上那种来自"福佬"的、敢于豪赌的冒险家精神发挥得淋漓尽致。他知道自己从欧洲购买的先进军舰比明政府的大部分军舰要先进，但装备和水手素质仍然比不上荷兰人。因此，他竟然把自己的先进军舰当作火船，让它们直冲向荷兰军舰。

荷兰人本来以为它们是来正常决战的，因此按照正常的海战方式等敌船靠近后再瞄准开火。没想到，这些大船上的水手纷纷跳下水，而昂贵的大型战舰一路直撞上荷兰人的军舰。荷兰人惊慌失措，一艘大型军舰被烧毁，一艘被俘虏，一艘被击沉，其余逃走。

就这样，依靠中西合璧的战法，郑芝龙击败了普特曼斯。[48]

战斗结束后，东印度公司总部巴达维亚下令普特曼斯不要再去惹中国人，满足于同郑芝龙和其他海盗集团的贸易。邹维琏向皇帝上书，奏请给予郑芝龙嘉奖，但他立下的大功为时任首辅温体仁所忌，终被弹劾罢官。

就 1633 年这场海战来说，最后的最大得利者，只有郑芝龙。

荷兰人承认了他对台湾海峡的霸权。作为回报，他承诺荷兰人可以把台湾当作三角贸易中的一端，取代东南亚曾经扮演过的中转站地位。

这时，有另外一个偶然事件进一步强化了郑芝龙的优势地位。17 世纪 30 年代，日本爆发大规模饥荒，灾民发动了叛乱。幕府害怕天主教势力与灾民或地方势力相勾结，颠覆德川政权的统治。因此，从 1633 年到 1639 年，德川幕府连续颁布了五项海事禁令，禁止天主教的传播，驱逐葡萄牙人、西班牙人和荷兰人离开日本。

但是，由于郑芝龙本人的日本文化背景，他得以与德川幕府间建立起了良好的合作关系。因此，郑氏集团受到海事禁令的伤害很小，反而把先前荷兰人的商业份额夺了过来。

现在，郑芝龙在东洋已经基本确立了海上霸权。尽管他的一切海上贸易行为，其实都是违反明政府海禁法的，但是他为朝廷立下大功，又是高级官员，所以没人追问他的非法行径。他还像中国社会传统的成功者一样，赚到大钱后回馈乡里，兴建公学、修筑寺庙、整饬路桥，博得好名声。

这一切的背后，是以他身价千万两白银的资产地位为支撑的。从 1641 年到 1646 年，他的私人船只占到当时中日间海上贸易的 1/4，货物量则占到 80%。而他每年的平均收入，则达到 40 万两白银。[49]

这是什么概念呢？明代中央政府设立的专用于贮存赋税折银和籍没资财田产物资的府库叫太仓库。万历年间，太仓库存突破 400 万两，被视为明代财政的一大飞跃。[50] 但郑芝龙一个集团的年收入，就达到了万历年间太仓库的十分之一。[51]

真可谓富可敌国。然而讽刺的是，有人赚到了富可敌国的钱，也就意味着有的国家没能赚到足够让自己履行责任的钱。

就在郑芝龙靠着海上通商大发其财的同时，庇佑他的明朝政府却在渐渐丧失自身的财政基础。

明代后期的"一条鞭法"改革措施说明，整个中国社会正在加速进入白银货币化的时代，但美洲的白银矿正在减产，日本的白银受到德川政府的禁令限制难以流出，从而有限的白银流通，都集中在了郑芝龙集团内部。[52]

明朝社会当时正在遭受通货膨胀的打击，政府则面临财政紧缺的痛苦。在北方，小冰期引起的气候变化令粮食遭受大规模减产，农民起义不断爆发，盗匪横行，明代政府正处在苟延残喘的最后阶段。

郑芝龙集团当然不是有意造成这种局面的。在当时，无论是他，还是明朝政府中那些深受儒家思想熏陶，因而只能用零增长社会思维理解帝国运行的官员，由于知识图景的缺失，都无法站在今人的角度上来理解宏观经济系统中出现的问题。

小说《教父》里有段话，说的是黑帮教父一方面支持歌唱家教子的事业，另一方面也在支持盗版商偷印这位教子的唱片：

　　这不是由于阴谋诡计，也不是由于巧妙安排，而是由于他的利益的多样性，或者由于宇宙的自然法则。善与恶的相互渗透乃是宇宙的自然法则中的常规现象。

　　郑芝龙集团与明朝之间的关系，其实就是这种"自然法则"的体现。

　　"自然法则"发挥作用的结果，就是明帝国的崩溃。1644年，李自成攻破北京，崇祯自杀，多尔衮带兵入主中原。仍然忠于明朝的官员先后在南京和福州拥立了两任皇帝，却先后为清廷俘虏并处决。

　　当时郑芝龙依然忠诚于明朝，并且怀着某种政治热情出版了和族人合著的《经国雄略》，提出了一系列改革方案。《经国雄略》是一套囊括了天文星象、术数占卜、城防地貌、河政海防、赋税徭役、边塞四夷、奇门八卦、阵法兵刃乃至剑术拳经的包罗万象的著作。郑芝龙似乎相信，当时明朝面临的总体性危机，需要给出一套总体性的、实践主义导向的知识方案来解决。

　　从这本书里，我们或可窥见，这位纵横天下的航海王，似乎心中还有某种"治国平天下"的政治理想主义。

　　但是，南明皇帝并没有赏识他的改革方案。郑芝龙承担的任务，主要是向海外寻求援助。1645年末和1646年初，郑芝龙两次向长崎求援，寻找日本武士当雇佣兵，但遭到幕府的拒绝。同时，隆庆帝认为郑芝龙跋扈难制，命令何腾蛟制衡郑芝龙。[53] 南明皇室与郑芝龙重蹈了张世杰与蒲寿庚之间关系的覆辙。

　　郑芝龙也像当年的蒲寿庚一样，开始与清军暗中勾结。顺治皇帝答应他，一旦投降，就封他做浙闽粤三省国王，也就是跟后来吴三桂等三藩王类似的地位。郑芝龙没有马上答应清廷。1646年8月，清军攻入福建，杀死隆武帝，攻入郑芝龙的老家。当时郑芝龙的日本妻子田川松为免受清军侮辱，切腹自杀。

　　身怀国耻家恨，郑芝龙仍然考虑向清廷投降。历史学家至今仍然不太清楚他究竟为何做出这种决策。他的弟弟郑鸿逵和儿子郑成功跪下苦求他不要前往清军大营，但依然未能阻止。郑芝龙到达清军大营后，清军军官盛情招待了他和他的亲兵，宣布大宴三天。第三天的后半夜，清军突然翻脸，扣押了他并把他送往北京软禁。数年之后，郑芝龙被清廷斩首。

　　从地位到结局，此人的一生，都与热门漫画《航海王》中的哥尔·D.罗杰十分相似，称他为中国历史上影响最大的"航海王"，再名副其实不过了。

海上立国

　　郑芝龙被清军俘虏后，郑氏集团一下子丧失了自己的领袖，全部重担压在了年轻的郑成功肩上。

　　1624年，郑成功出生在日本平户，7岁前接受的是日本武士道精神的教育。7岁后，他被接回中国，14岁考中秀才，17岁迎娶礼部侍郎之女，19岁进入南京国子监深造，师从著名学者钱谦益。

　　如果不是生逢乱世，这就是一个典型"赢在起跑线"上的人生轨迹。然而，就在他19岁那年四月，清军攻破北京，崇祯皇帝自缢。当时郑成功正在南京国子监学习。在接下来的三年里，他接连目睹了弘光皇帝即位、弘光皇帝被杀，隆武皇帝即位、隆武皇帝被杀，父亲与清廷暗通款曲以及被清军俘虏的一系列事件。

　　放到今天，19岁也就是大学一二年级的水平。可以想象，这些经历将对一个年轻人产生怎样的影响。

　　我们可以确知的是，他在今后的一生中，就像汉尼拔终身视罗马为敌人一样，终身视清廷为敌人。一个例子是：20岁那年，郑成功得到南明隆武皇帝召见，被赐姓为朱。自此之后，他终身以"朱成功"或"国姓成功"自称。郑成功在西方文献里被称为 Koxinga，也就是闽南话"国姓爷"的音译。他在中文世界里被称为"郑成功"，则是因为清代试图抹杀这段历史，不愿人们回忆起他的身份认同。

郑成功虽然继承了郑氏集团的庞大财富与士兵，但是很快面临一个非常实际的问题：缺粮。

毕竟，海贼和商人不以农耕为生，但士兵是要吃饭的。没有饭吃，他们是要造反的。不要说顶着"国姓爷"的招牌，就是顶着"天王老子"的招牌也没有用。

如果是在郑芝龙前期的海贼时代，这并不是问题。闽浙沿海以宗族为单位的走私活动，拥有丰富的地下交易网络和社会纽带，海盗从农民手中获得粮食，并不成为问题。在郑芝龙后期被明朝政府招安的年代，这就更不是问题了。

然而，对清政府来说，封锁郑氏集团的粮食供应，代表了国家最高意志要对敌军斩尽杀绝的决心。郑成功也别无他法，只能选择攻击重要的产粮区。

1649 年，为筹措粮饷，郑成功挥兵南下，攻入粤东，攻克潮阳、揭阳、普宁、惠来等地区，但最终未能攻克潮州，不得不撤回闽南。1651 年，郑成功再度攻入广东，但因为叔叔郑鸿逵和郑芝莞怯战，清军乘虚攻入厦门，郑成功不得不再度撤回。

这场战役让郑成功意识到一个问题：过去的郑氏集团，是以郑氏宗族间的血缘关系为纽带组成的共同体。这对于一个海贼集团而言是没有问题的，但他们现在的对手是清廷这样一个国家政权，再延续先前那种松散的江湖组织，是没有机会在残酷的斗争中生存下来的。

于是，他将郑芝莞斩首，头颅传示军中，又逼郑鸿逵交出军权，不再过问政事。

借这个机会，郑成功将整个郑氏集团组织成一个完全听从自己指挥，"如身使臂，如臂使指"的准国家组织。

我说"准国家组织"，并不是开玩笑，而是有所实指。

虽然郑氏集团当时依然能够从海上贸易中获取高额的利润，但是"与清斗争，一雪国耻家仇"的目标，要求郑成功理性地使用他能获得的每一份资源和每一名士兵。因此，建立起一个有强大凝聚力的、运用理性科层制进行管理的组织，非常有必要。从 1654 年开始，郑成功就主动地向着这个方向努力。到他进攻台湾之前，他已经把郑氏集团打造成一个有模有样的、执行力超强的共同体。

郑成功设计的这套制度是什么样的呢？从中央层面来看，他依然仿效了明朝实施的"六部"制度。

中国古代理想中的政治制度是"天人合一"，地上的政府机构设置应当模仿周天运行，因此先秦时代的儒家经典《周礼》认为，一个合理的政府应分为"天、地、春、夏、秋、冬"六个部门来运作。到隋唐时期，这六官被对应到实际政治运行中的吏部（掌管官吏任免升迁）、户部（掌管财政事务）、礼部（掌管仪式与科举）、兵部（掌管军事）、刑部（掌管刑罚）和工部（掌管水利工程），是为六部。明代沿袭前朝，也采取这种六部制度。

郑成功把这套组织规范，也应用于他所控制的地区。但是，对其中最核心的部门——掌管财政的户部（郑氏集团称为"户官"），郑成功根据实质情况做了调整[54]，其运行情况如下：

郑氏集团的"户官"，直接负责人是郑成功和他的亲族、将领，而这个机构也直接管辖与郑氏集团有来往的私商。所以，户官常常由十分熟悉商业活动的郑氏宗亲担任，其助手一般是商人或财会人才。

"天璜"其实相当于郑氏集团的码头公司，这个公司的各种买卖是由十家子公司来发货的。这十家子公司就是"山五商"和"海五商"。

"山五商"分为"金、木、水、火、土"五行，负责在大陆采购丝绸、瓷器和其他奢侈品运往厦门。这些公司总部位于杭州，老板叫曾定老。曾定老手下有四名助理，每人负责一个分公司，其中三个在苏州和南京，最后一个在北京，就在清廷眼皮子底下。这些公司同时负责间谍工作。间谍们以旗帜和铜牌为暗号，向郑家传递有关清军调动的各种情报。

　　"海五商"则分为"仁、义、礼、智、信"五常，负责把山五商收购的货物卖往海外。海五商的分公司遍布整个东南沿海，每商有 12 艘帆船，总计 60 艘，被编为东洋舰队和西洋舰队。东洋舰队驶往日本、荷兰控制的台湾部分地区和菲律宾，西洋舰队驶往暹罗（泰国）、巴达维亚、真腊（柬埔寨）和其他东南亚港口。所得收入，直接进入裕国库，实际上是天璜码头的账户。

　　除了这个机构，郑氏集团的成员还设立各种子公司，例如洪旭

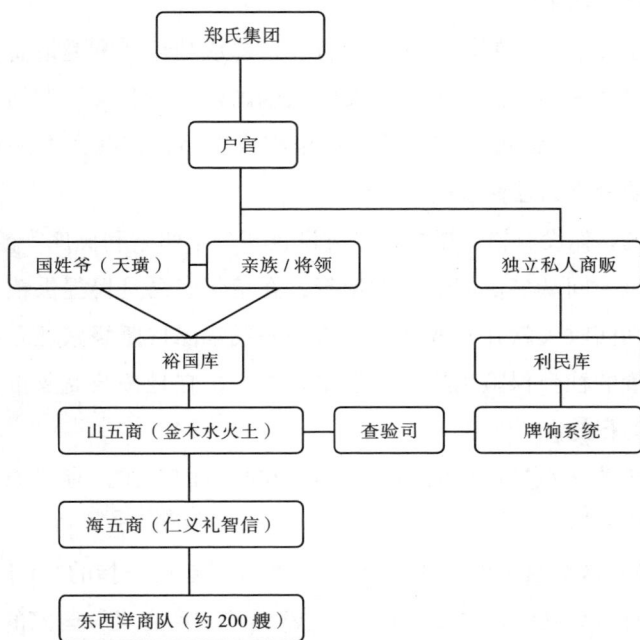

郑氏集团"户官"结构图

开设的旭元公司，郑泰负责的东立商行等。郑成功雇佣专业的代理人协助管理这些公司（名为"官商"），而郑氏亲族和将领在这些公司里都持有股份，可以获得可观的分红。小说《鹿鼎记》里韦小宝的师父、天地会总舵主陈近南（大名陈永华），在历史上实则是郑成功之子郑经的军师。小说里陈近南一生清贫，但现实中的陈永华每年可以从公司分红几千两。作为对比，明代一品官每个月的俸禄大概是 44 两白银，一年加起来也不到 500 两白银。

这也从侧面解释了，郑氏集团这批精英何以愿意把脑袋别在裤腰带上跟清廷对着干。

"查验司"本来是仿照明代政府体制中的监察御史体系设计的，但在实际操作中的地位更接近今天的审计署。为了防止贪污腐败、侵吞公款，查验司定期对账户本息与收支状况进行审计，一有状况，及时向郑成功汇报。

除了自己人控制的公司和商行外，郑成功还经常邀请私人商贩参与这个贸易网络。任何人只要购买以国姓爷的名义签发的许可证（牌饷）之后，都可以在海外自由旅游或贸易。这些商人还可以参投郑成功设立的社保基金。

是的，你没看错，郑成功当时设置了一个叫"利民库"的机构，它其实是一间从事民间借贷的银行，在荒年时向贫民提供粮食，在丰年时则回收欠款并收取利息。这是郑氏集团按照儒家理念和明代制度设置的社会保险机构，区别主要在于，它是按照商业银行的基本规范运行的。

郑成功一手打造出的郑氏集团，在当时的东洋，有三个方面是当之无愧的第一。

首先，这个组织设置的先进性，在东亚是首屈一指的。不仅如此，郑成功的这套制度，在 17 世纪直追欧洲"重商主义"国家的水平。

其次，说组织的盈利能力，在当时的东洋可以说是傲视群雄。

1650—1662 年是郑氏集团盈利的巅峰年代，根据学者杭行的计算，郑氏集团每年从西洋销往中国的货物大概有 1,725,000 两，利润约为 357,000 两，对日本、台湾和马尼拉的销售量则达到 4,075,000 两，两项加总，总收入约为 5,800,000 两，利润 1,870,000 两。这还不是国姓爷的全部收入。作为对比，当时荷兰东印度公司的全球收入大概不到郑氏集团的四分之三，毛利则大概比郑氏集团多一成。但是，这是因为郑氏集团只有上述两项收入被完整记录了下来，如果只算亚洲收入的话，东印度公司的收入大概不到郑成功的八成。[55]

最后，这个组织成员的开放性，也是独一无二。郑成功自己拥有一支黑人部队担当保镖，这是从郑芝龙时代就传承下来的机构。这些黑人身强体壮，熟练使用火枪，是直属于国姓爷的亲卫队。[56]他还有一支"铁人军"，身披日本铠甲，手拿武士刀，头戴骇人的面具，是国姓爷旗下的精锐部队。总而言之，这支队伍里有日本人，有西洋人，有黑人，当然更有中国人，他们都团结在"国姓爷"的旗下，拿着高额佣金，为了他们可能不太理解的"反清复明"理念奋斗。

当然，在这里，我要强调的是，郑成功虽然打着忠于南明皇室的大旗，但是我们不能把"郑家军"视为明帝国的一支孤悬海外的忠勇部队。如果我们没有先讲过前几章关于威尼斯等商贸城邦的故事，你可能觉得郑氏集团很奇葩，也很难定位，但是讲过威尼斯之后，我相信你能马上把握住这个集团的本质。

没错，从机构设置上，郑氏集团正是比威尼斯更加"原汁原味"的"公司国家"。

仔细回过头来看一看，郑氏集团本质上其实就是现代的"集团公司"，天璜码头是核心资产，其余的十家商行与更多的成员企业以子公司或关联公司的方式团结在一起，听从"户官"的协调。这与 20 世纪初期的"托拉斯"，或者日本战后的"财阀"其实非常类似。

威尼斯名义上承认东罗马帝国拜占庭的主权，但在实际的商务、外交乃至战争活动中，却从来自行其是。郑氏集团跟南明皇室的关系，其实也是如此。我们不能因为郑成功坚定地反对清，就把他仅视作明朝的忠臣。实际上，他宣称自己忠于明朝，也是为了获得名分大义，便于招兵买马，对清发动进攻。但是，在实际的商贸活动与外交关系中，郑成功有着自己非常明晰的想法和思路。

比如，在对日本的关系中，郑氏集团宣称自己跟日本是"兄弟之国"，因为郑成功名义上是明朝的臣子，而日本名义上也是向中华进贡的属国，所以二者之间的关系在理论上是平等的。

小说《台湾外纪》里甚至说，日本德川家纲将军甚至认了郑成功作侄子。这大概只是一种想象，但事实上我们的确看到，日本不仅允许郑氏集团的商船不受海禁令限制，在针对荷兰人和郑氏商船的商务纠纷裁决中偏袒郑氏集团，而且提供了大量的军事援助。

在越南，郑成功也以类似的平等地位，与越南黎朝签订了丝绸买卖的特许协议。

在暹罗，暹罗国王于1653年专门派使臣到厦门，与郑成功建立正常的外交关系。随后，国王以郑氏集团为渠道，恢复了与日本的商贸往来。

总而言之，如果郑芝龙统率期间，郑氏家族还只能说是纵横东洋、首屈一指的海上霸主，那到了郑成功时代，郑氏集团已经成为一个名副其实的"公司国家"。它不仅是东洋海上的霸主，更是中国人第一次完全运用商业逻辑和正增长思维来进行制度设计和实践的结果。

中原的诱惑

当然，在高度肯定郑成功的天才设计的同时，我们也不能忘记，在他心目中，对抗清廷才是第一要务。他之所以将郑氏集团变为这样一个"公司国家"组织，主要是为了增强财政能力、资源汲取能力与军队调动能力，以便与清军交战。

1659年可能是离郑成功实现理想最接近的一年。这一年他率领大军北伐，连克镇江、瓜洲后，包围南京。军情传到北京，顺治皇帝甚至动了御驾亲征的念头。郑成功的盟军张煌言收复芜湖时，百姓纷纷痛哭："时久不见大明衣冠矣！"

但是两个月后，清军援兵抵达，郑成功损失惨重，折损数名大将。

郑家军在陆战中虽不敌惯于骑射的满洲人，但是在海战中依然占有优势。1660年，郑成功在福建海门港歼灭清廷水师四万余人，声威复震。

由来自东北亚的游牧民族主导的零增长帝国，与郑成功领导下的"公司国家"，一时间在东南沿海形成了对峙局面。

然而，对峙的平衡之势很快被改变了。1661年，康熙皇帝即位，郑氏降将黄梧向朝廷献"迁界令"，迁走自山东至广东沿海五十里地的全部民众，同时毁坏全部船只，令寸板不许下水。《广东新语》记载说："满洲科尔坤、介山二大人者，亲行边徼，令滨海民悉徙内地五十里，以绝接济台湾之患。于是麾兵折界，期三日内尽夷其地，空其人民。弃赀携累，仓卒奔逃，野处露栖，死亡载道者，以数十万计。"[57]

此举的目的其实是将中国的沿海全部变为无人区，使郑成功失去获得粮食补给的可能性。一个政权，采取如此残酷的手段对待自己的臣民，只为给敌人造成战略打击，这种残忍在中国历史上是相当罕见的。但在极致的零增长思维下，只要为了战胜另外一个暴力集团，臣民的一切牺牲都不在话下。

郑成功再度陷入了缺粮的困境。此时，一个曾经被他安插在东印度公司的间谍何斌被荷兰人发觉后，带妻儿亲属投奔于他。何斌向郑成功强调，台湾粮食与军用物资充足，贸易位置理想，又有海峡天险，得之可与清廷相抗。

　　郑成功闻言心动。1661年，他率舰队自郑芝龙曾大败荷兰人的料罗湾出发，经澎湖向台湾进军，并递书给荷兰守将揆一，令其投降。郑成功的使者对揆一说："此地非尔所有，乃前太师练兵之所。今藩主前来，是复其故土。"郑成功的这封战书，实际也是为中国宣示对台湾的主权。

　　1661年冬天，清辅政大臣苏克萨哈矫诏令斩郑芝龙，郑家在北京的亲族11人全部被处死。其时郑成功正在猛攻热兰遮城，无暇为父悲伤。1662年2月，荷兰人向郑成功投降，宣布退出台湾。荷兰殖民地治下被当二等公民对待的中国人获得解放。5月29日，郑成功宣布在台湾建立"东都明京"，即明帝国的东都。他在自己的王座之上设了一把空椅子，留给永远不会到来的永历皇帝。两天之后，南明永历皇帝在昆明篦子坡被吴三桂用弓弦勒死。

　　进入台湾后，郑成功立刻发现何斌夸大了事实。台湾在荷兰人治下并未得到多少开发，根本负担不了郑成功那么多士兵的粮草。无奈之下，郑成功开始自己制定台湾的开发计划。他把台湾的土地分为三等，最上等的留给自己的亲族将领，或者说郑氏集团的股东，中等的由官员招募农民开垦，最下等的分给士兵，由他们自行拓荒。分得土地的农民头三年无须交税，但郑成功以国姓爷的名义发行了一笔"国债"，向这些农民预借了产量的十分之三，由郑氏集团担保返还。

　　不久之后，永历皇帝被绞的消息传到台湾，郑成功不得不开始考虑未来以台湾为根据地，正式"建国"。他面临的有利条件是台湾完全处在他的控制之下，不利条件则是他之前一直把自己打扮成明朝忠臣的角色，立刻宣布称帝，缺乏大义名分。

　　站在当时的历史处境审视周边，如果要建立孤悬海外的明朝继承国，那么首先需要解决的问题就是土地和子民从哪里来。郑成功很快想到，立足台湾向东南，有可能建立起一个庞大的海洋国家，而遍布东南亚的华人就是自己权威最佳的认同者。郑氏集团拥有足够强大的海上力量，可以像攻下热兰遮一样攻下其他由西洋人建立的殖民地，解放当地受压迫的华人。

这个计划是可行的，而且郑成功也为自己选定了下一个行动目标：马尼拉。

在当时，除了台湾，马尼拉的西班牙殖民地是对待华人最凶狠的地方之一。西班牙人当时管华人叫 Sangley，这是闽南话"生理"的音译，意思是生意人。17 世纪 50 年代，马尼拉发生过多次针对 Sangley 社区的屠杀。于是，郑成功去信马尼拉总督，要求他停止对中国人的暴行。郑成功派遣多米尼加修士维托里奥·里奇奥担任信使，前往马尼拉。

修士是穿着大明官袍抵达马尼拉的，他的到来立刻在当地华人社区中引发了轰动，许多中国人认为，国姓爷即将来解放马尼拉，就像解放台湾一样。5 月 25 日，当地数千名华人发动起义，招致西班牙士兵的屠杀，并把中国人赶上船只，驱逐到台湾，以此来侮辱郑成功。

郑成功怒发冲冠，发誓要将西班牙人的殖民地化为焦土。然而，6 月 16 日，他病倒在热兰遮。也许是战事劳累，也许是父亲的死讯牵动悲伤的情绪，也许是悲痛于同胞的遭遇，郑成功病倒了。他勉强来得及与亲信讨论了接班人问题，于 6 月 23 日突然去世，享年38 岁。

郑成功，日本出生，7 岁前学习武士道，之后学习儒家经典，14 岁中科举，17 岁新婚宴尔，19 岁入南京国子监，师从一代大师钱谦益。他的前半生安稳顺利，前途无量。

19 岁的国难改变了他的人生轨迹，曾经的少年从那一年正式进入后半生。这后半生虽然坎坷，他却从未消沉。

他幼时接受的武士道教育让他总是身先士卒、冲锋在前；"华夷之辨"的教诲则让他成为清政府一生的敌人；商人与海盗世家的经验，让他能够获得充足的军费来源，更让他结合实际境况，开创出"公司国家"的全新组织形式。这一切让他在 17 世纪中叶，成为大明中国的最后希望。

于是，传统儒家知识分子把他描述成忠臣，近代民族主义者把他描述成爱国英雄，但在我看来，历史上真正的郑成功，其伟大程度远超这两个角色的定位。

他这一生中所接受的所有伟大理念，都在他的言行中发挥到了极致。他是一个真正的武士，一个真正的儒士，一个真正的商人，一个真正的中国人。

他是一个聪明的人，与清廷斡旋良久，在谈判桌上不断为自己争取最大的利益，却从不相信谈判能解决问题。

他是一个坚定的人，父亲的遭遇和军事上的挫折，从未改变他的初心。

他是一个有格局的人，把自己的集团打造成中国历史上从未出现过的"公司国家"，这是历史上无数名垂青史的政治家都未曾做到的事。

最后，最难能可贵的是，在具备了这一切品质之后，他还是一个真诚的人。当永历皇帝在昆明被缢死后，他已经成为大明汉人的唯一希望。假使当时黄袍加身，相信也没有人能指责他，相反，恐怕还有许多人会追捧他，跟随他，臣服他。

我们不知道他有没有这样的打算，但即便他真的有这样的野心，他也是希望通过解放自己的同胞，来证明自己有资格当他们的天子。

唯以一人奉天下，岂为天下奉一人？郑成功没有完成他的使命和抱负，但我们绝不应因此低估他的成就。

历史中有一类失败者，其素质品性远胜于某些成功者。他们的失败，纯粹是因为历史没有给他们机会，仅此而已。当生活教会一个成年人，运气在人的一生中将扮演多么重要的角色，或者将对他的成功造成多么重大的影响后，他就会尊重那些不具备运气的失败者，这才是思想成熟的表现。

郑成功既死，我们的故事也行将结束。

郑成功的儿子郑经没有父亲那样的军旅经验，当然也没有自立为天子的气魄，做个延平王世子已经非常满足。况且，郑氏集团开发台湾的事业刚刚开始，筚路蓝缕，以启山林，许多难民要去安置，新孳生的人口要有食物。郑经治台湾凡十九年，大部分时间都费心思在这些方面。他的确曾两次打算出兵马尼拉征讨西班牙人，但这期间郑氏集团与台湾原住民发生了冲突，他不得不停下手来先平定内乱。

毕竟，郑成功时代的"公司国家"，其真正的领土与其说是国姓爷久据的厦门城，不如说是数百艘商船与遍布海外的公司。但郑经面对的，是一片实实在在的土地，一批已建立家室的官兵，一群繁衍生息的人民。郑经不是天纵英雄，但对于这些臣民而言，一个守成之主比起一个天纵英雄，其实能够带给他们更幸福的生活。

从17世纪60年代中期开始，郑家在台湾的垦殖逐渐走上正轨，在东南亚的贸易也逐渐开始恢复。在当时，虽然遭到清朝"迁界令"的影响，郑氏集团的收入下降很多，但在当时整个东洋贸易都在下滑的情形下，它的收入依然高于荷兰东印度公司。[58]

在郑经时代，他治下的台湾在某种程度上成了东南亚的标杆，甚至台湾的习惯法已经影响到了东南亚的华人社区。17世纪60年代，马尼拉的华人已经公开宣称郑经是他们的国王，台湾官员冯锡范还曾向西班牙人要求引渡两名罪犯，并按照台湾法律判处他们火刑。

在郑氏集团逐渐稳固统治与海外贸易的同时，郑经其实一直在试图完成自己的身份认同。很显然，大明复国无望，对于郑氏集团来说，最好的路径其实是纳入清廷朝贡体系之下。这样既可以与清和谈，又可以保持自己的独立性。1667 年，郑经援引传说中商代灭亡后，商代遗臣箕子流亡海外并建立朝鲜国的故事，问清廷派来的和谈使臣孔元章，为什么台湾不能像朝鲜一样成为清廷的臣属国呢？

清政府认真考虑过这个建议，最终的答案是不行。他们给出的理由是：郑经的臣子是操着闽南语的中国人，理应接受中国大一统政权的统治。如今在中国建立大一统的主体是满洲人，所有中国人都应该按满洲人的要求剃发易服，北面称臣。郑氏集团也不例外，应当对清廷称臣，并返回他们的故土福建。[59]

用今天的视角来看，这种要求只能说明，对清廷来说，所谓"大一统"的理由根本上是为获胜的暴力集团服务的。"剃发易服"跟汉人传统上"大一统"理念中承载的文明使命根本没有关系，它只是满洲统治者对臣民的服从性测试而已。

郑经面对这一问题，陷入了一个思维误区。他认为，台湾保持"大明衣冠"，有着反抗清廷合法性的意味，因此坚决拒绝"剃发易服"的命令。但是，这种思维隐含的意思，其实是郑氏集团的台湾本质上不应当只局限于本岛，而应作为大明帝国的继承，在适当时机恢复中原。

其实，如果郑经想明白了这件事，继续沿着打造海上王国的方向前行，也许可以保存实力，把大明衣冠一直传递下去。如此演化，则历史路径尚未可知。

然而，郑经对此并没有想透彻。因为只要在文明身份上彻底认同了"必须恢复中原"，也就意味着战略选择的轨迹向着暴力秩序发生了偏离。

郑经决定参与到逐鹿中原的豪赌中。

1673 年，吴三桂首先挑起三藩之乱。郑经经过权衡，于次年加入了这场叛乱。但是，三藩都是背信弃义之人，各怀异心，根本不能齐心协力共谋大事。郑经与耿精忠之间先是决裂，经过几次战斗后又和谈，之后便各行其是。

郑氏集团虽然富庶，但台湾毕竟是弹丸之地，仅开发了十余年，粮食供给根本跟不上，而贸易收入相比起参与中原的统一战争而言，真可谓杯水车薪。而且郑家军长于水战，陆战是绝敌不过满洲骑兵的。郑经参与三藩之乱，实在是以己之短，击敌之长。

1676 年，郑经围攻福州失败，只得退守厦门。1678 年，康亲王杰书向郑经许诺，如果他退守台湾，"本朝何惜海外一弹丸之地？"清廷答应，郑氏集团可永据台湾，"从此不必登岸，不必剃发，不必易衣冠。称臣纳贡可也，不称臣，不纳贡亦可也。以台湾为箕子之朝鲜，为徐福之日本"。[60]

就这样，郑经同意了停战条款，退守台湾。看起来，他的豪赌虽然失败，但似乎保住了本金，也得到了自己想要的。然而，他不理解，在零增长帝国的思维中，一切妥协都不过是权宜之计。一俟郑氏集团从厦门撤军，清廷就恢复了被三藩之乱中止的迁界令，并在从福州到诏安的沿海设置要塞。郑氏集团的财政收入本来就有大部分消耗在战争中，而坚壁清野的政策更是再度沉重打击了沿海贸易。

1680 年，郑经不理政事，搬进北园别馆，一应国事都交给庶长子郑克𡒉处理。次年，郑经去世，终年 40 岁。他死后三天，冯锡范借口郑克𡒉不是郑经亲生子，联合刘国轩发动政变，杀死郑克𡒉，拥立自己的女婿郑克塽即位。

1683 年，郑氏降将施琅在澎湖海战中大败刘国轩，郑克塽率众降清，明郑集团正式灭亡。

总结：商人秩序的悲剧

本章讲述的虽是中国历史上的三个不同的故事，但故事的主线是统一的：商人集团与暴力集团之间悲剧性的冲突。

倘若这类悲剧性的冲突只发生过一次，也许我们还可以说是偶然，但前后发生了三次，就值得我们从中归纳某些历史规律与经验教训了。

我本人倾向于认为，这三次悲剧背后有着某种共性，那就是这片土地上的商人集团与暴力集团之间存在着深刻的鸿沟，彼此无法理解。

无论是粟特商人、蒲氏阿拉伯商人，还是郑氏集团，他们都有着丰富的与外界打交道的经验。正是这种经验让他们在历史上取得了无可比拟的成功，但也正是这种经验让他们错判了帝制中国的形势。他们误以为，商人集团可以像在中亚、波斯、阿拉伯或者东南亚那样，深度参与城邦政治，与国王对等谈判，甚至独立建国。

他们没有意识到的是，中国这片土地的疆域太过辽阔，人口太过众多。统治此地的暴力集团要应付的，是数百万平方公里上可能出现的反抗、暴动与背叛，所以它的神经高度紧张，敌我意识高度明确，要求彻底服从的意志高度坚定，也不惜牺牲大量人命与一切挑战者抗衡到底。

这不是文化问题，而是"生态"问题。

古代社会，技术条件未曾取得进步，财富增长的效益也无法为多数人共享，在此条件下，必定有大量人口挣扎于生存线上，底层之间的暴力无处不在，逼迫他们结成宗族、山寨或帮会以求自保。而这又反过来引发了最高暴力集团，也就是中央政权的高度警惕，从而进一步强化秦制逻辑。这就是我们前文论述过的零增长秩序自我强化、自我循环的社会生态。

更重要的是，在这样的社会生态中，连商人集团自己也必须主动接受暴力秩序的规则：粟特人最后把希望寄托给了安禄山、史思明这些职业军人，试图依靠叛乱攫取帝国；蒲氏家族动员了亦思巴奚军，妄图实现地方割据；郑氏家族虽表现出了自我克制的能力，但最后还是禁不住诱惑，参与了三藩之乱。

然而，一旦他们参与到暴力游戏中，就会马上发现，自己积蓄的那点财富，相比如此庞大的地域与人口而言，不过是杯水车薪。他们苦心经营的暴力能力，比起零增长秩序把大规模人口转化成士兵的能力，不过是沧海一粟。

反过来，商人集团的失败，对统治中国的暴力集团而言，也是悲剧。

这也是生态问题：中国太大，面临的地缘政治问题太多。西北的游牧民族可以从天山南北长驱直入河西走廊，北方的游牧民族可以取道辽东进逼北京，西南地区翻过山林就可以直抵印度洋与中南半岛，东南则向着航海民族洞开。如果中央政府没有强劲有力的财政基础，那它就很难从中央枢纽向以上边疆地区输送资源，稳定局势；如果中央政府不善于利用具备多元文化背景与不同政治实践经验的人才，它也很难应对错综复杂的地缘政治挑战。万事万物有得必有失，有庞大的规模，自然就要承担巨大的风险。

遗憾的是，古代中国社会本土的思想资源，无法帮助统治者完整理解这个生态的真相，所以古代中国的统治者很少认识到下面这两个事实：

其一，中国不可能不跟商贸秩序往来，把自己变成一个全然封闭的小农社会，毕竟中国的土地实在是太广大，物产太丰富，人民的创造力太强，这片土地上的物产，诸如丝绸和瓷器等，总要找到买家，也必然有大量的异域商人光临。

其二，中国的地域太过辽阔，如果没有商贸秩序和商人集团提供的财政收入与贸易生态，尤其是异域商人集团的帮助，中原统治者很难建立起成功的"大一统"帝国。

第二点很重要，值得再强调一遍：一个成功的大一统帝国，必然也是能够成功与商人集团合作，接纳商贸秩序的帝国。唐王朝得到粟特人的协助，得以成功地经略西域，一旦双方决裂，唐人变成文化保守主义者，他们也就永远失去了中亚。宋元能够从繁荣的海上丝绸之路中获得好处，也是因为友善阿拉伯商人。明初一旦禁海，甚至有不在少数的临海子民参与或主导倭寇组织。明末能够成功对抗荷兰人，也是因为郑氏集团的协助，而清廷剿灭这一东洋最发达的海上商人集团（秩序）那年，离鸦片战争不过还有 160 年而已。

其实，仅从古代中国史家如何看待这三场悲剧，我们就可以清楚古代中国人是如何被传统思维束缚，从而失去秩序想象力的。传统史家把"安史之乱"描述成安禄山本人因道德败坏而背叛了大唐，把亦思巴奚兵乱描述为"非我族类，其心必异"，把郑成功描述为前朝叛逆（清早期）或忠于华夏的孤臣（晚清-民国），这实则是一种思维上的懒惰。倘若按照同样的逻辑，我们何以认可背叛了杨隋的李唐或者背叛了柴周的赵宋？以及，我们又为什么要认可蒙元和清入主中华呢？

因立场而评判人物，其实是一个民族的历史哲学还不够成熟的表现。真正成熟的史观，是力图从错综复杂的历史脉络中，总结出简单清晰和具实践导向的历史规律。

对于成熟的、有为的政治体而言，唯一正确的道路，是调和商人集团与暴力集团之间的误解，增进商贸秩序与暴力秩序二者间的互融，最终达成商人与国家间的合作。做到这点，不独在中国历史上殊为不易，在西方历史上其实也经历了漫长的博弈与反复。下一章，我们继续回到西方，一起来看看商人与国家间的联盟，究竟是怎样达成的。

注　释

1　曾潜伏于中华民国政府高层，并主导发行银圆券与金圆券的冀朝鼎，其在哥伦比亚大学
　获得经济学博士学位的论文就叫作《中国历史上的基本经济区》。他认为，中国历史上
　可以划分出四个主要的经济中心区域，即黄河下游流域（秦汉时期基本经济区）、长江
　下游流域（唐宋以后的基本经济区）、川滇盆地与高原，以及珠江冲积出的两广地区。此外，
　还有两个重要性略次的地区：山西与浙闽东南沿海省份。
2　学界对粟特人的普遍别称则是"中亚的腓尼基人"。
3　转引自大卫·安东尼《马、车轮和语言》，张礼艳、胡保华、洪猛、艾露露译，中国社
　会科学出版社，2016年，第465页。
4　魏义天：《粟特商人史》，王睿译，广西师范大学出版社，2012，第15页。
5　魏义天：《粟特商人史》，第106页。
6　荣新江：《中古中国与粟特文明》，生活·读书·新知三联书店，2014，第273页。
7　荣新江：《中古中国与粟特文明》，第84页。
8　荣新江：《中古中国与粟特文明》，第112页。
9　荣新江：《中古中国与粟特文明》，第112页。
10　参见毕波编《中古中国的粟特胡人》，中国人民大学出版社，2011，第一章。
11　毕波编：《中古中国的粟特胡人》，第一章。
12　魏义天：《粟特商人史》，第88页。
13　魏义天：《粟特商人史》，第86—88页。
14　参见毕波《怛逻斯之战和天威健儿赴碎叶》，《历史研究》2007年第2期。
15　荣新江：《中古中国与粟特文明》，第269—270页。
16　荣新江：《中古中国与粟特文明》，第279—281页。
17　荣新江：《中古中国与粟特文明》，第289页。
18　桑原骘藏：《唐宋元时代中西通商史》，冯攸译述，河南人民出版社，2018，第4页。
19　桑原骘藏：《唐宋元时代中西通商史》，第188—194页。
20　桑原骘藏：《唐宋元时代中西通商史》，第197页。
21　桑原骘藏：《唐宋元时代中西通商史》，第53—61页。
22　桑原骘藏：《唐宋元时代中西通商史》，第111页。
23　参见 http://www.taihainet.com/news/fujian/shms/2021—04—08/2497055.html。
24　桑原骘藏：《唐宋元时代中西通商史》，第188—194页。
25　《元史·刘整传》。
26　桑原骘藏：《唐宋元时代中西通商史》，第153页。
27　桑原骘藏：《唐宋元时代中西通商史》，第176页。
28　桑原骘藏：《唐宋元时代中西通商史》，第154页。
29　参见 https://wb.fujian.gov.cn/English/momentsinfujian/201904/t20190408_4845949.htm。
30　参见珍妮特·L.阿布-卢格霍德《欧洲霸权之前：1250—1350年的世界体系》，杜宪兵
　等译，商务印书馆，2015，第163—165页。
31　珍妮特·L.阿布-卢格霍德：《欧洲霸权之前：1250—1350年的世界体系》，第324页。
32　转引自珍妮特·L.阿布-卢格霍德《欧洲霸权之前：1250—1350年的世界体系》，第

324 页。

33　前岛信次：《元末泉州的回教徒》，《东洋文库英文纪要·第 32 卷》，1974。

34　朱维干：《元末蹂躏兴、泉的亦思法杭兵乱》，《泉州文史》1979 年第 1 期。

35　廖大珂：《"亦思巴奚"初探》，《海交史研究》1997 年第 1 期。

36　陈达生：《泉州伊斯兰教派与元末亦思巴奚战乱性质试探》，《海交史研究》1982 年总第四期。

37　转引自徐晓望《福建通史》，福建人民出版社，2006。

38　参见张忠君、兰陈妍《也论元末亦思巴奚战乱的性质》，《黔东南民族师范高等专科学校学报》2003 年第 5 期。

39　《明史·食货志》。

40　Andrade,Tonio. " The Company' s Chinese Pirates: How the Dutch East India Company Tried to Lead a Coalition of Pirates to War against China, 1621—1662." *Journal of World History*, Vol. 15, No. 4 (Dec.2004): 415-444.

41　Andrade,Tonio. " The Company' s Chinese Pirates: How the Dutch East India Company Tried to Lead a Coalition of Pirates to War against China, 1621—1662."

42　Andrade,Tonio. " The Company' s Chinese Pirates: How the Dutch East India Company Tried to Lead a Coalition of Pirates to War against China, 1621—1662."

43　Hang, Xin. *Conflict and Commerce in Maritime East Asia*: *The Zheng Family and the Shaping of the Modern World, c. 1620–1720*, Cambridge Press, 2015, p.29.

44　Hang, Xin. *Conflict and Commerce in Maritime East Asia*: *The Zheng Family and the Shaping of the Modern World, c. 1620–1720,* p.43.

45　Andrade, Tonio. *Lost Colony:The Untold Story of China's First Great Victory over the West,* Princeton University Press, 2011, p. 37.

46　俞大猷：《正气堂集》。

47　Andrade, Tonio. *The Gunpowder Age*: *China, Military Innovation, and the Rise of the West in World History*,Princeton University Press, 2016, p.204.

48　以上战争过程可参见 Tonio Andrade, 前引书（2011）与前引书（2016）。

49　Hang, Xin. *Conflict and Commerce in Maritime East Asia: The Zheng Family and the Shaping of the Modern World, c. 1620–1720*, p.61.

50　参见肖立军《明代财政制度中的起运与存留》，《南开学报（哲学社会科学版)》1997 年第 2 期。

51　需要注意的是，太仓库收入并不等于明代国家财政总收入。明代国家财政收入还包括内府与各地直接对地方的财政转运，视各年情况不同，明代中后期太仓库收入大约占到每年国家财政收入的 1/2—1/3。即使如此，郑氏集团的收入能力也是十分令人吃惊的。

52　Hang, Xin. *Conflict and Commerce in Maritime East Asia: The Zheng Family and the Shaping of the Modern World, c. 1620–1720*, p.64.

53　这是顾诚在《南明史》中的观点。

54　参见 Hang, Xin. *Conflict and Commerce in Maritime East Asia: The Zheng Family and the Shaping of the Modern World, c. 1620–1720*, pp.90—95。

55　Hang, Xin. *Conflict and Commerce in Maritime East Asia: The Zheng Family and the*

Shaping of the Modern World, c. 1620–1720, p.99.

56 Hang, Xin. *Conflict and Commerce in Maritime East Asia: The Zheng Family and the Shaping of the Modern World, c. 1620–1720,* p.87.

57 潘楠、张金林:《清初迁海令对东南社会发展的消极影响》,《兰台世界》2015 年第 19 期。

58 Hang, Xin. *Conflict and Commerce in Maritime East Asia: The Zheng Family and the Shaping of the Modern World, c. 1620–1720,* p.170.

59 Hang, Xin. *Conflict and Commerce in Maritime East Asia: The Zheng Family and the Shaping of the Modern World, c. 1620–1720,* pp.181-184.

60 魏源:《圣武记》,卷八。

第五章　国家与商人的结盟

正增长社会的拓展

当历史步入 13—15 世纪时，西欧社会出现了一些细微的、但对世界历史进步而言高度重要的变化。

这些变化之所以高度重要，是因为它们极大地拓展了"正增长社会"的空间边界。但我们过去的历史书写太过于关注政治、军事、思想和文学，太少关注于普通人生活的改变，所以它们又很"细微"。

比如，在这一系列变化中，我以为最值得重视的一个，就是"包买商"（德语为 Verlagssystem，英语为 Putting-out system）制度的出现。

听到"包买商"这个词，你可能觉得非常陌生，实际上，马克思在自己的政治经济学分析里就已经注意过这个概念，并且认为它是早期手工业时代，资本家把传统农民变成无产阶级（工人）的重要方式。[1]

那么，"包买商"到底是什么呢？

"包买商"其实就是把生产环节分包到家庭作坊，再把家庭作坊的产品统一买下来的分包商人。比如，你生活在某个以纺织业闻

玛丽安妮·斯托克斯（Marianne Stokes）：圣女伊丽莎白纺线图

名的城市，每个家庭都有自己的手工纺纱机，某天，你接到一个纺织商的大笔订单，要求把几十吨羊毛纺成毛线，为此你发动你的七大姑八大姨甚至小学同学等一起加工，满足了收购商的需求，那么，你的角色就是一个"包买商"。

为什么"包买商"的角色特别重要呢？因为这是第一个能够把正增长社会里的商贸雇佣活动延伸到零增长社会的角色。在零增长社会里，手工业活动其实是农耕活动的延伸。你种着地，喂着猪，养着羊，除了刨土施肥这类活动，还经常需要自己打造一些农具，织些布做成衣裳，或者把奶蛋之类的东西做成更耐储存的食品，而多余的那些自己吃用不了的，你会拿到集市上去卖。

虽然包买商也是用手工业方式生产，但整个逻辑却不一样：这里的手工业生产不再是农业活动的附属品，而是商贸活动的延伸。过去，你是随意地、闲散地做工，不那么在乎手艺与质量的标准，只要够吃够用就行。现在，虽然跟过去一样是在家里做工，但你无形中已经参与到了市场竞争中，若产品质量不好，就会被包买商拒收。成本和收益是对等的。虽然你的压力变大了，但与此同时你获得的收益也变高了。随着获利的增加，你逐渐开始考虑如何改善你的手艺与效率，打出品牌，提供更好的服务。于是，你的思考逻辑，就不知不觉地从零增长社会的逻辑，变成了正增长社会的逻辑。

这就是"包买商"制度的神奇之处。

在欧洲历史上，至少在13世纪的时候，包买商制度就已经在各个城市周边出现了。

1275年，巴黎市长发布规定：纺丝工不得抵押、出售或交换店主委托其加工的蚕丝，违者处以流刑。这说明，包买商和家庭作坊的生产方式在当时已经非常流行。

1400年，卢卡的一份合作契约表明，当时有一个丝商想和当地一个人合办商行，后者的任务是找人安排绸缎生产。

一位历史学家描述16世纪菲利普二世统治时期的呢绒厂厂主时，这样说：

> 称他们商人并不恰当；他们像是大家族的家长，因为他们在工厂内外让别人为他们制造各种漂亮的呢绒，使许多人（200—300人）得以谋生。[2]

在像佛罗伦萨这样以羊毛纺织业闻名的地方，各个包买商经常把订单分包到附近托斯卡纳山区的各个农庄里，因而佛罗伦萨繁华的贸易也就能够通过这种方式与当地农民共享。

包买商的生产方式，对各个商贸城市旧有的"行会"而言，是一项革命。

我们前文介绍过，行会是为了维护市场交易秩序建立起来的自组织，而西欧行会往往最先在那些专业知识和技能门槛较高的行业诞生，在这类行业里，他们的服务价值最被认可。但是，当行会组织起来之后，他们自然也就会利用这个已经成型的、具备政治权力的组织来维护自身地位，垄断行业知识。很多学徒必须首先经过行会的认可，才能拜入师父门下，忍受长期剥削，最后学到制皮、打铁、吹玻璃或打官司的关键技能。

因此，要想把订单发包给千家万户，包买商得同时做一件事：打破行会对生产技能的垄断，把这些知识传播给千家万户。道理很简单：你想要你的农户女工交付蕾丝边订单，就得先教会她们如何绣出蕾丝边。教会之后，她们才可以接你和行会之外发包的各种订单。

所以，行会曾与包买商之间起过很多冲突。但是，无论行会如何努力，也难以抵挡知识技能扩散的大势。最终，行会失败了，还被看作顽固、守旧的历史势力，而它们早期对共和城邦自治的贡献也就此被人遗忘。

包买商制度在历史上的出现，极大地拓展了"正增长社会"的边界。正因如此，马克思才把它看作现代资本主义生产方式在中世纪社会的原初萌芽。但是，在那个年代，推动"正增长社会空间"拓展的力量还不止包买商这一种。除此之外，还有一系列制度和技术扮演了类似的角色，比如，复式记账法。

什么是复式记账法呢？假设你想记一笔账，那么最自然的方式

是记录一次消费或收入，然后写下金额。比如，如果我们买了一本
100 元的书，那么用单式记账法记账时，记下现金 -100 就可以了。
如果我们用复式记账法记录买一本书的活动，就要先设立两个账户，
一个是现金账户，一个是库存账户，然后在"现金账户"里记录 -100，
同时在"库存账户"记录 +100（一本价值 100 元的书）。

　　复式记账法的目的不是单纯记录消费活动，而是要确定收支账
户的平衡。复式记账法最大的好处，是可以培养你的"资产化思维"。
拿买书的例子来说，如果用单式记账法记账，你看到的就只是一笔
消费支出，这跟花钱吃顿饭或者看场电影没有什么区别。但是，如
果使用复式记账法，你会发现你的现金虽然减少了，资产却增加了。
换句话说，只要利用得当，一本书可以成为你对自己的投资，而非
简单的消费。当你投资自己的时候，你自己就是资产，你花的钱，
就有可能提升自己的价值。胡乱消费，资产价值降低；理性消费，
则资产价值提升。你个人如此，你的企业也是如此。这就是"资产
化思维"。

　　这其实就是一个商人跟我们大多数普通人思维之间的根本区
别。在商人看来，花掉的钱可以转换成资产，因此，每一笔钱应该
花得有价值；负债也可以成为资产，因为它在短时间内促成了资金
的周转，这就是会计恒等式的伟大之处。这个简单的思维差异，造
就了商人与我们大多数普通人行事风格的极大不同。你可以看到，
再大的商人也会在一些事上锱铢必较，而在另一些事上则一掷千金；
对此，我们普通人很容易理解成冲动消费，但其实在商人心中的那
个复式账本里，有些是资产，而有些是负债。

　　仅仅一种记录方式的变化，就可以引发巨大的思维变革，这既
是资本主义思维发展成熟的标志，又是新时代到来的号角。这也就
无怪乎，许多学者不吝赞美复式记账法的伟大。歌德说，复式记账
法是一门伟大的艺术。桑巴特说，离开了复式记账法，我们将不能

设想有资本主义。[3]

13—15 世纪，除了包买商制度和复式记账法，还有一系列形形色色的技术和制度推动了长途贸易的发展，也助推了正增长社会的扩散。例如，汇票、纸币、股份制、双合公司，等等。其中一部分技术，我在《技术与文明》的第四章有所涉及，此处就不一一详举了。总而言之，它们借着金钱的力量，为商贸秩序的广泛传播奠定了基础，也为正增长社会从一个个"孤岛"和"绿洲"中走出来，渗透进广袤的乡村大地做好了准备。

就在人们的眼光还聚焦于战争攻伐与王朝变换之际，这些掩藏在大潮之下的暗流惊心动魄地肆意生长着，改变着农耕社会以来的底层运作规律。人们眼中的世界还是熟悉的那个世界，然而一切表皮下的肌理和骨骼走向已经改变，随后，令人惊诧的重大事件一个接一个地爆发，从中将诞生那个后来被我们称之为"现代社会"的新生事物。

高级金融

布罗代尔曾经引用过一个历史学家的话来说明包买商制度的历史效应：

> 分散只是一种表面现象；种种事实表明，家庭劳动已陷入一张无形的蛛网之中，而蛛丝则掌握在几个包买商手里。[4]

包买商制度对中世纪晚期产业资本的积累起到了巨大作用。这个道理不难解释：商贸城市的"行会"能够动员的供应商只有城市内部的几个作坊，而包买商，只要愿意跑腿，他可以把广袤农村的众多农户都变成自己的供应商。

如果你还不理解这个转变的意义，看看淘宝平台对实体店铺做的事就知道了。虽然包买商与互联网平台的技术天上地下，但就像淘宝平台能够依靠聚集广大小店主的力量形成巨额资本一样，扩大了供应商来源的包买商，也可以凭借聚沙成塔的力量积累起庞大财富。

中世纪晚期包买商制度最发达的城市之一，是佛罗伦萨；在当时的佛罗伦萨，包买商集中的领域主要是羊毛纺织业。从13世纪末期开始，佛罗伦萨的羊毛业迅速发展，不光消化了意大利本土的生羊毛，还把荷兰、法兰西、西班牙、葡萄牙和英格兰的生羊毛出口量全都吃了下来。

但是，在这些商贸城市之外，在广袤的零增长社会中，由领主和国王发起的战争遍地开花。14世纪的欧洲版图混乱得犹如一锅到处冒泡的砂锅粥：英国和法国在打百年战争，北欧在打关于丹麦、挪威和瑞典共同国王的战争，意大利在打由天主教会大分裂引起的战争，也有人称之为"意大利百年战争"，西班牙在打内战……

商人当然不喜欢战争，战争会把农民征召上前线，羊毛无人修剪，毛线无人纺织，产业规模缩减，经济活力衰退。相比于羊毛纺织包买商，这对银行家的打击还要大：曾经的100万投资可以带来7万回报，现在这种情形下，佛罗伦萨的纺织工业不得不收缩产能，相关投资的边际回报率也开始下滑。由此，佛罗伦萨的商人银行家不得不去寻找新的投资方向，来保持资本的回报率。用最粗浅的大白话来说就是，如果纺织业老板不行了，我们到底把钱贷给谁才能收取到以前那么高的利息呢？

有一些大胆的商人想了想，得出了这样的结论：既然国王在打仗，他们一定很需要钱，我们干脆把钱贷给国王吧。

这个想法看起来天方夜谭，但是仔细想想，也不是不成立。如果说国家是一个公司，暴力就是它的产品，国王打赢了敌人，赢得赔偿金，就代表产品"销售"出去了。这样的话，银行家当然可以获得回报。

然而，说起来简单，做起来可没那么容易。银行家想要涉足这种生意，那就得像审视其他生意一样，仔细地审视一个国家的暴力能力。他得了解军事活动，判断士兵的装备，审查骑士带领下属冲锋的士气，了解这个国家可能面对的对手，以及当时与之相关的国际局势。最重要的是，他得看得准人，判断这个国王到底有没有信用偿还借自己的钱。

这套超越日常生意范畴的金融业务，有一个专有名词，叫"高级金融"（High Finance）。佛罗伦萨就是"高级金融"的最早诞生地。这是因为，当地的资本积累程度、外交水平和各种金融工具，已经成熟到了足以满足一个国家需求的地步。

最早涉足这个业务，也在历史上留下名字的，是 14 世纪前半叶称雄佛罗伦萨的两家银行：巴迪（Bardi）和佩鲁齐（Peruzzi）。它们借给了英国国王爱德华三世 136.5 万金佛洛林（florin）跟法国打百年战争。不幸的是，就像我们了解的那样，英国在百年战争中输给了法国，爱德华三世最后还不起钱，只能当老赖，于 1339 年宣布无法偿还这笔贷款。结果，巴迪和佩鲁齐银行被这笔业务连累，彻底破产。

下面，让我们来看看成功的例子吧！佛罗伦萨另外一个家族的"高级金融"业务取得了巨大的成功。这个家族就是美第奇家族，他们选择了另外一个投资对象：教宗。

美第奇家族的发迹与羊毛不无关系。第一个被载入历史的美第奇家族成员，名为萨尔韦斯特罗·德·美第奇（Salvestro de' Medici），是羊毛纺织业大行会的代言人，因为镇压了纺织工人的起义而在政治上崭露头角。从当时的史料看，美第奇家族已经是一

佩鲁齐家族的塔楼，如今是一家 B&B 酒店

个很大的家族了，涉猎各个行业。在这些家族成员中，后来奠定美第奇家族崛起基础的那个人，就是家族内部专司银行业的人，他叫乔万尼·德·美第奇（Giovanni de' Medici）。

乔万尼是如何成功投资了教宗的呢？这要从当时的时代背景说起。

在乔万尼出生前半个世纪，天主教会爆发了一件大事，法国国王腓力四世把教宗克雷芒五世从罗马掳到法国的阿维尼翁，设立了阿维尼翁教廷。也就是说，教宗成了法王的傀儡。1377 年，一位很有志气的教宗额我略十一世成功摆脱法王的束缚，把教廷迁回了罗马。他去世后，教廷枢机团选择了一位意大利人作为他的继承人，但是，有十三位枢机（其中多数是法国人）不承认这次选举，另选了一位法国人克雷芒七世当教宗。结果，两个教宗分别以阿维尼翁和罗马为基地，互相否认对方的正当性，并且把对方及其追随者开

乔万尼·德·美第奇，美第奇王朝的奠基者

革出教。

俗话说，天无二日，民无二主。天主教会的分裂，对当时欧洲而言，是国际政治的大危机。百年战争期间，两个教廷各自站在英法一边，互相绝罚，乱成一团。所以，到了乔万尼生活的年代，教廷决心结束这种对立。

结束对立的过程涉及大量的政治谈判和利益交换，乔万尼就是在此时搭上了教宗若望二十三世，成为教廷的金融顾问。当然，乔万尼对教宗也算得上有情有义：若望二十三世后来被教廷枢机团罢黜，囚禁在海德堡，是美第奇家族给他筹集赎金，提供居所。

人人都知道与当权者做生意的第一要义：在至高当权者的眼中，他富有四海，他给你的一切都是赏赐。只有当他迫切地需要什么东西的时候，你才能跟他好好谈一笔互利的生意。这就是人情的重要性。

人情远非最好的商业原则，如果真的要把当权者当投资对象，最好的办法还是你能够制约他。

相比英国国王，教宗是一个更好制约的对象。按照罗马教廷的制度，教宗是可以选举的，而选举是可以操纵的。美第奇家族就曾安排过两名家族成员当选教宗，也就是教宗利奥十世和克雷芒七世。既然有自己人在，当然不愁赖账不还钱。

综上，我们可以得出关于"高级金融"业务的一条最基本的原则：代表国家至高无上地位的主权者，必须是可以被合法手段进行制约的。唯此，才能让这位合法垄断暴力的最高者在商人眼中产生信用。

古代宪章

我们不少人之前可能会有一个下意识的印象，认为代表民意、限制王权的这些议事机构是现代社会的发明，是民主共和思想诞生之后的产物，但实际上并非如此。

其实，绝大多数西欧国家自古以来就存在着制约国王的合法机构。

比如，当代的联合王国议会是英格兰和苏格兰议会的合并，而英格兰议会可以追溯到诺曼征服时代威廉一世设立的王下议会，苏格兰议会则是在 1235 年由苏格兰国王亚历山大二世建立的。如果继续向前追溯的话，盎格鲁—撒克逊人在公元 1000 年以前就有高级官员、贵族领主和宗教人士组成的贤人会议。这些机构毫无疑问是后来议会的前身。

当代法国议会的前身是所谓旧制度（Ancien Régime）时代的

一系列议会，其中最重要的机构是三级会议。三级会议是 1302 年由法王腓力四世设立的，在此之前，法国只有由教会和贵族组成的二级会议。这些咨询机构又可以追溯到罗马帝国衰亡之后的法兰克王国年代。

当代德国联邦议会是普鲁士统一德国后的德意志帝国议会的继承者，而在德意志帝国议会之前，神圣罗马帝国时代同样有帝国议会，不仅如此，当时神圣罗马帝国议会还能够选举皇帝，对帝位拥有投票权的七个领主或主教被称为"选帝侯"（prince-electors）。

如果对其他欧洲国家进行考察，你会发现，各国议会这一代表民意、限制王权的组织，其历史往往可以追溯到公元 10 世纪以前，甚至可以追溯到西罗马帝国灭亡前后。这是因为绝大多数欧洲国家都是古代日耳曼民族的后裔，而古日耳曼人拥有军事民主制和设立部落议事机构的传统。

罗马史学家塔西佗在公元 98 年写成的《日耳曼尼亚志》，就记载了日耳曼民族选举军事领袖的传统。当长老们喊出候选人的名字时，与会的日耳曼人会大声呼号、敲击兵器或盾牌，喊谁的名字后发出的声音最大，谁就当选。当选的领袖（王）作各种决策时，也需要咨询手下各领主和小统领的意见，这些咨询意见的机构，后来演变成中世纪的议会。

在军事传统较为发达的古代部落制民族那里，设立类似的议事机构以限制王权的情形并不罕见。比如，中国古代建立了金朝的女真族的勃极烈制，实际上就是由皇帝与高级贵族共议国是的制度。蒙古人有忽里勒台会议，成吉思汗、窝阔台汗等领袖都是由忽里勒台推选出来的。后来的突厥人也继承了这个传统。今日的蒙古国、吉尔吉斯斯坦、克里米亚鞑靼等国家和地区的议会还叫作"忽里勒台"。建立了清帝国的满人则有"议政王大臣会议"制度，它源于努尔哈赤建立的非正式协商机构，到皇太极正式确立下来，最后被军机处取代，并在乾隆年间被废除。

为什么这类机构的诞生年代如此之早呢？根本原因在于零增长社会中的暴力至上逻辑。

前文已经反复讲过，零增长社会中，最有价值的资源就是暴力。只要有机会，零增长社会中的每个人都想组织暴力来攫取利益，由此涌现出的精英，自然而然就是暴力精英。虽然所有的暴力精英最终可能服从于一个最高权威，但这并不意味着他们会马上"清零"自己组织起来的暴力，因为暴力才是他们在这个世界安身立命、出人头地的根本资源。这就是古代世界部落统领与最高领袖、领主与国王、军事贵族与皇帝之间关系的实质。越是社会不发达的、组织技术不高超的民族，暴力精英就越是倾向于保留自己的暴力能力。

因此，虽然从传统上而言，古代议会的确是现代议会的前身，但是从组织性质上，古代议会却与现代政治中的民主与共和理念没有太大关系。组成古代议会的并不是普通人，而是以贵族、领主与骑士为代表的暴力精英。古代议会也不是民意机构，而是暴力精英制约最高权力的机构，是一群小规模强盗与杀人犯制约那个最大的强盗与杀人犯的组织。他们的权力来源与国王是同质的，都来自暴力能力。

正是因此，零增长社会中对王权的限制往往并不代表社会的进步，反而是社会的倒退。因为对平民来说，暴力越分散，对社会的伤害越大。皇帝在首都滥杀几个功臣元勋，对老百姓其实没什么影响，然而如果某个地方家族欺男霸女，或者控制当地官吏横征暴敛，给普通人施加的痛苦才是最直接的。

然而，就是这么简单的道理，却被当代很多历史学者和政治学者忽视了。

我对当代人过分强调类似于《大宪章》等文献的进步意义，一向是有点嗤之以鼻的。如果说《大宪章》是英国宪政的起源还有些道理，但若像有些学者[5]以及政客和媒体在溢美之词中经常说的那样，把它理解为民主的起源，则未免有点时代错乱。事实上，在各种世俗的、日常的史料中，签署了1215年《大宪章》的"无地王"约翰是被英国人看作历史上最失败的国王之一的。他不仅无力取得内部诸侯的认可，对法国的作战也不成功。也就是说，《大宪章》是英国社会各阶级逼宫的结果，是约翰统治失败的象征，其本身对英国政治的改善意义并不太大。约翰的孙子爱德华一世就曾经借助教宗克雷芒五世的声明，事实上废弃了《大宪章》的绝大多数条款，但是他在英国历史上的名声却要比约翰好得多。

《大宪章》也不是中世纪限制王权的唯一文件。实际上，中世纪许多国家都诞生过类似的文件。比如，1319年，丹麦国王埃里克六世去世，死前因为连年征战而破产，丹麦议会为了向他的儿子克里斯托弗二世追索欠款，要求国王签署了《限权文件》(Haandfæstning)。这份文件禁止国王监禁、流放或处罚主教，不得向教堂征税，不得迫使贵族在不同意的情况下出国作战或提供作战装备，不得干涉贵族向农民收取费用或租金，如有贵族被俘，国王必须在一年内为贵族支付赎金，等等。这些条文基本等于给丹麦国王上了一副手铐，而教会和贵族却可以借机任意压迫底层民众。很自然，克里斯托弗二世对此大为不满，在他统治期间，多次与手下的贵族发生冲突。

再比如，波兰王国16世纪发展出了所谓的"黄金自由"体制(Złota Wolność)，规定施拉赤塔（贵族阶级）有选举国王的权利、限制王权的权利、自由起义权（rokosz，允许施拉赤塔阶级对侵犯其自由的国王发动叛乱）、自由否决权（任一议员可在瑟姆议会中中断讨论并宣布通过的法规无效）和军事结盟权利，等等。这里面，自由起义权和自由否决权是最致命的，前者基本允许贵族阶级随时叛国，后者则基本宣布了国王的决策权形同虚设。[6]

16世纪是波兰最强盛的时代，当时波兰贵族信奉所谓"萨尔

扬·马泰伊科,《共和国权力之巅·黄金自由·1573 年选举》(1889)

马提亚主义", 认为波兰是民主共和在中欧的绿洲, 虽被专制国家和异教徒包围, 却能我自岿然不动。但是, "岿然不动"只是假象, 当时许多贵族已经暗中与周边领主勾结, 不断挖空中央政府的墙脚。到 17 世纪, 波兰的实力已经大大削弱, 18 世纪更是连续遭到三次瓜分, 最终亡国。

　　既然有这么多失败的案例, 为什么宪政、民主与共和又在近代成为政治进步的标志呢? 关键在于, 利用这些概念限制王权的到底是谁, 是领主, 还是商人?

　　领主的权力与国王的权力是同质的, 二者都来自暴力, 领主运用宪章来限制王权, 其实质无非是小恶棍打着道德旗号围剿大强盗, 无论谁胜谁败, 都不会从根本上改变零增长社会的本质。

　　但商人的权力, 与领主和国王的权力则是不同质的。

　　政治学认为, 权力就是改变他人决定的能力。领主和国王靠暴力威慑来改变他人的决定, 商人靠金钱收买来改变他人的决定。这很好理解。因此，我们要再往前仔细想一步：商人的金钱从何而来？

领主和国王可以靠暴力威慑来获得金钱，如收取税赋，但商人的金钱，则主要是靠自己在行业中的知识与经验得来的。他了解羊毛产业的上下游供应链，或了解冶铁和锻造的知识，或了解钟表的机械运作原理，这些具体的知识与经验，是他所提供的商品与服务有价值的基础。

因此，领主和国王之间的制衡往往会带来零和博弈，而商人与国王之间的制衡，则更有可能带来双赢局面。商人不是操控暴力的专家，更不是成天学习如何带兵打仗的将军，即便是在中世纪的商业城邦，他们从事战争也多依靠雇佣兵，而非本城市民。

所以，商人与国王之间如能展开合作，就可以实现各司其职的局面：国王剿灭盗匪，取消领主无端收取的关税和过路费，搭建各种"基础性利商制度"，以便利商人的贸易，降低做生意的风险；商人则提供税收，供给关键物资，传播技术，甚至开展"高级金融"业务，投资国王。只要有一系列的制衡机制保证商人与国王之间能够谈判，二者就有合作的可能性。

16 世纪以前的中世纪社会并不具备这样的条件。一方面，商人不肯离开自己城市的小圈子，更愿意以行会的形式抱团治理城邦；另一方面，国王也缺乏足够的暴力能力来对抗分散在各地的领主。

但是从 16 世纪开始，随着技术的进步与制度的发展，一系列新的条件出现了。商贸方面，包括我们前文提到的包买商、复式记账法、远洋航行技术等。政治方面，尽管我们说中古时代的宪章制度与议会经常成为土地领主限制王权的工具，会对国家安定造成不利影响，但"限制王权"这一原则本身却是政治进步所需要的——古代议会制度的发展，恰好为新兴的商人提供了可用的政治工具。

从技术进步的角度讲，15 世纪以后的一项关键技术扩散，为现代政治的出现提供了一个重要的契机。

这个关键技术，就是火枪。

火枪与现代国家

在现代人的固有印象中，热兵器的威力当然是胜过冷兵器的，但实际上，一直快到 17 世纪的时候，人们还在争论火枪与弓箭孰优孰劣。

这场争论发生在英国，它的背景是这样的：中世纪，威尔士和英格兰长弓手的战力天下闻名，为了保证能够源源不断地获得优质兵源，英格兰王国曾经颁布过一个《长弓法令》，规定人们在礼拜日不能进行长弓以外的娱乐活动。火绳枪出现后，对长弓造成了冲击，人们开始质疑保留《长弓法令》的必要性。

于是，1595 年，英国议会举行了一场辩论，来讨论火枪与长弓的优劣，以决定是否应该废止《长弓法令》。支持长弓的一方先说明自己的理由，支持火枪的一方再站出来加以驳斥。

当时支持长弓的一方先列举的长弓优于火绳枪的理由如下：

1. 火绳枪手只能在比较近的距离内实现精准射击，射程超过 100 码后只能胡乱开火了，弓箭手却可以在 150—200 码外准确命中目标。

2. 弓是一个简单的武器，枪支却很复杂，它会在许多方面产生故障，比如，潮湿的天气会让火药变质，大风天也会吹灭火绳，甚至把火花吹向弹药罐或子弹带，以及枪支很容易阻塞或淤塞，也很容易破损，而且只能由熟练的枪械工匠修复。

3. 战斗会让人兴奋和激动，除非最成熟和稳定的士兵，否则有可能对火绳枪处理失当，比如，一个人在匆忙中可能会忘记在火药和弹丸之间装上填充物，以及保持弹丸始终在枪膛底部。史密斯博士就见过士兵枪口向下拿枪时，子弹从枪管里滚落了出来："这就是为什么那些新兵蛋子火枪手即便在近距离平射时对一个营开枪，却只有少数人倒下。"

4. 火绳枪手最多只能站两排纵深，但弓箭手甚至能有六排纵深，后排可以用高轨道方式发射（抛射）。

5. 与弓相比，火器是很重的武器，士兵不仅在行进时很累，而且在半小时极速射击后，他们的准星会变得很不稳定。

6. 最重要的是射速问题。一个弓箭手，在一分钟内可以进行六次瞄准射击，而一个火绳枪手在两三分钟内只能发射一次，还必须得小心谨慎地完成所有那些手动操作。

针对长弓派提出的问题，火枪派逐条进行了反驳：

1. 弓箭手不再是长射程精确射手了，他们的技艺现在已经大幅衰退。

2. 如果坏天气对火器来说是有害的，那对弓箭也一样。雨会让弓弦松弛，箭羽在潮湿环境中也会剥落。

3. 在战斗中，弓箭手一样也会紧张。巴威克就曾见过，由于紧张，弓箭手并没有把箭拉到头部就乱射，只是为了在每分钟内尽可能多地射出箭支。

4. 关于纵深，巴威克说，当队列多于两列纵深后，后排弓箭手其实根本无法瞄准目标，只是向空中随意射箭。

5. 相比火绳枪，弓箭对身体力量的依靠程度更大："如果没像在家时那样一日三餐，或者夜里睡得不够温暖，弓手会变得迟钝而无力，从而无法实施长距离射击。"

6. 火器的逐步改良以及反复地训练，可以让一个熟练的士兵在固定时间内比几年前射击更多次。现在，火绳枪手已经可以一小时射击 40 发了，并且这个速率还在增加。[7]

画于 1407 年，瑞士士兵正使用一种早期火枪"钩铳"作战

　　从这些辩论内容我们可以看出，在 1595 年这个时代，火绳枪相比长弓的确没有什么优势，不仅射程和精度不如长弓，更致命的是射速太慢。那么，火枪到底是因为什么能够取代冷兵器呢？答案依旧隐藏在这场辩论之中。

　　火枪派指出，火绳枪相比长弓有一个至关重要的优势，那便是对身体素质的要求低，所以训练成本也低。

　　你也许会因为影视或游戏的影响，认为弓箭手更需要轻盈的身体，而非健壮的肌肉，但历史真实情况并非如此。拉弓实际上是一种力气活。弓的磅数越重，箭的射程才越远。古代战场上为了保证有效射程，弓箭手们需要有能力拉开重弓，而这对体能的要求是相当高的。《三国志》中形容吕布的武勇，专门强调吕布"便弓马，膂力过人，号为飞将"，这恰恰反映了古代人对弓术的认知。

　　也正是这个原因，古代弓手的训练成本是很高的。农耕时代的蛋白质与热量供给不足，很难确保参军士兵都拥有健壮的体格，因此优质弓手的兵源十分难得。这是中古英国制定《长弓法案》的根本原因。但如果可以用很低的成本将一个普通人训练为火枪手，那他自然不必经过长时期锻炼成为一个长弓手，《长弓法令》存在的必要性也就不大了。[8]

　　士兵来源的改变，对一个国家的政治和阶级结构来说，是一种颠覆性的变化。

　　中古时代，领主和骑士之所以能够归属为统治阶级，拥有人上人的地位，归根结底是他们的暴力能力。许多骑士从少年时代便开始训练，专精杀人术，而且久经沙场，懂得基本的军队组织与管理技术，他们也由此垄断了暴力能力，上可以对抗国王，下可以荼毒平民。这是中古欧洲封建制度的一大根基。

　　但是，火枪的出现使得平民也可以掌控足以对抗骑士贵族的暴力，情形必然会发生巨大变化。而且，火枪这种武器的造价高，哪个国家若要大规模部署火枪部队，就必须改革自己的财税机制，以尽快赚取高额财富。这样一来，国王就有充分的动力转向商人，颁布鼓励工商业发展的政策和法令，好让商人心甘情愿地缴纳更多费用来建设军队。

　　如此一来，商人与国王的结盟，便是一种双赢的局面。对国王而言，商人给国王带来了大量收入，便于国王获得财政支持，进而对内摆平各个小领主，强化中央政府的掌控，对外开疆拓土，征服领土或者获取殖民地。对商人而言，国王则报之以颁布法令，对内取消领地之间的关税，对外实行保护主义政策，支持本国商人的特权，助其发展产业与贸易。

　　中古时代留下的议会机制，经过改良，就可以变为商人与国家结盟的见证：一方面，它可以限制王权，阻止国王破坏与商人之间的契约；另一方面，它可以集合众力，把商人擢升为对国家的前途命运有参与和决定权的议员，从而把商业力量与国家权力的扩张结合起来。

结果便是，商人与国王之间的联盟，一来打击了传统的骑士与领主阶层，二来促进了现代政治制度的发展，三来通过军事化的纽带把一个国家的民众与国家联系在一起，客观上也是对爱国主义和民族主义的培养。

正是这几股力量，尤其是以商人为代表的商贸秩序和以国王为代表的暴力秩序，于 16 世纪这个风云变幻的年代，在西欧这个乱世滔滔、群雄并起之地汇聚在一起，在互相博弈中找到了一种成熟的共存方式，才终于揭开了引领整个人类历史前进方向的政治现代化大幕。

远航而来的热那亚商人

当然，这个过程并不是一帆风顺的。

实际上，如果考察商人与国家（在中世纪晚期其实就是国王）之间的结盟历史，我们会发现，一开始的这种结盟，是商人在形势逼迫下的无奈选择。

这依然要从意大利的形势说起。自 15 世纪始，像法国、西班牙和奥斯曼帝国这样的巨型玩家加入了意大利半岛的版图博弈中，对当地曾经煊赫一时的商贸共和国和城市造成了巨大的压力。这其中，威尼斯当然首当其冲，但它并不是最凄惨的，毕竟"瘦死的骆驼比马大"，它曾经是地中海的霸主，如今霸主地位虽然遭到冲击，但还没有马上到山穷水尽的地步，至少，它还可以转过头欺负更小的商贸城邦，从它们嘴里抢些业务来过活。

最凄惨的，实则是在威尼斯之下的那些商贸城邦，不仅面临外敌的入侵，还要遭受威尼斯的压迫。这其中，有一个城市叫热那亚（Genova）。

很多人经常把热那亚和一座更有名的城市日内瓦（Geneva）搞混，实际上，热那亚在中世纪的意大利也是响当当的，是四大海洋共和国之一（其余三个分别是威尼斯、阿玛尔菲和比萨）。但是，在海洋争霸中，它却始终被威尼斯压过一头。尤其是 1381 年，热那亚被威尼斯在海战中击败，被迫签署都灵和议（peace of turin），不得不撤出东地中海最有利可图的市场，进而财源被切断，内忧外患增加，由此发生了严重的财政危机。

为解决财政危机，热那亚的金融巨头成立了一家圣乔治商行，为城邦的公共债务提供资金支持。这个圣乔治商行在热那亚扮演的角色，类似于中央银行在现代国家扮演的角色。只不过，它是一个由私人债主控制的央行，就像后世的英格兰银行和美联储一样。某种意义上，我们也可以说，现代央行是热那亚人发明的。

但是，圣乔治商行的组建，并不意味着热那亚变成了一个金融资本管理的商业城邦。恰恰相反，当时热那亚的情况是，不是国家被金融资本家同化了，而是金融资本家被国家同化了。他们已不再像以前从事"高级金融"的先辈一样兢兢业业地开展投资业务了。像巴迪、佩鲁齐和美第奇这样的银行家，在做"高级金融"业务的时候，可是要马不停蹄地拜访"被投资人"（也就是各个国王），对他们的风险承受能力进行判断，对他们欠债还钱的人品进行评估，以及帮这些国王设计政治制度和偿还机制的。这些人做的是真正的金融业务。然而现在的情况则是，热那亚的金融资本家变成了自己共和国的债主，所以很自然地，他们开始用政治权力来巩固自己的垄断地位，变成了一个现代意义上的大型康采恩（Konzern）垄断组织。

有趣的是，如同今天的互联网平台在取得垄断地位后，就想染指租房、买菜等人类日常生活的基本需求领域一样，当年的热那亚金融资本家也找到了最终的垄断目标：土地。他们先是从金融和商业垄断中赚了大量的钱，然后去买城市周边的大量土地。其实，古往今来的资本家都是殊途同归，这不是巧合，而是一种社会规律：就像我们说过的，土地是零增长时代最重要的生产要素，人们衣食住行所需的一切产品归根结底都要从土地上产出，因此，一旦垄断资本家染指土地，那就标志着，在他看来，已经没有其他领域可以获取利润，零增长时代即将到来。

然而，垄断资本家染指土地，结果是斩断了小商人的阶级上升空间。原来商人辛苦工作，总还是能赚到钱的，但是如果基本的生活资料和产品被垄断了，那么整个经济运行机制就会越来越农耕化——染指土地的垄断资本家变成了土地贵族，进而固化阶级身份，阻碍商人进一步做大。

历史学家希尔斯（Heers）曾经以热那亚为例讲过这个很简单的道理：

> 擢升到商人阶级或金融阶级……以及很快获得"贵族"的头衔或许比较容易，但是进入土地贵族阶级的大门已经紧紧关闭。除了极少数例外，你看不到贵族在出售他们的城堡或商业特权。[9]

如此，城邦当然会出现动荡，阶级对立严重激化。但是，当地商人倒也并不是只有"揭竿而起"这一条出路。热那亚虽然只是一个小城邦，但是几百年来热那亚水手航行于地中海和黑海等海域，把控航路的经验并不逊色于威尼斯人。俗话说，穷则变，变则通，虽然热那亚商人在海外的开拓路线被威尼斯堵住，引发了正增长社会的衰落，从而进一步恶化了国内的阶级上升渠道，但是，他们还

伊莎贝拉一世

有一条更大胆、更富想象力的出路：开辟新航路！

　　前文讲过，随着包买商制度的发展，商贸秩序开始渐渐渗透到零增长社会的更广泛地域中。热那亚的包买商和资本当然也不例外。正因为意大利市场已经被威尼斯和佛罗伦萨这样的大玩家把控，他们只好向西而去，但这反倒让他们在伊比利亚半岛的卡斯蒂利亚王国找到了机遇。

　　卡斯蒂利亚王国就是今天西班牙王国的前身，其所在的伊比利亚半岛曾长期被穆斯林占据，而伊斯兰世界的科学知识是比当时的西欧更为发达的。11 世纪起，卡斯蒂利亚王国开始致力"收复半岛运动（Reconquista）"，也就是让伊比利亚半岛重新置于基督教的统治之下。所谓"近水楼台先得月"，征服了伊斯兰教众的卡斯蒂利亚王国率先接触到很多伊斯兰世界保留下来的古希腊罗马知识，开始渐渐发达起来。恰巧 14 世纪末期的热那亚人被迫从意大利半岛撤离，开始投资这片新兴的热土，新兴的卡斯蒂利亚王国对这批商人张开了欢迎的双臂。

哥伦布

15 世纪，卡斯蒂利亚王国诞生了一位英明的女王，她就是伊莎贝拉一世。1469 年，伊莎贝拉一世与伊比利亚半岛上另外一个大国阿拉贡的国王斐迪南二世成婚，将两个王国合并在一起，正式宣告了西班牙的诞生。

伊莎贝拉一世本人恰巧是个狂热的天主教徒，她手下有一个大国，她的王国很早就接触了关于世界的全新认知，很多人根据古代希腊人的计算，相信世界是一个球体，所以她有充足的动力组织"新十字军东征"，把天主教的福音传向更遥远的东方国度。

看起来，这个女王就是支持新航路开辟的理想人选。

其实，热那亚商人一开始还没有想开辟那么新的航路，他们的眼光主要放在非洲西海岸。

欧洲人对非洲的了解相当早，罗马时代就已经征服了地中海沿岸的北部非洲地区。伊斯兰世界崛起后，掌控了北部非洲和东部非洲的大部分地区，因此欧洲商人只能从海上前往西部和南部非洲，寻找一些贸易机会。13 世纪末，热那亚的维瓦尔第兄弟就想要环绕非洲航行，只是他们迷失了方向，航行没有成功，但他们发现了古代腓尼基人曾经到过的"乐岛"——也就是今天的加那利群岛。15世纪，黄金价格上升，商人对远航的热情重新开始高涨，在1447年发起了一次穿越撒哈拉沙漠的探险活动，还在15世纪50年代赞助了两次沿西非海岸的航行。

此时，有一个大胆的、疯狂的热那亚人，认为这些同乡搞的都是小打小闹。他虽然只是个小水手，头脑中却有一个无比宏伟的计划。这个计划部分是因为他犯了一个严重错误。在欧洲，从古代开始就有科学家正确地提出，大地是一个球形，他们甚至还算出了地球的周长，其结果与后来实际测算的相差无几。这位热那亚人接触到了这些古代资料，尤其是托勒密的计算。但是很不幸，托勒密用的是老式距离单位，导致这位热那亚人计算出的地球周长只有2.9万公里（实际上是4万公里）。因此，他得出了错误的结论，认为从西班牙出发向西航行，只需要航行5,000公里就能到亚洲，这比走地中海路线还要近得多（实际上并非如此）。

这个热那亚人的名字，叫克里斯托弗·哥伦布。

后面的故事我们都知道了，哥伦布游说各国国王几十年，最终得到伊莎贝拉一世的大力支持，从1492年开始，他完成了四次从西班牙到美洲的往返航行，并且认为自己到达了印度。

最终，这个热那亚人真的开辟了新航路！

资本与帝国

伊莎贝拉支持热那亚资本并在新航路开辟中获得丰厚利润回报的年代，也是西班牙式现代火器部队迅速发展，并在欧洲战场上称雄的年代。

贡萨洛·科尔多瓦

在近代战争史上，西班牙大方阵（Tercio）留下了赫赫之名。它的发明者，就是伊莎贝拉一世的表甥，也是麾下得力将领贡萨洛·费迪南德斯·科尔多瓦（Gonzalo Fernández de Córdoba）。

在 15 世纪的意大利战争中，法国一向想要染指富饶的意大利，而那不勒斯王国和威尼斯等城邦与西班牙的关系密切，于是往往向西班牙求援。伊莎贝拉一世一方面为了保护有亲戚关系和继承权的意大利领地，另一方面也是为了平衡法国的势力，多次派出贡萨洛·科尔多瓦与法国人交战。贡萨洛·科尔多瓦也不负女王的期望，多次率领西班牙军队取得胜利。

贡萨洛的对手可不是容易对付的。当时的法国刚刚接受了百年战争的洗礼，国王与封建领主的关系空前团结，组建起了一支在整个欧洲也称得上极为强大的重骑兵常备部队（Gendarme），是毋庸置疑的欧陆霸主。

重骑兵是封建时代军备的巅峰，一匹战马的体重大约在 300—400 公斤，加上人和铠甲的重量，骑兵全重可以达到 500 余公斤，短途冲刺时速可以达到 40—50 公里。像这样的庞然巨物冲过来时，中世纪的任何装备都无法抵挡。

重骑兵是武力的体现，也是当时骑士阶级地位的象征。在中古时代，养一匹战马，打造骑兵专用的重甲与兵器，谙熟骑术，这三样都不是普通人家能担负得起的。这就是中古时代军事背后的政治经济学。

这种政治经济学的另一面，则是中世纪通常依靠长枪方阵来对付重骑兵。装备长枪的步兵排列成紧密方阵后，可以借助长枪来对抗骑兵的冲击战术。更重要的是，农民稍加训练也可以变成合格的长枪兵。像这样的士兵，哪怕用两个去换掉对面一个骑士老爷，也可以说是"值得"的。但即便如此，长枪兵在面对骑兵冲锋时，也很难真正可以赢得优势。

依赖火枪的普及，贡萨洛创造了新的战术，在传统长枪方阵的基础上，将长枪兵与火枪手混编起来，增加针对重骑兵部队的远程伤害，同时依然能够打"包赚不赔"的经济仗。这就是西班牙大方阵的实质。

西班牙大方阵的最中间是中空的长枪兵方阵（阵型中空是为了降低炮火的伤害），方阵最外面是持短剑的护卫士兵，防止敌人冲上来短兵相接；方阵的四个角各有一个火枪手小队，因为处在最外面，所以称为"袖口"（Manga）；两个"袖口"之间还有八个更小的火枪手队伍排成龙牙线形状，四个在前，四个在后，前排四个小队射击完毕后退装弹，后排四个小队前进射击，如此往复。

这种战术在保留了长枪兵威慑力的基础上，最大化了火力输出。在轮番射击的排枪火力下，敌军的轻骑兵和散兵很容易被击溃，而缺乏了轻型兵种的保护，重骑兵单独冲上来的危险就很大了。[10]

可以想象，这样的部队对火枪装备的要求是非常巨大的。对一个王国来说，如果不能开辟新的财源，显然无法承担如此高昂的军事开支，从而在激烈的战争中败下阵来。

按照历史学家阿锐基的说法，支持热那亚人哥伦布探索新航路的伊莎贝拉一世可以称得上是一个精明的企业家。[11] 她用个人财产支持了哥伦布的航海，同时又说服国会，称整个西班牙都可以因为航路的开辟受益。以此为理由，她把国家岁入的八分之七拿过来填补了自己的金库。

除此之外，她还颁布法令，让政府在私人贸易商的船只上有权保留十分之一的吨位，同时赋予西班牙商人相应的贸易特权（所有外来商人必须通过本地中介从事贸易）；她还在新大陆设立了阿德安那商行（Aduana）。1501 年以后，她下令西班牙政府有权保留美洲开采贵金属的五分之一。此外，她还在塞维利亚设立了作为王室代理机构的西印度通商所（Casa de la Contratación de las Indias），

图右为塞维利亚商会大楼，曾经作为西印度通商所的办公场地使用，如今是西印度通商所的档案馆

其职责包括垄断殖民地贸易、处理贸易税务、解决法律纠纷、为殖民者颁布特许状、绘制地图与海图、公证西班牙人在海外的地产，等等。这个机构是西班牙王室的"东印度公司"，后世西班牙政府经营殖民帝国积累的巨大财富，几乎都是靠这个通商所赚来的。

在伊莎贝拉一世的投资中，热那亚商人也得到了丰厚的回报。实际上，这个西印度通商所就是由一个热那亚商人建立起来的。此人是伊莎贝拉一世的"红顶商人"，规划了整个通商所的蓝图，并且借这个机构实质上控制了西班牙政府对整个新航路的货物运输渠道的管理权。[12] 这个通商所很快就开始为来往新航路的船只组建护航队，并且为每条船选择船长和船员。你可以想象，其中有很大比例，都是来自热那亚的船长与水手。

可以说，在西班牙政府对新航路的开辟探索过程中，热那亚资本扮演了极为重要的幕后"操盘手"角色。甚至，热那亚资本还深度参与了西班牙的高层政治运作——准确地说，是神圣罗马帝国的选举运作。

伊莎贝拉一世的女儿胡安娜嫁给了神圣罗马帝国皇帝的王子菲利普，因此，伊莎贝拉一世的外孙卡洛斯既有权继承西班牙的王位，又有权继承神圣罗马帝国的帝位。虽然神圣罗马帝国的《金玺诏书》规定，神圣罗马帝国的帝位必须经由选举产生，而就像我们介绍过的，选举是一种可以操纵的勾当。

1519 年的帝位选举，卡洛斯动用了德意志银行家族富格尔家族的力量，借出巨额贷款行贿各个选帝侯，最终击败其他候选人，当选了皇帝，也即神圣罗马帝国皇帝查理五世。富格尔家族所借出的贷款，有很大一部分就来自热那亚资本家。

查理五世的爷爷是神圣罗马帝国的皇帝，外婆是西班牙的女王，外公对那不勒斯和西西里有继承权，再加上西班牙对美洲的殖民，这些都使他成为整个中世纪历史上统治区域最大的皇帝，头衔比《权力的游戏》里著名的龙妈丹妮莉丝还要长：他是西班牙国王卡洛斯一世、神圣罗马帝国皇帝查理五世、罗马人民的国王卡尔五世、奥地利大公卡尔一世、卡斯蒂利亚-莱昂国王卡洛斯一世、西西里国王卡洛二世、那不勒斯国王卡洛四世，以及低地国家至高无上的君主。在欧洲人心目中，他还是"哈布斯堡王朝"的巅峰统治者，是西班牙"日不落帝国"时代的揭幕人。

但是，恰恰从他的年代开始，他的政权与商人之间的联盟出现了大问题。

商人-国家联盟的第一次失败

神圣罗马帝国面对的第一个问题是，"日不落帝国"实在太大了。有时候，国家的庞大未必是好事，反而有可能是坏事。因为国家内部的各个商业资本集团之间的利益可能是互相对立的，这时候，国王要付出更大的代价来整合王国，一旦失败，王国就可能会分崩离析。

比如，前文介绍过，查理五世能够成为选帝侯，是因为从富格尔家族借了一笔巨额贷款。富格尔这个家族的发家史，又是因为从中欧的君主和诸侯那里获取了许多银矿的开采权和货币的铸造权。但是，富格尔家族的商业利益，却与新大陆开拓者的利益背道而驰：美洲白银开采得越多，银价就越是下降，富格尔家族传统的财富就越是贬值。1535 年以后，富格尔家族掌握的德意志银矿实际上处在停产状态。到 16 世纪中叶以后，他们已经不愿意向神圣罗马帝国皇帝贷款，因为皇帝不仅还不起钱，作为补偿而授予的银矿开采权也没有那么大意义了。1607 年，随着最大的债主，西班牙国王腓力三世因破产而拒偿债务，富格尔银行业也跟着破产了。

"日不落帝国太大"，这一点又引申出第二个问题：国家越大，对国际政治的利益要求就越多，与其他国家起冲突的焦点也就越多，而这反过来也影响了商人的利益。

比如，在 16 世纪中叶以后，富格尔家族不愿意继续向皇帝贷款，于是皇帝转而求助于他的老朋友——热那亚资本。在这种需求之下，热那亚银行家再度承担起哈布斯堡王朝的"高级金融"业务需求。

对此，布罗代尔是这么说的：

通过皮亚琴察交易会这种占统治地位的制度，意大利城市的资本全部源源不断地流向热那亚。一大批热那亚和其他地区的小投资商，把他们的存款托付给银行家，以牟取少量的利润。于是，西班牙的金融业就与意大利半岛的经济建立起了一种持久的联系。[13]

　　但是，热那亚银行家能够从事"高级金融"的前提，是他们有能力"吸储"，也就是说，首先得要有钱存进来，他们才有钱借给皇帝。他们的客户（以意大利半岛的贸易商人为主）有钱存进来的前提，则是商路的畅通。然而不幸的是，神圣罗马帝国皇帝的外交政策，实际上打击了包括热那亚商人在内的很多海外长途贸易商的利益。

　　"神圣罗马帝国皇帝"这个头衔，按惯例是要由罗马教宗加冕才能获得承认的。从公元 313 年君士坦丁皈依开始，这个惯例就成为古罗马帝国皇帝得到认可的程序之一。神圣罗马帝国自诩为古罗马帝国的继承者，自然也要做戏做全套，保留加冕仪式。因此，神圣罗马帝国在外交政策上，一直是与罗马天主教会绑定的。

　　然而，自 1517 年马丁·路德贴出《九十五条论纲》开始，新教思想如火如荼地传遍了欧洲大地，尤其是中欧和北欧地区。[14]为此，神圣罗马帝国皇帝对新教徒以及受新教影响的清教徒采取严苛的制裁政策，引发了好几场旷日持久的战争。其中，有两个对手对热那亚人和其他意大利商人的海上贸易打击最为严重。

　　第一个对手是荷兰人。宗教改革思想提出后，多数荷兰人很快皈依了新教，这引发了皇帝的仇视。16 世纪中叶起，西班牙国王腓力二世开始加速设立宗教裁判所，烧死大批所谓的异端邪说分子。1567 年，他进一步任命著名的将领和刽子手费尔南多·阿尔瓦雷斯·德·托雷多（Fernando Álvarez de Toledo）为尼德兰总督，此人心狠手辣，在任仅六年，就处死了八千多荷兰人。

　　荷兰人被逼奋起反抗。他们早年曾跟汉萨商人在波罗的海的捕鱼与运输业中竞争良久，练就了一身在风浪中搏斗的本事。通过航海方面的优势，荷兰人一方面牢牢把控着波罗的海沿岸的粮食贸易，确保后勤的稳定；另一方面在海上对哈布斯堡王朝家族的商船发起无差别攻击，劫掠贸易财富。

荷兰人的海洋通商能力极为强悍。尼德兰真的只不过是一个弹丸之地，然而，在16世纪后半叶，尼德兰却是欧洲拥有船只最多的国家，其商船数目差不多相当于西班牙和葡萄牙的总和，比英国、法国和德意志地区要多得多。

荷兰人在海上发起的劫掠，所涉及的财富金额也是极为巨大的。法学史上有一桩千古留名的抢劫案，说的是1604年荷兰东印度公司的战舰在新加坡海域扣押了一艘从澳门起航的葡萄牙商船，船上的货物价值相当于英格兰王国政府一年的岁入，于是，葡萄牙人在海牙发起诉讼要求归还货物，荷兰东印度公司则聘请了一位叫雨果·格劳秀斯的荷兰律师给自己做辩护。格劳秀斯辩护的理由是"海洋自由论"。这个原则后来成为海洋法的基本原则，格劳秀斯自然也被视为海洋法的奠基人。当然，在此处引用这个案例，一方面是为了说明荷兰人在当时通过海上劫掠所取得的经济利益有多么巨大，另一方面也是为了说明现代国际体系背后的商贸与海事来源。

第二个对手是英国人。英国跟荷兰一样，与西班牙的冲突既有利益的一面，也有信仰的一面。从利益的一面讲，16世纪中叶开始，英国就在大西洋和美洲沿岸发动了多起私掠行为，比如，1562年由约翰·霍金斯发起的跨大西洋奴隶贸易还得到了英国女王伊丽莎白的支持。从信仰的一面讲，伊丽莎白本人信奉的是新教，天主教会还因此拒绝承认她的合法君权。为了对抗天主教会，伊丽莎白着手扶持新教在荷兰的势力，这进一步激化了她与西班牙政权之间的敌意。

1585年，英国与西班牙之间正式爆发战争。英国官方海盗德雷克（Francis Drake）爵士率领舰队前往西印度群岛，在圣多明哥、卡塔赫纳和佛罗里达附近进行劫掠。1587年，腓力二世决议入侵英国，并派出了无敌舰队（Spanish Armada）。但是，这支无敌舰队随后被霍金斯和德雷克联手率领的英国舰队击败。

无敌舰队的失败，并没有马上终结西班牙的海上优势。腓力二世马上实施了海军复兴计划，英国海军在后续战役中也没有讨到什么好处。伊丽莎白去世后，信奉天主教的詹姆斯一世甫一即位，就与西班牙签署了《伦敦条约》(Treaty of London，也称《1839 公约》)，禁止英国继续破坏西班牙的大西洋运输和殖民扩张，同时禁止英国进一步支持荷兰新教。所以，从战争结果来看，英国人获得的反而比西班牙人少一些。

英西战争真正的长远影响，其实在于热那亚商人的北部贸易路线被切断了。我们在前文介绍中北欧城市商贸圈崛起时讲到过，传统欧洲商路是从地中海东岸到意大利，再翻越阿尔卑斯山前往比利时–荷兰地区，最终到波罗的海画上句号。奥斯曼帝国的崛起隔断了地中海东岸商路，而哈布斯堡王朝与荷兰和英格兰的战争，则进一步终结了意大利商人前往北部地域做生意的路径。

现在，热那亚商人，以及其他支持哈布斯堡王朝的意大利商人，就只剩下大西洋新航路这一条道路了。然而，这条航路暴露了帝国的第三个问题：它的殖民与贸易机构官僚化太重，而商业化不足。

西印度通商所是西班牙政府官方设立的管理机构，而官方机构管理商贸，最大的问题是它的第一 KPI（关键业绩指标）永远不会是确保利润率，而是确保王室政府对贸易业务的控制权。后来英国、荷兰和法国成立的东印度公司，则与官方机构存在很大区别，它们首先是私人公司，第一 KPI 永远是先确保利润率。它们与官方的联系在于，官方通过特许状确保只有东印度公司有权从事殖民相关的商贸活动，因此东印度公司要向政府付额外利润，或者接受政府入股。

两种机构设立的初心不同，导致二者发展路径产生重大差异。17 世纪上半叶，西班牙通商所的执政官名为奥利瓦雷斯（Olivares），只是与王室关系密切的贵族，但他并不熟悉经济事务。到 17 世纪下半叶，西班牙的西印度通商所和商行已经变成了一个官僚机构，一个很多"伊达戈"（hidalgos，西班牙下级贵族）挂名拿钱的场所。

这个变化本身，恰恰标志着西班牙帝国的衰落。

　　你也许会质疑我的观点，国家的力量难道不比商人强大吗？国家难道不能动员最优秀、最合适的人才来管辖新航路吗？商船跨越大西洋，风险极高，成本极大，如果不是国家层面的支持，远洋探险活动怎么能够开展？但问题恰恰在于这里：新航路开辟这件事，难度之大、影响之深、意义之远，完全超越了当时欧洲最优秀人士的所见所闻。这就导致，即便是国家集合所有最优秀的人士，提前对整个探索计划做出研究、规划和安排，限于当时知识水平的限制，这些规划和安排在事后也极有可能被证明是没有意义的。

　　我讲个故事来说明一下这个问题吧。

　　在热那亚人哥伦布发现新大陆后，整个卡斯蒂利亚王国对此高度重视，政府设立西印度通商所作为王室代理机构，就是一个明证。但是，新航路开辟之后，一系列实际问题接踵而来：西班牙人对新大陆土地的权利为何？殖民者与当地人的关系为何？如何解决这批美洲原住民与基督教信仰之间的冲突？传统天主教一直抱持的世界观又该怎么维护？

　　这就是当时欧洲一流知识分子最关心的重大时代命题。西班牙人不是没有给出回答，而且还在当时他们力所能及的范围内，给出了高水平的回答。

　　比如，针对如何处理美洲原住民的问题，在当时有两种争执不下的意见。一方援引古希腊哲学家亚里士多德的"自然奴隶制"理念，认为人世间就是有一些民族的智力水平与文明比较落后，这些人是"天生的奴隶"，因此，殖民者奴役美洲原住民是符合"自然正义"的。另一方则以西班牙的萨拉曼卡学派为代表，他们认为，所有人类都拥有共同的本质，也拥有共同的权利，规定这些权利的法律就是自然法，因此美洲原住民跟欧洲人一样应该享有免于被迫改变信仰以及拥有土地的权利。[15]

这在当时欧洲是非常先进、非常前卫的概念。一百多年后，以托马斯·霍布斯、约翰·洛克为代表的自然法学家将萨拉曼卡学派的理念发扬光大，传播到举世皆知，证明萨拉曼卡学派的理论视野与历史洞见绝对可以说得上是领先时代。

但是，问题恰恰在于，在当时的时间点上，萨拉曼卡学派的观点对西班牙人的殖民活动毫无裨益。

西班牙人当时在新大陆发展工商业的最大阻力，在于缺乏劳动力。卡斯蒂利亚和阿拉贡本来并不是欧洲大陆上的一流强国，人口有限，对于他们来说，新大陆的物理空间实在是太广袤了，新的人种、新的环境、新的国际关系、新的农作物、新的土壤、新的管理经营模式……一切都是新的。

为了能够尽快在这个全新世界立足，必须充分利用奴隶构成的劳动力资源，如果西班牙人不做这件事，葡萄牙人、荷兰人、英国人和法国人也会去做。

客观来讲，萨拉曼卡学派的一批知识分子，包括弗朗西斯科·维多利亚（Francisco de Vitoria）、多明戈·索托（Domingo de Soto）、托马斯·摩卡多（Tomás de Mercado）和弗朗西斯科·苏亚雷斯（Francisco Suárez），都是那个时代欧洲最优秀的知识分子。他们的立论既高且正，辨析鞭辟入里，然而却跟实际操作相去甚远。所谓"隔行如隔山"，最优秀的理论人才，未必就能真切地指导实践。

不仅如此，最高统治者对这些理论也十分拒斥。起初，政府是支持这些学术探索的。萨拉曼卡大学最早就是在伊莎贝拉一世的支持下发展起来的，她还支持哥伦布在大学内设立地理研究委员会。但是，随着这些知识分子开始独立思考问题，统治者渐渐就不喜欢他们的理论了。

16世纪，萨拉曼卡学派是欧洲唯一敢于直接批判殖民活动与贩奴贸易的知识分子群体。客观地说，他们代表了西班牙的良心。

但是，皇帝查理五世认为萨拉曼卡学派的理论无法为西班牙在美洲的殖民活动进行辩护，反而有辱国格。囿于萨拉曼卡大学在当时欧洲的声望，他没有直接下令限制这些思想的传播，但态度鲜明地表示了反对。

皇帝的反对使得萨拉曼卡大学逐渐失去了支持，学术研究也渐渐式微。如果我们用纯粹的、实用主义的眼光来看，皇帝这么做好像是有道理的——反正知识分子站在道德高地上并不关心殖民地的劳动力从何而来，那么任由他们逐步没落，也没有太大影响。

然而皇帝不知道的是，当时的萨拉曼卡学者已经在新航路和殖民活动的基础上，发展出了现代经济学的研究框架。

1517 年，一位来自安特卫普的商人拜访了萨拉曼卡学派第一代导师弗朗西斯科·维多利亚，询问他通过商业贸易赚取个人财富是否具有道德正当性。维多利亚的答案是，世界的自然秩序根基于各种人们、产品和观念的"自由循环"，进而人们得以了解彼此，并且增进彼此的情感。这表示，商业贸易不但不该被谴责，反而是增进公共利益的有效方式。这是中世纪利用神学和自然法理论为企业家精神进行辩护的最早案例之一。

萨拉曼卡学派的迭戈·列维亚（Diego de Covarrubiasy Leiva）进一步提出，人们有权拥有私有财产，也有权利独占其财产带来的收益，并且这会比公共所有制更能有效地运用财产。这便是现代经济体制中私有财产权保护的起点。

在宏观经济学方面，马丁·阿斯皮利奎塔（Martín de Azpilcueta）和路易斯·摩里纳（Luis Molina）基于新大陆贵金属的价格，观测到了以数量稀缺解释货币价值的理论。在此基础上，他们发展出被现代经济学视为基础的"效用价值论"，而非古典经济学奉为圭臬的"劳动价值论"。马丁·阿斯皮利奎塔还研究了借贷理论，他指出，借贷的本质是时间所能产生的价值。如果假设所有事物不变，一个人肯定倾向于现在就获得某样商品，而不是在未来的某个时间才获得。这意味着，对他来说，时间本身就是值钱的。利息，便是用于补偿借债方在时间上的机会成本。这已经与今天的金融理论非常接近了。

遗憾的是，17 世纪以后，萨拉曼卡学派因为无法得到王室的研究资助，而渐趋式微，这些研究成果也大都被后人所遗忘。

20 世纪著名思想家约瑟夫·熊彼特在仔细研究了萨拉曼卡学派代表人物梅尔卡多（Tomás de Mercado）和摩里纳的著作后，给出的评价是：

> 正是他们比任何其他人都更接近于"创立"科学经济学……后来十九世纪的很大一部分经济学，本来可以从这些基础上更快、更容易地发展起来，因而可以这样说，后来的一些分析工作实际上走了弯路，白白浪费了时间和精力。[16]

西班牙帝国的衰落，在很大程度上是因为输入西班牙的贵金属推高了当地的制造业成本，反而使欧洲北方和英国的制造业获益。这种经济关联，是超出当时主流精英人士的理解的。

如果萨拉曼卡学派的经济学研究能够持续下去，也许 17 世纪的西班牙人对经济学和经济政策的理解会出现重大突破，并因而找到对应的解决政策，也未可知。

当然，历史没有如果。无论是萨拉曼卡学派这样的优秀大脑，还是查理五世、腓力二世这样的有为英主，抑或当时许许多多其他的优秀人士，在历史大潮面前，都难说自己有把握看到未来趋势的全貌。

任何新事物之所以为新事物，就是因为它超越了当时绝大多数精英的认知水平。少数人或可以凭借自己的天才把握时代真正的命

弗朗西斯科·维多利亚像，萨拉曼卡学派第一代掌门

脉，但是与他同时代的、像我们一样的普罗大众，却很难在当时就认识到其价值。面对像"新航路开辟"这样伟大的、划时代的、能够改变人类历史图景的新事物，人类最好的应对方式是什么？最好的应对方式，是像商人一样，先把帽子扔过墙去，然后边干边看。

　　商人从来不是对一切结果胸有成竹之后才去做生意的。如果一门生意做起来没有任何风险，那也就意味着它没有任何利润。商人之所以采取这种态度，是因为他既明白"未来"的巨大潜在价值，又警惕其中隐含的风险。这恰恰与人类社会面对宏大的新生时代时所应采取的态度是不谋而合的，既肯定新生时代中蕴含的巨大潜力，又承认自己认知的渺小与有限。

在商人与国家的平衡木中，因为过分自信而过度偏向了国家政府的一侧，由此产生了对自身能力的过高期许，这或许便是导致西班牙"日不落帝国"衰落的关键因素。

一个家族的独立战争

当然，商人与国家之间的联盟，并没有在此终结。

我们在上一节中介绍过，在宗教改革所引发的巨大时代变化中，荷兰商人凭借着在波罗的海磨炼出的航海技巧与勇悍无畏的劫掠生涯，在北大西洋商路中取得优势，也由此登上了与哈布斯堡王朝以及背后的热那亚资本对抗的历史舞台。

荷兰商人与哈布斯堡王朝的对抗，既有经济上的原因，也有信仰上的原因。

从经济上讲，荷兰人有着打破"皮亚琴察交易会"对国际资本运作垄断的迫切需求。

皮亚琴察是意大利北部艾米利亚-罗马涅地区的一座小城。在16世纪后半叶，这里是热那亚银行家运作国际资本流动的中心。当时的热那亚人把美洲白银从西班牙的塞维利亚运到意大利的皮亚琴察，在当地的交易会上与意大利商人兑换黄金和汇票，再把黄金和汇票交给哈布斯堡王朝设在安特卫普的机构。哈布斯堡王朝可以拿这笔钱雇佣更多的士兵，好投入对荷兰和德意志地区的更多战争，而热那亚人则可以换取帝国授予的种种特权与商业利益。

因为皮亚琴察交易会的两头都是跟哈布斯堡王朝，也就是神圣罗马帝国-西班牙王国政府打交道，这个渠道等于说被帝国背后的热那亚银行家锁定了。因此，荷兰、英国和德意志地区的许多商人都想要打破热那亚人的垄断，这便是荷兰独立战争背后的经济动机。

信仰上的动机，就是由宗教改革引发的新教—天主教战争。

通过继承权统治了庞大地域的查理五世是一个激进的天主教信徒。他曾经想在 1521 年召开的沃尔姆斯会议上公开判处新教运动发起者马丁·路德死刑，但马丁·路德在萨克森选帝侯腓特烈亲王的帮助下逃走了。查理五世恼羞成怒，开始在布鲁塞尔火烧路德信徒。到 1550 年，他进一步颁布了惩治异端的血腥诏令，对稍与路德教、加尔文教有接触的人，甚至对阅读和讲解《圣经》的人，均以叛徒和破坏社会治安罪论处。若坚持不改，则一律烧死，财产籍没。

查理五世去世前，把庞大的领土一分为二，分别给了儿子和弟弟。他的儿子，西班牙国王腓力二世对天主教的狂热较父亲犹有胜之。他将 1550 年的诏令进一步扩大化，尤其是在尼德兰地区展开了罕见的宗教迫害和大屠杀。

然而，屠刀没有吓倒尼德兰人民，反抗西班牙暴行的抗议活动仍在各地爆发。当时的威尼斯驻尼德兰大使记录道：

> 尽管寒冷的气候使居民胆小，但当判处死刑的时候，他们都以罕见的勇气蔑视命运，这是一件值得注意的事。[17]

就在屠杀最为激烈的时候，有一个尼德兰本地贵族再也看不下去这幅惨状了。他就是奥兰治公国的亲王，威廉·范·奥兰治（Willem van Oranje）。

其实，说起来，威廉·范·奥兰治本人跟哈布斯堡王朝并无仇怨。相反，皇帝查理五世还是威廉的贵人。奥兰治在名义上奉神圣罗马帝国为主，从 11 岁起就前往查理的宫廷，接受天主教的教育达 9 年之久。他天资聪明，能讲法语、德语、西班牙语、佛莱芒语和拉丁语，极受查理五世器重，把他当作宠臣爱将来培养，留在身边委任为侍从官，经常让他陪同接见外宾和参加国务会议。威廉 18

沉默者威廉

岁时，查理五世专门为他做媒，娶了尼德兰大贵族安娜·冯·艾格蒙特（Anna van Egmont）。

1555 年，查理五世在布鲁塞尔退位，威廉搀扶着他出席仪式，备享荣誉。皇帝退位后，他的儿子腓力二世依然宠爱威廉，授予他最高级别的金羊毛勋章，令他成为金羊毛骑士。次年，他在圣昆汀战役中击败法军，为西班牙奠定霸权立下汗马功劳。

那一年威廉只有 23 岁，少年得志，鲜衣怒马，娇妻美子，前途无限。任谁看，这都是一个大好青年，将来出将入相，位极人臣，也未可言。没有人知道，三年之后，他的命运将发生如何天翻地覆的变化。

圣昆汀之战后三年，威廉作为西班牙与法国和谈的代表之一赴法谈判，两国签订《卡托—康布雷奇和约》(Frieden von Cateau-Cambrésis)。同年，为保证合约实施，威廉被派往巴黎作人质。在那里，威廉拜会了法国国王亨利二世。亨利二世知道他是西班牙国王的心腹重臣，因此毫无避讳地告诉他，和约中有一项秘密条款，那便是西法两国准备合力镇压尼德兰新教徒。

威廉得知此事后，有三天没有说一句话。之后，他以私事为名前往布鲁塞尔，将秘密条款内容告知亲友。从此以后，他得到了一个众所周知的绰号——"沉默者"威廉。

1559 年，腓力二世在根特召开尼德兰三级会议，威廉趁机联络姻亲家族的艾格蒙特伯爵等人，要求禁止在荷兰、西兰、乌特勒支、弗兰德尔和阿多瓦诸省迫害新教。至此，他与腓力二世的关系实质上破裂。1565 年底，尼德兰爱国贵族在布雷达成立贵族同盟，两千多名贵族在秘密协议上签字，谴责西班牙人在尼德兰地区的倒行逆施，要求停止镇压异端，关闭宗教裁判所。威廉暗中支持了此事。1567 年，腓力二世派刽子手费尔南多·托雷多率 14,000 名军人前往布鲁塞尔，镇压尼德兰贵族叛乱，将威廉的姻亲艾格蒙特伯爵等人斩首。

国耻家仇之下，威廉正式脱离西班牙王国，回到尼德兰领导起义运动。1568 年，西班牙以叛国罪缺席审判威廉，并且抓捕了他的长子菲利普作为人质。自那以后，父子终生未能再见面。

曾经鲜衣怒马的少年失去了皇权优待他的一切，开始走上布满荆棘之路。

1568 年，威廉组织三路军队攻入尼德兰，先后失败；1572 年，巴黎天主教发起圣巴托洛缪大屠杀，威廉的援军科利尼海军上将及超过两万名新教徒被杀；同年，西班牙军队偷袭威廉大本营，威廉从人均被杀害，只有自己得以幸免；1573 年，哈伦与莱顿先后陷落，威廉的两个弟弟阵亡。

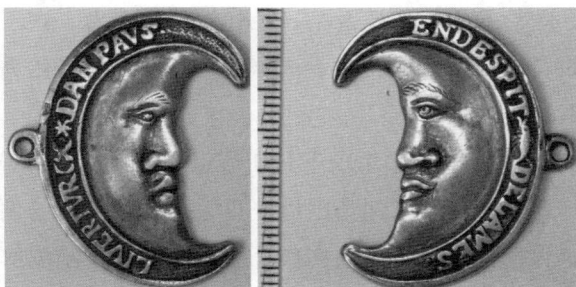

"海上乞丐"于1570年制作的勋章。正面刻："宁为突厥人，不为教皇狗"；背面刻："不做弥撒"

我常想，也许是绝望，而非信念，才是威廉在41岁做出那个决定的最大动力。

1574年，威廉41岁，与敌军相会于莱顿战场。他屡屡不能得胜，最终选择了最无奈之举：亲自指挥掘开16处海堤，引海水冲灌莱顿郊区，将城市变为一片泽国。

莱顿伤亡惨重，然而人民却理解威廉的选择。莱顿贵族家庭的妇女还把金银首饰捐出来充作军用，誓要打败侵略者。10月中旬，海水淹没了西班牙军营，"海上乞丐"趁机攻破敌军大本营，迫使西班牙人最终撤军。

这一战成为尼德兰独立战争的转折点，西班牙人第一次在这个低地国家遭到了可耻的失败。

1574年的莱顿解围激励了荷兰民众，独立革命进入高潮阶段。1579年，西班牙派出的新任尼德兰总督法尔内塞收买尼德兰南方的天主教省份归附西班牙，北方信奉新教的六个省份做出回应，在乌特勒支成立联省共和国，即现代荷兰共和国的前身。此事的幕后策划人正是威廉。

但是，威廉此人并不擅长军事作战，终其一生，他的军事表现毫无亮点，政治表现只能说及格，唯一超乎常人者，在于永远坚持不放弃的执着。然而，他的对手法尔内塞却是当时最优秀的军事天才和最优秀的政治家之一。

1579 年，法尔内塞率军攻下马斯特里赫特，屠杀六千市民，驱赶走两万当地百姓，联省共和国遭受重大打击，威廉的领导力再度遭到质疑。为了给这个对手的伤口上撒盐，西班牙国王腓力二世趁机发布公告，宣布剥夺威廉的公民权。在公告中，他痛心疾首地斥责威廉是背信弃义的小人：

> 大家都熟知，我的父皇先帝查理五世，在拿骚的威廉继承其堂兄奥兰治亲王一事上曾如何给以优遇，从威廉很年轻的时候起就如何予以提拔；熟知先帝故去后我们继续优遇他，任命他为荷兰、西兰、乌特勒支和勃艮第的总督，召他参加我们的国务会议，赠予他大量的荣誉和报酬。

威廉对此的回应是于 1581 年 7 月的海牙会议上宣布，尼德兰共和国正式废黜腓力二世，宣布独立。此即著名的"断绝关系法令"。法令的前言中说：

> 人人皆知，上帝命令君主珍爱其臣民，犹如牧人看管羊群。当君主没尽到这个职责，当他压迫其臣民，践踏他们的权利和自由并待之若奴隶时，那他就不是君主而是暴君。这样，三级会议应合法地废除他，而代之以别人。[18]

这部法令比美国《独立宣言》更早地喊出了以权利和自由为名废止一个民族对另一个民族实施专制的口号，但威廉的命运，却比后世的华盛顿等人坎坷得多。

拿骚的莫里斯

　　他的实力无法支撑他的梦想，在军事上，他不是法尔内塞的对手，在阴谋诡计上，他也败给了西班牙人。1582 年 3 月，他遭到西班牙人的刺杀，靠着第三任妻子夏绿蒂的抢救幸免于死，但妻子却因劳累过度撒手人寰。1584 年，西班牙人派出的刺客热拉尔潜入威廉家中，连击三枪，打死了这位宣布尼德兰独立的领袖。

　　威廉·范·奥兰治，26 岁那年因为看不惯强权暴政，一时冲动，选择了与当世的最强帝国和最强军队为敌。自此以后，妻离子散，家破人亡，兄弟被杀，同胞受难，自己戎马半生，屡战屡败，直到死时也没有看到祖国独立事业成功的任何希望。

　　他的人生以 26 岁为界，恰好分成两半，前 25 年鲜衣怒马，意气风发，后 25 年颠沛流离，累累若丧家之犬。

人生如此，值得吗？我不知道，也没有资格回答。我只想找到那个可以让心中怀有理想的人具备实力实现理想的答案。

当然，对荷兰人来说，找到答案的并不是我，而是威廉的次子，拿骚的莫里斯（Maurice of Nassau）。

威廉遇刺那年，莫里斯16岁，还在莱顿大学读大三。父亲去世后，荷兰议会一致选举莫里斯继承荷兰执政的位置，率军对抗西班牙。

莫里斯擅长的领域跟父亲恰恰相反，他是名副其实的军事天才。

他从来没有打过仗，16岁之前最奉为圭臬的是一本古罗马时代的兵书，叫《论军事事务》（De re militari）。就靠着这本书，他组建起军队，跟一辈子压着父亲打的法尔内塞打了个有来有回。

这就好比中国乒乓球队称霸世界之时，有一个人靠着一本秘籍，自学成才，不仅能跟马龙和张继科打得有来有往，甚至胜率还稍稍高一点。这样的人当然是天才。

那么，他是凭什么做到这一点的呢？

这是因为，古罗马的这本兵书是讲密集步兵阵型作战的著作，而西班牙大方阵恰恰就是密集步兵阵型作战的进化版。莫里斯从这本书着手去研究西班牙大方阵，等于挖到了这个战术的根儿。

不仅如此，他还增加了火枪手在方阵中的比例，建立起完善的训练体系和指挥体系，确保能够以最快速度将荷兰人训练成为合格的火枪手。根据当时人的记载，莫里斯为了确保士兵的合格率，把一个膛铳手的战时标准动作不厌其烦地分解成了42个步骤，还雇人专门画图，做成训练手册分发给各级指挥官。[19]

我们前文讲过，火枪相比冷兵器的最大优势是能够快速把普通人转化为士兵，而使用它的最大阻碍是装备的高昂成本。恰巧，对长期经商的荷兰人来说，这些都不难解决。

现代火器部队在战场上的大规模应用，先后出现在西班牙和荷兰这两个资本密集型国家，这不是偶然，而是政治经济学的集中体现。

如果说威廉的后半生是一个为理想百折不挠、九死未悔却依然不可得的悲剧，那么，莫里斯的故事就是对他父亲的弥补。至少在荷兰独立这件事上，他找到了答案，为父亲，也为自己的祖国赢得了一个大团圆的结局。

1590 年，莫里斯在布雷达战役中获胜。

1592 年，他攻克了斯特恩韦克。

1593 年，海尔登雷特贝赫被拿下。

1597 年，蒂伦豪特战役获胜。

最出名的是 1600 年，这一年在尼乌波尔特战场上，莫里斯先是以自己的方阵击溃了西班牙骑兵，又跟西班牙大方阵对敌，将这个称霸欧洲近百年的战术堂堂正正地从正面击溃。

随后，莫里斯率军进入尼德兰南部的佛兰德地区，试图统一南北尼德兰。但在此地他遇上了西班牙名将安布罗西奥·斯皮诺拉，被其击败。最终，双方于 1609 年达成停战协议，新生的尼德兰共和国终于在西班牙咄咄逼人的态势下，守住了自己的自由与独立。

莫里斯于 1625 年去世，他的弟弟继承了荷兰执政之位，以他留下的战法继续与西班牙人作战，并争取到法国红衣主教黎塞留的支持。1648 年，莫里斯弟弟的儿子率领尼德兰最终赢得了战争的胜利，与西班牙缔结和约，正式独立。如果从 1568 年沉默者威廉率军抵抗开始算起，这场战争前后历经 80 年，奥兰治家族三代人四位执政前赴后继，终于成功，史称"八十年战争"。

这是近代欧洲历史上最传奇、最可歌可泣的故事之一。

商人-国家联盟的第二次失败

奥兰治家族的胜利，也是荷兰商人的胜利。

早在沉默者威廉时代，荷兰资本家已经积累了大量流动资本。他们通过海内外的种种商贸渠道，在西班牙人鞭长所及之外，为独立战争提供资金。在莫里斯找到获胜所需的战术之后，尼德兰联省共和国更是成为整个欧洲都看好的投资圣地。

当时尼德兰联省共和国最好的投资标的，是荷兰东印度公司——成立于 1602 年，也就是在莫里斯取得尼乌波尔特大捷之后的两年。由于莫里斯的胜利，欧洲商人看好荷兰人在战事中的表现，更有熟悉西班牙情况的商人知道，新继任的西班牙国王腓力三世已经面临着严重的财政困境，一切都开始利好荷兰资本家和荷兰市场。

西班牙和葡萄牙的习惯是设立政府直接管辖的商行来处理殖民事务，而荷兰的习惯则是设立由政府颁予特许状、私人运营的特许公司。这家公司很快成为欧洲最繁盛、最强大、最有钱的公司。它既从贸易中赚取高额利润，也代表荷兰政府去完成战争和立国活动。

东印度公司的蓬勃壮大，也推动了阿姆斯特丹证券交易所的设立。

阿姆斯特丹证券交易所与荷兰东印度公司是同一年建立的。它的设立在很大程度上是为了交易东印度公司的股票。很多人认为它是欧洲第一家证券交易所，其实并非如此。股票市场最早是在意大利城市国家设立的，在中世纪的意大利城邦，类似的证券交易所有很多家。但是，阿姆斯特丹证券交易所的规模比它们都大，交易范围更加自由，产品类型也更加高级。

像东印度公司这样的股票，还有当时荷兰政府以及其他政府发行的债券，都可以在交易所或者与交易所相关联的金融机构进行买卖。这是"高级金融"业务成熟和发达的表现。在当时购买这些股

阿姆斯特丹证券交易所

票，就相当于今天在中国市场投资 5G、军工或航天板块，这是"投资国运"的一种方式。

为了给交易所提供服务，荷兰人在 17 世纪初建立了一系列金融机构，其中最重要的就是后来扮演了中央银行角色的威塞尔银行。从威塞尔银行到英格兰中央银行再到后续的一系列央行，代表了从 15 世纪中叶开始的"高级金融"业务，正式向国家中央银行的角色转化。

阿姆斯特丹本身就是重要的转口贸易港，商品交易和商品投资集中在这个城市，这反过来又扩大了城市对货币的实际需求，增强了其交易所与银行机构从全欧洲吸引闲散金融资本的能力，从而形成了一种扩张的良性循环。阿姆斯特丹日益成为商业和金融中心，全欧洲重要的商务和政府组织因此不得不在阿姆斯特丹派驻代表。

　　但是，在荷兰设立的这些金融与商贸机构蓬勃发展的同时，荷兰共和国的政府机构设置却拖了后腿。

　　荷兰共和国的基础，是 1579 年在沉默者威廉筹划下成立的乌德勒支联盟。这个联盟本身并没有创立任何有力的中央政府机构，而只是创立了一个联省大议会（Staten-Generaal），作为各个省召开会议、筹划军务、共商国是的组织。

　　这其实是一种权宜之计。因为当时的威廉和各个省还没有成立一个共和国的想法，他们想的是推举一位君主来当独立后的荷兰国王。但是，由于此举一定会得罪西班牙，没有哪个君主愿意接手这个烫手山芋。所以，这个联省大议会只好一直存续了下来，直到今天，依然是荷兰最高的立法机构。

　　尽管如此，这个联省大议会的机制设计，也是相当奇怪的。

　　1648 年独立之际，荷兰一共有八个省，但是只有七张票。这是因为第八个省德伦特省太穷，因而得以免除向联省政府缴税，同时也失去了投票资格。剩下的七个省，也就是荷兰伯国、海尔德公国、泽兰伯国、乌德勒支、上艾瑟尔、弗里斯兰和格罗宁根，一省一票。

　　这个投票机制的奇怪点之一，在于这七个省的地位非常不对等。

　　比如，荷兰省的面积最大，人口最多，也最有钱，承担了联省大议会预算的 58%，这也是尼德兰联省共和国也被称为荷兰共和国的原因。至于上艾瑟尔和格罗宁根这样的穷省，则只承担 3.5%。但是，无论大省小省，在议会中都是一票。这就导致小省可以要挟大省，而大省则想方设法通过潜规则控制整个会议议程。

　　奇怪点之二，在于它并没有规定七个省派驻联省大议会的代表数目。历史中的实操经验是，只要房间装得下，你想派多少名代表都可以。

　　自然，只要条件允许，每个省派出的代表肯定是越多越好。一来，并不是每个代表对所有事务都是精通的专家；二来，人数越多，声音越大，所有代表都被说服和贿赂的概率也会变低。所以，每个省都尽可能把更多的代表往议会里塞。

奇怪点之三，所有派驻联省大议会的代表本身没有独立投票权。在开会前，每个省自己的议会会给代表指示一个基本方针，如果代表在开会时发现可能会违背基本方针时，他们要回本省议会寻求进一步指示。

你可以想象，这样奇怪的机制，会导致整个议会的效率极其低下，无法达成任何重大决议。

事实上也是如此。荷兰历史上，联省大议会能够达成的决议少之又少，执行力也特别低下。即便是共同组建海军这样的重要事务，各个省也不愿意多出一分钱。

除了联省大议会，还有两个职务非常重要，其一是执政（Stadtholder），其二是大议长（Raadpensionaris）。

执政就是联省共和国的最高军事领袖。沉默者威廉是荷兰的第一任执政，此后这个职位基本在奥兰治家族内世袭，因为这个家族已经通过领导荷兰独立运动，证明了自己掌管军事事务的能力。由于奥兰治家族的威望，执政出面要求各个省做一些共同决策时，各个省还是会照办的。这也成了联省共和国不多的执行力比较高的时刻。

但是，当执政出外打仗时，还需要有一个人稳固后方，领导大议会，这个人就是大议长。在这个机制中，执政其实就是军队集团的最高代表，大议长则是商人利益集团的最高代表。

很不幸的是，荷兰商人集团在面对军事集团时，犯了迦太基商人集团的老毛病：忌惮并试图除掉军事精英。同两千年前的迦太基人一样，大议长也以"共和主义"和"反对专制暴政"为口号，试图制约执政。

荷兰大议长与执政之间的斗争，从莫里斯时代就开始了。莫里斯的大议长名叫约翰·范·奥尔登巴内维尔特（Johan van

Oldenbarnevelt），在联合抵抗西班牙的年代，他跟莫里斯之间形成了很好的互补关系，莫里斯长于军事，而奥尔登巴内维尔特长于政治。

到 1600 年战胜西班牙之后，两个人的矛盾开始凸显出来了。他们信仰的教派有差异，对共和国财务状况的掌握情况不同，对国际政治的态度也不同。为了防止教派纷争演变为内乱，奥尔登巴内维尔特推动议会决议，赋予荷兰省招募佣兵的能力。但这在莫里斯看来，等于是要另组军队。于是，在 1618 年，莫里斯先下手为强，发动政变，逮捕了奥尔登巴内维尔特，并将其处死。

莫里斯的粗暴手段的确解决了政治对手，但也给自己留下了危机。他的举动坐实了商人集团对军人集团背信弃义的怀疑，也让后来的大议长把斗争矛头对准了奥兰治家族。莫里斯的侄子威廉二世在 1650 年突然去世，他的遗腹子威廉三世在父亲死后一周才出生，当时的联省大议会便趁机废除执政这个职位，颁布严格的排斥法令，规定奥兰治家族直系后代永远不能担当公职，并软禁了威廉三世母子。

坦白讲，取消执政之后的荷兰发展得真不错。1653 年，一位年仅 28 岁的天才政治家约翰·德·维特（Johan de Witt）当选荷兰大议长，成功控制大议会，把自己变成了联省共和国实际上的领袖。他在位期间停止了第一次英荷战争，与克伦威尔谈判媾和，降低共和国的债务，改善议会的财政状况，并重用海军名将鲁伊特（Michielde Ruyter），在第二次英荷战争中成功复仇。他在位期间的 20 年，被称为荷兰共和国历史上的"黄金二十年"。

1667 年，法王路易十四率军进犯西班牙统治下的南部尼德兰，对独立的尼德兰联省共和国构成威胁。约翰·德·维特临危不惧，以高超的外交手段斡旋英国和瑞典站在自己一边，组成了 1668 年三国反法同盟。路易十四不得不做出让步，与西班牙议和。

约翰·德·维特大获成功，却也因此犯下了一生中最巨大的失

约翰·德·维特

误——他太过于相信外交的力量了。当时的英国国王是斯图亚特王朝复辟后的查理二世，在宗教信仰上亲近法王路易十四信奉的天主教。因为这层关系，路易十四对查理二世发起了外交攻势，结果两人一拍即合。1670年，英法两国签署《多佛密约》，计划联手攻打荷兰。约翰·德·维特此时还蒙在鼓里。

两年之后的1672年，英法联军于5月大举入侵荷兰，一举攻占了荷兰3/4的领土，阿姆斯特丹危在旦夕。在荷兰历史上，这一年也因此留下了一个阴暗至极的名字：大灾难之年（Rampjaar）。荷兰人形容这一年的用语是"人民无智，政府无措，国家无助"（Het volk is redeloos, de regering radeloos, en het land reddeloos）。

人民把怒火发泄到了约翰·德·维特的头上，他被迫引咎辞职，随后被海牙暴民动用私刑处死。[20]

从记录古希腊历史的《伯罗奔尼撒战争史》开始，很多人类历史上久负盛名的思想家就讨论过民主制度的问题。他们的一致意见是，如果一国政治中的民主因素过多，很可能会导致重大失误的出现。²¹古希腊思想家有一个"船喻"，就是把国家比作一艘船，民主制度就是不管大副、二副还是水手，人人都想当船长的制度。当这艘船遇上风浪时，由于害怕葬身大海，船员还肯齐心协力共渡难关，但是当船驶入近海，靠近港口，它却可能会随着船员之间的权力争夺而瓦解沉没。

荷兰共和国的命运淋漓尽致地体现了这个比喻的正确性。七个省在沉默者威廉的领导下，连举世第一强国西班牙的武力威胁都挺过来了，却在成为海上马车夫、主宰世界航海的历史节点，被不讲武德的法国人偷袭，差点亡国灭种。以至于后来美国独立战争时，美国的国父们专门把荷兰作为一个负面例子，提醒美国人注意。

汉密尔顿和麦迪逊在《联邦党人文集》第二十篇中是这么说的：

真正的（荷兰）爱国者长久以来就为（共和国宪法的）这些缺点的致命趋向感到悲哀，他们曾为此特殊目的召开了特别会议，进行四次正式试验以求改进。他们那种值得称赞的热诚，多次发现不可能把联省大议会统一起来，改革现行宪法中已知的和公认的致命缺点。同胞们，让我们想一想历史的这个悲惨的教训吧！我们为他们的有害见解和自私激情对人类造成的灾难而痛哭时，让我们为了自己的政治幸福而进行的融洽一致的协商而高声感谢上帝吧！²²

所以，按照这个评价，惨死于暴徒之手的约翰·德·维特还真的是很委屈。这真的是体制问题，这个体制他带不动。

公允地讲，约翰·德·维特一生治国有方，先后战胜过英法两个大国，算得上一时英杰。他的对手，法国"太阳王"路易十四在欧洲国王里，算得上是少有的乱世奸雄，而荷兰共和国脆弱畸形的议会机制，又让联省政府难以集中权力做出决策，应对突如其来的灾难。

纵览本书提及的商人共和国治理经验，我们可以发现的是，约翰·德·维特无非是把历史上商人共和国的经验和教训重演了一遍而已。从迦太基和威尼斯时代开始，商贸共和国就在海战上更占优势，而在陆战上无能为力，其维护自身安全的主要手段是外交，古往今来，皆是如此。约翰·德·维特做的跟其他人一样好，也一样差。他是一个优秀的政治家，但他不是能够力挽狂澜的英雄人物。

谁是这个英雄人物呢？非常神奇，答案又是奥兰治家族的人。

我们之前提过奥兰治家族被废黜之时，上代执政威廉二世留下了一个遗腹子，威廉三世。

上帝对这个家族的命运安排，颇具戏剧性：威廉三世的一生与他的太爷爷沉默者威廉完全相反。

这个少年的前 22 年人生可谓悲惨暗淡。他虽然出身名门，却举目无亲，还成了自己祖国的傀儡与人质。他出生之前父亲已殁，所有亲戚都被共和国政府赶走。共和国政府出钱供他读书，只是把他看作将来要为共和国出力的工具。

1660 年，小威廉长到了 10 岁。那一年他的舅舅，斯图亚特王朝的查尔斯，也即英国的查理二世复辟成功。他与母亲一道参加登基大典，母亲却因此染上天花，于当年年底去世，临终前，母亲请求哥哥查理二世照顾小威廉。查理二世要求成为威廉的监护人，但共和国议会拒绝了这项要求，只答应撤除对威廉的监控，小威廉得以与亲人团聚。此后，他的祖母教他祖上的荣光，给他讲述曾祖与祖父辈的英雄事迹。年轻人在心中发誓要振兴家族，他的座右铭与太爷爷沉默者威廉的一样：坚持不懈（Je Maintiendra）。

1666 年，英国与荷兰之间爆发战争。战争期间，查理二世要求

威廉三世·范·奥兰治

荷兰共和国恢复威廉三世的地位，遭到共和国拒绝。随后，荷兰政府再度驱离了威廉三世身边的所有亲人，把他重新置于国家监管之下。当时唯一对他不错的人，反倒是大议长约翰·德·维特。也许是因为两个人同为天才，嗅到了彼此身上某种气味相投之处，维特决定亲自指导他的教育，每周给他上一次国务指导课，还让他多打网球，锻炼身体，以对抗从小得上的肺结核和气喘病。

大议长不知道的是，他的无心善举，日后将挽救共和国的生命。

1670 年，20 岁的威廉三世得到大议长的许可，以讨债为名，前往英国面见舅舅查理二世。威廉三世此行实际上是为了争取查理的支持，恢复自己的地位。但是，两人见面后，查理二世发现这个外甥是新教徒，并不亲近天主教，于是对他隐瞒了《多佛密约》，打算出兵消灭荷兰共和国，再把残存国土封给威廉三世做个傀儡领主。威廉三世则发现，这个舅舅其实是个赌鬼、滥情的男人和舞场高手，熟悉灯红酒绿的生活多过战争。他在心里暗暗鄙夷了这个亲人，也打消了借舅舅之力复兴家族的念头。

像所有少年一样，这个少年也打算靠自己的双手来完成看似不可能的任务。命运的巨浪，就这样把他推到了 1672 年这个注定不同的年份。

这一年，威廉三世 22 岁，英法联军如海啸般袭向荷兰，摧枯拉朽地撕毁了荷兰的防线。原本号称最强防线的荷兰堡垒，在面对法国天才工程师沃邦将军研发的新型工程技术时，一触即溃，全面崩盘。荷兰共和国的两万陆军被迅速消灭。

危机当前，荷兰人在吊死约翰·德·维特后冷静了下来，想起 98 年前沉默者威廉面对的那个绝望局面，于是再度掘开海堤，用倒灌海水的办法阻止法军占领阿姆斯特丹。

当然，他们也想起了死生不负国的奥兰治家族，于是一致同意，任命威廉三世为荷兰陆海军统帅。当时，查理二世已经派自己的宠臣白金汉公爵劝降威廉三世。白金汉公爵把《多佛密约》的内容告诉威廉，并保证只要威廉投降，就可以当艾霍兰省的君主，英国也将斡旋路易十四，帮荷兰争取一个体面的投降条约。

威廉三世拒绝了舅舅的提案。

白金汉公爵无奈地劝道："亲王殿下，难道你没有看出你的国家已经失败了吗？"

威廉三世则说出了那句在荷兰历史上流传至今的名言："我将战死在联省共和国的最后一条壕沟里。"

接下来的故事我就不详细讲了，结局是，1673 年，荷兰人把法军全都赶出国境之外。

我也不清楚威廉三世是如何做到的，只能揣测，也许奥兰治家族真的有什么关于领兵作战的"帝王术秘传"，也许莫里斯把他的战术精华都写在什么秘籍上传给了后代。总而言之，威廉三世打赢了，得到了"护国英雄"的称号，恢复了执政的职位。

在海上，荷兰英雄将军鲁伊特再度击败英国海军，获得第三次英荷战争的胜利。

威廉三世的故事并没有结束，实际上，他波澜壮阔的人生才刚刚开始，但那是下一节要详细讲的故事。在这里，我们该给1672年的荷兰共和国作结了，因为接下来的二十年内，世界霸权的宝座就将易位，从荷兰手里无缝转接给下一位接力赛选手。

现在，来简单点评一下荷兰选手的表现吧。

本章的主题是商人与国家的联盟，因为时代的变化、技术的进步和战争烈度的提升，国王必须依赖商人才能取得胜利，而商人也必须辅佐国王才能适应新环境。

热那亚商人与西班牙王室达成同盟，却因为天平过分偏向王权一边，从而扼杀了商业活力。荷兰商人鼎力支持奥兰治家族赢得独立，却因为天平过分偏向商人一边，从而在险恶的国际政治中犯下大错，险些亡国。

荷兰人的繁荣历史还没有结束，荷兰资本家仍然可以继续赚钱，但荷兰共和国已经证明了，它的政体无法承受 17 世纪末顶级权力争霸的激烈挑战。它的商人也需要去往别的地方，与新的国家达成新的联盟。

海洋领土

现在，我们终于要讲第三次商人-国家联盟的主角——英国。

首先，我希望你重新理解和认识这个国家。

如果摊开一张欧洲地图，让你指出英国的位置，你一定会很快找到那个三角形的大不列颠岛和它旁边的爱尔兰岛。那么，这个岛屿以及它周围的附属岛屿，就是英格兰王国的版图吗？

问题没有那么简单。若用商贸秩序的视角观察一个国家的领土，一定不要把视野局限于土地。海洋作为领土的价值，有时候比土地要大得多。

陆地经常是贫瘠的，而近海海洋可以出产贝类、鱼类、藻类等海产，提供人体所必需的盐和其他矿物质，这些都是抵御敌人所不可或缺的天然资源。更重要的是，洋流和风划定了商路，而商路带来正增长社会。

无论是古代农耕社会还是现代社会，位于商路要冲的海港所创造的生产产值，往往要比大片的内陆领土加起来还要高得多。正因如此，捍卫这些海港城市周边的海域安定，对于一个国家的重要意义不容小觑。

英吉利海峡最窄处的多佛海峡，宽仅 34 公里，常年吹着温和的西风，雨量充沛。虽然有时风高浪疾，但大自然厚赠给不列颠岛西南的优良港口，使得此处依然成为自中世纪以来全世界最繁忙的海道之一。

在英吉利海峡的东部，与不列颠群岛隔海相望的是一片由莱茵河、默兹河和斯凯尔德河的泥沙冲积而成的低地。这就是所谓的"低地国家"地带，覆盖了今天的荷兰、比利时、卢森堡和法国的一部分。从中古时代起，伦敦的商人常常乘船前往此地的布鲁日、根特、安特卫普、布鲁塞尔和阿姆斯特丹等港口城市与商贸中心，用英格兰出产的羊毛和粮食换取贵金属。

自英吉利海峡西侧，来自南安普顿和朴次茅斯的英国商人也可以选择沿欧洲西海岸南下，过布列塔尼半岛进入比斯开湾，前往勒阿弗尔、波尔多和南特，参与当地的葡萄酒交易。

由伦敦前往低地国家的海上航路，以及由不列颠岛西南部港口前往比斯开湾的海上航路，就如同两条臂膀，它们与欧洲大陆西部海岸线共同围起来的海域，是英格兰重要的海上国土。对英国人来说，这片蓝色国土的重要性，很可能还高过不列颠岛上农耕为主的陆地领土部分。

今天我们一说起英国，都会提起，英格兰民族的起源是盎格鲁－撒克逊人。盎格鲁人的发源地是今天丹麦与德国交界处的盎格鲁半岛，撒克逊人的发源地则是德国的下萨克森地区。他们都是在5—10世纪之间沿海路前往不列颠岛征服、定居，然后生活的。

但是，如果从政治和文化的谱系上来说，今天的英国人与其说是盎格鲁－撒克逊民族的后裔，不如说受到诺曼征服的影响更大一些。诺曼征服指的是1066年，法国诺曼底公爵威廉入侵征服英格兰。这次征服彻底改变了英国的历史走向与语言文化。

诺曼底公国恰恰位于英吉利海峡的正南部，今日法国领土上与英国隔海相望的地方，也是我们刚才讲过的，英国人蓝色国土的另外一边。今日之英国是由蓝色国土的两岸共同塑造的，而不是单由不列颠岛岛民这一边塑造的，这才是我们理解英国文明的关窍。

这片蓝色国土的东半部分同样属于法国人。法国人同样觊觎海产品与商贸路线，这也注定了英法两个民族漫长的历史纠葛与爱恨情仇。从14世纪一直贯穿到15世纪的英法百年战争，不仅仅是封建王朝争夺领地的竞争，也是一场经济战。

这场经济战其实从13世纪就已经开始了，竞争的焦点是谁能够掌控低地国家的毛纺织业和比斯开湾沿岸的葡萄酒产业。在当时，这两个地区既不属于英国，也不属于法国管辖。低地区域内最重要的国家是佛兰德伯国，而比斯开湾最重要的国家则是阿基坦公国。英法两个大国出于各自的商贸与经济生活需要，在这两个地区展开的博弈，就像足球比赛中的边路纠缠，而边路的纠缠，经常能够决定中门的胜负。

先说阿基坦。

阿基坦的历史，传奇但简单。12世纪，阿基坦出了一位"中世纪的茜茜公主"，她的名字叫埃莉诺。埃莉诺15岁时与法国王子路易七世订婚，生性活泼的她与丈夫一家相处并不愉快，被批评为举止轻浮，不合宗教礼节。最后，埃莉诺与路易七世正式离婚，嫁给了自己的情夫英格兰王子亨利二世。她的儿子就是签署了《大宪章》的无地王约翰。借着这次婚姻，英格兰国王获得了阿基坦的继承权，在西翼先得一分。但是后来，在百年战争中，法国夺回了这个地区。

佛兰德的情况要复杂得多。

中世纪欧洲的封建制度决定了领土分封是跟着人走，不是跟着地走的，所以中世纪欧洲的某片土地常常被复杂的继承关系分割得很乱。佛兰德的情况就是这样：有些领主地是神圣罗马帝国的封地，有些伯爵领是法兰西王国的封地，除此之外还有各式各样的自由城市。

因为土地关系极为复杂，英法两个国家都很难通过单一的战争或婚姻来掌控这个区域，他们不得不采取更高级的作战形式：金融战与贸易战。

中世纪金融战的形式，就是争夺货币流通权。

中古欧洲不存在统一的中央政府，各个王国、领主和城市都有可能铸造自己的货币。按道理讲，货币铸造可以采用市场竞争的手段来解决：谁的货币成色好、币值稳定，谁的货币就更能流通。但是，由于当时的货币竞争太激烈，很多国王和领主都出台了规定铸造货币标准的法律，大家的技术水平又都差不多，铸造出的货币质量也差不多。因此，市场竞争很快变成了政治竞争。恰巧，佛兰德这个地方又是商贸城市云集之地，英国、法国和神圣罗马帝国在此地各显神通，通过行贿、威胁和安插伯爵等手段，争取当地的货币流通权。

中世纪贸易战的形式，则主要是贸易禁运和特许状。

当时的国王出于政治目的，往往颁布法令，禁止某国商人从事某种货物的贸易，或者指定只有某国商人才得从事某种贸易，抑或禁止或指定只能使用某国的船只。

例如，14 世纪 30 年代初，英国国王爱德华三世与神圣罗马帝国结盟反对法国。为了筹备军费，爱德华三世下令由王室特许商人垄断英国羊毛出口，禁止外国船只从英国运送羊毛出境。此举打击了佛兰德伯国的商业，导致 1336 年新任的佛兰德伯爵正式宣布支持法国国王，下令逮捕在佛兰德的英国商人。作为报复，爱德华三世逮捕了在英国的佛兰德商人，禁止英国羊毛向除汉萨同盟以外的任何外国商人出口。这个措施一下子击溃了佛兰德的呢绒业，导致当地革命的爆发。佛兰德经济遭受打击，这令爱德华三世信心膨胀，也令法国王室的财政收入受到重挫。有此导火索，才引爆了后来的百年战争。

我在这里讲述这些故事细节，想说明的是，不要以为中世纪的统治者全然不具备现代人的经济视角与贸易战思维。实际上，只要这些事情与他们的统治息息相关，他们就会自然而然地懂得其重要性。自 14 世纪始，英国国王对国家利益的理解就非常明确：从佛兰德的商贸城市到阿基坦的优良港口，凡英国商船与商人所到之处，都是英格兰王国的利益所在。

英国国王的这个视角，反过来也说明了英国这个国家的独特性。

英格兰面积约 5 万平方公里，在中世纪的欧洲算得上是一片比较大的领地。与之相比，法兰西王国的领地虽然更大，统辖人口也更多，但优良港口和著名商贸城市的数量以及整个国民经济依赖于贸易的比重却比不上英格兰。神圣罗马帝国则权力分散，版图破碎，不足为虑。像意大利和低地国家这样的地方，商贸城市虽然更发达，却不具备建立一个强大集权王国的潜力，一旦强大外敌入侵，商贸城市和共和国很容易各自为政，被人一举攻破。

英格兰这个国家，既不缺乏良港与贸易都市，又拥有足够的腹地。用本书一直强调的概念来说就是，它的商贸秩序和国家建构都有比较良好的支撑基础与潜力，二者之间的关系相对平衡。也正是这个原因，历代有为的英国君主，对商业因素和军事因素的重视程度较为平均，不像迦太基贵族、意大利商人、西班牙国王与荷兰资本家那样容易偏重一方，忽视另一方。

这对于实现商人与国家之间的联盟来说，的确是有利的条件。

当然，它也有不利的一面。中世纪英格兰的最大问题，是它在整个全球贸易商路中处于末端。由富饶的东方远道而来的商品经过西亚、地中海到达意大利，经由阿尔卑斯山途径法国，沿莱茵河北上去往汉萨城市，最后由佛兰德出发才能抵达伦敦。伦敦是这条航路上的最后一站，这意味着它无法像意大利商人那样把握商贸链条的上游，只能跟着喝喝汤。

前文介绍汉萨商人时讲过，在中世纪很长一段时间里，英格兰商人的经营水平并不高，因而国王不得不经常赋予汉萨商人特权，否则就无法有效促进商贸城市的发展，其中的根本原因正在于英格兰地理区位的劣势。这个劣势，要一直到地理大发现时代才得到根本扭转。地理大发现后，英格兰的地缘政治地位一跃变为大西洋航线上的枢纽，其商贸水平也就自然而然得到提升，英国国王便取消了汉萨商人的特权地位，将其改授予本国商人。

国王爱财，取之有术

前文已经讲过，最后彻底终结汉萨商人特权地位的，正是女王伊丽莎白一世。说起伊丽莎白一世，这位传奇女王以"童贞女王"为世人所知，也因为领导英国击败"无敌舰队"而为后人铭记。在普通英国老百姓心目中，伊丽莎白一世是英国历史上少数几个有为的优秀君主之一。咱们中国人最推崇的皇帝，是所谓秦皇汉武、唐宗宋祖和一代天骄，照此标准，如果把英国君主也排个序，那伊丽莎白一世少不得也要排进前五。

但她的真正面目究竟为何呢？在这个问题上，以著有六卷本《英国史》而得享盛誉的大卫·休谟对其做出的评价，给我留下的印象最是深刻：

> 我们当中有个党派，以拥护自由与民众政府为标榜。他们毫无节制地颂扬伊丽莎白的智慧和美德，借以贬低后来的王室，为时已久。他们甚至对本朝事务也极其无知，他们颂扬伊丽莎白尊重宪法、心存自由和国民特权，其实这恰好是她最欠缺的地方。……伊丽莎白行使王权的方式完全违背了我们当前珍爱的一切宪政法治理念，她仅仅是继承了历代先王的遗产。她相信：臣民有权享受的自由权利不会超出他们先辈享有的权利范围。她发现：臣民完全默认她的武断施政。她自己行使了无限的权威，自然不会觉得这种政体有缺陷。[23]

事实上，在我引用的文字之外，休谟还列举了很多伊丽莎白一世动用星庭、钦使法庭和军事法庭制裁反对者，甚至直接动用酷刑的例子。然而，这一切都没有从根本上影响历史对她的评价。她就像许多人类历史上以雄才大略闻名于世的君主一样，常常动用暴政手段，甚至加倍掠夺民众财富，却依然得到人民的拥戴和怀念。

休谟的描述更加警醒我的是，历史真相揭露出的冷酷而有效的帝王心术——一个好统治者不爱民吗？不宽大吗？不顺应政治正确潮流吗？没有关系，只要她做出成绩就可以。

东方文人的政治正确是爱民如子，西方文人的政治正确是宪政、民主与自由，但精明的统治者并不把这些东西放在眼里。当然，他也没有必要高调地反对和破坏这些因素。伊丽莎白一世的聪明之处，就在于她可以用高超的政治技巧，绕过这些因素对她权力的限制，又不使民众对她产生反感而已。

这个高超的政治技巧，就在于 Trade Off。Trade Off 的标准中文译法是"权衡"，我个人认为，"权衡"并没有很好地传递出这一短语的精髓："权"字指的是把木头当天平一样放置并维持平衡，一种隐含的理念是如果能够两头兼得，比一头翘起要好。实际上，Trade Off 讲的却不是这个意思，它指的是有很多个东西你都想要，但是你带的钱不够，该如何取舍——也就是兼得一定不可能。若译成"取舍"，也不妥当，因为取舍的标准可能是主观道德的，例如孟子说"舍鱼而取熊掌""舍生而取义"。其实，Trade Off 的标准是从 trade 中来的，也就是用做买卖的眼光来衡量，到底换来什么对自己更有价值。

对伊丽莎白来说，Trade Off 的标准是什么？或者说，什么对她最有价值呢？她想要做出成绩，而做出成绩的前提是有钱。

休谟是这么描述伊丽莎白的金钱观的：

> 伊丽莎白女王以节俭著称，在某些情况下甚至近乎贪婪。只要有望节省，最小的开支在她眼中都会相当重要。甚至最微妙事务当中的邮递费用都逃不过她的注意。她也留心一切收益，不会放过多多少少不寻常的赢利机会。……她从不积攒财宝，没有急需时甚至会拒绝国会补助金。但我们不能据此断定：她的节俭源于爱民。她以垄断专利压迫国民，比任何公正和规范征收的重税更加沉重。她节俭的真正原因在于希望独立，关心自己的尊严；如果她经常向国会要求补助，不免会危及自己的尊严。[24]

在读《英国史》的时候，这段话让我对休谟许多看似自相矛盾的记载有了豁然开朗的理解。为什么休谟说伊丽莎白专制却又能赢得人民的爱戴呢？因为她许多所谓的"暴政"行为是向妨碍她权力的土地贵族开刀，对人民，她还是较为克制的。为什么休谟说伊丽莎白压迫国民却又节俭呢？因为她敛财是为了给国家办大事，从西班牙这样的国家嘴里抢粮食，拓宽英国商人的财路。

当笼统地说暴政如何侵犯个人权利时，我们并没有对被侵犯者的社会阶级和是否是代表历史进步的力量做辨析。具体到个体对象时，我们会发现，女王有自己明确的 Trade Off 标准，那就是找钱，办事，重用那些能够用钱生钱的人，而且，由于动用国家的款项不仅需要经过国会复杂的流程批准，还要搞定大批复杂的政治交易，所以为了简便起见，她宁可自己出钱投资。

比如，为了动用英国海盗德雷克等人的劫掠力量，她自己出钱资助了德雷克的远征。再比如，为了开发非洲殖民地，她在1588年投资了非洲殖民公司，并且取得公司利润三分之一的收益权。她还投资了很多海船劫掠行为，有时干脆勒索。1592年，雷利和弗洛比率军远征西班牙，俘获价值20万英镑的宝船。原本伊丽莎白在这场远征中只占10%的股，但是她认为这是飞来横财，理应见面分一半，于是厚着脸皮直接问雷利要了10万英镑。

伊丽莎白女王驱逐汉萨商人的政策也应该好好辨析一下。按照今天的一般观点，伊丽莎白一世驱逐汉萨商人，会马上被解读为反全球化，是贸易保护主义，是用政府强权压制市场的行为。但有几个事实需要在此做一个说明。

事实一，汉萨商人在英国享有的并不是平等的贸易权，而是排他性的贸易特权。汉萨商人被允许从事的贸易领域和享有的待遇，不仅是其他国家商人得不到的，也是英国商人经常得不到的。

事实二，当时人们普遍相信，国际贸易是一种零和博弈，而不是正和博弈。也就是说，整个国际贸易的蛋糕份额就那么大，你切得多一点，人家就切得少一点。造成这种印象的原因，是多数人长期生活在零增长社会中，自然会用零和逻辑来看待社会财富。这种重商主义的想法固然是因为不具备现代经济学知识所导致的错误见解，但在中世纪社会却另有一层积极意义：国王如果想要从其他国家那里多分些蛋糕，就得依靠本国的商人群体，因此，重商主义思维虽然本质上是以邻为壑，却有助于本国商人政治地位的提升。这对于达成商人与国家的联盟来说，是至关重要的。

事实三，当时的英国防务高度依赖海军，而海军又与商船贸易是一体的。一个国家的商业贸易越发达，船只就越多，熟练水手也就越多。站在 16 世纪看，商贸是国之重器，不可轻易予人。西班牙能够接受热那亚商人的投诚，本质上是因为热那亚商人在国内失去了庇护，但汉萨商人并没有面临这样的绝境。所谓非我族类，其心必异，转而培养本国商人，是任何正常统治者都会做出的选择。

事实四，伊丽莎白的贸易保护主义政策虽让英国贸易商人获益，却让国内制造业和民生受损。这是因为，贸易商人的垄断力量压榨了制造业的利润，而海外市场的萎缩则让很多手工业者破产。此外，由于农产品方面的出口限制，许多小农场经营不善，不得不把土地出售给与贸易商联系密切的羊毛业主，此即著名的"圈地运动"。由此造成的后果，又是物价上涨，民生凋敝。

究其所以然，贸易保护主义毕竟是一种违反经济规律的政策，虽然在那个时代有其意义，但既然违反规律，就势必要有人受损。有人能够抓住历史机遇大发其财，但也必然有人成为大国崛起的代价。历史应当公正地记录一将功成背后的累累枯骨，以及公正地评价伊丽莎白一世所采取政策的功过。

当然，除了贸易保护主义，伊丽莎白还有一些其他经济政策值得铭记。1543—1551 年间，英国发生了惊人的通货膨胀，每 12 盎司银币里的含银量从 11.1 盎司白银跌落到 3 盎司白银，英镑在安特卫普的汇价大跌，严重影响英国外贸。伊丽莎白下令回收劣币，改铸良币，稳定币值。在入境美洲白银的支撑之下，英镑信用渐渐恢复，伊丽莎白的货币体制也得以一直维系下去。

尽管伊丽莎白赚钱有术，也能稳定币值，但一位爱赚钱的国王，还并不是一位能够成功与商人达成共识的国王。伊丽莎白本人的财务观纵然是优秀的，但她依然拥有绝对权力，可以随意勒索乃至剥夺臣民的财产。女王之所以没有经常采取这种手段，更主要是因为她喜欢精妙而有品味地运用她的权力，不想给人留下粗暴的印象。

但商人与国家之间的联盟，是不能建立在某一代国王个人好恶或习惯的基础上的。决定这个联盟稳固与否的根本标准是政体。只有一个能够彻底保证商人不害怕国王撕票的政体，才能够让商人信任国王的联盟是发自真心的，是不必有后顾之忧的。

你当然已经提前猜到了答案。英国的资产阶级革命，也就是从内战、复辟再到光荣革命，乃至革命之后几代国王统治期间建立起来的一系列政治制度，最终为商人和国家间的稳固联盟提供了政体保障。但是，是什么历史动力最终导致英国资产阶级革命的发生呢？是什么驱动英格兰王国建立起这个根本保证呢？是商人坚持不懈的斗争，抑或适时顺应形势的国王，还是洞悉了时代脉搏的思想家，抑或头脑精明的政治家？

思索再三，我认为以上都不是。经过反复考虑，我郑重地认为，英国之所以建立起商人和国家间的稳固联盟，其实不过是"偶然"。

宗教问题与英国内战

"偶然"这两个字，敲出来很简单，但下这个判断，于我自己而言不啻千斤之重。不管是历史教材，还是主流学术著作，或是大众意见，对于英国资产阶级革命、《权利法案》的通过和立宪主义的确立，都是肯定再肯定。而且，从我本人的专业，也就是政治学的角度来讲，从 1640 年到 1689 年的内战、复辟和光荣革命，再到 18 世纪英国建立起来的虚君内阁制，是现代政治文明最重要的奠基性力量，也是政治现代化得以成立的最根本的历史经验。

这一系列事件对英国本身的历史意义和对人类社会的历史意义，几乎是铁一般的定论，是板上钉钉的事实。那么，如果我说这一切都是出于偶然，是要推翻整个人类的政治现代化历史经验吗？当然，我并不否认这一系列革命的历史意义，但是，如果你一定要我回答说，驱动英国走到最终那一步的基本动力是什么，那我个人经过反复思考后得出的结论，就是偶然因素。

在这整个过程之中，无论是把查理一世送上断头台的英国议会，还是克伦威尔，或是推动光荣革命发生的议会七君子，他们最重要的动机，与建立立宪体系其实并没有太大关系。这一系列故事中的反派，不管是被送上断头台的查理一世，还是被很快驱逐的詹姆斯二世，他们都不是很多历史叙事里讲的暴君，也没有肆无忌惮地追求绝对君权，甚至这些目标都不是他们的第一考虑。

过去，我们习惯于把这段历史理解为专制与自由、独裁与立宪之间斗争的历史。然而，之所以会有这样的印象，更可能是因为我们的传统历史叙事所致。今天，绝大多数的人不会以研究历史为职业，对历史的了解也往往仅限于教科书和通俗读物的水平，而这些教材和通俗读物为了把上百乃至上千年复杂的历史浓缩在几页里讲完，只能按照主流意见摘取某一条线索来讲解这段历史。立宪和自由，就是知识界在讨论出共识以后所选定的线索。

但是，如何讲历史故事，跟历史中的人如何思考并做出选择，是完全不同的两件事。这就好像说，如果把英国比作一辆由很多个车头联合牵引的板车，每个车头上掌控方向盘的司机虽然并没有向着"宪政革命"的方向开车，但板车最终却驶到了这个位置，而到达目的地后，你问司机把车开到这里的最重要的经验是什么，这时候问出来的答案一定是有问题的。

那么，站在当时大多数司机的角度来看，他们认为真正重要的问题是什么呢？是宗教。从 16 世纪宗教改革开始，一直到光荣革命，让国王、大臣和精英人士都如临大敌，认为必须要综合平衡的核心问题，就是宗教教派的对立。以此为线索，我们才能理解，在光荣革命后建立起来的英国宪政体系，包括最后的虚君内阁制，其实是英国历史上四个关键性偶然事件的产物。

首先，在这接近两百年的时间里，英国的宗教呈现出三足鼎立的态势：天主教、英国国教和清教。天主教是罗马教会主张的正宗教义，这个很好理解，那国教和清教的来历又是怎么回事呢？

先说国教的来历。英国国教完全是一个偶然性的产物。1525 年，英国国王亨利八世面临一个很让人头疼的问题：他想跟来自西班牙的老婆离婚，但教宗不敢得罪西班牙，不可能批准离婚。于是，亨利八世利用当时马丁·路德刚提出不久的新教教义，主张英国基督教会没有必要以罗马天主教会为圭臬，而是应该奉英国国王为宗教领袖。为了达成这个目的，他起用一些在教义上同情新教的神父做主教，改造了英国教会。这个被改造过的教会，就是英国国教，又叫圣公会。所以，从最初动机来看，英国国教完全是为了满足亨利八世个人离婚需求的工具。

这就是我说的四个关键性偶然事件中的第一件。如果不是亨利八世恰巧要为了离婚找理由，英国的宗教改革也许会走另外一条完全不同的路径。

尽管从起源上来说是偶然的，这场宗教改革却满足了英国老百姓亲近新教的需求，因而得到英国人的普遍支持。但是，有一部分更加虔诚的新教徒，认为英国国教还残存着很多天主教的仪式，还不够新教。他们认为，这些仪式应该被清除掉，以保证英国国教信仰的"清洁性"。这就是清教的来历，所谓"清教"就是要"清洁英国国教"。

因此，英国国教和清教的诞生，都带有很大的偶然性。但从它们诞生以后，这三个教派就代表了三种不同的、能够影响英国政坛走向的势力。天主教派代表欧洲大陆强大的君主国势力，像法国、神圣罗马帝国和西班牙这些国家的君主，都是虔诚的天主教徒。英国国教代表英国本土的政治精英，这批人是亨利八世提拔上来的，受益于官方主导的宗教改革，想要维护自身的既得利益。清教则代表英国民众的力量，它的教义最接近欧洲大陆的新教教派，最受老百姓欢迎。

从 16 世纪中期开始，在英国做国王，就必须在这三种势力中间平衡，而且尤为重要的是，不能亲近前一派，反对后两派，否则王位一定不稳。

第二个关键性偶然事件，是伊丽莎白一世的继承人问题。"童贞女王"伊丽莎白终其一生没有结婚，而且由于年轻时经历的权力竞争太残酷，因此活着的时候一直在很积极地清除王位继承人。到她死的时候，议会别无选择，只能请被她处死的姐姐、苏格兰女王玛丽一世的儿子詹姆斯来做英国国王，也就是斯图亚特王朝的詹姆斯一世。

然而，斯图亚特家族的悲剧在于，作为一个来自苏格兰的外来王室，詹姆斯一世为了获取统治上的援助，压制英格兰的本地势力，不得不选择与欧洲大陆的天主教国王亲近，试图从欧洲大陆寻找支持者，而这一定会触怒英国本地的两个教派。如果不是一个外来王室，也许英国王族不会与国会产生如此激烈的冲突，从而走向内战。这就是我认为詹姆斯一世即位是第二大关键性偶然事件的原因。

詹姆斯一世选择的援军是当时最强大的西班牙王国。他一直想促成自己的儿子查尔斯与西班牙公主玛丽娅·安娜的婚事，这个决策在历史上被称为"西班牙进行曲"（Spanish March）。[25] 但是，当时欧洲大陆上，新教和天主教大决战的氛围越来越浓，最终导致了三十年战争的爆发。受到这种氛围的影响，英国议会否决了这个决策。

詹姆斯的儿子查尔斯，也就是查理一世即位后，虽然没能跟西班牙公主结婚，但是他对天主教和欧洲大陆的亲近，使他最后娶了一位信奉天主教的法国公主，这同样引发了英国清教徒的不满。他想模仿英国国教，在苏格兰建立由国王领导的教会时，又受到了苏格兰教会的抵制。最终，国王先是跟苏格兰教会爆发战争，而后又因为给这场战争筹款而引发英格兰议会的抗议，导致内战爆发。

英格兰议会反对国王的形式和所依据的理由，其实完完全全都是中世纪的。这场斗争的导火索，是查理一世想在苏格兰地区推行英国国教式的制度，让苏格兰教会承认自己有任免主教的权力。苏格兰教会否决这项决议之后，查理为了筹集军费对苏格兰动兵，于1627年在英格兰境内推动"强制贷款"（forced loans），如果有谁拒绝支付，就会被不经审判而直接投入监狱。次年，查理一世又通过了一条军事法，规定普通公民必须为士兵和海员提供食物、衣服和住所。

1628年4月，以前首席大法官爱德华·柯克爵士（Sir Edward Coke）为首的一批律师在下议院委员会通过决议，反对国王的这些决定。他们援引包括《大宪章》在内的古代法律，认为国王侵犯的权利，是自1215年以来就为普通英国人所享有的。柯克爵士以深情的文笔回忆道，英格兰人民自诺曼征服之前就享有一种"古代宪法保护的自由"，历来的国王都没有侵犯过这种自由，因此，查理一世的种种举措，乃是"有悖于祖宗之法"，"有悖于大英古制"。

最后，因为迫切需要钱，查理一世被迫同意柯克等人的意见，于当年 6 月签署了议会制定的《权利请愿书》(Petition of Right)。当然，查理一世对此很不甘心。因此，后来等到机会来临，他便翻脸不认账，推翻了《权利请愿书》，重新开始强制征收钱财，这就是 1642 年英国内战的起源。

这看起来很像一场反专制和独裁的斗争，但其实，在英国历史上的大部分时间里，国王想要征税，向来都要得到议会的同意。如果双方之间产生矛盾，国王让步，或者引发双方的斗争，这在中世纪历史上并不鲜见。例如，1295 年，为了筹措军费，英国国王爱德华一世同意议会增设来自每个郡的两名骑士代表和来自每个市镇的两名商人代表，他们有权参与并有可能否决议会决议。1401—1406年，英国议会一再指责国王亨利四世不善于管理税收，并获得了较大的控制王室支出和任用权的权力。这些例子并不是英国独有的，1227 年丹麦国王在战败之后，也曾被贵族逼迫，不得不接受对国王权力的限制，甚至在继承人问题上都要得到贵族认可。

沿着中世纪国王与议会的斗争史脉络看下来，站在 1642 年的时间点上，我们是不会觉得当时议会的所作所为特别出格，或者特别具有革命性的。整体上来说，它就是一场中世纪斗争，跟以前贵族围剿国王的那种"小混蛋对抗大强盗"的斗争没有本质不同。

当然，在历史的大多数时期，小混蛋对抗大强盗的斗争是以和平方式进行的，搞出内战，确实不太多见。当时很多议会成员慑于中世纪传统道德，依然认为国王权威不可侵犯，与国王开战有大逆不道之嫌。但与此同时，认为既然国王已成暴君，反抗国王天经地义的也大有人在。其中的佼佼者，就是克伦威尔。

奥利弗·克伦威尔 (Oliver Cromwell) 如此坚定地反皇，与他的宗教信仰有关。他是个虔诚的清教徒，在议会中是"圆颅派"[26]的成员。我们前面介绍过，天主教较有等级制观念，英国国教认国

克伦威尔

王为教会领袖，但清教徒最激进，最没有这方面的思想束缚，因而
与国王作战时最积极。

　　克伦威尔是个军事天才。他没有受过任何训练，却领导骑兵部
队击败国王的军队，带领议会取得了内战的胜利。战争结束后，他
强力推动对查理一世的死刑审判，在 1649 年处决了这位国王。国
王死后，英国议会决定废黜国王，建立共和国。在内战中最激进的
反皇党此时组成了"平等派"（Leveller），主张人民主权，要求把选
举权扩大到一般民众。但是，出身士绅的克伦威尔和议会主要成员
并不赞同这个主张，在处死查理一世的同年血腥镇压了平等派成员。

　　这个例子，足以证明英国内战本质上还是一场中世纪政治斗争：
土地领主认为自己以古代宪法或宪章为名反对国王天经地义，但决
不允许平民以自由为名反对自己。反过来，英国国王援引"君权神
授"理论，也是以此为名义上的武器对抗贵族，压制议会，但实际上，

他们的权力离真正的绝对君权相去甚远，不仅比不上共和之后的护国公（克伦威尔），也没有达到法国的水平，更不用说跟东方国家相比了。

镇压平等派后，克伦威尔的第一项重大举措是入侵爱尔兰。这项举措的背后，又是宗教因素。当时的爱尔兰议会以天主教徒为主，并在1641年发动了对当地新教徒的屠杀。为了报复天主教徒，并防止保皇党的反扑，克伦威尔以爱尔兰天主教同盟支持查理一世为由，于1649年亲自带军队前往爱尔兰，占领了当地城市并展开对天主教徒的大屠杀。1650年，苏格兰支持查理一世的儿子查理二世继承国王之位，克伦威尔于是再度带兵进入苏格兰，击溃了苏格兰军队，查理二世逃亡法国和荷兰。

现在，克伦威尔把英格兰周围横扫一圈，都打服了，可以转回英格兰，开始他的独裁大业了。

最初，他打算把英格兰、苏格兰、爱尔兰三个王国统一起来，建立一个三教并包的民族教会。但这个打算没能成功，于是，他干脆带兵清理内阁，解散议会，自封护国公，开启独裁统治。1658年，克伦威尔突然患上疟疾热，健康状况迅速下降，并于同年逝世。他的儿子理查德继任护国公，但是由于来不及得到父亲的培养，在军队的根基尚浅，被迫于第二年辞职。随后，议会恢复召开，一群议员想了想，与其在共和国之下忍受克伦威尔的独裁，倒不如在王国之下继续跟国王斗争来得开心。于是，1660年，他们邀请在海外流亡的查理二世回到英国继任国王。

受内战影响，查理二世从16岁起就流亡海外，颠沛流离，父亲又被斩首，可以说受尽了辛酸苦楚。像这样成长起来的贵族往往洞明世事，对人情冷暖自有一番理解，其治国理政也带有更多的人情味。在他之前，出于清教严苛的道德要求，克伦威尔关闭剧院，并且禁止女孩担任演员，查理二世把这些禁令统统取消，赢得了人民的好感，因此得了个"快活王"（Merry Monarch）的称号。

　　但是，查理二世唯有在一件根本事务上再次做出了错误选择：他选择支持天主教。从查理二世本人来说，做出这个选择是很好理解的，他是法国国王路易十四的堂弟，流亡欧洲期间主要是在法国和荷兰的亲戚家里居住，耳濡目染，自然亲近天主教。1672 年，他发布《宽容宣言》，禁止针对天主教徒和其他异端的迫害。同年，他还宣布支持法国入侵荷兰，发起第三次英荷战争。

　　一个是宗教大防，一个是外交大略，正所谓"国之大事，唯祀与戎"。查理二世的这两个决定，把英格兰议会一下子惹恼了。议会迅速对国王施压，要求国王撤回决定。自此之后，查理二世与议会的关系急转直下，巨大的政治风暴正在酝酿。

　　1685 年，查理二世中风去世，临死前一晚皈依天主教，坐实了很多人认为他是法国间谍的猜测。更致命的是，他的继位者，弟弟詹姆斯，也即斯图亚特王朝的詹姆斯二世，从一开始就是个不折不扣的天主教徒。

　　詹姆斯上任后不久，便表现出诸多亲近天主教的倾向。1686 年，他接待了罗马教宗派来的代表费尔迪南多·阿达（Ferdinando d'Adda），这是一百多年来破天荒的第一次。1687 年，他发表《宽赦宣言》（*Declaration of Indulgence*），又称"良心自由宣言"，呼吁宽容天主教徒。为了获取支持，詹姆斯四处巡回演讲，宣传他的政策。他如此讲道：

> 如果……有一条法律规定必须把所有黑人都关进监狱，我们只能说这条法律是不理性的。我们没有理由仅仅是因为肤色不同而互相争吵，同样，我们也没有理由仅仅是因为持有不同宗教理念而争吵。[27]

客观来讲，詹姆斯二世这番话说得有没有道理？简直太有道理了。但是在当时的英国，这是一个不可讨论的议题，谁强推天主教，谁就等于政治自杀。

其实詹姆斯二世在位期间所谓的"强推天主教"，主要政策只是给天主教徒一个平等机会，允许他们担任以前只有国教徒和清教徒才能担任的高级职位。但是，这是国教和清教占统治地位的英国议会所不能接受的。

真的，在 1688 年这个时间点上，导致詹姆斯二世跟议会起冲突的最关键因素就是这个，除此之外的其他原因都是毛毛雨一样的次要因素。詹姆斯二世对加税的要求有限，也没有要打仗。他是对议会比较强硬，但相比同时代的其他国王或者历史上的英国国王，他肯定不是最暴戾的那个。他是跟法国比较亲近，但是在法国国王路易十四要出兵支援时，他拒绝了法国的提议。真说起来，他的主要"暴政"也只是逼问法官和议员，愿不愿意接受天主教徒担任公职，不愿意的都强行解雇。

以此观之，詹姆斯二世的所作所为，跟今天那些在英国、法国和美国试图通过法案强制规定某地政府或议会必须有百分之多少是有色人种和妇女的人相比，是不是并没有多大区别？都是在强行推动平等嘛。你评评理，这算暴政吗？

詹姆斯二世只做了三年国王，却因为要求对天主教宽容，被扣上暴君的帽子达三百多年之久。他遭受这种待遇，不是因为他做错了什么，而是因为他没有做对什么，或者更准确地说，是他的对手做对了什么。历史的逻辑有时候就是这么吊诡，虽然你做错了很多事，但只要做对一件事就可以名垂千古；而有的时候，你虽然做对了很多事，但只要做错一件事就可能遗臭万年。

你可能要问，詹姆斯二世的对手做对了什么？但我要说的是，这个问题你问错了，你应该问的是，詹姆斯二世的对手是谁？

1688 年，詹姆斯二世的儿子出生，并且作为天主教徒接受了洗礼。英国议会再也无法忍受此事带来的可怕后果：他们已经不能接受一个天主教徒当国王，更不可能接受这个国王的继承人还是个天主教徒。当年 7 月，议会中的七名议员，后来被称为"不朽七君子"（The Immortal Seven），写信给詹姆斯的外甥和女婿，也就是荷兰执政奥兰治的威廉三世，请他率军进入英格兰当国王，届时议会必定倒戈来降。

荷兰执政，奥兰治的威廉三世，是不是看着有点眼熟？没错，这个人就是我们上一节介绍过的，从小被荷兰议会流放监控，历尽艰辛，于 1672 年把法国人赶出国土的那个威廉三世！

缔结联盟

1688 年，威廉三世已经不再是个少年，当年临危受命的少年执政，如今已经是个 38 岁的中年人。自"大灾难之年"后又过了 16 年，这 16 年来，威廉三世只做了一件事：竭尽全力抗击法国。

1673 年，他将法军驱逐出荷兰境内，号召全欧洲的新教徒一起抵制路易十四，被誉为新教英雄；1686 年，他和奥地利、西班牙、普鲁士、瑞典等国组成奥格斯堡同盟，联合反抗路易十四的霸权。

更重要的是，他的妻子玛丽二世是詹姆斯二世的女儿，因此拥有英格兰王国的继承权。而英国议会选中的王位继承者，竟偏偏是他，这就是我所说的第三个关键性偶然事件，也是我认为对英国历史而言最重要的一次偶然。如果不是威廉三世恰巧通过妻子的关系得以继承英国王位，后来的一切历史走向都可能会改变，人类历史的前进路径也可能会改写。

接到七君子的邀请，威廉与妻子玛丽简短商议一下，便同意了

不朽七君子邀请威廉入主英国

请求。1688 年 11 月，威廉率 14,000 人和 453 艘舰船在英国登陆，皇室军队迅速背弃了詹姆斯二世。在威廉的许可下，詹姆斯二世流亡法国。这次王位更迭几乎是兵不血刃完成的，因此被称为"光荣革命"。

今天，历史学家把光荣革命誉为英国君主立宪制的奠基性事件，是保守的革命代替了激进的流血，代表了英国式的政治智慧，就像英国思想家埃德蒙·柏克说的那样："光荣革命的目的是维系我们自古以来就无可争议的法律和自由，以及我们政府的古老宪制（ancient constitution），那是我们对法律和自由的唯一保障。"[28] 但实际上，无论是议会七君子，还是威廉三世，或是当时支持威廉、背弃詹姆斯二世的议员与将军，他们的动机其实并不在此。

前文介绍过，英国的三股宗教势力中，天主教派往往与欧洲大陆的强势君主国更为亲近，国教更为贴近英国本土的政治精英，而清教则更容易笼络普通民众的情感。当时英国议会对詹姆斯二世的提防，主要是害怕他因为宗教而将英国的国策方略与法国绑定。议会对威廉的青睐，也在于此人是坚定的新教徒和坚定的反法英雄，是当世与法国相抗的不二人选。

威廉三世抵达伦敦后，很快便宣布登基，开始与妻子一道共治英国（因为有继承权的是他妻子，而不是他本人），并且与议会达成协议，签署了三个重要文件。

第一个文件是《1689 年加冕宣誓法案》，主要内容是对此后英国国王加冕时的誓言做了两点修改。第一点，过去英王加冕时，只是笼统地说要捍卫国王颁布的法律，而这个法案明确国王要按照议会通过的法律进行统治；第二点，过去英王加冕时，要承诺"保护与捍卫我政府之下的主教与教堂"，而这个法案要求国王要维持"真正的福音和依法确立的新教改革派"。[29]

第二个文件是《1689 年权利法案》，也就是我们最熟悉的《权利法案》。它规定了议会必须定时召开、未经议会批准而征税是非法、未经议会批准不得在和平时期维持常备军、议会议员选举自由、臣民有权向国王请愿等一系列政治权利。如前所述，这些举措的确限制了王权，但它们整体上也可以被解释成中世纪传统的一种延伸。除此之外，这部法案还列举出了詹姆斯二世十二项旨在"颠覆和灭绝新教以及该国法律和自由的政策"，并宣布这些政策均为非法举措。[30] 从这项附加规定中，我们可以看到当时议会关心的主要内容到底是什么。

第三个文件是《1689 年宽容法案》，主要内容是允许给非国教徒的新教徒以宽容，但就是不宽容罗马天主教徒。[31] 这个法案充分体现了英国人狡诈的政治头脑：你詹姆斯二世讲宗教宽容不是有道理吗？我把你有道理的部分拿过来，但就是不让它惠及支持你的人。这就叫既讲原则性又讲灵活性，既争取了朋友又打击了敌人。

政治就是这么搞的。

这一系列文件，实际上是英国议会与威廉三世在一系列核心政治问题上达成的利益交换。英国议会得到的是威廉三世尊重议会权力的法律保障，威廉三世得到的是反法斗争的后盾——整个英格兰王国的人力和物力。双方的共同利益点，是对抗法国以及法国为代表的天主教势力。

在我看来，这才是光荣革命的真正面目。后世学者大加赞扬的立宪主义精神、自由原则，其实都是这个交易的附属产品。

我一直不相信政体革命能够在短时间内起到那么大的作用。当然，我不是要否定政体对于一个国家的重要意义。在人类历史上，一个国家的崛起实在是最艰难无比的事业，全世界 200 多个国家，真正被历史反复念叨的强国不超过 10 个。这就好像我们每年的高考状元从来没有偏科的，如果不是科科都强，是当不了状元的。同样的道理，一个国家能够有一个好政体，最多解决一科的问题，而没法保障它当上状元。

原先不懂得如何做生意的民族，签了一个自由主义宪法，就会马上富强了？原先做惯了奴隶的老百姓，搞了一场共和革命，就马上懂得如何做主人了？天底下哪有这么便宜的事。

实际上，"光荣革命"对英国历史的最大意义，并不仅仅在于政体革命。它的最大意义在哪儿呢？我们要注意一个问题，那就是威廉三世虽接任了英国国王的职位，但他同时仍然担任荷兰执政。他没有辞职，也没有宣布退休，还是荷兰最高的军事领袖，保家卫国对抗法王还要指望他。他现在前往英国接任国王，但英国和荷兰两个国家都不能一日无主，于是，荷兰与英格兰宣布成为"共主联邦"。也就是说，在荷兰，威廉依然是执政，在英国，威廉三世和妻子玛丽一道共治英格兰。

如果光荣革命中渡海而来的威廉不是恰好身为荷兰执政，恐怕这场革命也不过是英国历史上另外一次改朝换代而已。这就是我说的第三个关键性偶然事件。

正是因为这个偶然事件，荷兰的商贸力量与英格兰的国家力量在"抗击法国"这面大旗下团结在了一起，各取所需，达成同盟。谁能想到，在人类漫长的文明史上，国家与商人之间的稳固结盟，竟是以这种谁也没料到的方式，在一个过去处在欧洲边缘地带的国家建立起来的。

在当时世界上，荷兰商人可以说是排行第一的商人集团，但是，荷兰共和国的政治结构却存在致命的问题。然而，威廉执政入主英国大统，给了荷兰商人利用英格兰王国的强大力量捍卫商贸秩序的机会。

我认为，这才是"光荣革命"后英国崛起的最大秘密！

信用的伟力

商贸秩序在英格兰刚一落地，就为英国奠定了18世纪大国博弈中最重要的一项基础：政府信用。

政府信用之所以如此重要，根本原因在于，国家要想取得胜利，就必须有钱。无论谁当国王，这都是最实在的问题。威廉三世享有赫赫威名，但他也没有聚宝盆。为了与法国对抗，他必须想办法搞钱。这位英荷共主和他的官员为了筹措资金，在当时面临巨大的压力，而且想过很多办法，比如，求助于养老储金会、挪借终身年金、发行彩票、1692年推行长借款政策和1694年创立英格兰银行。

百年之后回头看，把英国送上世界第一强国宝座的，正是后面两项：推行长借款政策、创立英格兰银行。

我们先说英格兰银行。最迟到公元前400年起，银行这种机构就在人类历史上出现了，但是，"中央银行"的出现却是很晚的，这是因为古典社会财富积聚的速度极慢，资本集中的规模远没有办法跟暴力集中的规模相比，因此政府对银行的依赖度非常低。

14世纪，把钱借给国家的业务，也就是高级金融业务开始在佛罗伦萨出现。但是，当时的银行并没有真正发展出一套成体系的业务模式，银行家本质上还是把国王当普通客户来开展这项业务。这里面有失败角色，比如巴迪和佩鲁齐家族，也有成功角色，比如美第奇家族，但他们并没有专营一家专门借钱给国王的银行，只是以他们原先就有的私人银行为载体来开展业务。

15世纪，热那亚商人成立了圣乔治商行，这是现代央行的鼻祖，但它针对的主要是热那亚这个小城邦，规模和意义相对有限。

17世纪，荷兰发生资产阶级革命，阿姆斯特丹证券交易所建立，并且被欧洲各个地方的资本看好。但是，看好证券交易所跟看好国家政府是不一样的。在证券交易所中交易的是各个公司的股票，资本流到这个交易所，最多证明大家对当地经济很看好，却证明不了他们愿意投资政府。

公司得到投资的根本是盈利能力，但政府不一样。政府可以持续获得税收，因此一般借钱给政府的人并不担心政府的还款能力，他们担心的是政府信用。这就是 1694 年英格兰银行成立时面临的最大挑战：它必须打赢一场信用之战。

威廉三世对抗法国的威名虽举世皆知，但并不是所有人都看好他的事业。当时的法国才是欧洲第一强国，与之相比，即便英国加上荷兰的力量也处在下风。1689 年起，英国卷入对法战争中，政府为了打仗，必须在海外支付大量款项，这导致本国铸造的金银良币大量流出海外，造成银根紧缺。1694 年，以威廉·帕特森为首的银行家向国王提议，借鉴荷兰经验，找富可敌国的大资本家，成立一家私有的中央银行，也就是英格兰银行。英格兰银行刚一成立，就把全部款项借给国家。这项举措更是加重了人们对英国政府财政危机的担忧，舆论一片恐慌，金银价格疯涨，英镑在阿姆斯特丹的标价一落千丈，现金高度紧缺。

形势岌岌可危，政客们达成一致意见：必须整顿货币流通，重铸银币。在金银货币年代，国家要让货币贬值的方式很简单，只要降低货币中的含金含银量，同时回收成色较高的旧货币即可。这样的话，其实可以直接用贬值手段赖掉债务中的一部分，当时财政大臣威廉·朗迪斯就坚决主张重铸后的银币要贬值 20%。但是，威廉·朗迪斯不幸遇上了一位重量级辩手，此人便是当时最负盛名的思想家，以两卷《政府论》留芳至今的约翰·洛克。他以自然权利论为出发点，坚称政府不能侵犯个人私产，不可违背已签订的契约，因而货币不能贬值，英镑应是"不变的基本单位"。在洛克的坚持下，英国政府最终承担了重铸银币的全部费用，并且保持英镑价值不变，还委任洛克的好友、人类物理学史上的第一天才艾萨克·牛顿执掌皇家铸币厂。这一决定做出之后（1696年），英镑在阿姆斯特丹的标价回升，大批荷兰放贷资本家加大力度出资购买英国的股票和公债，英格兰银行打赢了第一场信用之战。[32]

第二场信用之战，则与英国公债有关。

在19世纪，政府信用的最直接表现形式，就是公债。其实，在历史上，英国国王曾经多次举债，向大银行家借取短期借款。但是在光荣革命以前，由于国王的肆意行事，英国政府的信誉并不佳。比如，1672年，当时的国王查理二世颁布延期偿付法令，不仅宣布暂时不归还银行家借出的本金，而且宣布暂停偿付利息，为此还打了一场官司。在威廉三世来到英国后，他的官员借鉴荷兰经验，于1692年提出用发行公债的办法来筹措资金，在当时，这被称为"长期借款"。

公债与私人借款不同。私人借款是国王找银行家借钱，由此产生的债务关系实际上是个人与个人之间的私人关系。但是公债是以政府名义向公众发行的，一旦政府赖账，有损的是国家体面和政府公信力。因此，为了向公众证明自己会还钱，英国政府以一项税收收入作担保，保证自己会偿还债款及利息。

许多年后，清政府在英国逼迫下以海关收入为担保，筹集资金用于赔付《北京条约》和《天津条约》中约定的款项。为了增扩海关收入，清廷聘请英国人赫德管理广东海关，一年时间就收取496万两白银，为国库存银不到10万两的清廷解了燃眉之急。因为这些功勋，赫德升官加爵，被封为太子少保，做到海关总税务司。

不少大清子民对此耿耿于怀，认为堂堂一国海关掌握于洋人之手，有辱国格。他们不知道的是，当年英国政府的岁入也曾握在荷兰商人之手，大不列颠帝国也是这么低声下气熬出来的。当然，18世纪的英国民众跟19世纪的大清子民一样，也看不惯政府岁入掌握在荷兰商人之手，认为像公债这些新花样，与股票投机是一回事，是威廉三世"从荷兰的行李中带来的外国招数"。

《格列佛游记》的作者，英国时评家乔纳森·斯威夫特在1713年写道，人们不相信这套"新的治国方略，大家认为国王坚持推行这套政策，是因为他在本国早已搞熟了"，荷兰人相信"国家负债符合公共利益"，这对荷兰可能适用，但对英国未必行得通，英国的社会和政治毕竟与荷兰不同。

英国著名作家笛福在1720年就曾无比怀念旧时代："（那时候）没有欺诈、股票投机、彩票、公债、年金，没有人购买海军债券和公共安全债券，没有国库券在市面上流通。"

法国人杜布歇尔在1739年的一份长备忘录中写道，英国已被6,000万英镑的债务压垮，"英国的国力虽然众所周知，但大家明白它已无力偿还债务"。[33]

18世纪早期的英国普通人和评论家之所以不相信公债的力量，很重要的原因依然在于，他们中的大多数人还是以"零增长社会"的思维在考虑问题。在农耕技术条件下，举债是一项恶行，因为你的收入不仅不会有线性增长，还可能因为天灾人祸而萎缩，因此债务意味着风险。

但是，在正增长社会中，时间可以创造价值。你有本事借那么多钱，意味着你持续创造现金流的能力得到了认可，同时你的信用也让别人相信你能够按时还钱。这个道理对个人成立，对国家也成立。国家借债打仗，赢得土地与财富，然后按时还钱，这就是国家的信用。

如何建立这种信用？答案很简单：政府权力在经济规律面前低下头来，接受放贷人，也就是商人，按照数个世纪以来积累下来的商业银行运行经验和规则做出的评估。也就是说，政府把自己也当作一名商人，接受银行的贷款体系流程，让银行审查资产并评估还贷能力，这就是信用的产生。

18 世纪的荷兰人是最有资金的放贷人，也是最有经验的评估者，而英国政府的政体改革恰好能够在制度上创造条件使政府低下头来，接受商人的信用评估，双方的联盟就这样水到渠成地建立了起来。

历史证明，那些曾质疑英国负债太多的观察家全部错了。18 世纪是英法"第二次百年战争"的长博弈时期，在这场博弈中，英国打赢了九年战争、西班牙王位继承战争、奥地利王位继承战争、七年战争和拿破仑战争，在全球争霸的舞台上彻底击败法国，成为当之无愧的世界霸主。

对此，伊萨克·品托在 1771 年评价说："（英国）公债的利息准时偿付，不容违约，债款由议会保证还本，这一切确立了英国的信誉，因而借到的款项之大令欧洲惊诧不已。"他认为，英国在七年战争中的胜利是公债政策的结果，而法国的羸弱就在于信贷组织不善。

18 世纪末，英国的皮特政府在下院宣布："这个民族的生机乃至独立都建立在国债的基础上。"

1782 年 4 月，法国及其盟国以及其他许多欧洲人认为英国处境艰难，简直没有出路，但结果英国政府发行 300 万英镑公债，认购数竟达 500 万。只要英国政府向伦敦四五家大公司打个招呼，钱就来了。[34]

布罗代尔这样评价英国国力与公债的关系：

> 英国的强盛将导致当时谁也未能预见的工业革命，其原因并不仅仅在于经济的上升势头，不列颠市场的形成和扩张，以及 18 世纪整个欧洲活跃地区普遍分享的繁荣。它还得力于一系列特殊的机遇，正是这些机遇推动英国在自己并不始终意识到的情况下走上现代化的道路。英镑是一种现代货币。英国的银行体系是朝

着现代化方向自动形成和自动演变的体系。英国的公债作为一种
长期或永久性债务稳如磐石，这个根据经验提出的体制事后将表
明是个功效卓著的技术杰作。当然，回过头来看，公债也是英国
经济健康的最佳标志：因为源自所谓英国金融革命的这一体制不
管多么巧妙，它必须对公债持有者按期还本付息。做到这一点与
维持英镑的经久稳定同样是件费劲的事。[35]

全新的世界观

1702 年，威廉三世以 52 岁的年龄撒手人寰，结束了他的传奇
一生。这个数字极为神奇，因为他的太爷爷沉默者威廉也活了 52 岁，
而且，两个人的人生极为对称。

沉默者威廉 26 岁之前坐拥高官厚禄，娇妻美子，鲜衣怒马，
意气风发；26 岁决定对抗天主教西班牙之后，人生急转直下，家破
人亡，妻离子散，一生劳碌，累累若丧家之犬，临终也没有看见得
胜的曙光。

威廉三世则是还未出生父亲便已离世，从含着金汤匙出生到变
成被国家监视流放的小冻猫子，度过了坎坷颠沛的少年时代；没承
想，22 岁起却在大敌压境之际临危受命，扭转乾坤。自此之后，他
一生与天主教法国周旋，成为当世最强大的"太阳王"路易十四的
宿敌。38 岁后，他受邀前往英国接任国王，完成"光荣革命"，与
爱妻玛丽二世共同缔造英荷共主邦联。他与玛丽伉俪情深，玛丽死
后，他拒绝续弦，孑然一身统治两国，抗击法国。威廉去世时，人
们还在他身边发现了玛丽的一缕头发和结婚戒指。

1704 年，威廉三世临终前委任的主帅约翰·丘吉尔（20 世纪
英国首相丘吉尔的先祖）在布伦海姆战役中大败法军，终结了路易

十四称霸欧洲的梦想。回国之后，主帅双膝跪地，告慰先王在天之灵。

　　威廉去世之后，因他与玛丽无嗣，按照《权利法案》规定，王位传给妻妹安妮王后，而安妮身体羸弱，终生怀孕 17 次，12 次流产，5 个孩子全部夭折，未能留下任何嗣君。

　　然立储乃王国之大本，安妮的状况会再度引发继承危机，因此英格兰议会未雨绸缪，于 1701 年制定《王位继承法》，规定安妮去世后，王位不应该传给任何信奉天主教的继承人，而应传给查理一世的远亲、信奉新教的德意志汉诺威选侯索菲娅的后代。与汉诺威的索菲娅公主过从甚密的著名哲学家莱布尼茨也参与了双方的谈判，一手促成此事的发生。莱布尼茨与牛顿都是微积分的发明人，是当世最精于计算的伟大天才，然而他应该也没有算到，这一王位继承法，竟然促进了英格兰立宪政体最终得以确立的第四个关键性偶然事件的发生。

　　在内政上，安妮王后去世后，英国王位由汉诺威选侯乔治一世继承。乔治继承王位时已经 54 岁，此前他一直在汉诺威生活，几乎一句英语都不会说。来到英国后，内阁召开会议，乔治一世只能干瞪眼。久而久之，乔治一世不再出席内阁会议，改由一名国王指定的"第一部长"（Prime Minister）主持会议，这就是日后英国首相与英国虚君共和制度的起源，也成了当代所有君主立宪政体的标本。

　　如果不是一个德国人登上了英国王位，英国恐怕也不会演化出后来的虚君共和制度。这就是我说的第四个关键性偶然事件。

　　其实，18 世纪以来许多国家的历史发展趋势是由有为君主推动的，路易十四、腓特烈大帝、威廉皇帝和明治天皇都是如此。如果不是《王位继承法》造成的这个偶然事件，而且这个偶然又出现在世界第一强国，我个人是很难想象"虚君内阁"怎么会成为君主立宪制的模范的。

在外交上，由于汉诺威领地受到法国的威胁，英国在1754年爆发的七年战争中站在普鲁士一边对抗法国。普鲁士国王腓特烈大帝是当时罕见的军事天才，他以一己之力在欧洲大陆牵制了法国、奥地利和俄国三个强国，使得英国可以在海上放手封锁法国海军，逐个吃下法国的海外殖民地。法国被迫把加拿大割让给英国，并且从印度撤出，只保留五个市镇，英国终于从西班牙手中接过"日不落帝国"的称号，走上世界第一大殖民帝国的传奇之旅。但如果不是《王位继承法》造成的这个偶然事件，使英国和普鲁士顺其自然地达成了联盟，我个人也倾向于怀疑英国是否还能在七年战争中取得如此之大的海上优势。

人类总是倾向于过分相信自己的聪明才智对历史发展方向具有主导作用，而且不这样说服自己，我们也不可能具备完成历史伟业所必需的坚韧意志与顽强勇气。但是，如果抽身出来，客观评价历史发展方向的话，我想说，历史在每一个节点上都有可能演化出千万条枝杈，至于历史为什么走向A而没有走向B，有时候我们真的不能否定"偶然"起到的巨大作用，当然，我们也不能把"偶然"当成唯一的标准答案。

言归正传，回到18世纪。

英国政治家自己在总结这段历史经验时，闭口不提《王位继承法》造成的偶然后果，而是把这段历史归结为英国传统的"大陆均势"政策所体现的政治智慧。"大陆均势"指的是英国应该在欧洲大陆上支持一个较弱的国家来对抗头号陆权强国，同时保持自己在海上的优势。20世纪初的英国外交家埃斯梅·霍华德爵士（Sir Esme Howard）就认为，均势政策是"英国政策的基石，它在十六世纪是无意识的，十七世纪是下意识的，十八、十九和二十世纪则是有意识的，因为对英国来说它意味着维持自己政治与经济独立的唯一方案"。[36]

　　这样的均势政策，只有英国这样的海军优势国家才能实现。所以，也有很多人把英国在 18 世纪取得的胜利称作海权的胜利。德国著名法理学家卡尔·施米特就在其《陆地与海洋》中称，"世界历史是一部海权对抗陆权、陆权对抗海权的斗争史"[37]，英国人则战胜了所有对手，夺取了一个建立在海权基础上的世界霸权。[38] 英国同其他陆权国家的斗争，被形象化为《圣经》中的海洋怪兽利维坦与陆地怪兽比荷矛斯的斗争。

　　我自己也曾经被这种陆地与海洋之间的斗争神话所深深吸引，并为之着迷。我个人的第一本书《重建大陆：反思五百年的世界秩序》，也是在致敬这种海陆斗争神话的基础上写就的。[39] 但现如今，我则认为神话终究不过是神话，海权国家之所以能够胜过陆地国家，归根结底靠的还是海洋商路比较赚钱。简单来说，让商人主导国家崛起的海权国家，比让军人主导国家崛起的陆权国家，更来钱。

　　美国哥伦比亚大学历史学教授卡尔·温纳林德（Carl Wennerlind）著有一本书，叫《信用的偶然性：1620—1720 年间的英国金融革命》（*Cualties of Credit: The English Financial Revolution, 1620-1720*），我认为，这是解释英国崛起最好的书籍之一。

　　温纳林德指出，18 世纪最核心、最富魔力、对英国崛起和人类历史影响最大的一个词，就是"信用"。他认为，英国崛起的关键，就在于 1620—1720 年的金融革命中建立起的信用体系。

　　这场金融革命绝不单单是金融机构的革命，它更是一场世界观的大变革，其基础是新生的政治经济学思想：

　　　　（这种思想）的基础是一种激进转型的世界观，它是从自然哲学和政治理论的进步延伸出来的。它抛弃了旧有的传统观念——这种传统观念认为，人类生活在一个在物质、社会和经济上是有限的、静止的和已知的世界；17 世纪中叶的政治经济学家拥抱了一个无限的、自然完备的和概率性知识世界的理念。把这些部分综合起来后，他们创立了一种新的世界观，这种世界观认为，人的目的就是无止境地追求对自然、社会和人类文明无限发展的新道路。[40]

温纳林德以"信用"为核心的世界观，其实就是我在本书反复强调的"正增长社会"逻辑。

仔细想一想，正增长归根结底来自哪里？答案是来自人，来自人类无穷无尽的创造力。财富归根结底是人为了满足自己的需求而创造出来的价值，我们能创造多少财富，取决于我们能够发挥多少聪明才智来满足我们永无止境的目标，从满足眼耳口鼻身的惬意，到以星辰大海为征途。

在零增长社会，这些聪明才智过多地消耗在暴力纷争的零和博弈上了。零增长社会中，人本质上都是"赌一把就跑"的短期博弈者，所以底层想方设法地占便宜，而高层则反复对商人赖账甚至开刀。但正增长社会是需要以诚实和信任为根基的，国家必须利用权威来发展和维护先进的信贷体系，同时还要放低姿态，在经济规律面前像一个商人那样行事，才能享受正增长社会带来的好处。

因此，我认为，比陆地和海洋之间的斗争更重要的，是正增长思维和零增长思维之间的斗争。二者的根本区别，是一个把人捆缚在土地上，认为人的最高价值就是日复一日地辛勤劳作，或者在暴力组织垄断的国家机器中不断向上爬；另一个则将人从这种束缚中解放出来，不干涉他向任意一个方向发展自己，锻炼自己的技能，开发自己的潜力，只要他的努力能够赚得到钱，他就拥有"信用"，并且可以得到过人的回报。

更进一步说，零增长社会的信用来自乡土社会对他的认可，或者在暴力组织的官僚机构中不断晋升的能力。这种晋升看似稳固，实际上经常系于君王的一念之间。正增长社会的信用却与此无关，只要能赚钱，不管他多么离经叛道，其价值也可以得到认可。

在零增长思维看来，正增长思维的人是荒谬的，异想天开，不听老人言，寅吃卯粮，种种行为都不符合传统社会的处世经验。贷款是超前消费，做生意是投机倒把，创业是自讨苦吃。在零增长社会，这些指责无一例外都是正确的，因为那个社会的生活状态太过困苦，人人绞尽脑汁思考如何伤害对方或如何防止被对方伤害。但是一旦基于"信用"的正增长社会得以建立，人类就可以把自己的聪明才智解放出来，投入到无限的创造财富的征程中去了。

温纳林德用了一个词来描述"正增长社会"的这种神奇效应：炼金术（Alchemy）。这个词不是他发明的，而是来自 17 世纪自命为"知识情报员"（intelligencer）的英国学者萨缪尔·哈特利伯（Samuel Hartlib）。这个人建立的学术研究圈子，后来成为英国皇家学会（The Royal Society）的前身。萨缪尔·哈特利伯的思想基础，又来源于英国哲学家弗朗西斯·培根。我们都知道，培根有句传世名言，"知识就是力量"，但他之所以能够说出这句话，是因为他在哲学上第一次提出了以观察和实验为基础的科学认识理论，也就是实验法和归纳法。这是现代科学研究已经普遍接受的方法论。

只是，现代科学史一般不会告诉你，培根的这个理论是从炼金术中得来的。在当时，炼金术是很多知识分子研究化学的主要途径之一。培根也相信炼金术中隐藏着世界的真相和本源，他进行过多次尝试，但失败了。萨缪尔·哈特利伯则认为，尽管炼金术在具体的物质变化方面失败了，但在人类虚构出来的观念中，在人类社会生活中，却可以有一种神奇的"知识炼金术"，它可以无中生有，带来社会、政治、经济方面的根本性变革。

在这些领域中，哈特利伯对经济的看法最值得我们注意。他从很早就认为，货币不一定非得是金银，只要能够取得信任，纸也可以。

这背后是一种更深刻的哲学观点。哈特利伯认为，传统上，人们把货币看作维持平衡、和谐和正义的工具，其本质原因是世间的金银有限，因此金银能够衡量的总财富是有限的。但实际上，如果从"知识炼金术"的角度去看，钱可以不是一种维护平衡的工具，而是点燃火把的火柴，可以刺激产业的进步，激活自然、社会与人类自身潜藏的活力。因此，只要方法妥当，一个社会的财富从理论上讲可以是无限的。这就是"知识炼金术"的魔力所在。

那么，炼金术那点铁为金的神秘魔法到底是什么呢？答案就是让人类对纸产生信任。从 17 世纪下半叶起，受哈特利伯影响的一批英国知识分子就在持续不断地观察意大利伦巴第银行和荷兰阿姆斯特丹证券交易所，思索这批人是怎么把汇票、股票和票据变成硬通货一样流通的货币的。他们设计了种种方案，例如以土地作储备设计票据（很像当下部分地区试验的地票交易制度）、由国家银行发行以白银储备为基底的票据硬币（已经非常接近纸币），甚至对伪造纸币的人判处死刑。这些方案引发了很多人的兴趣，越来越多的学者参与进来，并且不断拓展信用广泛流通所需要的种种制度条件，例如安全性、便携性、法律的可协商性、管理的廉洁性和透明性，等等，由此引发了一系列政治学和经济学上的大讨论。

这些讨论，进一步影响了不列颠岛知识界对人类社会的基本认知。所有这些学术成果汇聚起来，最终促成了影响全人类思想的"苏格兰启蒙运动"。苏格兰启蒙运动中名气最大的一位，是亚当·斯密。

亚当·斯密的经济学理论，今天虽已经听得耳朵生茧了，但我们却未必真的知道，在那个年代，亚当·斯密强调的重点是什么。看看今天的学术研究成果就知道，有很多当代学者开始贬低亚当·斯密的成就，认为他终其一生最多也不过是在苏格兰当一个海关部长，他的理论虽然精妙，却从未得到实施。他所倡导的自由贸易理论也

萨缪尔·哈特利伯

只是一个纯粹的假设。世界上既不存在理想状态的自由市场，亚当·斯密的观点也与现实没有关系。实际上，英国政府一直实践的是重商主义，是以国家武力为英国商品席卷世界各地保驾护航。

　　然而，这些当代学者的问题在于，他们享受亚当·斯密的开创性成果太久，以至于把先辈的贡献都看作理所当然，忽略了那一代思想家面对的时代、他们带来的改变以及对人类文明的真正贡献。英国政府一直崇尚重商主义，这的确不假，但是 17 世纪末之前的英国国王，其重商主义思想本质上是一种"零增长逻辑"下的重商主义思想。"零增长逻辑"把国际商贸看作一块有限的蛋糕，就像温纳林德说的，那时人们眼中的世界是一个静止的、有限的、已知的世界。

自哈特利伯以来，尤其是英格兰银行的设立和英国长期国债的发行，促成了荷兰商贸秩序与英格兰政府的联合，进而在高级金融业务创造的大规模国债与炙手可热的股票市场上，人们亲眼看到了正增长社会的巨大能量，并为之震撼，开始思考一个永远处在增长进步中的世界模型。它的根基，就是自由贸易。

自由贸易使一切地区的人互通有无，创造了足够高的利润，从而驱使人类实现分工。分工使人各司其职，穷尽一生在不同的技术领域进行探索，创造出无穷无尽的神奇的造物。这也是人类想象力的根本来源。

亚当·斯密之所以在《国富论》开篇把分工作为第一原理，原因正在于此。在亚当·斯密之前，"自由放任"这个原则是用于描述农业的，这是魁奈那一代法国经济学者的成果。斯密把这个原则与商贸联系起来，从而打开了人们对无限增长的世界的想象。这才是亚当·斯密和那一代苏格兰启蒙思想家为当时人类的知识图景更新所做出的真正贡献。

今天，我们还会觉得未来世界的增长会停止吗？还会觉得人类文明不会继续进步吗？还会觉得整个世界的财富和机遇是一个常量，所以我们只能从别人嘴里抢食吗？当然不会这么想，因为我们，至少我们中的绝大多数人，已经习惯了生活在"正增长社会"之中。只要把人类的创造力激发出来，世界就可以变得更加繁荣和美好，这在如今已经成为常识，但对于 17 世纪以前的人来说并非如此。

思想家对历史最大的馈赠永远不是让商人赚到多少钱，或者让国家实力排名上升多少位，而是让人类意识到，我们还有这样一种看待世界的全然不同的角度，我们还可以有这样一种全新的活法。

总结：商贸秩序与暴力秩序的联盟

这一章我们从近代商贸技术与工具的发展，讲到商人与国家之间联合的必然性。但是，说双方之间的联合是一种必然，并不代表双方之间的联合一定会成功。从热那亚商人远赴伊比利亚半岛，到荷兰商人对抗西班牙帝国，再到威廉三世渡海使得荷兰商贸秩序与英国国家力量结盟，中间经历三落三起，几经反复，最终才得以成功创建了今天视为平常的正增长世界。

本章时间跨度凡四百余年，逻辑链条非常复杂，牵涉的历史事件与人物繁多，为了便于理解，我们现在再来重新梳理一下整个历史脉络。

从 13—15 世纪起，欧洲商贸活动出现了一些新技术和新组织形式的突破，例如包买商制度、复式记账法、汇票、纸币、股份制、双合公司等。这些技术和制度拓展了商贸活动的广度与深度，把"正增长社会"从一个个商业城市中释放出来，使其能够渗透到广大农业社会中去，也促成了资本的快速积累。

资本积累到一定程度，量变引发质变，金融资本家从字面意义上获得了"富可敌国"的力量，"高级金融"业务就顺理成章地出现了。"高级金融"，就是银行家把钱借给国王和政府，然后从国家级别的活动（比如军事征服和贸易活动）中获取回报。

与此同时，一种极其有利于强化国家力量和中央政府集权的新技术——火枪——诞生了。火枪使得国王可以把大量普通臣民变成军队，克制封建领主的暴力能力，从而使得国王在与领主的斗争中占据优势。同时，为军队装备火枪需要大量财源，因而国王有必要与商人达成联盟。

国王与领主之间的权力平衡是零和博弈，因为双方的权力都是建立在暴力基础上的；但是国王与商人之间的权力平衡是正和博弈，因为国王可以为商人建立保护性的制度，而商人可以为国王提供财政能力，让国王赢得对内和对外战争的胜利，这是现代资产阶级革命限制王权的真正进步意义。

国王与商人之间的联盟也经历了三次起伏。第一次，是热那亚商人被本国金融寡头逼迫，前往伊比利亚半岛。这一次联盟开启了大航海时代，创造了各种特许公司。但是，西班牙帝国的战线太长，各种利益冲突太多而不能聚焦，本身的商贸制度又太过官僚化，最终导致了衰落。

第二次，是荷兰商人崛起，并在奥兰治家族的领导下对抗西班牙，赢得独立。这一次联盟的典型成果是创设了银行、证券交易所等现代金融机构。荷兰获得独立，也迎来了繁荣强盛。但是，荷兰共和国的政体设计有致命缺陷，太过偏重商人集团，国家能力严重不足，在陆地强权法国面前遭受致命打击。

第三次，是荷兰商人在机缘巧合的历史时机下，借英国内战与光荣革命之机前往英国，将荷兰建立起来的发达商贸秩序与英国政府力量相结合，创设了英格兰银行和长期国债制度，助力英国在"第二次百年战争"中战胜法国，成为世界霸主，并且引领了人类文明的世界观转型，使得"正增长逻辑"彻底战胜了"零增长逻辑"，成为我们今天理解世界的基本框架。

理清了这个基本历史脉络之后，我们现在可以给前面几章的"商暴秩序关系"列表增添新的经验与教训了。

首先，现代世界的兴起是商贸秩序扩展和国家力量扩展这两个要素的共同产物。我这里说的国家力量，指的是以国王为代表的中央政府力量。但绝大多数人对这两个要素的理解是错误的。

很多人认为商贸秩序是现代社会的产物，是随着资本主义兴起才产生的，这是错误的。本书已经揭示了，自治、自由的商贸秩序是一个自古以来不断延续传承的事物，它在近代的兴起更多是量变的结果，而非突然出现的。

很多人认为中世纪的君主政体治下，国家力量比现代立宪民主政体要强大，这也是错误的。中世纪虽然采取君主政体，但是君主的权力实际上受到贵族领主的分散与制约，其合法制约机构是议会，非法制约形式则是叛乱与内战。相反，允许商人通过立宪政体与国王达成联盟的现代国家，既能够获得财政能力的快速增长，又能够获得强大的军力剿灭封建领主，其国家能力比起中世纪而言增强了许多。

相比商贸秩序的一以贯之，现代国家能力的突然增强才像是突变的产物。它是军事技术进步的具体结果。火枪开启的社会阶级变革，是冷兵器技术所无法实现和支撑的。这个技术的出现，导致强化国家力量成为时代趋势和历史潮流，那些没能实现这个目标的民族，都在国际竞争中落败，沦为"二流"民族。

其次，商贸秩序和国家力量均得到巨大扩展和增强后，核心问题仍然是商人集团与暴力集团如何达成互信。我们通过细致的历史叙述，已经揭示了这种互信最终落实为英国资产阶级革命，但这是一种偶然。

历史的必然性和偶然性在这里是这样结合的：我们知道商人集团与暴力集团应该建立起互信并达成联盟，但是我们并不知道那个最初的合理形式是什么，也不知道这个联盟何时出现。我们只知道，在联盟达成之后，这个联盟会发展出某种具体的机制，并借此大大增强国力。

西班牙和荷兰的教训是，这个联盟既不能过于偏向暴力集团的一方，也不能过于偏向商人集团的一方，否则就会引发种种问题。

英国资产阶级革命告诉我们这个联盟要满足两个条件：其一是政体结构上允许商人限制王权，使国王能够遵守基本的商务诚信与财政纪律；其二是围绕"商业信用"，国家得以建立起以央行、证券交易所和长期国债机制为特征的现代商贸秩序。借由现代商贸秩序的支撑，国家可以获得强大的、远胜于零增长社会的财政能力支持，并在战争中获得优势。

战争是不是建立这个联盟的催化剂呢？三个国家的经验似乎都肯定了这一条。但是，也不能一概而论，因为战争往往是对正增长社会最大的破坏力量。

最后，现代社会得以建立的标志，是一种"正增长逻辑"世界观的建立。也就是，在围绕"信用"而运行的"知识炼金术"的魔力之下，人们开始意识到财富可以无限积累，社会可以不断进步，每个人都可以解放自己的创造力，不断推动文明的持续繁荣。

当然，"正增长逻辑"并不是全然理想、没有污点的逻辑。相反，它身上的污点极多。大航海时代伴随着的是黑奴的三角贸易，荷兰和英国商人的崛起背后是大量的海盗与劫掠行为，而殖民帝国建立霸权，对新世界来说，经常是毁灭性的人道主义灾难。

但是，我依然要肯定"正增长逻辑"，因为，对比来看，一切围绕商贸利益的正增长逻辑，总比一切围绕暴力的零增长逻辑好得多。能够站在道德高地上批评正增长逻辑的理想秩序，我们今天的人类还没有能力建立起来。人类这个物种走到今天，即便能够登上月球，潜入海底，也抹除不掉心中的欲望与动物的本性。金钱和暴力一直是主宰人类社会的最强大的两种力量，而在这两种力量中，暴力又一直胜过金钱。正增长逻辑斗争了那么久，也不过是让金钱在暴力面前充分展现出自己的价值，从而使得暴力觉得有必要繁殖金钱，因此有必要建立信用而已。

马基雅维利在《论李维》中有句话我非常喜欢，他说：

> 我们必须经常思考的，是如何把伤害降到最低，将降低伤害作为真正的目标，处理所有的危机。因为一个完美、没有任何缺陷的制度，在这个世界上是不存在的。

在我看来，"正增长秩序"就是这样一种东西，它有很多缺陷是我们一眼就可以看透的，但是它的真正价值就在于可以降低暴力的伤害。这样的世界，是迄今对每个人而言体现最大善意的世界。

行文至此，我们已可以在之前总结的"商暴秩序关系"列表（1—12）基础上，怀着对人类文明最低层次的乐观，增补五个点（13—17）：

1. 在古代生产力条件下，绝大部分地域和人口依然分布在自然经济条件下的零增长社会中，两者的体量是不对等的。正增长社会只是一座座孤岛，集中于部分商贸城邦中。当然，它们有可能凭借财富的积累来获得与自己体量并不相称的权力。

2. 暴力秩序普遍笼罩于两种社会，只是在不同社会有不同表现形式。正增长社会有可能采取君主制，零增长社会也有可能采取共和政体（如斯巴达），但是共和政体的确对高水平正增长社会更为友好。

3. 正增长社会的主要驱动力是商贸秩序，充分发展的商贸秩序会培养出职业教师、职业金融家和职业法律人团体。

4. 暴力秩序对商贸秩序做出承诺的低级形式是允许自治，高级形式则是采取共和政体。

5. 古典时代，商人集团与暴力集团之间的相互信任问题始终未能得到解决，这是古代商业共和国最终败给军事共和国的根本原因。

6. 古典时代普遍施行奴隶制，奴隶制在正增长社会可能会催生工厂式生产，但在零增长社会则表现为农奴制。

7. 古典时代，正增长社会在罗马共和国晚期达到的巅峰成就是一种不自然的畸形成就，它是由大规模的奴隶制工厂生产催化形成的。当罗马人无法持续稳定获得奴隶，城镇的商贸秩序萎缩，整体经济结构退回到自然经济状态，正增长社会就崩溃了。

8. 在特定的城市规模与地缘政治条件下，商贸城市可以凭借自己的海军力量赢得地缘政治方面的优势，从而暂时性地解决暴力精英与商贸精英之间的互信关系问题。

9. 同样，在城市经济的规模下，商贸城市可以通过国家提供普遍性福利的手段，收买底层民众自发产生的民主诉求，维护贵族精英的政治地位。

10. 如果一个商贸城市的暴力能力不足以自己建立基础性利商制度，那么它可能采取"赎买"权利的方式与当地领主合作，建立正增长社会。

11. 一个城市或国家的正增长社会需要跨国贸易的支持，因而也需要跨国界的"基础性利商制度"。汉萨同盟的成功经验是用去中心化的宪章传播了这一制度。

12. "基础性利商制度"比政体更直观地促进商贸利益，但"基础性利商制度"对政体也有一定要求。汉萨同盟对此采取的务实态度是，在同盟内部做高质量要求，而在同盟外部与王国进行谈判，"赎买"特权。

13. 现代世界的出现，是13—15世纪商贸秩序和国家力量同时得到扩张的产物。其中，火枪的广泛运用是最大的技术契机。因为这一契机，强化国家力量成为历史趋势，而在这个过程中，商人必须与国家达成同盟。

14. 西班牙和荷兰的教训是，在一个国家政治结构中，既不能过于偏向商人集团，也不能偏向暴力集团。

15. 英国的成功经验则是，一个好的、能够使商人和国家达成联盟的政体应该满足：（a）以宪法形式规定，商人集团能够限制王权，迫使王权能够遵守基本的商务诚信与财政纪律；（b）在前者的基础上，这个国家可以围绕"商业信用"，建立起以央行、证券交易所和长期国债机制为特征的现代商贸秩序，从而在国际对抗中取得优势。

16. 商人和国家的成功联盟往往是由战争催生出来的，但这并不代表战争就一定是必要条件。历史案例说明，如果发生这样的战争，海权国家相对陆权国家会取得一定优势。

17. 现代社会建立的根本标志，是"正增长逻辑"世界观的建立。人们开始相信财富可以无限积累，社会可以不断进步，文明不断前进的根本动力是人的创造力。

到这里，这个简单的列表高度宏观地概括了自公元前 1000 年起，正增长秩序与零增长秩序的漫长斗争史。正增长秩序从最初的几个孤岛开始，在斗争中不断捍卫自己，也曾遭受过因奴隶制瓦解而发生的倒退与挫折，但它依然一缕尚存，如黑夜中的烛火，不灭不熄，重新发展壮大，最终在 17 世纪赢得胜利，并彻底地改造了我们所有人的世界观，真正开启了新时代。

然而，历史并没有就此终结。

注　释

1　参见《马克思恩格斯全集》第 46 卷，人民出版社，2003，第 368—376 页。

2　以上参见布罗代尔《十五至十八世纪的物质文明、经济和资本主义》（第二卷），顾良、施康强译，商务印书馆，2018，第 369—370 页。

3　关于复式记账法，亦可参见拙著《技术与文明》，第 104—109 页。

4　转引自布罗代尔《十五至十八世纪的物质文明、经济和资本主义》（第二卷），第 372 页。

5　参见 Edgar Kiser & Yoram Barzel, "The Origins of Democracy in England." *Rationality and Society*, Vol. 3, No. 4, 1991。

6　以上亦可参见拙著《技术与文明》，第 174—178 页。

7　参见 Sir Charles Oman, *A History of the Art of War in Sixteen Century*, New York, 1937, pp.380-384。

8 关于火枪与长弓的讨论，亦可参见拙著《技术与文明》，第 153—157 页。

9 转引自杰奥瓦尼·阿锐基《漫长的 20 世纪》，姚乃强、严维明、韩振荣译，江苏人民出版社，2001，第 133 页。

10 有关西班牙大方阵，亦可参见拙著《技术与文明》，第 157—162 页。

11 杰奥瓦尼·阿锐基：《漫长的 20 世纪》，第 144 页。

12 E.E. 里奇、C.H. 威尔逊：《剑桥欧洲经济史》（第四卷），张锦东、钟和、晏波译，经济科学出版社，2003，第 210 页。

13 转引自杰奥瓦尼·阿锐基《漫长的 20 世纪》，第 149 页。

14 可参见拙著《技术与文明》，第 136—145 页。

15 可参见理查德·塔克《战争与和平的权利》，罗炯译，译林出版社，2009，第二章。

16 参见约瑟夫·熊彼特《经济分析史》（第一卷），朱泱、孙鸿敞、李宏等译，商务印书馆，1996，第 157 页。

17 参见 https://zh.wikipedia.org/wiki/%E5%A8%81%E5%BB%89%E4%B8%80%E4%B8%96_(%E5%A5%A5%E5%85%B0%E6%B2%BB)。

18 详见 H. R. Rowen, *The Princes of Orange: The Stadholders in the Dutch Republic* , Cambridge, 1990, p.25; M. van Gelderen, *The Political Thought of the Dutch Revolt 1555–1590* , Cambridge, 1992, p.151. 转引自 https://en.wikipedia.org/wiki/William_the_Silent，亦可参见拙著《技术与文明》，第 162—163 页。

19 以上亦可参见拙著《技术与文明》，第 163—168 页。

20 以上亦可参见拙著《技术与文明》，第 178—180 页。

21 可参见约翰·邓恩《民主的历程》。

22 汉密尔顿、杰伊、麦迪逊：《联邦党人文集》，程逢如、在汉、舒逊译，商务印书馆，1995，第 100 页。

23 大卫·休谟：《英国史》，第 1739 页。

24 大卫·休谟：《英国史》，第 1755 页。

25 参见 https://en.wikipedia.org/wiki/Spanish_match。

26 一个由清教徒组成的议会派系，其成员为了显示自己与权贵的不同，而把头发剃短，显得头颅很圆，因而得名。

27 参见 Scott Sowerby, *Making Toleration: The Repealers and the Glorious Revolution.*, 2013。

28 转引自 Goodlad, Graham. "Before the Glorious Revolution: The Making of Absolute Monarchy?." *History Review.* 2007, p. 58。

29 参见 https://www.legislation.gov.uk/aep/WillandMar/1/6/section/III。

30 E. N. Williams, *The Eighteenth-Century Constitution. 1688–1815.* Cambridge University Press, 1960, p.60.

31 参见 John J. Patrick & Gerald P. Long, *Constitutional Debates on Freedom of Religion: A Documentary History,* Greenwood Press. 1999。

32 约翰·洛克在铸币中坚持以白银为本位，被实践证明是不可行的。该铸币计划到 1699 年也没有最终完成，只是起到了提升政府信用和提振市场士气的作用。到 1717 年，英国事实上被迫转用金本位制，这是洛克方案和牛顿职业生涯的失败之处。

33　以上参见布罗代尔《十五至十八世纪的物质文明、经济和资本主义：世界的时间》，顾良、施康强译，商务印书馆，2017，第 471—472 页。

34　转引自布罗代尔《十五至十八世纪的物质文明、经济和资本主义：世界的时间》，第 471—473 页。

35　布罗代尔：《十五至十八世纪的物质文明、经济和资本主义：世界的时间》，第 469 页。

36　Howard , Sir Esme. "British Policy and the Balance of Power." *The American Political Science Review*, 1925.

37　卡尔·施米特：《陆地与海洋》，第 7 页。

38　卡尔·施米特：《陆地与海洋》，第 30 页。

39　张笑宇：《重建大陆：反思五百年的世界秩序》，广西师范大学出版社，2015。

40　Carl Wennerlind, *Casualties of Credit: The English Financial Revolution, 1620–1720*, Harvard University Press，2011, p.4.

第六章　产业革命之后

思维方式的转变

在结束上述历史叙事之后，这一章，我们必须要来探讨一些具体的理论问题了。

说句实话，对于大多数人而言，历史的价值，主要在于提供一些茶余饭后充作谈资的好玩故事。所谓"以史为鉴"，对大多数人来说似乎是没有意义的。毕竟，我们看到的历史绝大多数都是帝王将相史，而我们绝大多数人都不是帝王将相。

在人类历史中，只有极少数人能够站在影响历史进程的关键点上，而这极少数人中又只有极少数能摆脱"时来天地皆同力，运去英雄不自由"的历史大势的牵引与限制，真正按照自己的意图去塑造未来。倘若谁能有幸处在这样的关键点上，那对他而言，历史就真的是再重要不过的学问。

既然如此，探讨历史背后的规律与结构，对我们这些普通人来说还有什么意义呢？

意义当然还是有的。

我认为，阅读历史，探讨历史背后的规律和结构，能够教会我们理解一样东西，这样东西就是"主体间性"（intersubjectivity）。

这个词听上去晦涩难懂，但没有办法，它实在太重要了。胡塞尔、海德格尔、拉康和哈贝马斯这些哲学界的大佬，都非常重视这个概念，围绕它提出了各种各样的论述。

鉴于本书并不是一本哲学书，这里就没有必要引用这些大佬玄妙精深的理论了。其实，它也不是那么难以理解，用一句大白话来说，"主体间性"之所以如此重要，其本质原因在于，作为"主体"的人和人之间，是根本无法完全理解彼此的。

这个道理仔细想想就会明白。同样是"分手"这个词，一个经历过婚姻背叛甚至生离死别的中年人，跟一个十六七岁的中学生比，他们对这个词的感受是完全不一样的。同样是"孝顺"这个词，一个生活在中产阶级家庭、有一个知书达理的爸爸的人，跟一个生活在贫民窟、被酗酒的爸爸从小打到大的人，他们的感受也是完全不一样的。有些人肯为尊严去死，有些人则愿意拿身体换钱。有些人连路边摊的羊肉串都不碰，有些人吃点过期的麦片也没觉得有什么大不了。世间人有千百种，同样的事物在不同的"主体"眼中不可能是同样的东西，人和人之间又怎么可能完全理解彼此呢？

所以，一个"主体"不可能完全理解另一个"主体"，他们唯一能理解的，就是"主体间性"。也就是说，我们每个人都知道自己要跟另外一个不可能完全理解的"主体"打交道，所以我们要先想象出一个"主体"和"主体"打交道的渠道或者中介，这个中介就叫"主体间性"。它可以是科学规律，可以是社会常识，可以是潜规则，可以是法律或者习俗……总而言之，我们没有办法直接跟其他"主体"打交道，我们只能通过想象出来的"主体间性"打交道，最后达成合作。

但是，基于某种习俗、文化或者信仰产生的"主体间性"，有可能变成新的"主体性"。比如，对每个个体的基督徒来说，《圣经》就代表一种"主体间性"。两个基督徒，也许一个来自南非，一个来自北美，教育水准、生活经验和政治倾向完全不同，但是若聊起《圣经》，他们之间很快就可以建立起信任关系。不过，对中世纪的基督徒和穆斯林这两个群体来说，各自的信仰又成了各自群体的"主体性"。神父想要把阿訇转化成基督徒，阿訇则想对神父做同样的事情。

那么，有什么力量能够在种种的"主体性"上创造更大的"主体间性"呢？答案就是历史。

《圣经》和《古兰经》或许记载了不同的道理，但只要两个宗教的信徒都承认十字军东征、异教徒屠杀和宗教不宽容的历史，他们就有可能坐在一起，讨论应该怎么避免再度出现这样的悲剧。

史学家从来不可能完整地还原历史真相，也不可能完整地再现历史人物的所思所想，但正因如此，历史才避免了变成"主体性"俘虏的命运，反而成为"主体间性"的基石。

当然，历史能够发挥这样的作用，是有一个前提的，这个前提就是：我们阅读历史，为的是理解与我们思维方式不同的人，而不是为了强化我们本身固有的思维方式。不然，一个坚信"儒家就是正确"的儒教徒，在读了晚清受西方冲击而逐渐崩溃的历史后，得出"清朝的失败是因为不够儒家化，只有儒家才能拯救大清"的结论，又能给自己带来什么裨益呢？

本书开篇提及的"超级事实"，其作用正在于此。面对"超级事实"，我们必须承认，单靠头脑中过去惯常的思维方式，是把握不住问题的实质的。正如把杯子中的水倒出一部分甚或倒空，才能装入新酒；我们唯有更新甚或替换过去惯常的思维方式，才能获得新的认知。

这就是本书要从"正增长社会／秩序""正增长思维""商贸秩序"这些最基础的概念开始讲起，并以此为线索重新梳理现代社会诞生史的原因。与"零增长思维"相比，"正增长思维"首先是一种新的思维方式。有了新的思维方式，人才能够重新审视这个社会的结构，产生新的想象力，用新的技术和工具来做以前他从未想过要做的事。

这才是现代社会诞生的本质。换句话说，现代社会首先是因为有了现代思维方式，才成为现代社会的。

当"正增长秩序"来到 17 世纪的历史节点上，这个呼之欲出的"现代思维方式"，就是上一章讲述的"知识炼金术"。

"知识炼金术"相信，财富的最大源泉在于人的创造力，知识和技术的进步可以创造出无穷无尽的新事物，解放人的思想和灵魂才是推动知识和技术进步的根本动力。为此，人们首先需要转变思维方式，更新甚或替换每个人过去想象中的"主体间性"。

在零增长社会中，基于生活经验和政治实践，人们很容易想象出一个暴力化的、等级式的、缺乏信任感的、地方化的"主体间性"模型。为什么我要听从他的命令呢？因为他手里有刀，或者在衙门里当差，或者人多势众……因而，他可以轻易地夺走我的生命。人与人之间如果有所谓"平等"的存在，那是因为我们都有能力杀死彼此。但"平等"不意味着"对等"，只要我们伤害对方的能力有高下之分，那我们之间就不存在对等关系。

为什么人不能离开故土去他乡做生意呢？因为只要离开熟人社会，就有各种盗匪团伙、千门八将，或勾我钱财，或取我性命……所以，最上便是守土安民，不离家乡，其次便是只跟乡里乡亲和熟人社会打交道，不可信任陌生人。

但在充斥着这种思维方式的社会中，对"知识炼金术"而言至关重要的那些人，比如技术工人、科学知识分子、律师或商人，是被边缘化的。这些人要么只能靠卖力气过活，要么就是花了太多时间去研究无用的东西。

然而，在商人的思维方式中，恰恰是可以承认"对等性"的。

一来，买卖关系往往是有竞争的。你为什么会买我的货物而不买别人的货物？或者是因为我的价格足够便宜，或者是因为我让他感到信任……所以，商家与顾客间天然就是一种对等关系。二来，每个行业都有自己的专业体系，一个人即便有再多的财富，也不可能通晓所有行业的秘密，因此他必须尊重专家和知识分子。

有这种承认"对等性"的思维方式，才能为保护技术工人与知识分子的社会制度的诞生创造前提。只有诞生了这种社会制度，才能出现"知识炼金术"这种文明演化模式。这是"正增长社会"推动现代化的关键。

这种想法，与暴力精英的思维方式实在相差太远。开什么玩笑！手无缚鸡之力、钻研"日心说"这类异端邪说的"哲学家"有什么重要？叫嚣着通过向西航行也可以到达东方的商人和冒险家又有什么重要？有限的金钱为什么不花在敬奉教会和豢养士兵上？

因此，"知识炼金术"这种文明演化模式，只有在商贸城邦中渐渐成型，通过大学的设立、知识共同体的养成和商贸秩序的扩散，逐渐让人认识到知识和技术进步的重要性，才能越来越得到暴力精英的重视。

技术与历史

很多人只看到科技进步与产业革命对推动现代文明诞生所起的关键作用，却忽略掉"正增长秩序"在其中扮演的关键角色。这就误解了整个现代社会诞生的历史机制。

第一次产业革命中最核心的变革，是动力革命。人类发明了蒸汽机，开始利用燃烧煤炭产生的能量驱动机器生产，创造物质财富。

蒸汽机利用的原理是空气动力学原理。这个原理并不是近代物理学家发现的。早在两千多年前，它就被古希腊"漫步学派"（亚里士多德学派）的学者发现，又被著名工程师、亚历山大港的希罗加以运用。希罗根据空气难以被压缩的性质，设计了许多以加热空气为驱动的机械，保留在《气动力学》等书里。希罗设计的这些机械十分神妙，它们中有被誉为"人类历史上第一台蒸汽机"的汽动球，有利用空气受热膨胀原理设计的自动门，有自动出售圣水的贩卖机，甚至还有能够按照编程规则自动行驶的三轮车。[1]

希罗并不是古罗马时代唯一的发明者。古罗马帝国，集古希腊哲学家与工程师之大成，当时对于一系列物理学原理的研究已在工程领域开花结果，机械学、农学、天文学、航海乃至建筑技术，都取得了长足的进步。

然而，这些技术进步最终并未转化为实际生产力。其中的本质原因是，古罗马是一个奴隶人口占到总人口近三分之一的古典社会，其科技成果只是用来造福极少数人的。从希罗的著作中可以知道，当时他的这些技术发明，主要买家是神庙，神庙用这些神奇的机械吸引愚夫愚妇前来顶礼膜拜，献出财物。

一组技术只有大规模应用于生产，并起到了足够强的替代劳动力的效应，才能称其为"产业革命"。在古罗马帝国普遍采用奴隶制的条件下，古罗马的企业有大量、充足的廉价劳动力来源，他们不必担心奴隶的健康状况，累死了再买新奴隶就是，又有什么动机去投资并运用新科技进行生产以便替代奴隶呢？

尽管古罗马吸收了来自希腊和迦太基等许多商贸城邦的经验，建立起代表正增长秩序的市政制度，但是，这些制度并没有惠及当时主要的劳动人群——奴隶，因而也无从对整个社会经济产生巨大影响。事实上，由于奴隶的广泛运用，尽管有希罗这样的天才，古罗马手工业的整体技术水平反而还较前代有所落后。

而且，古罗马的这种经济增长模型是不可持续的。一旦罗马军队日渐衰落，古罗马帝国就失去了重要的奴隶来源，原先高度发达的商贸与产业，也会自此萎缩。

对照英国产业革命前夕的社会，我们会发现，古罗马与它有着巨大的区别。17 世纪的英国正因为受惠于国际贸易和殖民活动而经历长时段的快速增长，而受益于中世纪以来出现的一系列正增长制度变革，英国普通人的权益也开始得到相当保护，工人在雇主面前已经有相当的议价权，这导致英国在 17 世纪出现了高工资经济模式。罗伯特·艾伦总结说，当时英国的高工资模式有四个表现：

一、如果按照当时的汇率水平进行折算，英国人的工资水平位居世界最高等级之列。

二、相对于英国人在购买日用消费品时的开销而言，他们的工资也显得很高；也就是说，同其他很多国家的工人相比，英国工人凭他们的工资可以购买到数量更多的商品；由此可见，英国人的生活水平要比其他国家的人优越。

三、在英国，劳动力的工资在全部投入的各项生产要素总成本中，所占的比例比其他国家更大。

四、在英国，劳动力的工资水平（即劳动力的价格）与能源（煤炭）价格的比值，也相对较大，令其他国家望尘莫及。[2]

高速增长中的伦敦，经历了生活水平的巨大改变。当时伦敦中产阶级家庭买得起房子，用得起壁炉，烧得起煤炭，这刺激了煤炭生意在当时的火爆。[3]

这种高工资经济模式对英国的煤矿产业，造成了两大重要影响：一是煤炭从一件本来只供应给工厂的商品，转变为大众消费品；二是工人工资价格太高，导致煤矿主有比较大的动力投入科技研发，持续降低成本。由此产生了长时段的对蒸汽机的技术改造需求。

其实，应用于工业生产的蒸汽机，在 17 世纪晚期已经出现。当时通用的蒸汽机主要是托马斯·纽卡门发明的。但是，纽卡门蒸汽机并没有引发产业革命，因为纽卡门的蒸汽机效率太低、耗煤量太大，不具备通用性。试想，如此笨重的机器，耗煤量又如此高，除了本身就有煤矿的煤炭企业，谁能用得起？詹姆斯·瓦特之所以能够名垂青史，被认为是第一次产业革命中的关键人物，就是因为他对纽卡门蒸汽机做出了两个关键性改良，从而大大降低了耗煤量，也极大拓展了行业通用性。[4]

从纽卡门到瓦特，中间经历了一百多年。但这段历史只有一前一后两个重要人物吗？不是的。这一百年来有许多工程师跟科学家在这个方向努力过、合作过，只不过最终的桂冠被瓦特摘得而已。更重要的是，从纽卡门到瓦特的这一百多年，恰是英国煤炭需求大爆发的一百多年。如果煤炭行业不是一个利润丰厚的行业，如果煤老板们不愿意为技术进步掏钱，那么就不会有瓦特的关键性突破。瓦特是一个工程师，不是科学家，工程师的"天才"跟科学家的"天才"是不一样的。

科学家的天才靠自己，工程师的天才却要靠社会。牛顿是人类历史上古往今来屈指可数的物理学天才，他在自己的书斋里就可以算出经典力学原理。但瓦特不一样，他的所有发明创造，必须得到工厂和企业家的支持——改良蒸汽机不是他个人的智力游戏，而是现实经济运行的需求。

如果没有历史大势的顺水推舟，仅靠个人的才智，是很难取得这种技术突破的。牛顿的力学原理千万年之后或许依旧成立，但再先进的技术，若没有好的应用场景，就是没有价值的技术。

在科技天才与巨大的社会需求之间，如果没有商人在其中扮演桥梁的作用，为技术找到好的应用场景，双方就无法真正连接在一起，发生奇妙的化学反应。

　　这方面，我还可以继续举一个反例。1760 年，有一位叫屈尼奥（Cugnot）的法国炮兵指挥官曾受命研制一种利用蒸汽动力驱动的牵引车来拖拽大炮。他的确设计出了这台机器的雏形，但是它的耗煤量过大，而且过于笨重，容易陷入沼泽，因此法国军队没有继续投资屈尼奥，这个发明也因此搁浅。英国则不同，煤矿企业可以持续为这项技术投钱，工程师们很快便发现了可行的解决方案：铺设铁轨。这就是蒸汽机车的前身。1804 年，英国发明家理查德·特里维西克（Richard Trevithick）发明了世界上第一台能够实际运营的蒸汽机车。虽然最终是特里维西克而不是屈尼奥的名字被铭刻在历史纪念碑上，但这不是屈尼奥的责任，而是英法两国经济结构不同导致的结果。

　　这就是技术进步的奥秘：如果缺少了正增长秩序提供的合理的社会经济结构，技术进步只会是科学家在实验室里面鼓捣的一些东西，也就不可能引发对人类文明的演化产生巨大效应的产业革命。

　　产业革命爆发的结果，是人类社会从此发生了天翻地覆的变化。

　　有一张著名的 GDP 增长图，可以用来反映产业革命对人类社会的重大意义：该图直观地展示了，在 1750 年，也就是产业革命之前，整个世界人均 GDP 的增长几乎是一条水平的直线；产业革命之后，人均 GDP 陡然直升，比之前的三千年历史增长了 50 倍以上。

　　产业革命改变了人类创造财富的能力，突破了前现代社会下技术水平的桎梏，带来了人类生活形态、生产形态和政治形态的彻底转变。

　　如果在产业革命之前来一场环球旅行，你在旅途中所见到的绝大多数人文景观，是低矮的房屋、广袤的农田和大量的原始风貌。那时人力对自然的改造仍然相当艰难，美洲和非洲的大片土地还缺

人均 GDP　　— 60

— 50

— 40

— 30

— 20

— 10

— 0

1000　750　500　250　0　250　500　750　1000　1250　1500　1750　2000

◀——————— B.C. ——————　————————— A.D. —————————▶

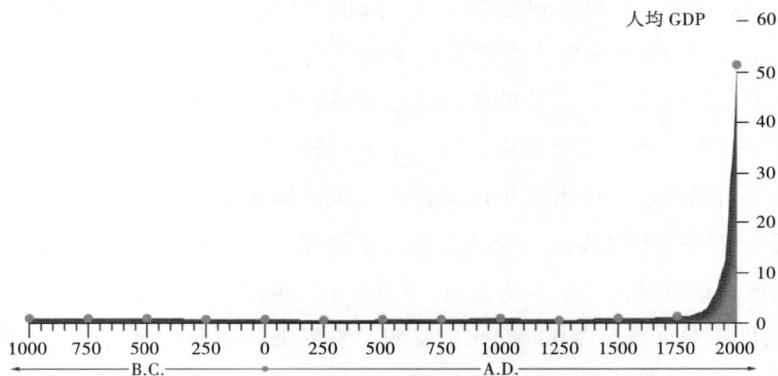

注：根据加利福尼亚大学伯克利分校经济史学家詹姆斯·布拉德福特·德隆（James Bradford DeLong）1998 年对世界人均 GDP 历史的评估绘制

乏文明社会的开拓。许多人口聚集在城市里，当时的城市没有今日的摩天大楼，绝大部分楼房不超过五层，除了哥特式教堂的尖顶耸立在城市天际线，其余建筑只不过是较为先进的农村房屋的翻版。

然而，产业革命改变了我们的地貌，改变了城市天际线的风景，也改变了我们整个世界的外观。产业化导致了工厂的设立，每个工厂都有自己的蒸汽机和烟囱，向大气中肆意地排放废气。生产力的进步挤压了农村手工业的市场，在产业革命后的一百余年里，有五分之一的人迫于生计涌入城市寻找工作，现代意义上的大都市开始形成。世界上第一个工业城市是英国的曼彻斯特，从 1771 年到 1831 年，这里的人口增长了 6 倍。

产业革命这一"超级事实"，完美地证明和诠释了塞缪尔·哈特利伯的"知识炼金术"。

产业革命之前，产业链完全受限于农业物产和手工业技术水平。再复杂的产业链，也无非是开采铁矿，炼成精钢，靠手工匠人制成铠甲，或者制造钟表之类的机械。但是产业革命之后，蒸汽机出现了，

1840 年描绘曼彻斯特工厂的图画

它涉及的每一个新零件都可以延伸出新的产业链，创造新的工作岗位，更不用说蒸汽机驱动的各种新型器械和新工厂。

这些新产业链和新工作岗位，完全是由人的知识、科技和想象力"无中生有"地创造出来的，用"知识炼金术"来形容，再恰当不过。

塞缪尔·哈特利伯逝世于 1662 年，他连纽卡门蒸汽机都没见过，但居然凭借着对培根"科学方法论"的理解和对人类社会进步的坚定信念，预言了现代社会赖以进步的伟大模型，着实令人惊叹。

他这个洞察得以产生的基础，就是 17 世纪英国赖以取得关键性突破，令国家接受了商贸秩序，从而令商人和国家间达成和解的新社会模型。

我认为，蒸汽机的例子、屈尼奥的悲剧和塞缪尔·哈特利伯的洞见与观察，足以说明，科技对社会的重大影响是需要通过"正增长秩序"模型来理解的。

我把这个模型称之为"漏斗—喇叭"模型。

古往今来，像希罗发明蒸汽机，或屈尼奥发明机车这样的例子，实在是太多太多了。事实上，有不计其数的实验室发明是我们所不知道的，这些发明还没有进入世人的视野，就已经被遗忘了。

因为决定一项发明是否为世人所知的最重要因素，还不是这项发明有多厉害，而是社会究竟有多么需要它。也就是说，所有发明必须要经过一个漏斗的筛选或者考验，才能为世人所知。这个漏斗的名字，就叫"商业化"，或者"产业化"。

那么，具体是在什么条件下，技术经过商业化的漏斗考验之后，才有可能引发产业革命呢？答案就是："正增长秩序"。

亚历山大港的希罗有许多技术发明也成功地实现了商业化，但是他的买家是古代社会的神庙与祭祀。这是"零增长秩序"下科技成果只能为少数人所分享的结果。广大奴隶在古罗马没有任何议价权，企业家也就没有任何动力寻找技术产业化的路径来取代大量奴隶劳动力，因而，这样的技术发明不会引发整体性的社会进步。

而且，这个漏斗的验证机制是个黑箱。因为具体哪个技术能通过，哪个技术不能通过，只能靠自发的市场竞争来确认。我们只知道两件事：第一，如果没有正增长秩序的验证，技术发明就不会改变社会；第二，一旦技术通过了这项验证，并且具备某种改变文明"基础设定"的力量，那么它就可能以人们意想不到的方式和速度改变文明，如同有一个喇叭突然放大了它的效应一样。

这就是"漏斗—喇叭"模型。

自产业革命以来，人类社会的一系列巨大变化，都印证了这一模型。技术进步产生的重大影响，已完全改变了人类文明前进的历史路径。

开始于 19 世纪的第二次产业革命，以蒸汽机车、电能和化工

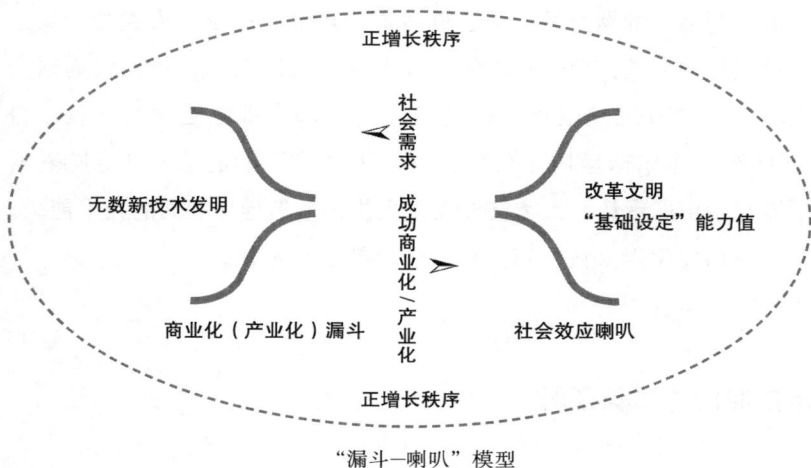

"漏斗—喇叭"模型

产业的应用为标志。蒸汽机车为各国的军事家所利用,把数量远胜前代的民众送上前线,展开规模前所未见的战争。1812年拿破仑动员61万大军入侵俄国,这是当时争夺欧洲霸权的顶级战争。然而到1914年的"一战",法德这样的大国各自动员的兵力已经突破1,200万人,英国在880万以上,总的参战人数接近7,000万。这是历史上人类第一次把如此多的同胞送上战场自相残杀,极大改变了西方国家的政治结构与意识形态。[5]

　　20世纪初,随着化学工业技术的突破,人类具备了制造化肥从而大幅提升农作物产量的能力,人类这个物种的规模因而得到迅速提升。从智人在20—30万年前诞生开始,到1900年,这个物种的种群规模达到17亿;但是从1900年到2020年,这个物种的种群规模已经增加到78亿,而且只用了120年,就比过去二三十万年多增长了4倍。[6]

　　20世纪的一系列技术突破,使得人类这个物种自我毁灭的能力不断加强。热核战争的"核冬天"前景、化肥滥用对自然界的破坏、臭氧空洞造成的紫外线污染、碳排放的增加……由于人类的行为已经对地球的大气、地表和水体造成不可扭转的改变，并且成为这个世界其余物种继续生存繁衍的最大变量，一批地质学家建议，将20世纪作为地球地质年代划分中"人类世"的起点。这意味着科学界开始正式承认，人类已经具备大规模改造地球表面的技术能力。

一切发生得太快，商人和武士们都措手不及。

被扭曲的正增长逻辑

正增长秩序催生了产业革命，但正增长秩序本身也被产业革命彻底改变了。

我们前文解释过，在产业革命之前，正增长的最主要来源，是商贸活动。这是因为商人承担了长途贸易中的风险，因而其商品售价中实际上包含了风险的折价。

但是，产业革命完全改变了这套逻辑。产业革命之后，正增长的最主要来源，变成了产业活动。

农业社会中，土地出产粮食的规模是基本恒定的。尽管在漫长的人类文明史中，农业技术持续进步，但是产业革命之前，这种进步不可能创造数量级的差异。技术的进步和产业的发展，在理论上可以无限制地造就新的增长点和新的岗位。

在蒸汽机诞生之前，没有机械师、修理工、工程师这些职业。在蒸汽机车诞生之前，没有火车司机、添煤工、扳道工、铁路维护工人等一系列职业。像这样由新技术催生的新职业列表，还可以一直这样无止境地列下去。每一门新的职业，又会产生新的需求。这就是人类社会共享技术进步成果的方式，也是"知识炼金术"施展其魔法的方式。

保留了中古老城风貌的著名商贸城市布鲁日

因此，产业革命后，人类"正增长社会"的空间形态，发生了巨大转变。产业革命之前，"正增长空间"基本表现为商贸城市的形态。拥有优良海港，或者靠近河流，能够便利地利用廉价水运的城市会成为商贾云集之地，成为资本的集散中心，成为普遍富裕的正增长社会。

产业革命之后，"正增长空间"的物理形态，由城市浓缩到了工厂。不是商人的船只沿着河流和海洋贸易拓展正增长空间，而是工厂和工程师们沿着产业革命的逻辑拓展正增长空间。

当人类懂得把棉花纺成线、织成布，把牛羊的皮晒干鞣制成皮革，把牛羊奶保存起来制成奶酪的时候，就创造出了最初级的产业链。当产业革命发生后，产业链的广度和深度得以大大延展。理论上，创造"正增长空间"的潜力也被大大拓展。

实践上看，的确是这样。第一次产业革命普及了蒸汽机。从采

曾经的汽车工业之都底特律

矿、冶铁到锻造钢材，再到生产蒸汽机所需的百十个零部件，这个产业链条比起农耕时代的手工业已经大大延长。蒸汽机又带动了纺织、建筑、燃气、造纸、采矿和运输等行业的发展，由此延伸出多个更加复杂的产业链。

　　第二次产业革命，电力和化学研究成果得到普遍应用，同时以军事工业和重工业为代表的产业部门也在不断发展。一条铁甲舰可能由数十万乃至上百万零部件组成，而像电话和电报这样的产业又涉及发电、电缆制造和铺设、通信等综合社会软硬件部门而共同构成的产业链。

　　进入 20 世纪，航空航天、核能、电子计算机、智能制造和互联网产业先后出现并蓬勃发展，由此爆发出的多条产业链，已经超出一国的界限，而需要许多国家共同配合来完成。土星五号是举美国之力才制造出的超级火箭，涉及数以亿计的零件、最优秀的供应商和最优秀的技术人才。芯片与制造芯片所需的光刻机更是代表了人类工业制造的最尖端成就。在今天，没有一个国家可以靠自己的力量垄断芯片产业上下游的全部链条。

人类生产力得到无与伦比的提升，因此可以创造出形形色色的新型工业产品，以古人无法想象的方式解决生活中的种种需求。人类发明了洗衣机、烘干机、微波炉、电饭煲、电话、抽水马桶、热水器、汽车、个人电脑和智能手机……这些工业产品越来越普遍，正是产业革命改善人类生活质量的标志。由于这些工业产品带来的便利，一个生活在 20 世纪的普通人，其物质上的幸福指数和便利条件，比中世纪的国王与贵族还要高。

从理论上来看，这个故事似乎完全站得住脚。但是从现实来看，历史的进步并不像我们想象的那么顺利。

产业革命整体上的确为"知识炼金术"的魔法注入了新的动力。但是，人类社会能不能很快适应这样强劲的魔力，挥舞魔杖创造美丽新世界，而不至于反噬自身呢？

递给战士一把宝剑，战士可以用它杀伤敌人，保卫同胞；递给孩童一把宝剑，孩童却很可能割伤自身。在产业革命爆发之际，人类社会并没有预料到，这把宝剑竟然有如斯威力。又或者，某些阶层和集团只看到了宝剑伤人的一面，却忽略了宝剑反过来割伤自己的可能性。

我们前面解释过，人与人之间是无法完全理解的，要彼此理解，每个人都得想象一个"主体间性"出来。问题在于，基于过去的"正增长社会"想象的"主体间性"和基于过去的"零增长社会"想象的"主体间性"都属于传统世界，而产业革命进步得过快、过猛，"主体间性"还来不及变迁，产业革命创造出来的巨大事实已经席卷了一切。

传统时代的"正增长社会"和"零增长社会"都有着很强的暴力逻辑。"零增长社会"中固然有赢家通吃的暴力逻辑，有底层民众之间的互相伤害，但"正增长社会"也有基于财富的等级制，有彻底不保护市场竞争中落败者的教条自由主义，以及私人财产凌驾于一切之上的个人主义。这些思维方式构建出来的"主体间性"，如果与产业革命的巨大威力结合在一起，就可能造成非常严重的后果。因此，我们有必要正视现实，仔细盘点产业发展对人类文明已经造成的巨大冲击。

巨大的不平等

细数下来，自产业革命开始的 250 余年里，我认为产业发展至少在以下五个方面对人类文明造成了巨大的冲击和后果。

从整体数据上看，产业革命的确给所有人都带来了普遍的利益。18—19 世纪是人类历史上第一个人口和人均收入同时增长的时代。英格兰的人口从 1801 年的 830 万增加到 1,680 万，到 1901 年，这个数字又翻了一番，达到 3,050 万。1700 年，欧洲的人口规模是 1 亿，到 1900 年，则达到了 4 亿。

美国芝加哥大学经济学教授小罗伯特·卢卡斯说：

> （工业革命是）人类历史上第一个能够让大多数普通人的生活标准开始持续增长的年代……古典经济学家提都没提过这种经济行为，哪怕仅仅是理论上的可能性都没有设想过。[7]

但是，如果我们看一看另外一些"小数据"，故事马上会变得很不一样。2012 年，杜克大学的约翰·科姆洛斯和慕尼黑大学的赫尔姆特·库钦霍夫发现，18 世纪英国男性的平均身高处在持续下降状态，几乎每 10 年就下降 1.6 厘米。[8] 在经济史研究中，平均身高的下降是营养不良的标志。这说明小罗伯特·卢卡斯的判断所依据的数字是有问题的，平均收入的提升并没有反映出实际生活水准的下降，也没有反映出巨大的差距。

这些恰恰是当时人更感同身受的问题。恩格斯在 1845 年写就的《英国工人阶级状况》淋漓尽致地描绘了当时产业工人的悲惨状况：

> 最倒霉的是那些不得不和新采用的机器竞争的工人。他们生产的商品的价格是由机器生产的同样商品的价格来决定的，而因为机器生产比手工生产便宜，所以和机器竞争的工人得到的工资是最低的。在旧式机器上工作的工人，如果他不得不和最新式的改良了的机器竞争的话，他的遭遇也是一样。当然，另外还有谁会来担负这种损失呢？厂主既舍不得扔掉旧机器，又不愿意受到损失；对死的机器是没有什么办法的，于是他就在活的工人身上，在整个社会的替罪羊身上打主意。在这些不得不和机器竞争的工人中间，生活得最坏的是棉纺织业中的手工织工。他们得到的工资最少，甚至在有足够的工作时，一星期所挣的钱也不超过 10 先令。动力织机一个跟一个地从他们那里夺取了织物业的各个部门；此外，手织业又是在其他劳动部门中失掉工作的一切工人的最后的避难所，因而在这里总是人手过多。所以，一个手工织工平时一星期能挣六七个先令就算是幸运的，甚至要挣这个数目，他每天就得在他的织机上工作十四小时到十八小时。此外，大多数的织品都需要一个潮湿的工作地点，为的使纬纱不致老是断掉，这样，一半由于这个原因，一半也由于工人穷，租不起好房子，手织作坊中地下几乎从来都是既不铺木板，也不铺石板的。我访问过不少手工织工；他们住的房子都是在最破落最肮脏的大杂院和街道里，通常总是在地下室中。往往是五六个织工住在一座只

有一两间工作室和一间大的公用卧室的小宅子里，而且他们中还
有些是已经结了婚的。他们的食品几乎光是土豆，有时有点燕麦
粥，牛奶很少见，肉类就几乎从来看不到。

他们在城市中的生活环境，则是这样的：

> 此外，我们还可以提一提寇克盖特、马许胡同、十字街和
> 里士满路附近的工人区的令人作呕的情形。这些地方的街道大多
> 数既没有铺砌过，也没有污水沟，房屋盖得杂乱无章，有许多大
> 杂院和死胡同，甚至最起码的保持清洁的设备也没有。所有这一
> 切就完全足以说明这些不幸的、肮脏和贫穷的渊薮中的过高的死
> 亡率。在艾尔河泛滥的时候（顺便说一说，这条河像一切流经工
> 业城市的河流一样，流入城市的时候是清澈见底的，而在城市另
> 一端流出的时候却又黑又臭，被各色各样的脏东西弄得污浊不堪
> 了），住房和地下室常常积满了水，不得不把它舀到街上去；在
> 这种时候，甚至在有排水沟的地方，水都会从这些水沟里涌上来
> 流入地下室（必须记住，这些"地下室"不是堆东西的，而是住
> 人的），形成瘴气一样的饱含硫化氧的水蒸气，并留下对健康非
> 常有害的令人作呕的沉淀物。在 1839 年春汛的时候，由于排水
> 沟沟水外溢竟产生了非常有害的后果：根据出生死亡登记员的报
> 告，本城该区本季度的出生和死亡之比是二比三，而本城其他区
> 域同一季度内的比率却恰好相反，即出生和死亡之比是三比二。

阶级不平等和社会压迫导致的问题如此严重，甚至连当时的资
产阶级也注意到了这个问题。尼·布哈林和叶·普列奥布拉任斯基
在《共产主义 ABC》第一章中辛辣地嘲讽道：

法国近几十年来，工人从资产阶级那里学会了人工节制生育：或者完全不生孩子，或者不多于两个。工人们极端贫困。以致很难或者根本不可能养活大的家庭。结果，法国的人口几乎没有增长。法国资产阶级感到兵员不足了。它大声疾呼："民族要灭亡了！德国人口增长比我们快！他们的士兵要比我们多！"顺便说说，即使参军的那些士兵，也是一年比一年糟糕：身材矮小，肺部虚弱，气力单薄。于是资产阶级"顿时慷慨起来"：亲自起来坚决主张为工人阶级进行某些改善，使之恢复一下元气，多生一些孩子。要知道，如果把母鸡杀了，那它就再也不会生蛋了。9

中国人对这段历史是不陌生的。从中学历史课本到大学里的共产主义运动史课程，都会讲到 19 世纪三大工人运动，讲到这些运动与社会主义思潮之间的联系。

但这是从后向前看，而不是从前向后看。

沿着产业革命的发展史梳理下来，我们会自然而然地提出很多过去从未想过的问题：为什么生产力得到了前所未有的提升，普通人的营养不良状况却加剧了？为什么英国城市相对高水平的工资引发了产业革命，但产业革命之后工人的处境却愈发凄惨了？难道技术取得突破的同时，资本家们也瞬间突破了旧的专制社会的剥削水平吗？

要讨论清楚这些问题，我们得深入到技术进步影响社会发展的动力学机制中去。

首先，技术突破时刻，会对它所在的行业和领域产生强力的挤压效应。在机器动力应用于纺织业之前，农村手工纺织业者的日子虽然艰难，整体上却还过得下去。一旦纺织行业机械化，这部分人的产业竞争力就会快速下降，他们的正常生活也会率先破产。这批人不得不最早离开旧有的土地，前往大城市打工。

当类似的状况在短时间内集中发生的时候，纺织领域内的劳动力就会面临小范围恶性竞争。这不是说社会整体的劳动力过剩，而是特定行业内的技术进步导致的部分过剩和恶性竞争加剧。特定行业内的劳动力供给既然出现了过剩，那么市场的第一反应当然就是压价。你不干，有的是人干；原先 10 小时工作制，现在即便延长至 14 小时甚至 16 小时，也还是有人愿意接受；原先一星期工资 12 先令，现在即便缩减至 10 先令，还是有人肯饿着肚子干下去。恩格斯观察到，生活情形最坏的是棉纺织业里的手工织工，原因正在于此。

其次，产业革命的开展，会引发先进经济体对落后经济体的虹吸效应。当然，理论上，随着技术的不断拓展，新的就业岗位总会被创造出来。如果劳动者能够持续保持自己的技能不断得到更新，他们依然有机会摆脱悲惨的处境，虽然这也许需要一代人甚至几代人的努力。

但是，在这个过程中，我们不能忽视的是，经济不平等也有可能随之扩展，并形成长期态势。劳动力总是从低效率地区流向高效率地区。农村的纺织业被机械化摧毁之后，纺织工人就会流向城市。农庄里的其他手工业者也许在一开始并不觉得有什么影响，甚至庆幸自己没有从事那个倒霉行业，但他们渐渐也会成为劳动力流出的牺牲品。这是因为，在一个充分交换的经济体中，每个人的消费都是其他人的收入，人口流出导致消费下降，其他生产者也会受到影响。村头的纺织工杰瑞搬走，那么面包商汤姆的客户就少了一个，如果这个趋势持续下去，农村经济就会陷入长期衰败。

与此同时，新的人口流入城市，会带来新的经济动力。城市为了容纳更多前来打工的杰瑞，要修建房屋、翻新道路、加装路灯、雇佣警察，一方面给杰瑞提供新的生活必需品，另一方面也是为了防止受不了长期加班的杰瑞造反。这是一种经济需求的扩张。18 世纪开始的产业革命虽然最先在蒸汽机和纺织业取得了突破，但是也很快延伸到一系列与机械、矿产和纺织没有关系的产业链上，比如水泥（为了修建房屋和道路）、气体照明（为了延长工厂和商店的营业时间）、玻璃生产（为了供给更多建筑）、造纸（为了满足工厂和企业管理工作增加的需求）和运输等。这进一步推动了高效率地区的繁荣。

从产业革命出现到今天，城市和非城市地区的经济差距，整体上是拉大的。根据联合国人类住区规划署发布的《2004/2005 年世界城市状况报告》，基于城市的经济活动总体上占了全世界国家 GDP 的 50%，在城镇化水平较高的拉美国家占了 80%，在欧洲，这个比例则更高。墨西哥十个最大都市化的地区人口占了全国人口的三分之一，但产生了 62% 的全国附加值。

在某种程度上，中世纪的人类社会图景恍惚间好像出现在了我们的眼前：中世纪，大量农耕社会的增长率趋近于 0，只有少数城市受益于商贸活动而成为正增长社会。今天，在经历了两百多年产业化的洗礼后，无论是欧洲、美洲还是亚洲，许多非城市地区的增长率也还是趋近于 0，只有少数国际化大都市和区域强城市受益于金融资本和技术进步，保持着相对高速的经济增长。[10] 这背后的根本机理，就是技术进步的短期效应与长期效应之间的关系。

最后，阶级不平等发展到一定阶段，会阻碍正增长逻辑本身。不要认为英国产业革命时代发生的故事仅仅是历史，同样的逻辑，完全可能在当今世界重演。我这里虚构一个发生在印度的故事吧。

2007 年，Flippkart 成立，其愿景是改善电子商务市场，帮助印度老百姓获得物美价廉的商品。

那一年，印度少年拉吉夫·库马尔看到动动鼠标就能在网站上购物，会觉得很新奇，但也仅此而已。

2007 年，乔布斯发布初代 iPhone，被全世界数码爱好者惊为天人，疯狂吹捧。Flippkart 顺势而为推出移动端版本。那一年，拉吉夫·库马尔缠着爸妈花大钱买了电脑，但买来之后，最多的用处还是打游戏。

过不了几年，库马尔开始发现他所居住的那个小城镇上，许多服装商铺倒闭了。人们说，这都是被线上购物淘汰掉的。库马尔握着手机想了想，觉得这是活该，线下店铺为了支付房租，不得不把成本加在衣服上，当然要比 Flippkart 的网店贵一大截。这是落后生产力，自然要遭到淘汰的。

库马尔没意识到的是，隔壁学习不好的库玛丽小学毕业后，本来可以找个老家的商铺打工的，现在她只能背起行囊，坐上火车去孟买了。无数的库玛丽背上行囊，离开了乡村，那里只剩下他们空巢的父母，经济机会越来越少。终于，拉吉夫·库马尔离开了那个已经死气沉沉的小镇，进入帝国理工学院开始学习。库马尔下意识地以为这里的游戏规则还是跟小镇时代爸妈教他的一样，好好学习，努力工作，取得回报。

但是，这个世界的游戏规则早已发生了翻天覆地的变化。互联网技术天生有高度聚集性和垄断性，同一个赛道，只有头部的极少数企业才过得滋润。2007 年加入 Flippkart，和 2017 年加入 Flippkart，竞争难度可谓天壤之别。尽管库马尔念书成绩不错，学校牌子也不错，但是大量与他学历相近、技术水平也相近的毕业生在求职方向上高度挤压了。拉吉夫·库马尔不太理解，为什么学历这么高，竞争还这么激烈。就算库马尔有幸进入了能提供高薪的头部公司，由于竞争的激烈性，他也面临着超高工作强度和超长工作时间的压榨。如果库马尔有幸掏空家里的六个钱包，在班加罗尔凑齐首付，压在他头上的房贷会让他更不敢辞职，更加"心甘情愿"地承受剥削与压迫。

2019 年，Flippkart 数据技术及产品部开发人员拉吉夫·库马尔因连续加班、疲劳过度猝死。他与那一年猝死的好几个印度年轻人一样，登上了印度新闻，引发社会讨论。虽然 Flippkart 的股价依然在上涨，但是这个世界已经没有了拉吉夫·库马尔。

当然，即便库马尔离开这些高薪公司，他的工作压力也未必会减轻，他的薪水却可能直线下降，而且多年以来增长缓慢。相比部分公司估值的快速提升、物价的不断上涨与房价的高企难盼，普通印度人的工资增长宛如回到了农耕时代的零增长社会。

人的正常消费行为、兴趣爱好和想象力与创造力，是推动正增长社会前进的最大动力。我们在介绍产业革命为什么发生在英国时，已经讲过这个道理：越是人均工资高的地方，越是消费水平高的地方，越容易出现技术突破。

我曾经在研究中国智能硬件制造企业的过程中，无意中了解了一个所谓"200 元定律"。这个定律说的是，当早期智能硬件用处不大，还只能当玩具或噱头的时候，你最好给你的产品定价 200 元以下。因为消费者的心理是，一件定价 200 元以下的商品可以不具备实用属性，你只要把产品做得足够酷，让用户觉得它有科技感，能彰显自己追求新潮的标签，你就可以把它卖出去。但是对 200 元以上的产品，用户就开始吹毛求疵，他认为自己应理性消费，所以会追求产品的技术指标和性价比。

200 元这个数字，肯定是无数企业在与用户进行无数次相互试探和买卖博弈之后，自然而然发现的心理承受能力。这个额度，当然肯定也跟一般用户的经济水平和消费能力密切相关。如果换成美国用户，他能承受的消费额度，会比 200 元高得多。小米手环的主要市场是国内，大疆无人机的主要市场则是欧美地区，根本问题就在这里。

支持新技术企业发展的首要条件，是消费者有钱。道理就是这

1908 年在印第安纳州玻璃厂加夜班的工人们

么简单。道理很简单，问题却很严重，而且，严重性不止这一点。

　　如果仅仅是工资停止增长也就罢了，更可怕的是，产业革命条件下的竞争激烈达到了人类生理的极限。

　　在农业社会中，对农民来说，土地无论怎么耕作，它的工作量和产量都不可能无限增长，你一天耗在地里的时间从 8 小时变成 16 小时，并不会增加水稻产量，这是显而易见的道理。因此，农民天黑了就会回家，吃饭睡觉，造人养娃。

　　但产业革命的逻辑不是这样。由于技术进步使得机器在生产过程中创造的价值可能大于劳动者，在这种情况下，劳动者的生理时间和生理活动就得被迫围着机器转。机器 24 小时不停运转，工人就得 24 小时轮班倒。互联网产品的生命周期要求一周内开发完需求，程序员就得加班到凌晨三点以让产品上线。如此一来，人的正常生活时间被压缩，无暇从事他生而为人本应从事的活动：休息、恋爱、生育和抚育后代，以及照顾老人。他本来应当从这些活动中产生大量消费需求，再推动这些方面的产业取得技术突破，并向前发展。

缺少消费能力，缺少生活时间，这样的恶性循环不可能支撑正增长社会的健康发展。其实，支持社会持续增长的根本动力，是人民有钱有闲。

这世界上的道理，说复杂可以很复杂，说简单也可以很简单。

国家间战争的极端化

在"正增长秩序"与"零增长秩序"作斗争的整个历史进程中，一个非常重要的主轴就是，商贸秩序对暴力集团实行了有效的控制，将其约束在宪法框架之下。商贸秩序能够对暴力集团实施有效控制的关键原因，又在于商人集团拥有专门的行业知识，掌握获取高额利润的渠道，而暴力集团需要商人提供的收入来源与关键技术。

但是，在进入产业时代后，商贸秩序对这些知识和利润的垄断消失了。仔细想想就会明白，产业的本质不是机器也不是工厂，而是一系列成体系化的知识。机器、工厂和设备，都是工程师将自己的知识"具象化"的结果。真正重要的，是在流水线上长期工作，因而得以积累大量经验的产业技工。

在传统时代，成体系化的知识是经由家族、行会和职业共同体传递的。这就是为什么商贸集团能够长期垄断许多行业的奥秘。但是，产业革命之后出现的新知识，对商贸集团和暴力集团而言都是陌生的。因此在经济领域上，二者处在了同一起跑线上。谁掌握了新知识，谁就能引领新时代的"正增长秩序"。

1791 年，美国建国国父之一的亚历山大·汉密尔顿敏锐地捕捉到了这个事实。他在当年 12 月 5 日提交给众议院的《关于制造业的报告》中指出：

> 不仅是财富；而且还包括一个国家的独立和安全，似乎都与制造业的繁荣有着实质性的联系。每一个民族，为了这些伟大的目标，都应该努力在自己民族内部实现供给自己民族所需的所有必需品，包括生存、居住、服装和防御手段。[11]

汉密尔顿主张，美国应该通过高关税和直接扶植制造业发展的法案来推动本国产业的发展。这被视为美国贸易保护主义的起源，并且深刻影响了欧洲的贸易保护主义者弗里德里希·李斯特。

李斯特站在德意志民族主义的立场上，呼吁普鲁士及其他德意志邦国学习美国的先进经验。他在《政治经济学的国民体系》中，把我们这本书涉及的大部分主角都批判了一番——从威尼斯到其他意大利商贸城邦再到汉萨同盟，唯有英国人是例外。因为他认为，在新时代背景下，国家政府应当主导民族产业的发展，集中精力培养一批技术人才，掌握关键产业链条，以维护本民族的利益。[12]

受李斯特影响，从 19 世纪下半叶起，普鲁士军方开始高度重视铁路技术，主动开始建设军方与民用铁路之间的协调动员机制。为了建立这个机制，军方任用了自 19 世纪 50 年代就在柏林-勃兰登堡铁路委员会中担任成员的老毛奇，他后来做到了普鲁士军队的总参谋长，是普鲁士三次统一战争的最大功臣。

这种动员机制非常重要。因为在铁路时代之前，士兵是携带着自己的武器弹药用双脚开赴前线的。但是在铁路诞生后，士兵、武器、弹药、补给则是由不同的车皮分门别类运输，再在集合地配发的。这之间的协调过程，决定了军队动员的生死时速。在 1870 年的普法战争中，普鲁士就是靠着这个动员机制，比法国军队更快地动员完毕，最终在战场上击败法国，完成了统一大业。[13]

由国家暴力意志开启的潘多拉魔盒，并不会简单关上。

普鲁士的成功经验对所有主权国家政府都极具诱惑。如果国家主导的产业发展模式能够取得如此大的裨益，那政府为什么不把一切产业都纳入自己的监管和利用之下呢？有鉴于此，19世纪后期的欧洲国家纷纷开始向帝国主义转型。

但是，这样做的严重后果是，每个民族的商贸利益、产业发展与暴力手段纠葛在一起，完全无法分开。德国人真诚地相信，德意志的军队、德意志的产业和德意志民族的根本利益是完全一致的，任何阻碍者都应被排除，而法国人、英国人和俄国人也同样这么认为。大国无可避免地走向军国主义，从而走向了相互毁灭。而且，当时的相互毁灭力量，又得到了产业革命的巨大加成。

因为铁路技术的进步，1871—1914年间，欧洲大陆的铁路网规模从65,000英里增长到180,000英里；法国在1870年时只能动员50万人，到1914年时已经可以一次性动员400万人。在拿破仑的时代，一场战争中一方投入的常规兵力一般不到10万，总参战人数在20万人上下；到第一次世界大战，一个凡尔登战役双方就各自出动100万人以上，而整场战争中大国为此动员的人数都已在几百万到上千万的级别。

更不幸的是，铁路技术的突破把所有国家的人民都送上了前线，而机枪技术的突破则对这些人大开杀戒。机枪和火枪都叫作枪，但二者的火力输出能力完全不能相提并论。技术彻底变革，战术却未发生同步转变。第一次世界大战中的索姆河战役只持续了9个月，作战双方死伤却达133万人，同时整个战线长度的改变却只有5—12公里。

133万人的性命换来5—12公里的改变，其导致的结果就是前线士兵恍然大悟，再也不愿意为帝国之间的争霸枉送性命。1917年起，法、德、俄前线士兵均发生大规模哗变，战争在事实上已经无法进行。共产主义者对帝国主义狗咬狗战争的预言与批判完全应验，列宁回到俄国，带领布尔什维克迅速夺取了政权。德国皇帝威廉二世宣布退位，但德国的怨气持续到了"二战"。英国在战后赋予所有男性和女性成年公民普选权，并且宣布所有殖民地均取得独立地位，只为抚平所有参战者的怨气。

到第二次世界大战，产业与技术的进步造成了更惨重的杀伤。坦克、飞机、导弹、航空母舰和核弹等先进武器被接连发明出来，造成了总计 7,000 多万人的伤亡。核武器的发明，更是使人类有了自我灭绝的可能性。

技术能力发展到这一步，国家暴力终于有所收敛，不敢再肆无忌惮地发起战争。但是，大国之间的权力博弈却没有停止。冷战期间，美苏两个大国的博弈多次走到互相毁灭的边缘。

尽管冷战结束，超级大国围绕技术和产业的博弈却没有终止，笼罩在人类物种头顶的乌云也没有散去。牛津大学的一群天才在 2005 年组建了人类未来研究所，其成员有哲学家、科学家、经济学家、工程师和未来主义者。该研究所于 2008 年发布了一份报告，报告估计人类这个物种在 2100 年之前灭绝的概率是 19%，其中灭绝于分子纳米技术武器的可能性为 5%，灭绝于超级人工智能的可能性为 5%，灭绝于战争（包括内战）的可能性为 4%，灭绝于人造流行病的可能性为 2%，灭绝于核战争的可能性为 1%，灭绝于灾难性技术事故的可能性为 0.5%，灭绝于自然流行病的可能性为 0.05%，灭绝于核恐怖主义的可能性为 0.03%。[14]

产业革命不仅将人类拓展正增长空间的能力延伸到无限，也将人类运用暴力毁灭自身的能力延伸到了无限。或者说，其限度就是人类这个物种的自我毁灭。

自动化夺取工作机会

除了直接毁掉人类自身这种暴力操作，产业革命也有可能以一种迂回的方式摧毁正增长社会，那就是破坏"知识炼金术"的逻辑本身。

18 世纪由哈特利伯和亚当·斯密等人推动的"知识炼金术"世界观，也就是财富无限增长的世界观，其本质逻辑是这样的：只要政府为商业社会建立起信用，人类就可以在信用的基础上无限拓展自由贸易，让一切地区的人互通有无。自由贸易本身会催生分工，分工则使得人类各司其职，各自穷尽一生在不同的技术领域进行探索，推动人类文明的永恒进步。

18 世纪的人展开这种想象时，并没有设想过 20 世纪的技术能有如此惊人的突破，以至于机器的进步甚至可能在分工活动中将人类淘汰。20 世纪七八十年代以来，由于自动化技术的进步，制造业岗位其实越来越少了。《金融时报》编辑马丁·沃尔夫（Martin Wolf）曾经有一个估算：1970—1994 年间，由于技术进步等因素的影响，欧盟制造业就业人口比例从 30% 下降为 20%，美国由 28% 降为 16%，而工业生产力则以平均每年 2.5% 的比率攀升。[15]

美国麻省理工学院的经济学教授德隆·阿西莫格鲁（Daron Acemoglu）于 2019 年的研究表明，在采用自动化的行业中，从 1947 年到 1987 年间，技术进步平均替换掉的岗位占 17%，而技术进步平均提供的新岗位则占到 19%。但是，从 1987 年到 2016 年，替换掉的岗位占到 16%，而提供的新岗位则只占 10%。[16] 阿西莫格鲁认为，自动化程度越高，所需要的人力就越少，而且创造出的新岗位只会让高技术工人受益，低技术工人则会遭到失业和再就业困难的双重打击。就像曾参与美国总统选举的杨安泽说的那样，一个汽车修理工失业了，再就业指导中心建议他去学编程，这是不现实的事情。

　　我们之前曾经设想过，技术进步会拓展产业链的广度和深度，因此会创造越来越多的工作岗位。但是，这个逻辑好像正在被自动化所消灭。是的，人类发明出了芯片这种前所未有的产品。但如果芯片的制造精度高到它必须由机器人而不可以由人力来生产时，又怎么会创造出更多的工作岗位呢？

　　这虽然并没有完全终结"知识炼金术"关于财富持续增长的神话，但是这个神话开始渐渐与我们中的大多数人无关了。

　　你也许会争辩说，制造业的工作岗位减少了，但是服务业的工作岗位还有可能增加呢。的确如此，不过请仔细想一想，服务业岗位中，能创造高价值的行业都有哪些？金融从业者、法律从业者，最多再算上高级教师和政治家。这些行业要么本身的门槛很高，要么岗位数量很稀少。

　　况且，就算是这些看来衣着光鲜的工作，它们到底为这个社会提供了多大价值也还很难说。伦敦政治经济学院的人类学家大卫·格雷伯（David Graeber）著有《40%的工作没意义为什么还抢着做？》（*Bullshit Jobs*）一书，书中引用了数据分析公司 YouGov 在 2015 年对英国人所作的调查。被调查者中，37% 的人认为自己的工作对世界没有做出任何有意义的贡献，还有 13% 的人给出的答案是不确定。这两块加起来，达到 50%。格雷伯认为，有一些工作只是在提供薪水，其本身是没有意义的、不必要的，甚至有害的。他甚至还归纳说，像接待员、行政助理、门卫，像游说集团、公司律师、公关，像客服、修补漏洞的程序员，像绩效分析师、内部宣传员和咨询师，还有像中层管理人员等五类工作，就是最典型的无意义工作。

　　格雷伯进一步指出，这类岗位的增长不是出于经济需要，而是为了满足所谓的"管理封建主义"。封建社会中的庄园主靠剥削佃农获取丰厚粮食和财富，但如果剥削太过，佃农会造反，于是庄园主想到了一个聪明的办法：雇佣佃农按门铃、绣花、洗菜、洗衣服，没事找事让底下人忙活。

其实，现代资本家也是一样，他们需要安排很多的下属殷勤地服务，以显示自己身份的重要，保持社会竞争地位和权力。这实际上是零增长社会的逻辑改头换面，换了一身皮之后在正增长社会中重新出现了。

长期以来，我们都被教育说，越是发达的经济体，服务业占比越高，但如果有大量岗位属于这种格雷伯所说的"无意义工作"，那么"服务业占比高"很可能就不是什么生产力进步的表现，而是财富大量聚集造成社会不公后，顶级资本家要求封建主义待遇的表现，是权力扭曲就业市场导向，从而遏制正增长逻辑不断发展的结果。换句话说，服务业就是新时代对"失业"的掩盖。

然而人类社会的悲哀是，在自动化的推波助澜下，即使是这类工作，也要经过激烈的竞争，让无数一流高校毕业的、素养优秀、文质彬彬的男女大学生竞相谋个一职半位。还有越来越多的人被自动化技术甩出工作岗位后，变成更加彻底的"冗余人士"。

波兰社会学家齐格蒙特·鲍曼在《工作、消费、新穷人》中，认为一个社会开始流行"消费主义"，就是大量冗余人士出现的标志。他说，在资本主义蓬勃发展的上升期，主流社会舆论会鼓吹"工作伦理"，也就是一个人的价值体现为奋力拼搏地去实现自己的事业。但是，当工作岗位减少到工人没有机会享受这种拼搏带来的利益以后，主流社会舆论就会想办法找到一种新的意识形态，好让普通人有生活下去的动力，并且找到一个消费的理由，以刺激更多产品和工作机会的出现——这就是消费主义的诞生。[17]

当然，我不是在这里对"无意义工作"和"消费主义"进行道德批判。这两个现象都不是导致当下世界社会状况的罪魁祸首，而是当下社会出现问题的标志。这就像得了感冒打喷嚏一样，喷嚏不是病因，而是结果，对喷嚏进行治疗并没有太大意义。

我想指出的，是造成这些现象的机制，甚至确保人类社会长期进步的机制本身出了问题，而我们出于思维的惯性，还没有察觉到或者低估了其严重性。

人类研发技术，本质上应该服务于人类自身的需求。但是，技术并不会一直按照人类设想的方向前进。我们的头脑很容易理解那些技术直观带来的短期风险，比如核武器、DDT 杀虫剂、毒气和基因武器等，但是对那些乍看起来能够创造巨大财富、长期来看却对社会结构造成巨大挑战的技术，我们的认识准备还明显不足。像自动化这种能够提升生产力，但却减少工作机会，因此从长远来看扼杀正增长秩序活力的技术，我们到底应该如何利用其长处，防范其短处？毫无疑问，这已经成为当下捍卫正增长秩序所必须解决的问题。

人口危机

很多人没有意识到，20 世纪是人类有史以来在人均寿命和人口规模上变化最为激烈的一个世纪。

1900 年，人类的平均预期寿命只有 31 岁。2017 年，人类平均预期寿命已经达到 72 岁。1900 年，全世界有大约 17 亿人口。2020 年，全世界人口规模已经超过 78 亿。

这两个数字的改变，最大动力在于化肥的发明与公共卫生条件的改善。

先说化肥。生物体中最重要的物质基础是蛋白质，而组成蛋白质的化学元素中，有一类元素的摄入途径非常短缺，这种元素就是氮。尽管大气中氮气的比例占到 78%，但氮分子的性质非常稳定，很难被生物吸收。自然过程能够把氮转化为生物体能吸收的氮化合物，只能通过两种途径：一是雷电固氮，二是微生物固氮（其中豆科植物根瘤菌是人类能够利用的主要固氮方式）。因此，传统农业受制于氮的提供效率，产量存在极限。

但是，20 世纪初，在著名化学家弗里茨·哈伯的努力之下，人类可以运用化学手段制造氮化合物，从而彻底解决农业生产中氮循环的问题。这就是氮肥的诞生。氮肥诞生之后，农作物产量直线上涨，导致全球人口大概增长了 4 倍，达到 60 亿。据估计，现存人类体内可能有一半的蛋白质，其含有的氮来自人造氮肥。[18]

食物供给充足之后，顺带解决了长期困扰人口增长的一个根深蒂固的问题：营养不良。古代人均寿命低下的原因，并不在于古人只能活到三四十岁，而在于有大量的婴儿在出生后就夭折了，因此拉低了寿命的平均值，而营养不良是造成婴儿大量夭折的最重要原因之一。

此外，随着 19 世纪末对微生物研究的进展，以及 1918 年全球大流感催生的公共卫生研究，人类社会的卫生状况得到了极大改善，出生率大幅提升，而死亡率大幅降低。今天绝大多数医院依然张贴着"科学洗手法"的宣传海报，你从旁边经过时，大概不会有啥感觉。但它所代表的公共卫生意识的进步，的的确确是 20 世纪人类寿命增长的最大功臣之一。

但是，从"正增长社会"的角度看，如此规模和激烈的人口爆炸，却意味着现代世界的"马尔萨斯陷阱"。

马尔萨斯在《人口学原理》中认为，农业技术改善的增长是线性增长，但人口增长却是指数增长。一旦农业技术进步，粮食产量稍有改善，就会很快被人口增长消耗掉。当人口增加到资源不够分配的时候，由争夺生存资源引发的战争和冲突就会周期性地夺走大批人的生命。即便没有战争，疾病、瘟疫和饥荒也会杀死成千上万的人，所以长期来看，人类一直会维持在悲惨的低生活水平。

有人反驳马尔萨斯的意见说，进入产业革命之后，技术突破的速度会超过人口增长速度，所以马尔萨斯是杞人忧天。的确，马尔萨斯写这本书的时候，他还没有看到蒸汽机的改良，没有看到产业革命即将释放的巨大潜力。然而，当时很多批判他的人也没有看到后来化肥和绿色革命催生的巨大规模人口。

1968 年，意大利学者奥列里奥·佩奇（Aurelio Peccei）和苏格兰科学家亚历山大·金（Alexander King）共同发起成立了罗马俱乐部，研究探讨事关人类未来命运的重大问题。该俱乐部成立后发布了《增长的极限》这一报告，认为人类社会的经济增长不可能无限期地持续下去。该报告列举了五个重大变量：人口、粮食生产、工业化、污染和不可再生资源的消耗，并且用计算机模型模拟了地球与人类系统相互作用的结果。该报告认为，如果一切趋势没有发生变化，那么全球人均工业产值将在 2008 年达到峰值，随后下降；人均粮食消费量和服务水平则将在 2020 年达到峰值，随后下降。[19]

2020 年已经过去，站在这个时间节点上，我们回头看，这份报告当然是有些悲观了。但是具体分析，它的预测不准主要源自两个问题：一是人类社会确实为这份报告中的内容所震撼，做出了一定程度上的自我调整。二是这份报告中过分悲观地估计了可再生资源的消耗速度，未能预见到技术进步的速度。但是除了这两个问题，文中的许多模型推算依然非常准确，与后来的历史发展也相匹配。而且，现代版本的"马尔萨斯陷阱"，也以其他形式出现了。

20 世纪后半叶，一部分发展中国家摆脱殖民地地位，取得独立，初步开始了现代化和产业化进程，其人口也出现快速增长。其实，很多发展中国家的落后地区，到 20 世纪前半叶时，还大量处在零增长状态，以农耕经济为主。这种地方，只要社会秩序稍加稳定，粮食供给充足，初步的医疗和公共卫生条件具备之后，人口就会出现爆发式增长。但是，人口爆发之后，如果这个国家的产业发展水平跟不上，没有办法给新生人口提供足够多的工作岗位，就很有可能出现巨大的社会危机与政治动荡。

　　例如，在非洲，1950—1990 年的人口增长速度大约相当于西欧的 9 倍。但是，当地的医疗和教育设施有很多是在国际社会的援助下建立起来的，发展水平奇差。到 20 世纪末期，还有几乎一半非洲成年人是文盲，传染性和寄生性疾病的发病率很高，三分之二以上的艾滋病病毒感染者生活在非洲。

　　非洲的卢旺达过去是比利时殖民地，比利时殖民者采取"以夷制夷"的手腕，扶植当地图西族压迫胡图族。卢旺达独立后，当地人口激增，自然资源不足，种族矛盾激化。1994 年 4—7 月，以一次坠机事件为导火索，胡图族对图西族展开报复性屠杀，短短三个月的时间里就有 50 万—100 万人死于大屠杀。这场冲突后来引发了第二次刚果战争，造成大约 350 万—440 万平民的伤亡。

　　1981 年，埃及的人口为 3,500 万，到 2011 年则增长到 8,000 万。埃及经济属于依附性经济，高度依赖石油、运河、侨汇与旅游四大部门。2009 年欧洲债务危机爆发后，埃及普通人收入锐减，失业率激增。据估计，开罗年轻人的失业率达到了令人咋舌的 40%。如此高的失业率将年轻人群变成了一个一点就着的火药桶。2011 年，突尼斯爆发"茉莉花革命"后，抗议风暴迅速传播到埃及，令执政 30 年的强人穆巴拉克狼狈下台。埃及人民短时间内体验到了民主的滋味，但是民主政治没有给出解决"马尔萨斯陷阱"的良方，几经反复，埃及如今又回到强人政治的路线，不禁令人唏嘘。

　　人口压力在发展中国家以政治动荡和革命表现出来，在发达国家则换成另外一种表现形式。随着自动化技术的快速发展，新产生的工作岗位对学历和技术的要求门槛越来越高，劳动者的教育压力也越来越大。正常而言，一个现代社会的成年人接受完本科教育的年龄是 22 岁上下，继续研读硕士，则要到 24—25 岁毕业，研读博士则要 30 岁左右才能毕业。这大大延长了婚育年龄。而且，由于劳动力市场竞争过分激烈，女性开始拒绝扮演传统家庭结构中"相夫教子"的角色，走出家门接受教育，参与到工作竞争中去。

这些因素最终导致的结果，就是发达社会生育率的迅速下降。正常来说，要保证人口总数不变，社会的总和生育率（Total Fertility Rate，TFR），也就是每个育龄妇女平均生育孩子的个数，要达到 2.1 以上。发达国家的总和生育率呈现逐年下降的趋势：西欧的总和生育率从 1970—1975 年的 1.96 下降到 2018 年的 1.5 左右，日本的总和生育率仅为 1.4，远远低于世代更替水平。

很多人以为，生育率降低，会迎来人口的减少，那么每个人的机会会变多，但实际并非如此。因为还要考虑两个问题：一是社会人口的年龄结构，二是社会资产的增长方式。

从年龄角度来说，生育率下降意味着一个经济体失去劳动能力的老年人越来越多，富有劳动能力的年轻人越来越少，更不用说由此带来的创新减少、活力下降、意识形态趋于保守等问题。当下，欧洲社会由于人口萎缩、增长乏力，央行已经被迫采取负利率政策来刺激投资，这是人类金融史上几乎从未发生过的事情。前文讲过，正增长社会的典型表现之一就是人均 GDP 增长为正，因而投资未来更有价值。当下的负利率政策，表明社会普遍认为投资未来没有价值，政府不得不强制出手，让你不投资就更没有价值。

从资产增长方式来说，人类社会古往今来的一大惯例就是资产增值速度超过劳动力增值速度，也就是劳动生钱的速度永远赶不上钱生钱的速度。老年人整体上比年轻人更容易积攒下资产类财富。过去 20 年，中国人应当是对这个问题最有感触的一个民族，因为中国的资产价格增长几乎都反映在了房价的增长上。中国人把这个现象形象地称为"上车"，也就是，你不需要考个好学校，找个好工作，你只要闭着眼睛买房子，"房价"这台车会把你带到"人上人"的位置。与此相对的，是年轻人的生活压力越来越大。

如果这样的趋势继续发展下去，每一代新生人口逐渐减少，社会的创新能力不足而资产贫富分化严重，"正增长社会"完全有可能退回到"零增长社会"。尽管这个退回并不意味着我们从物质上回到中世纪，但是，如果我们的世界观回到守旧、顽固、不相信变化的时代，我们的精神萎缩到现代社会之前，谁敢担保我们享有的物质条件又会一直延续下去，谁又敢担保马尔萨斯预言过的重大灾难和危机不会以新的形式重演呢？

金融霸权

导致现代社会"正增长逻辑"萎缩的第五大要素，是一个在人类历史的许多时间里曾经扮演过积极角色的要素：金融资本。

金融资本的发达，在古代历史上是正增长社会发达的表现。一个社会，只有它的整体经济形势向好，金融业务才会有发展。这个社会里并不是每个人都可以成为天才发明家或者天才企业家，但是天才发明家和天才企业家却有可能来自每个角落。一个投资者也未必每次都能慧眼识英才，但是如果整体经济形势向好，他的投资会更有信心，社会也才更有可能进步。

但是，这种情形，针对的是金融资本的规模并没有大到可以垄断的地步。此时，金融投资机构之间也必须展开竞争，投资人要锻炼自己发现项目、判断人性、洞察趋势的能力，才能投中好项目。然而一旦金融资本大到可以垄断的地步，它投资谁不投资谁更像是一种随机赌博游戏，投资者本身不需要提升什么素质的时候，金融资本对社会的积极推动作用就逐渐消失了。

15 世纪左右，意大利商贸城市热那亚就出现了这种情况。当时热那亚金融资本家通过设立圣乔治商行，变成了自己共和国的债主，利用政治权力渗透到工商业之中，从而大发其财，这才憋得一群有为商人和航海家远走伊比利亚半岛，最终开启了大航海时代。但是，热那亚毕竟还是个小城邦，中世纪的金融资本容易增长到垄断城邦的规模，却很难增长到垄断国家的规模。因此，到英格兰金融革命之前，金融资本垄断的危险整体上没有那么大。

英格兰金融革命的主要改变，从思想上来说，是"正增长"世界观的确立，也就是"知识炼金术"。从制度上来说，则是政府通过学习私人银行家的经验，开始用符合金融规律的宏观政策来调整政府的赤字、负债率、货币和财政政策，是暴力组织学习商贸秩序。整体上，这个趋势依然是健康的。

到了 19 世纪末，在德国、日本等新兴国家，由于产业发展和军国主义路线的需要，政府、产业寡头与垄断性金融资本绑定在一起，形成了列宁所谓的"资本主义的最高级形式——帝国主义"，并挑起了席卷整个欧洲和世界的霸权战争。第二次世界大战之后，通过制定一系列的金融规则及国际机构，这个问题整体得到了解决。

但是，从 20 世纪 80 年代起，这套机制开始出现新的问题。1972 年，第四次中东战争爆发。因为美国等国家对以色列的支援，阿拉伯国家奇袭以色列失败，结果他们把怨气撒在了欧美国家身上，石油输出国组织（OPEC）于 1973 年宣布对美国等国家实施石油减产和禁运，石油价格从 3 美元／桶上涨到 12 美元／桶，引发严重经济危机，战后经济繁荣自此终结。

尽管发起石油禁运的阿拉伯国家自己也没有讨到好，但是这种"伤敌八百，自损一千"的贸易战给当时的主要工业国带来了极大麻烦。美元进一步贬值，"二战"后确立的布雷顿森林体系正式瓦解，世界经济体出现滞涨。问题怎么解决？一小撮美国人给出了答案。

1981 年 8 月，当时刚刚担任通用电气 CEO 的杰克·韦尔奇在纽约皮埃尔酒店发表了题为"在缓慢增长的经济中追求快速增长"

(*Growing Fast in a Slow-Growth Economy*) 的演说。在这篇演说里，韦尔奇宣称，当前公司的主流管理思想要改变，公司经理人的最大价值，就是为股东带来最大回报。后来，经济史学家把这篇演说看作"股东革命"（shareholder's revolution）的先声。

什么是"股东革命"？人们大都知道公司的英文是 corporation，那 coporatism 这个词该怎么翻译？是不是"公司主义"？当然不是，正确的翻译应该是"法团主义"。这是一种诞生于 16 世纪左右的政治学理论，它认为，一个社会里的每一个组织都应该是由契约形成的机构组成的，这种机构叫"法团"，也就是 corporation。小到公司，大到国家，每一个这样的机构都是一个 corporation。只是后来大家习惯于认为，非政治性的 corporation 都是围绕经济利益组织起来的，所以 corporation 变成了"公司"的代名词。

公司就是一个大家庭，或是一个小国家，只不过它的目的很单纯——赚钱。这是当时人的一种朴素观念：既然这个地方是我的家，甭管是小家还是国家，那么老板和员工之间的关系就有点像父子之间的关系，或者国王与国民之间的关系。儿子固然得听父亲的，但是父亲也得为儿子考虑。中世纪的行会、学徒制和近代以来那些没有被产业革命冲击得特别厉害的公司，其实都是这么运作的。

打个比方吧，假设有个公司是做电灯的，一个部门负责做灯泡，一个部门负责做灯丝，一个部门负责做开关。如果做开关的这个部门的工作效率比较低，就会拖累整个公司的生产效率。老板当然会对此不满意。那么，他会怎么做呢？他可能会把做开关的部门负责人骂一顿，或者换个负责人，或者制定一个比较严苛的奖惩制度，但是他不会考虑说，把这个部门关掉。这里面既有生产上的考虑，也有一种类似于"熊孩子也是自己孩子"的感情。甚至，如果需要员工加班，老板还可能会过意不去，找人弄个活动室，放几张乒乓球桌，让大家放松一下，锻炼身体，劳逸结合。

　　这就是传统的公司治理结构。那么，"股东革命"呢？

　　股东革命就是突然有人站出来说，老板你这样做不对，你作为一个管理人应该对股东负责，你的全部任务就是把公司的股票价值做上去。所以，你该把做开关的部门撤掉，外包给印度人。美国人一天 50 美元工资，印度人一天 1 美元工资，加上运输价格足够低，你再怎么制定奖惩制度，都不可能跟印度的成本比。按照"增加股值"的要求，这个公司得砍掉所有性价比不高的部门，全部外包。老板还得撤掉乒乓球桌，强制要求员工加班。就算员工变成机器人，只要有利于股票增值，这个方向就是对的。

　　这就是"股东革命"的含义。你可能会觉得，这是一个很不人性的改革方向。的确如此。但是，在 20 世纪 70 年代的滞涨和经济危机条件下，当时很多公司不得不这么做。

　　首先，经济效益不好，很多公司必须向金融机构融资，因此引入了大量的机构投资者持有公司股票。这些机构投资者对公司的部门和员工自然不可能有类似父子的感情，他们要求的是股票价格提升，这才是他们的 KPI。

　　其次，20 世纪 60 年代以来，美国发明了大量的金融工具，比如兼并、杠杆收购、债务积累和股票回购。这些工具为当时的经理人提供了搞类似操作的便利条件，而只要一家公司搞成功了，让自己的公司股票价值上涨了，其他公司的持股人就会要求本公司也这么做。

　　这两个因素，就是美国社会"金融霸权"的直观体现。当然，除了金融霸权，还有一些其他方面的客观原因。比如，20 世纪 80 年代以来，航运技术的发展，供应链管理技术的成熟，也允许越来越多的发达国家把廉价的生产部门外包给发展中国家，以此来更好地控制成本。

　　美国的"股东革命"开展得最早、最充分，这是美国金融产业发展最为成熟的结果。相应地，德国和日本这样以制造业为主的国家,在某种程度上还保持了之前的公司治理模式。德国有所谓的"德式资本主义",也就是更重视技术岗位的价值,更重视老员工,更重视公司利润分红;日本在 20 世纪 80 年代之前则广泛采取"终身雇佣制",真正把员工的长期人生安排当作公司的利益考量。尽管这个制度后来有所松动,但整体上,日本企业的人员流动程度还是比美国低得多。

美国人这样做,当然短期利好公司业绩与股票价格,重新把市场推向繁荣。但是,它也引发了两个长期后果。

其一,是增长红利被严重地提前透支了。现代公司的估值中,"现金流折现模型"(DCF)是最常见的。它的公式是这样的:$P0 = (E0CF_1)/(1 + r) + (E0CF_2)/(1 + r)2 + ...f (E0CF_n) (1+r)_n$。其中,P0 代表某一企业、资产或工程的现值(当前价值),$E0CF_n$ 代表当前预测的未来第 n 期产生的自由现金流,r 代表自由现金流的折现率,即资本成本。如果你觉得这个数学公式看起来很头疼,那就听这个极简版本的解释就好了:简单说,该如何判断一个企业现在值多少钱呢?要看它未来能赚多少钱,以及扣除利息,这些未来的钱能够抵现在的多少钱。

这个等式其实是判断一家公司股价的最根本方法。如果你认为这家公司未来至少能存在 100 年,每年的销售额都能按照某个值持续增长,你就可以按你的办法算一算它的股价应该值多少钱,然后再对比一下现在的股价,如果远远高于实际价格,按照你的估值办法,你就该买进这家公司的股票。

当然,这个市场上永远存在只看名字,或者只凭兴趣爱好就买入股票的自由散户,也永远存在为了操纵估值而制造的内幕。但是,如果公司知名度足够高,股票交易规模足够大,那就基本可以反映市场上绝大多数人对这个公司未来的信心。问题是,这种信心在表现为股价的同时,也透支了它未来的增长潜力。

假设你的估值模型是按照它能存活 100 年计算的，那么你的估值等于同时透支了它未来 100 年的增长潜力。在我写作本文的时候，埃隆·马斯克刚刚因为特斯拉股票的狂涨而成为全球首富。在欧洲最大数字出版社 Axel Springer 的 CEO 马西亚斯·丢普夫纳（Mathias Döpfner）对他的访谈中，他认为，要支撑起特斯拉现在的估值，特斯拉就该在 10 年后达到每年 2,000 万台的销售量。[20] 2019 年，特斯拉全年的销售量是 36 万台。正增长社会的确还在持续，可是它的红利已经提前被股票市场透支了。

其二，是发达国家的劳动者状况恶化了。杰克·韦尔奇倡议"股东革命"后，一门新的学问应运而生——供应链管理。"供应链管理"这个词最早是博思艾伦咨询公司的顾问基思·奥利弗（Keith Oliver）在 1982 年提出来的，它指的其实是通过降低库存、改善从原材料到销售之间的物流效率、提升周转率的方式，来增加公司的利润。

简单说来，这是一门把生产过程不断拆分，然后看看哪些产品或者环节能够外包出去，从而降低公司成本的学问。到 1990 年，这门学问已经开始深受发达国家公司重视。非常凑巧的是，这门学问的出现，又恰好与 20 世纪末人类社会最重要的事件同步，那就是中国的改革开放。

1979 年 1 月 29 日，邓小平访问美国。1979 年 7 月，中共中央、国务院同意在深圳、珠海、汕头和厦门试办"出口特区"，并于 1980 年 5 月将这四个"出口特区"改称为"经济特区"。中国有大规模人口，有发达的劳动力成本优势，这与 20 世纪 80 年代美国公司在"股东革命"的驱使下寻求用供应链管理的办法提升利润的诉求不谋而合。从 1990 年到 2015 年，美国在华直接投资存量从几乎可以忽略不计，上升到 750 亿美元，累计金额超过 2,200 亿美元。这个数字还没有把大量通过国际贸易和间接投资的产业转移计算在内。

　　美国在华投资是一个风向标，既然全世界最强大的资本主义国家都能对全世界规模最庞大的社会主义国家进行投资，那么其他国家又有什么理由拒绝呢？改革开放以来，欧洲、日本和东南亚国家在中国开设了大量企业，这可能是人类历史上最大规模的产业转移与产业增长。与此同时，发达国家过去从事这些中低技术部门的工人状况却在下降。

　　产业转移和自动化，是 20 世纪 70 年代以后造成发达国家失业率上升的两大最主要原因。1980 年，美国有近 2,000 万个制造业岗位，而到了 2007—2009 年的大衰退之后，这个数字降到了 1,200 万。之后，失意的美国人把反对全球化、主张美国利益至上的民粹主义者唐纳德·特朗普送上了总统宝座，特朗普反过来把责任推给中国，然而事实却是，这场史无前例的超大规模转移，始作俑者和赚得最盆满钵满的人，首先是美国的华尔街。

　　所以根本问题，其实是美国自身的金融霸权。德国和日本在当年的"股东革命"中慢了一拍，对此，当时有许多经济学家多少有些恨铁不成钢，但回过头看，塞翁失马，焉知非福。

旧解释框架的失效

　　2008 年美国次贷危机、2009 年欧洲债务危机以来，西方主流知识界和媒体就在反复发出一个灵魂之问：民主制度怎么了？

　　尤其是在与中国这个他们眼中的"差生"相比时，他们发现所谓的民主政体在许多方面的表现落后于这个"差生"。从 2010 年以来中东国家民主革命后的变化，到 21 世纪第二个十年中国高科技企业在移动互联网和 5G 等领域的创新表现，再到 2020 年防治新冠疫情方面的成就，每一次重大事件过后，都会有西方人重复这个灵魂之问，然后再自我安慰道，（西方式的）民主还没有完全失败。

民主也许没有完全失败，但是为什么民主总是失败？这个问题必须得到一个正本清源式的回答。

本书的前四章在"正本清源"上完成了一半的工作，另一半工作要延续到本系列的第三本书，也就是《产业与文明：事关人类物种命运的博弈》中才能完成。这项工作的关键在于说明，"政治发展史就是民主进步史"这个历史叙事是有问题的，更接近事情真相的是，政治发展史就是国家暴力组织向正增长逻辑和商贸秩序妥协的历史。

人类历史上那些成功的军事共和国与商贸共和国都没有采用民主制，甚至也没有允许过民主要素在政体结构中占据主导地位。比如，威尼斯共和国的议会机构只允许商人以行会为单位参与投票选举，并没有允许过民众参与城邦治理；汉萨同盟要求自己的城市会员采取议会制形式，让大商人获得管理城市的政治权力，但这并不是民主制；如果考察 18 世纪以来的英国政体，我们会发现，从光荣革命到 1832 年议会改革法案之前，英格兰和爱尔兰大概只有 5%的人口拥有选举权，其实，认真说起来，比之现代英国，18—19 世纪的英国政体更接近于一个公司。

我之所以敢这样说，是因为 19 世纪英国有选举权的人口和属于中产阶级、能够投资国债的人口的数字相差不多[21]，这不免使我产生了一种联想：如果有选举权的群体和投资英国国债的群体之间高度重合，英国中产阶级的地位岂不相当于上市公司的小股东？他们投资国债不就等于购买"大不列颠王国"这个公司的股票？选举议员不就等于选举这个公司的董事会成员？议会不就等于这个公司的董事会议？大选不就等于这个公司的股东大会？

区别只在于，普通公司以售卖产品或服务为业，大不列颠王国却以军事征服和殖民掠夺为业。这也是一个典型的"公司国家"。

我自己很清楚，我没有办法以符合学术标准的方式来证明"大英帝国是一个公司国家"，不但当时的英国政治家没有这样理解，而且国家和公司的治理结构也的确有极大区别。但我想说的是，有时候人类社会的结构理解起来没有那么复杂，相反，简单的解释有可能比繁复的学术模型更接近真相。

按照今天的政治正确标准来看，19世纪以前的英国肯定是既不自由也不民主的，有投票权的人很少，仅限于成年男性，许多政治活动也得不到许可。但是，在当时的英国，许多"基础性利商制度"，比如合理的金融体制、符合经济规律的货币政策、适用商人法的仲裁法庭以及带有当时时代色彩、符合当时时代要求的很多公司管理制度和金融制度已经充分建立了起来。而且，能够令商人集团对国家产生信任的一些基本制度，例如法治观念、议会至上原则、个人人身安全与财产不受非法侵犯原则、言论自由与信仰自由原则也已经建立起来。

简而言之，它虽不民主，却足够亲近商贸秩序。对于英国的崛起来说，这一点或许可能更实质、更关键，其重要性可能超过以普选制为代表的现代民主制度。

其实，普选制民主与其说是在捍卫正增长逻辑的过程中建立起来的，倒不如说是在解决产业革命带来的危机过程中建立起来的。

1832年，英国自由派推动下议院改革，扩张了郡议员人数，增加了工商企业的代表人数，并且放宽了选民的财产资格限制。同年，英国工人宪章运动爆发。

1867年，英国下议院进一步开放选民资格，降低财产限制，把选民总数扩大了一倍。

1884年，英国下议院对所有年付10镑以上租金的租户和所有拥有自资物业者开放投票权，选民总数再度增加40%，75%的21岁以上男子皆得到了选举权。

以上选举权的扩张，主要是英国历次工人运动与议会自由派斗争的结果。

1914—1917 年，第一次世界大战爆发，所有参战国都付出了大量人力和物力代价，底层民众的不满情绪激烈爆发，要求进一步扩大政治权利。

1918 年，英国议会彻底取消下议院选举权的财产限制，并首度允许 30 岁以上的成年女性参选。但是，有大约 7% 的选民依然拥有复数选票。

1948 年，英国取消了男女参选年龄不等造成的性别歧视，并且取消了复数选票制度。

也就是说，被公认为自由民主政体最重要标准的普选制，在英国是 1948 年才建立起来的；其他欧美国家有在时间上早于英国的，但基本没有早于 20 世纪。澳大利亚是到 1962 年授予包括原住民在内的所有人普选权的；加拿大是 1960 年；德国倒是在 1919 年的魏玛共和国授予了普选权，但在纳粹统治下取消掉了；法国是 1944年授予了普选权，1965 年首次举行总统直选；美国则是到 1965 年《民权法案》，才正式授予包括有色人种在内的所有人普选权。

也就是说，对当今世界而言，普选制民主是个生命历程不到一百年的新生产物。

从道德上讲，如果承认每个人在尊严和政治权利上是平等的，那么应当承认一人一票才是政治正确的。但是从道理上讲，实在很难反驳两千多年前柏拉图在《理想国》里的反诘：政治到底是不是一项需要专业知识和专业技能的事业？如果是的话，为什么你不会按照一人一票的原则选择医生、建筑师或者船长，但是却要按一人一票的原则来选择政治家？

古代民主的发源地雅典曾经诞生过一种制度，这种制度叫"陶片放逐法"。雅典政治家为了防止城邦被强有力的寡头和僭主篡权，会在必要时刻举行公投，要求所有人把他们最讨厌人的名字写在陶片上，一旦公投人数超过 6,000 人，那么得票最多者将被驱逐出境。

你可以想象，这种制度中被流放出去的，往往是那些名气很大的公众人物。如果现在实施这个制度，肯定没有人会投票流放我，因为没什么人知道我的名字，更可能赢得提名的是埃隆·马斯克这个级别的大佬。

公元前 483 年，以品行正直、廉洁奉公著称的雅典政治家阿里斯提德（Aristeides）遭到陶片放逐法的流放。据说，在投票时，曾有一个不认识阿里斯提德的人拜托他帮自己投票，阿里斯提德接过陶片，问他要写谁的名字，这个人回答说，他要流放阿里斯提德。阿里斯提德问他为什么要流放这个人，此人回答说，我只是天天听别人说他很公正，我听烦了。

阿里斯提德什么话也没说，接过陶片写下了自己的名字，随后消息公布，他被流放出城。[22]

并不是大众的利益就一定是公利，有时候，大众的利益也可能是一种私利，而有时候民主投票恰恰反映的就是这种私利。

即便在当今社会，美国的部分有识之士也已表达过类似的担忧。冷战之初，曾有一位思想家凯南，早在 1946 年就撰写出"长电报"，为美国确立了应对苏联的"遏制战略"。该战略后来主导了美国政治界，成为美国在冷战中应对苏联威胁的主导战略。但是在冷战行将结束之时，已经 80 多岁的凯南却表达了对美国立宪体制的担忧。1987 年，他开始写作一本书，此书后来于 1993 年出版，题为《崎岖山路：个人的和政治的哲学》（*Around the Cragged Hill: A Personal and Political Philosophy*）。在这本书中，他描述了美国社会面临的五个具体问题，并且认为这五个问题没有一个是当下的美国立宪体制能够解决的。他推荐的解决之道，是通过国会法案，建立一种国家咨询委员会，其成员是由总统从一个由杰出公民组成的全国专家组中挑选的。他认为，只有建立这样一个不在常规政治体系之内、不受选票与政党纠纷影响，而且政府对其建议给予足够尊重的机制，才能对这五大问题给出成功的解决之道。

凯南做出这样的思考，也许跟他依赖丰富的人文知识与历史素养捕捉到了历史的根本逻辑有关。如果说在产业革命之前，人类社会建设先进制度的经验是足够便利商人，足够亲近商贸秩序，那么，在产业革命之后，人类社会建设先进制度的经验是不是就该变成足够便利技术，足够亲近产业秩序？

民主政治也许并不是根本答案；美国20世纪最伟大的头脑之一给出的，以专家政治来巩固产业秩序的成果，弥补民主政治的缺憾的思路也许是有道理的。

当下西方知识界和舆论总是下意识地把西方式"普选民主"当作历史的成功经验，并认为这是应当指引所有国家进行改革的标杆和模范。但是，这种解释框架的效力恐怕是值得怀疑的，因为如果用正增长社会的"长历史"眼光来看，它更像是20世纪以来西方国家应对挫折和失败的产物。

这当然不是说民主没有价值，只是说或许应该对其价值范围给予更谨慎的评估与限定。就像我们会肯定一个赛跑运动员跌倒之后迅速爬起来继续参加比赛的表现，但我们并不能据此认为爬起来本身是跑得更快的诀窍。

总结：产业时代的全新课题

这一章，突如其来地展开了大量对产业革命和产业社会的描述。乍一看，这些内容好像跟之前章节一直强调的商贸秩序有所脱节。但这是没有办法的事，因为历史的真实逻辑就是如此。既然产业革命和技术进步代替了商贸秩序，成为人类文明正增长社会的最强大驱动力，我们当然要围绕这个全新事物来继续讨论我们的主题。

当然，这不代表商贸秩序就全然失去了意义。把产业革命带到人类社会的原动力，依然是由商贸秩序提供的；不仅如此，把产业革命的成果转化为满足人类需求的商品，也必须依赖商贸秩序。产业革命展开的历史，也是人类商贸活动空前发达和繁荣的历史。

也就是说，人类社会经过漫长斗争总结出的维护商贸秩序和正增长社会的经验，依然是文明赖以进步的至为重要之财富，当然不可以轻易抛弃。

我们已经把它总结罗列如下（较之前有所简化）：

1. 在古代生产力条件下，零增长社会规模远大于正增长社会，但是代表正增长社会秩序的商贸城邦有可能凭借财富的积累来获得与自己体量并不相称的权力。

2. 共和政体对正增长社会更为友好。

3. 正增长社会的主要驱动力是商贸秩序。

4. 暴力秩序对商贸秩序做出承诺的低级形式是允许自治，高级形式则是采取共和政体。

5. 古典时代商人集团与暴力集团之间的相互信任问题始终未能得到解决，这是古代商业共和国最终败给军事共和国的根本原因。

6. 古典时代，普遍施行奴隶制，奴隶制在正增长社会可能会催化产生工厂式生产，但在零增长社会则表现为农奴制。

7. 古罗马共和国的正增长社会终结于无法持续通过对外战争获得奴隶。

8. 在特定的城市规模与地缘政治条件下，商贸城市可以凭借自己的海军力量赢得地缘政治方面的优势，从而暂时性地解决暴力精英与商贸精英之间的互信关系问题。

9. 同样，在城市经济的规模下，商贸城市可以通过国家提供普遍性福利的手段，收买底层民众自发产生的民主诉求，维护贵族精英的政治地位。

10. 如果一个商贸城市的暴力能力不足以自己建立基础性利商制度，那么它可能采取"赎买"权利的方式与当地领主合作，建立正增长社会。

11. 一个城市或国家的正增长社会需要跨国贸易的支持，因而也需要跨国界的"基础性利商制度"。汉萨同盟的成功经验是用去中心化的宪章规定传播了这一制度。

12. "基础性利商制度"比政体更直观地促进商贸利益，但"基础性利商制度"对政体也有一定要求。汉萨同盟对此采取的务实态度是，在同盟内部做高质量要求，而在同盟外部与王国进行谈判，"赎买"特权。

13. 现代世界的出现，是13—15世纪商贸秩序和国家力量同时得到扩张的产物。其中，火枪的广泛运用是最大的技术契机。因为这一契机，强化国家力量成为历史趋势，而在这个过程中，商人必须与国家达成同盟。

14. 西班牙和荷兰的教训是，在一个国家政治结构中，既不能过于偏向商人集团，也不能偏向暴力集团。

15. 英国的成功经验则是，一个好的，能够使商人和国家达成联盟的政体应该满足：（a）以宪法形式规定，商人集团能够限制王权，迫使王权能够遵守基本的商务诚信与财政纪律；（b）在前者的基础上，这个国家可以围绕"商业信用"，建立起以央行、证券交易所和长期国债机制为特征的现代商贸秩序，从而在国际对抗中取得优势。

16. 商人和国家的成功联盟往往是由战争催生出来的，但这并不代表战争就一定是必要条件。历史案例说明，如果发生这样的战争，那么海权国家相对陆权国家会取得一定优势。

　　17. 现代社会建立的根本标志，是"正增长逻辑"世界观的建立。人们开始相信财富可以无限积累，社会可以不断进步，文明不断前进的根本动力是人的创造力。

　　这一清单看起来非常复杂，如果对它的内容加以最简洁的概括和最实质的精炼，其实就是一句话：用保证权力制衡的制度，取得商贸集团的信任，建立围绕"信用"运转的社会，推动"知识炼金术"的无限增长。

　　这也是产业革命和技术进步得以持续的前提。但是，如我们所见的，产业革命与技术进步也带来了破坏信用社会与正增长秩序的可能性。

　　本章列举了产业革命与技术进步促进正增长的一大逻辑，也列举了产业革命与技术进步阻碍正增长的五大方面。我们要注意的是，正反两方面的力量对比不是一个单纯的数字衡量，即便有这五大负面因素的影响，正增长社会仍在继续，科技仍在取得突破，人类创造的物质财富总量仍在增加。这是因为，正增长背后的根本逻辑，是人类创造力的解放。与一切消极因素相比，人能够积极地发现问题，自由地思索解决问题的方式，这才是人类文明最根本的前进动力。

　　现在的问题是，如何在当下这个时代发挥这种创造力，如何在捍卫这张列表上已有成果的同时，能够应对产业革命和技术进步带来的新挑战：如何应对产业革命造成的巨大阶级不平等，如何应对产业革命之后大国博弈形态的极端化，如何应对自动化技术带来的正增长动力萎缩，如何应对产业时代的生育率下降与人口危机，如何应对金融霸权提前透支增长红利及其引发的社会撕裂。

　　这注定不是本书能够完成的任务。我会继续在《产业与文明：事关人类物种命运的博弈》这本书中详细讨论产业革命如何改变人

类文明史的进程。在这里，我只能说，这是当下全世界面临的全新
处境。它不是只针对某一个或者某几个国家的，而是值得所有国家
所有人共同思考的重大课题。这也是超出作者能力范围的命题，尽
管最后的结语部分会对目前的一些问题进行讨论，但这本书并没有
能力确保作者的讨论和暗示的方向一定就是正确解。

　　我在这里更想说的是，经过漫长的奋斗，人类在 18 世纪发现
了可以长期捍卫商贸秩序与正增长社会的经验与诀窍后，有些人也
许认为我们已经找到了答案，可以打开庆功的香槟酒为之胜利欢呼。
那些率先登上高峰的国家，以一种胜利者的姿态等待后来的国家沿
自己的道路登上山来，争夺十名以外的位置。但是，产业革命的出
现不啻在所有人的面前摆了一座更高的山峰。原来之前攀登的高度，
只是一座半山腰的平台，而且更要命的是，这座新山峰还自带了新
的路径，以至于后来的攀登者有可能走捷径，反超之前的胜利者。
当然，也不能忽视胜利者攀登路上的辛勤汗水与小心谨慎，否则，
超越者很可能因一时大意，跌入此前未曾发现的深渊。

　　成功者与挑战者，谁都不是安全的。这就是历史的魅力所在。

注　释

1　希罗的详细事迹与发明，可参见拙著《技术与文明》，第 40—43 页。

2　罗伯特·艾伦：《近代英国工业革命揭秘》，毛立坤译，浙江大学出版社，2012，第 50—51 页。

3　详见拙著《技术与文明》，第 201—203 页

4　详见拙著《技术与文明》，第 195—201 页。

5　详见拙著《技术与文明》，第 218—226、247—256 页。

6　详见拙著《技术与文明》，第十一章，"粮食与人口"。

7　Robert E Lucas, Jr, *Lectures on Economic Growth*, Harvard University Press, 2002, pp. 109-110.

8　Komlos , John and Küchenhoff, Helmut. "The Diminution Of The Physical Stature Of The English Male Population In The Eighteenth Century." *Journal of Historical Economics and Econometric History*, 2012, vol. 6, issue 1,45-62.

9　布哈林、叶·普列奥布拉任斯基：《共产主义 ABC》，中共中央马克思恩格斯列宁斯大林著作编译局国际共运史研究所译，东方出版社，1988。

10　据世界银行数据，排除 2008 年金融危机造成的影响，2007—2020 年间全球人均 GDP 增长率在 2% 上下波动。根据麦肯锡关于"600 都市"的报告，2007—2025 年间全球 600 个最大都市的人均 GDP 增长率预测为 2.7%。参见 https://www.mckinsey.com/~/ media/mckinsey/featured%20insights/Urbanization/Urban%20world/MGI_urban_world_ mapping_economic_power_of_cities_full_report.ashx。

11　参见 https://founders.archives.gov/documents/Hamilton/01-10-02-0001-0007。

12　参见弗里德里希·李斯特《政治经济学的国民体系》，陈万煦译，商务印书馆，1961。

13　详细请参见拙著《技术与文明》，第八章，"铁轨上的霸权"。

14　报告原文见 https://www.fhi.ox.ac.uk/reports/2008-1.pdf。

15　转引自齐格蒙特·鲍曼《工作、消费、新穷人》，仇子明等译，吉林出版集团股份有限公司，2010，第 65 页。

16　Daron Acemoglu & Pascual Restrepo, "Automation and New Tasks: How Technology Displaces and Reinstates Labor." *Journal of Economic Perspectives* Volume 33, Number 2 Spring 2019 pp. 3-30.

17　齐格蒙特·鲍曼：《工作、消费、新穷人》，第 86—87 页。

18　详细可参见拙著《技术与文明》，第十一章，"粮食与人口"。

19　参见丹尼斯·米都斯《增长的极限》，李宝恒译，吉林人民出版社，1997。

20　参见 https://www.businessinsider.com/elon-musk-interview-axel-springer-tesla-accelerate-advent-of-sustainable-energy。

21　参见托马斯·皮凯蒂《21 世纪资本论》，巴曙松译，中信出版社，2014。

22　参见普鲁塔克《希腊罗马名人传》，阿里斯提德传。

结语　如何在当下捍卫正增长秩序？

停滞的真相

本书第五章讲述的英格兰时代是一个分水岭，在那之前，人类社会的绝大多数地区是按照零增长逻辑运行的，正增长逻辑只能在共和国和商贸城邦中捍卫自己；在那之后，正增长逻辑借着产业革命的东风散播到世界各地，整个人类社会的主流运行逻辑为之焕然一新。

绝大部分有识之士都接受了这样的主张：知识创新可以引领人类沿着"炼金术"开启的路径，走上持续增长的历史进程。但是仔细想一想，这样的神话真的那么站得住脚吗？

前文解释过，产业革命之所以创造正增长，是因为技术进步能够创造新的生产链条，或者在原有生产链条上无限细分。

比如，原先我们只能制造马车，围绕马车的零部件（车轮、辔头、车厢）存在一个生产链，围绕这一切的工具又可以存在一个生产链，人们在这些链条上互相需求、互相消费。现在，我们可以制造汽车，汽车的零部件比马车多得多，而且有燃油机、变速箱、传动系统等一系列新的零部件和新的生产链，由此创造的工作岗位和需求自然多得多。这就是产业革命带来正增长的微观解释。

　　仔细琢磨一下，可以发现，这个增长肯定是有极限的。比如，有些领域的技术进步已经突破到人类无法参与其中的地步，只能依赖机器和自动化进行生产，进一步的增长所提供的岗位实际上只能属于机器人，而不属于人类。

　　芯片制造就是这样的情形。芯片制造所需的光刻机是"人类半导体工业皇冠上的明珠"，它是以光为刀片，在晶圆上刻画芯片图纸，以使晶圆保护膜在腐化剂中被腐蚀掉从而形成电路的关键工具。它的加工精度以纳米为单位，相当于一根头发丝直径的万分之一。上海微电子装备有限公司总经理贺荣明形容其加工难度时说："（光刻机的加工精度）相当于两架大飞机从起飞到降落，始终齐头并进。一架飞机上伸出一把刀，在另一架飞机的米粒上刻字，不可以出差错。"

　　像这样的高精度加工，早已不可能依靠人手来完成。如今最先进的光刻机加工过程完全是自动化的。在这个过程中，光刻机的技术进步只能制造出极为有限的工作岗位，而这改变了产业革命创造正增长的逻辑。

　　一些领域的技术进步也正在触及物理极限。例如，在集成电路领域，英特尔的创始人之一戈登·摩尔曾提出过所谓的"摩尔定律"，也就是集成电路上可容纳的晶体管数目每18—24个月就会增加一倍。但是，今天的晶体管体积已经足够小，而小到超越宏观世界经典力学体系，进入量子物理的层面时，就会出现量子隧穿效应。此时，集成电路会出现漏电现象，传统工艺也会失灵，人类需要重新寻找集成电路进步的方向。这种可能性，显然是18世纪的人类提出"知识炼金术"时不可能预知的。

　　即使说人类技术在很多领域仍未触碰这种极限，但是产业进步的难易程度和平均速度，也是不均衡的。当人类刚开始能够利用蒸汽动力的时候，这个世界上仿佛有着无尽的产业和物理空间可供改造。随着已经改造的部分越来越多，进一步的改造自然越发困难，技术进步带来的正增长效应自然逐渐下降。

你也许会问，这一切都只是猜想或理论可能，它到底有没有数据或趋势作为支撑呢？还真有。

经济学研究中有一个术语，叫"全要素生产率"，指的是除资本（包括土地）和劳动力以外所有影响产出的要素，比如知识、教育、技术培训、规模经济、组织管理等方面的改善。其实这个术语就代表了技术进步对生产力的促进作用，所以它又叫"技术进步率"。

有趣的是，美国经济史学家罗伯特·戈登在统计了美国自 1900 年到 2012 年间的全要素生产率增长速度后发现，从 20 世纪 70 年代以后来看，美国全要素生产率的增长速度出现了显著下滑 [1]。

自 1890 年以来到今天，美国经济受技术进步驱动的效果，并不是线性增长的。1920—1970 年间，这个效果最为明显，1970 年之后，

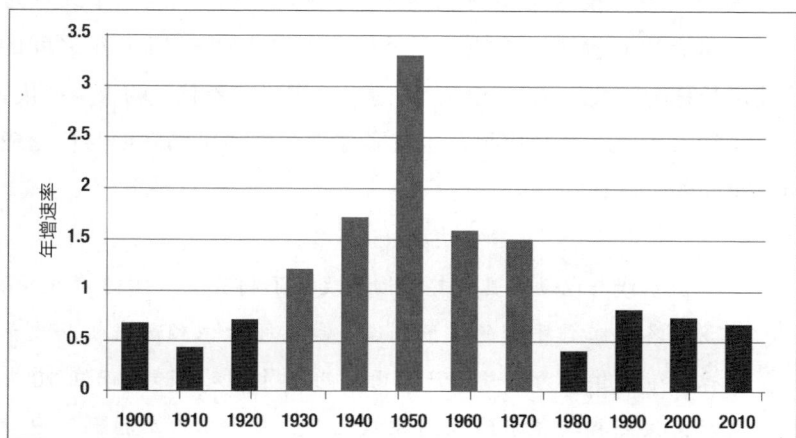

1900—2012 年美国每 10 年全要素生产率的变化状况

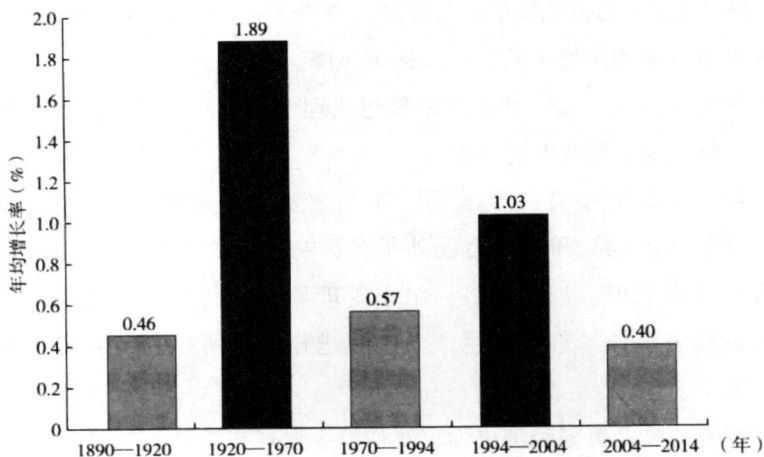

1890—2014 年美国全要素增长率的年均增长率

技术进步的驱动效应出现显著下降。即使到 1994—2004 年间，由于计算机技术进步带来的新一波增长效应，也仅仅维持了 8—10 年就再度衰落[2]。

换句话说，技术进步对正增长世界的贡献并不是一个线性过程，而是有快有慢。罗伯特·戈登把美国在 1920—1970 年之间的高速增长称为"大跨越"。他认为，造成美国"大跨越"的根本原因，其实是第二次工业革命成果，也就是电力和内燃机的发明与广泛应用在美国的扩展。

> 流水线与电动工具一起，彻底改变了制造业。1913 年之前，货物由各个工作平台的工匠制造，这些平台依赖蒸汽机和皮革或橡胶带提供动力。整个产品由一两个员工来制造。而在 10 年之后，按照福特流水线原则组织生产，每个工人都控制了电动机床及手持式电动工具……电力和流水线很可能不仅能解释全

要素生产率在 20 世纪 20 年代的激升，也可以解释在 30 年代至 40 年代的激升。[3]

当然，电力和内燃机，以及相关的一系列技术进步给美国经济带来的变化还有很多：家庭开始用电灯照明、购买家用电器、使用抽水马桶……城市开始大搞基建、修筑公路、铺设高压电网……如此巨大的需求当然会带来许许多多的工作岗位，并进一步促进经济发展活力。但是，罗伯特·戈登还提醒我们，这些变化实际上都是"只可能发生一次的变化"：公路铺完之后很难有大的调整，楼房修完之后的主要工作就是维护，电网等系统更是如此。本质上，这些都是从农村社会进入城市社会时发生的"一次性转变"，享受完就没了。[4]

你可能会问，技术革命不是一直在进行吗？下一次技术革命不会带来更新更伟大的变化吗？很遗憾，从数字上来看，第三次技术革命，也就是通信和计算机进步引领的信息革命，对经济增长的贡献还真比不上第二次技术革命。

我们每个人在生活中很容易感受到通信和信息技术带来的变化，因而很可能对经济史学家的上述结论感到惊诧和怀疑，然而仔细想一想，道理的确是这样。智能手机和计算机改变最大的，是我们接收信息的形式和效率。比如，过去的文件是用打字机打出来的，今天用电子邮件传递了；过去的商店是售货员结算现金打小票的，今天用信用卡或者扫码支付了；过去的机票预订是打电话给预订中心的，今天用在线订票了。但是，售货员结算的商品依然是传统工厂生产出来的，飞机也是传统制造业造出来的，对这些生产环节来说，计算机并没有像蒸汽机和电力一样创造天翻地覆的变化。

戈登举了一个生活中常见的例子来说明：

对于修脚的客户来说，10 年前你边修脚边读一本杂志，现在你用 Kindle 读电子书或者用智能手机上网，但是修脚还是修脚。

著名经济史学家罗伯特·索洛（Robert Solow）对此曾开过一个玩笑："哪里都能看到计算机，就是在生产率的统计数据中看不到。"戈登进一步通过很多数据来说明了这个问题：从 1972 年到 1994 年，美国制造能力的 5 年平均增长率只有 2%—3%，低于此前的数据，甚至到 2012 年开始出现负增长。[5] 德隆·阿西莫格鲁的研究也说明，相比其他行业来说，信息和通信技术密集型行业（也就是电脑设备支出占总资本设备支出比例相对较高的行业）并没有出现劳动生产率增长更快的趋势。

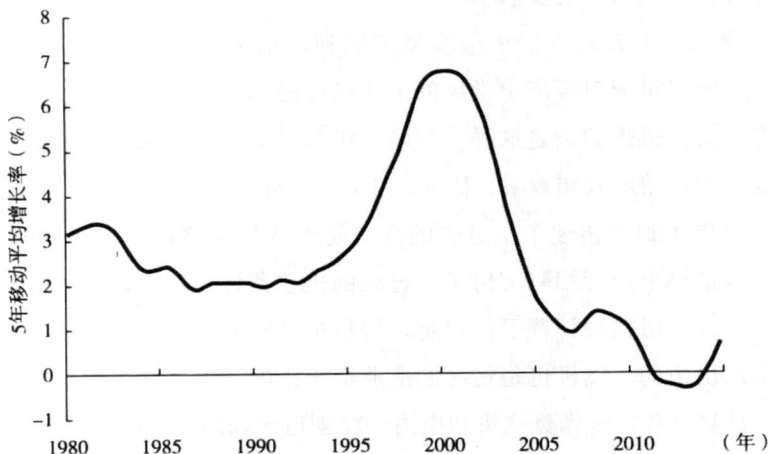

1980—2014 年按季度统计的制造能力 5 年移动平均增长率

总而言之，戈登认为，第三次技术革命——

　　虽然完全改变了美国人获取信息和进行交流的方式，但是不像第二次产业革命那样遍及整个人类生活，第二次产业革命创造的划时代变革涉及食品、服装、住宅及住宅设施、交通运输、信息、通信、娱乐、疾病的治疗和婴儿死亡率的下降，以及工作和居家环境的改善。1920—1970 年全要素生产率的快速增长因第二次工业革命的以下三个成就而达到高峰，它们在 40 年前甚至更多年前就实现了现在的形式，在那之后只有轻微的变化：依托州级公路系统的公路自由行，喷气式商用飞机旅行，以及空调的普及。

　　第三次工业革命影响的焦点主要在 1994—2004 年这 10 年间，其间全要素生产率的年均增速为 1.03%，虽然略高于 1920—1970 年增速的一半，但明显高于 1970—1994 年的 0.57% 和 2004—2014 年的 0.40%……本章汇集的两类证据表明，1994—2004 年的全要素生产率较快增长是暂时的，因而不太可能重演。[6]

　　当然，罗伯特·戈登的以上研究都是针对美国一个国家进行的，并没有讨论整个世界的趋势。但是，美国这一个国家的案例已经有足够强的代表性了，因为美国是第二次技术革命成果最快铺开的国家之一，也是第三次技术革命的发源地。如果在技术革命的发源地，通信和信息革命都只有这样的表现，我们又该怎么去期待它在其他地区会引领社会进步呢？

　　当然，你也许会说，通信与信息技术对生产力提升有限，但这不代表下一次技术革命不会有新的突破。的确如此。我们预测未来时很容易出错，因为如果某个未来是很容易预测的，那么那个未来也很可能不够伟大。但是，我们在预测未来时，却可以充分借鉴历史经验。

第一次和第二次产业革命为什么能带来更为翻天覆地的变化？那是因为这两次产业革命都是以能源革命为驱动的：第一次是蒸汽机所利用的煤炭能源，第二次是电力和化石燃料（石油）能源。人类利用能源的效率从根本上决定了人类做功的效率，也就是改造世界面貌的效率。既然如此，是不是可以说，如果下一次技术革命能够全方位地改变人类生活、居住和工作的形态，比如建设太空或地下城市、发起星际旅行、掌控整个行星的热循环等，那么它也必然是以能源革命为驱动的呢？

很遗憾的是，目前大部分新能源（包括太阳能、风能、氢能等）的能量密度并不高于石油燃料——唯有核聚变除外。核裂变和核聚变的能源密度有很大不同。核裂变目前只能靠提供热能进行发电，也就是用核能产生热量"烧水"，驱动蒸汽涡轮发动机发电。本质上，它跟燃烧煤炭发电的能源效率没有太大区别。但是，如果人类能够实现可控核聚变，能量密度和效率就会大大提升。

然而，从目前的科研进展来看，人类所能触发的可控核聚变要么发生时间极短，要么输入能量远大于输出，也就是说，并不存在商用化的可行性。更遗憾的是，人类目前认为可行的核聚变实现路径中都存在着现有技术水平远远无法逾越的障碍，我们也不清楚人类到底什么时候才能逾越这些障碍。

投资新兴国家的产业化

如果 20 世纪下半叶以来的技术革命，并没有如预想的那样强而有力地驱动经济增长，那么，是否还有其他办法来捍卫人类社会的正增长秩序？

办法当然是有的。技术代表时间突破，如果正增长秩序没有办法取得时间突破，它还有另一个选择，那就是空间突破，也就是常说的产业转移。

只不过，传统上我们理解产业转移，往往是站在产业内部，或者区域经济学的视角。从正增长秩序的角度来看，产业转移则有另外一种含义和韵味：它是将产业化成果由发达国家向发展中国家转移的过程，因而也就是正增长秩序扩散的过程。

从宏观角度来看，就整个人类的进步而言，这毫无疑问是有着巨大正面意义的。从微观角度来看，如果技术革命在发达国家带来的经济增长率会趋于下降，那么发达国家的资本自然而然就会转而投资于发展中国家，从发展中国家的城市化和产业化进程中取得高利润回报，这也是有巨大动机的。

第一次产业革命在英国率先完成后，以罗斯柴尔德为代表的英国金融资本家就是扩散产业技术成果的最积极推手之一。19世纪30年代，拿破仑战争给欧洲造成的伤口基本愈合，欧陆国家进入长和平时段，政府没有筹钱打仗的压力，发行的新债券越来越少。但是，即便不打仗，欧陆国家还是有理由筹钱投资一项新兴的关键技术，那就是铁路。

罗斯柴尔德家族正是盯上了这块蛋糕，才成为铁路投资的积极推动者。1835年，萨洛蒙·罗斯柴尔德说服奥地利首相梅特涅同意修建维也纳与博赫尼亚之间的铁路。同年，罗斯柴尔德银行参与到法国巴黎—圣日耳曼之间的铁路项目中。1838年，罗斯柴尔德家族作为合伙人参与了德意志南部的法兰克福铁路项目。

20世纪20年代，正在快速推进第二次技术革命成果的美国资本也参与了投资新兴产业化国家的历程。有一批美国人选定的投资标的比较特殊：苏联。1929年，福特公司与苏联签下价值约1,300万美元的合同，对苏联高尔基汽车工厂进行建设援助与技术转移——这个过程中，美国汽车产业链的上下游都被带到了苏联。高尔基汽车工厂后来转为军用工厂，生产了著名的"喀秋莎"火箭炮。

1932 年，美国杜邦公司与苏联达成价值 2,700 万美元的协议，杜邦将为苏联建设一座年产量 35 万吨的硝酸工厂，并为苏联培养技术专员。作为对比，1957 年美国最大的硝酸工厂年产量也不过43 万吨。

1941 年起，因为"二战"的爆发，在《租借法案》的推动下，美国对苏联进行了包括石油、铝、橡胶、钢材等战略物资，以及军火、机械运输设备等制成品的大量援助。以卡车为例，美国在"二战"中援助了苏联 50 万台卡车，而苏联在整个"二战"中自行生产的卡车只有 20 万台。

很难说美国投资苏联的生意到最后是赚了还是亏了，可以确定的是，在发达国家自身面临经济滞胀困境时，对外投资新兴国家的产业化，是一项迫不得已且必须为之的举动，其重要性恐怕远超意识形态争端。

"二战"以后，日本对东南亚地区的投资，重演了发达国家资本在新兴国家寻找高额回报的历程。这个模式经过日本学者赤松要的总结，以"雁行模式"为世人著知。"雁行模式"说的是当日本某一产业发展成熟后，生产要素随之变化，从而这些产品在日本的竞争力转弱，相关产业就会转移到制度较为开放、有条件承接产业转移的亚洲其他国家（以亚洲四小龙为主）。而当亚洲四小龙的相关产业也发展成熟后，这些产业又会转移到中国大陆和东盟各国（包括印尼、马来西亚、菲律宾和泰国）。

改革开放之初，许多日本企业对中国企业改善经营模式、适应市场经济做出了巨大贡献。日本著名的小松制作所派出专家，免费指导北京内燃厂实行品质管理模式，令产品品质与产量大幅提高。多年以后，北京内燃厂厂长依然对小松制作所的日方专家怀有深厚情感。另外一家钢铁公司新日铁，则在稻山会长的带领下，参与了

宝山钢铁厂的建设。1981 年当项目遇到融资困难时，稻山会长还从
日本民间金融机构融资了 3,000 亿日元支持宝山项目。[7]日本企业的
这些产业与技术转移当然不是单纯的政治友好，而是看好中国在产
业化过程中的经济表现。

　　时至今日，先进经济体对中国的投资，依然印刻在中国经济的
深层结构之中。姑且不说许多中国企业的管理模式与经营思路大量
借鉴日企，也不说中国国有银行对相关企业的窗口指导直接借鉴了
日式产业政策，仅看一个领域的数字，也能感受到这股力量：即便
到了 2019 年，中国经济增长已经取得举世瞩目的成绩，仔细考察
中国百强出口企业，其中台资企业依然占据了 32 个名额，占到出
口总额的 43.06%，美资企业占到出口总额的 12.22%。中国经济与
外界所结成的巨大纽带，依然映射出当年的颜色。

　　这很可能说明，在现行技术进步速率与社会体制下，投资新兴
国家的产业化，是人类在地球空间内寻找正增长空间的最好选择。
当然它不会是唯一解，但很可能是最容易实现、性价比最高的解。

中国：出色的投资标的

　　当然，跨国资本家肯这么干，对中国绝对不是坏事。至少在过
去的 40 多年里，中国已深刻地受益于这样一种投资关系。

　　从历史发展的脉络来看，改革开放 40 多年来，先进经济体将
中国吸纳进世界自由贸易循环，并投资中国的产业化，是正增长逻
辑以最大规模和最猛烈态势进入中国的体现。

　　其实，改革开放之前，中国经济并不是没有增长。1971 年"文
革"尚未结束，中国经济增长率已经达到 7% 左右。虽然这个数字
有所波动，但 20 世纪 70 年代平均增长率也达到了 5%。只是，这

个增长率却并未反映在人民生活水平中。

20 世纪 70 年代末的思想解放，有一个"社会主义生产目的"
的大讨论，通俗讲，就是生产的东西是干什么用的。当时教科书白
纸黑字写着，社会主义的生产目的是最大限度地满足人民群众的物
质和文化生活需要。这为什么还要讨论呢？因为在具体实践中，重
工业占的比重大，轻工业比重小，大部分的国家级大厂生产的东西
都是装备，是给其他工厂用的，结果出现了重工业内部产品循环。

曾被爱因斯坦改过论文、当过邓小平政治研究室成员的于光远
当时对沈阳的工业有一番调查和议论，就是讲这个问题：钢厂的钢
卖给机床厂，机床厂的机床卖给冶金设备厂，冶金设备厂的产品卖
给矿山和钢厂。这种重工业内部循环完全与民生不发生关系，又何
谈满足人民群众的物质文化生活需要呢？

于光远的调查背后隐含了一个规律：如果只有产业领域生产力
的进步，没有自由繁荣的市场经济和民间企业，那么即便生产力提
高了，社会依然可能停留在零增长逻辑里。

1988 年，国家计委副研究员王健在《经济日报》上发表了题为《选
择正确的长期发展战略——关于"国际大循环"经济发展战略的构
想》的文章，建议中国以引进外资、发展劳动密集型产业、参与国
际大循环的方式，承接国际产业转移，发挥廉价劳动力优势，走"两
头在外"的贸易道路，同时用这个办法赚到的钱反哺和调整国内的
产业结构秩序，使其能够按照健康、有序的原则完成升级。这个报
告先后得到当时中央领导的批示，基本成为改革开放后数十年中国
经济发展的指导纲要。

王健的这一设想彻底改变了中国经济发展的运行逻辑。参与大
循环式的国际贸易，激发所有个体的经济活力，这就把正增长秩序
真正带入到了中国社会中。

在世界各民族中，中国人民精明灵活、吃苦耐劳的本事是出了

名的，其中尤以江苏、浙江、广东等地的民间商人为甚。正常人难
以想象的生意，他们都肯去做。改革开放之前，这些人就算有活力，
也没有足够的市场供他们驰骋。他们的活力与想象力，只能消耗在
各式政治运动之中。改革开放之后，尤其是加入 WTO 之后，中国
庞大的人口与市场规模优势从此被激发出来，迸发出难以想象的活力。

　　中国的"世界工厂"地位，其实是被吸纳进"正增长秩序"的
民间企业家们真刀真枪干出来的。到 2019 年，全世界的假发有一
半产自河南许昌，全世界的小提琴有一半产自江苏泰兴黄桥镇，全
世界的酒店用品有 40% 产自扬州杭集镇，全世界 25% 的泳衣产自
辽宁葫芦岛兴城……在加入 WTO 之后，中国涌现了一个又一个仅
是某个小镇就能掌控全球某一产品产能的案例：中山的灯具、福
安的电机、周宁的钢材、四平的换热器……像这样的伟业，单
靠国有企业是不可能完成的。没有民营企业家，就没有中国制
造的活力与脊梁。[8]

　　美国联邦储备银行（圣路易斯）助理副行长、清华大学五道口
金融学院客座教授文一，如此赞扬中国人民的勤劳精神对"中国工
业革命"的重大贡献：

　　　　中国的工业革命也服从同样的逻辑。在美国人看来，13 亿
　　中国人民自 80 年代以来直到现在都仅仅是为美国打工的蓝领工
　　人，用 10 亿件衬衫换取一架波音飞机。由于巨大的农村人口、
　　很低的人均收入水平（90 年代仅为美国的 1/20，2014 年为 1/8）
　　以及更低的人均消费水平（90 年代为美国的 1/30，2014 年为
　　1/12），尽管经过了数十年的超高速增长，中国仍然显得贫穷落后。
　　直到今天，中国仍有约 50% 的人口居住在农村地区。但是，中
　　国人已经成为世界上最繁忙、最勤劳的制造业实践者，他们通过
　　制造、组装、运输、打磨各种工业产品，夜以继日地发现着新的

实践知识。例如，为了在昼夜温差极大的高原地区修建高速铁路，中国的工程师需要解决无数日本和德国同行所不会遇到的技术和实践上的问题。而且，为了与其他国际制造业巨头竞争并保持世界工厂的地位，中国工程师必须去解决各个领域的实际工程问题。十年之前，德国高科技公司曾允许中国工程师观看他们的技术蓝图（日本工程师则不行），并不担心其核心技术会泄露。今天这种景观已不复存在。通过"干中学"，中国已经在电子、信息技术、通讯、超级计算、半导体、精密仪器、材料科学（包括纳米技术）、造船、高速列车、隧道与运河开凿、发电和输电、空间科学与军事技术等诸多制造业领域赶上了技术前沿。[9]

与此同时，我们也应重新理解在改革开放过程中被形塑的中国式政商关系。"中国式政商关系"是一个极大的题目，如果摘其重点，一言以蔽之的话，我认为，核心判断应该是，改革开放以来的中国政府体制，以自身独特的方式建立了"基础性利商制度"，推动了现代商贸秩序的初步形成。

改革开放以来的中国政府，是典型的"重商主义"政府。麻省理工学院斯隆管理学院副院长及政治经济学教授黄亚生就认为，改革开放以来中国经济的优异表现，始于20世纪80年代的经济改革。能够容易获得资本和具有微观灵活性的私营企业是中国当时经济起飞的核心，虽说当时的中国还缺乏清晰化的产权，但也的确极大地改善了产权所有者的安全处境。[10]

黄亚生的这个观察道出了东亚社会与欧美社会在建设商业秩序上的区别。欧美社会向来有所谓的"法律独立主义"传统，因而商业秩序的建立最终表现为一种政治契约，即以立宪主义（constitutionalism）为表现的政体改革。但是，东亚社会的暴力集团与商人集团之间，却更倾向于传承千百年来的"人情社会"传统，以一种默契的政商关系实现对商业秩序的保护与吸纳。大唐任用粟特官员，大元允许波斯社区的存在，都是这种传统的体现。尽管机制有所不同，但在改革开放初期，这种人情秩序确实在一定程度上扮演了哺育和助长商人秩序的角色。

随着 20 世纪 80 年代末的一系列改革闯关，政府对全民经济发展的责任渐渐加重，也越来越多参与到具体的经济活动之中。改革开放以来，政府将对资金、土地、技术和人员等要素的调配流程向社会开放，这并不是一夕之间能够完成的工作，而是需要一个渐进的过程。在这个过程中，政府（尤其是各级地方政府）因为离资源足够近，而且肩负着推动经济发展的政治任务，同时受益于 20 世纪 80 年代经济发展对企业家精神的培养，政府比较容易能够在国有企业改革的过程中与新生企业家走得足够近。这就是中国式"重商主义"的来源。当然，这种东方式重商主义传统与西方传统有很大区别。

知名三农问题专家温铁军在研究中国经济发展模式时，也提出了"地方政府公司化"的观点。他说：

> 改革开放以来，地方政府依靠中央所赋予的财权和自主权，逐渐形成相对独立的利益主体，并采取了类似公司化的运作方式。
> 诚然，地方政府的这种公司化竞争体制，的确对过去 30 余年的经济高速增长起到了积极作用，然而事物都具有两面性，这也带来了一系列的严重后果：一方面体现为因过度干预经济而导致的诸如产能过剩与宏观经济波动加剧、地方保护和诸侯经济的形成、权力寻租行为滋生等问题；另一方面，地方政府公司化还体现为因在民生和公共服务方面的职能缺位而导致的诸如社会冲突难以调和、公共物品和服务供给不足、资源浪费与环境破坏等问题。[11]

相对于温铁军教授将"公司化"特质限于地方政府级别，并且指出这种机制造成的一系列问题而言，文一则直截了当地用"有为的重商主义政府"来称赞中国的表现：

> 使英国强大的一个事实是自伊丽莎白以来，各方面在鼓励商业的必要性上达成了一致。同一个刚刚将国王斩首的议会却可以同时忙于海外贸易据点的建立，就好像什么都没有发生过一样。查理一世的鲜血还冒着热气，这个由狂热重商主义分子组成的议会就通过了 1650 年的臭名昭著的《航海条例》。（Voltaire, 1963, 引自 David Landes 1999, p234）
>
> 类似地，使中国强大且势不可挡的一个事实是，自邓小平以来，中国共产党内对发展商业和贸易的必要性达成了共识。政治局刚刚清理了刘志军（前铁道部部长，开启和主导了中国高铁体系的建设）、薄熙来（前商务部部长，参与了中国加入 WTO 的谈判）、周永康（前公安部部长、政法委书记）等高级成员，现在却忙于高铁建设和拓展"一带一路"海外贸易的事情，好像什么都没发生一样。
>
> 无论在什么样的政治制度（君主制或议会制）、法律体系（普通法或大陆法）或宗教信仰（新教或儒教）下，一个与平民和商人利益一致（使大家都变得富有）的强大的重商主义政府对经济发展都是至关重要的。因为工业化最初和最重要的任务是市场创造和国家能力的建设。而这一任务涉及地区自治市场在国家层面的统一，以及整个国家资源和劳动力从头到脚的重新组织、定位、调度和协调。[12]

最后，中国庞大的规模效应造就的集群效应，使中国的产业发展享有得天独厚的优势，最终成为当前的全球供应链中心。

在产业经济学中，有一个重要现象，叫产业集群效应。这是 20 世纪 90 年代由哈佛商学院教授迈克尔·波特（Michael Porter）提出的概念，指的是，在一个特定区域的一个特别领域，集聚着一组相互关联的公司、供应商、关联产业和专门化的制度和协会，通过这种区域集聚形成有效的市场竞争，构建出专业化生产要素优化集聚洼地，使企业共享区域公共设施、市场环境和外部经济，降低信息交流和物流成本，形成区域集聚效应、规模效应、外部效应和区域竞争力。

简单来说，就是某个产业在某个地方越是集中，它的竞争力就越强。

2019 年 1 月，苹果公司在美国得克萨斯州开设了 Mac Pro 的生产线，以响应时任总统特朗普"让制造业重返美国"的号召。然而，这家工厂却发现，他们找不到合适的螺丝钉。经过努力，苹果的确在得克萨斯州找到了一家可以生产 2.8 万颗定制螺丝钉的零部件制造商——卡德维尔制造（Caldwell Manufacturing）。但是，这家企业的老板史蒂芬·梅洛（Stephen Melo）承认，他无法按照苹果的要求定制化螺丝钉生产。因为，他的公司是完全用机器来生产螺丝钉的，定制生产则需要重新安排生产线。美国企业只有以这种方式才能与廉价的海外产品进行竞争。经过数月的拖延，苹果最终从中国订购了这些螺丝钉。

为什么中国能够成为全球供应链的集散地和生产中心？集群化的规模优势是最重要的原因之一。在这方面，有很多现实生活中活生生的例子。以越南为例，其实越南人口数量有 1 亿，并不算小，在全世界可以排到第 15 位左右。由于经济水平差一些，2018 年全越南汽车销量大概在 29 万台左右。但在中国，2014 年以来全国汽车销售总量一直在 2,000 万台以上。越南 2019 年才开始生产本土汽车品牌，预计第一年产量只有 5 万台，以如此低的产量向供应商进行采购时，其边际成本是很高的——因为这相当于，供应商要为 5 万台汽车的配件单独开模生产。然而对中国车企而言，可能数十万乃至百万台的订单都属寻常，而平摊到每一个零部件上的边际成本就会大大降低。如此一来，假设越南汽车厂只向本国供应商采购零部件，那么这家越南供应商可能因为 5,000 台车卖不出去而承担风险，中国供应商则完全不必面对这种危险。毫无疑问，这家越南供应商完全不可能与中国同行竞争。

中国制造因为这种优势，得以在当今世界的供应链体系中赢得巨大的话语权。2020 年新冠疫情暴发以来，口罩迅速成为最基本也最重要的医疗与公共卫生用品。全球最大的口罩生产基地位于湖北仙桃，中国政府迅速管控了当地的全部产业链。受益于果断的产业政策，到 2020 年 2 月底，中国口罩的日产能已经突破 1 亿只，而日本 3 月份的月产能是 6 亿只。美国到 7 月的口罩产能仍然不足，不得不从中国进口口罩。

口罩并不是中国唯一具备优势的医疗产品。对于处在危险期的患者，利用呼吸机进行救治非常关键。全世界最好的呼吸机在德国生产。疫情之初，德国的德尔格呼吸机接到了来自政府的 1 万台订单，但是由于产业链下游扩散到多个国家，产能始终不能满足。其中，气管的最大产地就在中国。德尔格呼吸机的总裁估计，大概只有中国能靠自己的力量生产充足的呼吸机。[13]

疫情发生以来，中国的疫情虽有反复，但整体上控制成功，复工复产并未受到太大阻碍，全球产品订单进一步集中到中国，强化了中国作为供应链中心的优势。

从某种程度上，这也可以看作正增长逻辑进入良性循环的一种规律体现。

中国并不特殊

以上种种表现，恰恰是中国经验符合而非超脱于正增长逻辑的表现。换句话说，中国本质上是因为在商贸秩序和产业秩序上做对了某些事（尽管未必都出于自觉意识）而取得成功的，而不是因为所谓"特殊道路"而成功的。中国经验是世界历史经验的一个分支，而不是另起炉灶。

首先，从根本上讲，中国经济增长的长周期，是第二次技术革命成果转移的自然表现。前文已经详细介绍了美国产业发展的历史经验，宏观来看，无论是第一轮产业革命率先惠及的英国、法国、荷兰，还是随后追赶的德国、美国、俄国，以及 20 世纪后半叶崛起的日本和韩国，在第二次技术革命成果的扩散期内，这些国家都在相当长的时期内（40 年左右）表现出了相对于当时平均水平而言超出一大截的高速经济增长。其实，罗伯特·戈登的研究已经很好地揭示了这一点。

从微观层面看，当一个国家的大部分城市都有了硬化道路、下水系统、高楼大厦和地铁，当一个社会的大部分家庭都有了汽车、电视机、电冰箱、洗衣机、微波炉、烘干机、烤箱、智能手机、扫地机器人和个人计算机，他们生产并消费更多这类产品的欲望就会降低。在宏观统计数字上，这表现为 GDP 增长的放缓。

因此，从人类历史产业转移的大视角来看，当一个社会的成员基本能够普遍享受现代产品的便利之后，生产这些产品的企业在本国的销量就会下降。为了追求利润，他们必须在后发的新兴国家开拓市场，转移生产线。

这个产业转移的过程，自然会带来新兴国家的产业化和长期经济增长。而且，由于在这个过程中，产业技术本身还在不断突破，新兴产品也会层出不穷地涌现出来，因此理论上而言，当后发国家在制度和政策上满足一定条件，使自己成为发达国家的市场销售和产业转移对象后，就更容易享受几代产业革命成果叠加带来的高速增长，从而在短时期内取得更好的经济表现。

例如，英伦三岛在 1820—1913 年的 93 年间，人均 GDP 从 1,700 美元（以 1990 年美元购买力为基准）增长到 4,900 美元，涨幅接近 3 倍。德国在 1820—1913 年间（以统一后的德国疆域计算），人均 GDP 从 1,000 多美元涨到 3,600 多美元，涨幅超过 3.5 倍。

对比一下 20 世纪后半叶东亚国家的涨幅：日本从 1950 年到 1998 年，人均 GDP 从 1,900 多美元（以 1990 年美元购买力为基准）增长到 2 万美元，涨幅超过 10 倍；韩国在同样的时间里，从 770 美元增长到 12,000 美元，涨幅 15 倍多；中国从 439 美元增长到 3,100 美元，涨幅近 7 倍。

日本的高速经济增长自 1954 年开始，到 1990 年结束，持续了 36 年。韩国的高速经济增长自 1961 年开始，到 1997 年遭受亚洲金融危机打击后很快恢复，一直持续到 2008 年金融危机，接近 50 年。中国的高速稳定增长从 1978 年开始，一直持续至今，到决策层做出"L 型走势"的战略判断时，已经持续了 38 年。[14] 而且由于规模优势的积累，即便在中国经济增长放缓后，其增长速度也在世界主要经济体中名列前茅。

如果中国经济的优异表现也是产业革命成果叠加的结果，那么，在这一推动因素逐渐疲软之后，按照经济与社会发展规律，中国自然而然也会面对发达国家工业化后的问题。中国的特定环境，例如制度特征和规模特征，也许会推迟问题的到来，但不可能阻止问题的产生。因此，在产业化造成的全人类共同命运面前，中国并不特殊。

自动化技术

随着控制论在工业领域的应用，欧美国家在 20 世纪 60—70 年代已经接受了第一波自动化技术浪潮的洗礼，也随之经历了工作岗位的削减与社会危机。对中国来说，工业领域的自动化基本是在 21 世纪第二个十年开始起步的，并且以后来居上的态势高歌猛进。

据统计，从 2013 年到 2016 年，中国制造业平均每万名员工中的机器人数量从 25 台增加到了 68 台。中国机器人制造商的数量则从不足 400 家增加到 800 家。2017 年，中国购买了 13.8 万台工业机器人，占到全球总销售额的 35.6%。新成立的机器人公司更是达到了 1,686 家。

正如前文指出过的，自动化技术将带来对劳动力的大量替代。据报道，自 2014—2016 年，东莞通过实施"机器换人"计划，相对减少了 20 万用工。广州则制定了到 2020 年以自动化技术代替80% 劳动力的计划。根据麦肯锡的估计，自动化可以取代中国制造业五分之一的岗位，迫使近 1 亿工人重新求职。[15]

当然，从国家层面的视角来看，追求自动化势在必行。这一方面是为了保持先进企业在国际竞争中的地位，争取在核心技术领域取得突破，另一方面则是受到人口老龄化的影响，中国劳动力群体势必减少，自动化自然会成为保持生产力的关键因素。

但是，为了保持先进生产力而大力推进自动化技术，站在劳动者的角度看，就是另一幅情形。2012—2016 年间，富士康工厂有40 万个工作岗位被机器人取代。这些被机器人代替掉的员工能够分享富士康工厂依靠自动化技术增加的市场份额与利润吗？并不能。实际上，由于工作技能没有提升，当他们被机器人替代之后，其处境还可能会进一步恶化。

相比一百多年前欧洲的工厂，今天的工人虽然得到了法律层面的更多保障，但是也面临着双份的挤压：一是来自自动化技术的快速进步，一是来自高速前进的"正增长时代"的逐渐放缓。如果我们习惯了在高速发展中等待问题自行解决，那么，在发展速度降下来后，积累多年欠下的重重债务，也许都要还上。如果 19 世纪的产业工人处境倒逼俾斯麦这样的政治人物也要采取社会福利制度来解决问题，那么今天，我们可能需要更加激进和大胆的公平政策，才能解决全球都将面临的长期失业状况。

人口危机

世界主要发达国家在经历高速产业化之后，都面临着人口萎缩的现象。在 1890 年之前，德国的人口出生率在 3.7% 以上，死亡率约为 2.5% 左右；1890 年之后，德国人口出生率下降到 2.8% 以上，死亡率则下降到 1.3% 左右。以 1890 年为界，德国基本上从高出生率和高死亡率的前现代人口增长模式，过渡到低出生率和低死亡率的现代人口增长模式。

更低的出生率、更低的死亡率和人均寿命的提升，标志着社会老龄化的到来。因此，可以说，早在第二次产业革命爆发之时，度过了高速增长阶段的德国社会已经迎来老龄化时代。而且，随着妇女参与工作、教育投入成本上升和家庭观念的改变，人们日益倾向于少生孩子或不要孩子，出生率进一步下降。

实际上，到第二次世界大战前夕，纳粹政权已经开始追求对生育率的改善。1933 年，纳粹德国制定反堕胎法，禁止向公众宣传堕胎程序和堕胎医生，即使是出于优生学的堕胎也不允许，并且把堕胎意识宣传为"犹太人的阴谋"。党卫军头目海因里希·希姆莱曾多次宣传德国人民应提高"种族储备"，为德意志的未来多生孩子。

1936 年，部分是为了探索社会化抚养机制，以解决妇女生育意愿不足的问题，纳粹德国甚至设立了"生命之泉"（Lebensborn）机构，安排未婚妇女与"高等种族人群"匿名生育，生育后的孩子交给党卫队成员家庭抚养，并由国家提供福利支持。

为了解决劳动力不足造成生产率下降的问题，纳粹政权曾做过一个极为宏大的世界设计。他们区分了"国外贸易"和"世界贸易"，"世界贸易"是旧的无计划的自由贸易机制，"国外贸易"则是服从于德国权力意志，在等级秩序中得到妥善安排的贸易，其核心是服务于德国的"供给需要"与"安全需要"。纳粹德国计划以此统一欧洲大陆，把北非变为原材料来源地，而把欧洲其他国家当作自己的初级产品供应方。[16]

与纳粹德国形成对比的是 20 世纪 90 年代的日本。经过战后改造，日本已经不可能把人口危机造成的内部矛盾向外转移，人口萎缩的后果只能由本国国民一体承担。1970 年开始，日本 65 岁人口占人口总数超过 7%，正式进入老龄化社会。目前日本已经成为世界上老龄化趋势最严重的国家。2011 年起，日本的死亡人口正式超过出生人口，进入了人口负增长时代。

老年人储蓄率较高，也没有什么消费欲望，年轻人有消费需求，但却没钱。两种趋势共同造成的结果，是消费低迷，人们不谈论新科技，不谈论股票，也不谈论投资创业，日本迎来所谓"低欲望社会"。2017 年，日本厚生劳动省发布报告显示，日本男性平均每 4 人中，就有 1 人终生未婚。18 岁到 34 岁未婚者中，70% 未在谈任何形式的恋爱。受访者觉得婚姻是束缚，婚房是负担，生育更是沉重的事情。这些都进一步恶化了日本的生育状况。

日本进入高速经济增长的年代开始于 1954 年，比中国早了大约 24 年。中国 65 岁人口占人口比重超过 7% 是在 1999 年，比日本晚了 29 年。长周期产业发展对社会影响的规律，也不过就是 5

年的差距。其实，自 1990 年开始，中国人口的出生率已经开始稳步下降，从 1991 年的 19.5% 下降到 2019 年的 10.5%。2016 年开始，中国新增人口经历连降，从 1,786 万人下降到 2019 年的 1,465 万人。

如果我们注意到人口潮的细节，情势就更加严峻。日本人口是自 1970 年以来稳步下降的，中间并无波动。但是，中国人口在新中国成立后经历了数次人口波动，也即 1950—1957 年的第一波婴儿潮（出生率平均在 3.5% 以上）、1963—1972 年的第二波婴儿潮（出生率平均在 3.5% 以上）和 1985—1990 年的第三波婴儿潮（出生率平均在 2.2% 以上）。其中，第一波婴儿潮是战争结束后的补偿生育，第二波婴儿潮是三年困难时期结束后的补偿生育，第三波婴儿潮则是第二波婴儿潮中的人口进入结婚生育期导致的生育。正常来讲，当第三波婴儿潮进入结婚生育期，应出现第四波婴儿潮，但是观察中国人口在 2010 年到 2020 年间的数据，却看不到再有婴儿潮的迹象。除了 2016 年因为放开二胎政策，生育率比上年回升 0.009 个百分点（我没有用错小数点）以外，其余年份生育率基本在 1.2% 上下，上下浮动在 0.001—0.002 个百分点之间，到 2017 年后则逐年下降，正式进入 1.01%—1.09% 区间。

这说明，85 后一代人的生育愿望已经暴跌。到 2020 年，85 后—90 后逐步退出结婚生育期，人口下滑速度还将继续加快。届时，中国有可能取代日本，成为老龄化最快国家，并面临严重的"未富先老"局面。

资产价格过高

资产在金融学里的定义就是任何能够在未来带来经济收益的财产。简单说，你买这个东西不是为了马上用的，而是期待它产生利润或者增值变现的，或者可以马上用，但是主要是为了将来增值变现的。你炒房子，房子就是资产；炒股票，股票也是资产；买黄金保值，也属于资产。有人在 20 世纪 80 年代末买了台苹果电脑希望当传家宝传下去，对不起，这东西不属于资产。当然，如果坚持的时间再长一点，长到变成古董，也许也能算资产。

我们常常听到一句话：房市是货币的蓄水池，这其实说的就是资产价格通胀的作用。自撒切尔政府成功运用货币主义复苏英国经济后，货币政策就成为世界绝大多数国家政府和央行调节宏观经济的最主要工具之一。一般而言，央行的货币政策会追求一定的良性通货膨胀，同时防止恶性通货膨胀的出现。但是，当央行必须增加货币发行量，同时又不希望多发的货币流入普通商品市场，造成生活必需品价格的恶性上升，也就是"恶性通货膨胀"时，资产就会拿来当一个蓄水池。在一般国家，股市、债券、基金，都是常见的资产类型。在中国，房地产被当作一种投资产品，因此它拥有资产属性，所以客观上来说，有"蓄水池"的功用。

这就是"美国的股市、中国的房市，看哪个泡沫先破"这类段子背后的经济学原理。因为正常情况下，大家对资产市场的理解都是愿赌服输，有涨有跌，出现波动，也不至于影响普通人的生活。巴菲特十天见识了四次美股熔断，他不会去跳楼。但如果是像猪肉这种日常生活的必需品，今天涨到 100 块一斤，顾客可能要跳楼；明天跌到 10 块一斤，养猪户可能要跳楼。

但是，如果考虑到另外一个问题，就是产业革命对供给和需求端的双重影响，上述这个资产蓄水池，其正面作用就有可能变成负面作用。

比如，就今天的产业能力而言，日常用品到底在什么情况下才会出现供不应求到严重影响日常生活的局面？如果是纯工业产品，说实话，想想看还真是比较困难。前面已经介绍过，像酒店用品、灯具、中小电机这类产品，全国乃至全球的大量产能都可以由中国的一个市甚至一个县的企业来提供，这侧面反映出，产能供应量是极其充足的，制约产能进一步扩张的其实是价格问题，也就是产能再大一点，价格再降一点，工厂就要破产或者工人薪水就无法继续维持生活。一旦价格稍有抬升，势必会被大量工厂瓜分殆尽。从侧面说，这种状况下的商品很难出现通货膨胀。

这不是我个人的猜想，而是经济学家的推断。中国人民银行货币政策司司长张晓慧在 2009 年的一篇文章中指出：

> 从 2003 年以来全球经济周期变化看，虽然资产及大宗商品价格持续快速上涨，但受全球化加快发展、一般竞争性产品供给能力显著增强等因素影响，即使是在全球经济普遍过热、金融危机即将爆发之前（2007 年上半年之前），全球消费物价总体上仍保持了平稳状态，核心 CPI 更是相当稳定。
>
> ……
>
> 在需求膨胀和金融投机的共同推动下，供给弹性较小的初级产品和资产价格更容易出现大幅上涨，从而导致主要由此类商品价格带动的所谓"结构性"物价上涨。[17]

这说的是，除了工农业产品原材料（铁矿、煤矿、粮食、副食品之类"供给弹性较小的初级产品"），货币超发已经不会推动全球消费物价的总体上涨，自然也很难出现恶性通货膨胀局面。

这看起来是好事，但是另一面，超发的货币流入资产市场，实质上等于透支着我们的未来。

对美国来说，规模最大的资产市场主要是金融市场，也就是美股。特斯拉、苹果、谷歌、亚马逊这样的公司在股票市场上的市值越高，对它们未来盈利能力的透支就越大。正如前文所述，在 2021

年初这个时间节点上，特斯拉公司的市值等于它要在 2030 年之后每年卖出 2,000 万台以上的车，而 2019 全年的销量才 36 万台。

对中国来说，规模最大的资产市场可能就是房地产市场。根据上海易居房地产研究院的报告，2020 年全球 80 个主要城市中，亚洲的房价收入比最高，而亚洲国家之中，中国内地的房价收入比又高于东亚除大陆外的平均值。全球 80 城房价收入比排行榜中，香港以 46.3（也就是一个能够挣当地平均年收入的家庭，要花 46.3 年才能买得起一套当地平均价格的住房）排第一，深圳以 43.5 排第二，北京以 41.71 排第三，上海以 36.1 排第七，天津以 35.6 排第九，广州以 34.1 排第十。整体而言，中国内地的房价收入比，远超同等经济水平的其他国家。

由于制度建设水平不足、公共服务落后，在中国，许多城市的公共服务（居住权利、教育、发展机会）是与住房挂钩的。对许多年轻人来说，房屋并不是单纯的投资品，而是兼有资产和基本需求双重属性。如果满足生活基本需求的压力过大，年轻人就会提早进入日本式的"低欲望消费"状态。

轮回之下，我们很难不回头去想于光远先生当年的灵魂之问。

正增长动力何在

自产业革命在英国爆发以来，产业增长经历了几番转移：从 18 世纪的英国、法国转移到 19 世纪的美国与德国，再到 20 世纪早期的俄国和 20 世纪中期的日本。20 世纪下半叶，在日本推动下，增长中心短时间里曾集中于东南亚，但随后又被中国庞大的规模所吸收。当下，中国毫无疑问是产业增长的中心点。产业增长的地方，就是正增长社会所在的地方。

但是，正增长社会可能会弱化，可能会倒退，可能会消失。就像本书讲过的所有故事一样，威尼斯、汉萨同盟、西班牙王国、尼德兰联省共和国和英格兰王国，它们曾在历史上某一段时间执正增长社会之牛耳，最终都没落了。它们中的某些国家或地区在没落后依然得保和平与尊严，有些则经历衰落与磨难，绝大部分曾经的辉煌闪耀，都化作了宏伟的纪念碑、引人入胜的博物馆和史书上的那些精彩篇章，留存在记忆中。

然而，于那些国家是过去的，于我们则可能是未来。

我们自己或许已经见识过这个世界的百态，知晓人生起伏乃寻常事，先前曾辉煌增长过的，终究会面临衰退甚至没落。我们也许能承受得了，但我们的孩子呢？我们孩子的孩子呢？我们的孩子在 20 年后将见识怎样的世界？他将面临一个增长乏力的世界吗？他要加班到晚上十一点吗？

如果我们希望孩子见识一个更好的国家和更好的世界，那就得从我们这一代开始改变。然而，问问历史，古往今来最难成的事业，就是改革。利益社会中，要动一个人的蛋糕都不容易，何况利益集团的蛋糕？

对此持谨慎态度的改革者，往往要以一种腾挪置换的方式，给既得利益集团一块新蛋糕，再切走旧蛋糕进行合理分配，如此，推行改革政策的阻力才有可能放缓，不至于被官僚集团的阳奉阴违和贵族集团的幕后密谋所破坏。

女皇叶卡捷琳娜要推行开明专制，就要颁布贵族宪章，授予新贵族土地，利用他们反对保守旧贵族；明治天皇要消除旧日本封建社会，颁布废刀令，就得同时用津贴、政府债券和官僚机构的工作机会来赎买武士的特权；穆斯塔法·凯末尔要推行世俗化，取消伊斯兰教政教合一的旧制度，就得保留军队在政治体制中的决定地位，然后再通过世俗经济的发展慢慢削减军官占专业性职位的比例。古今中外，其理一也，这是权力运作的基本规律。

这些改革措施，在正增长时代当然更容易开启，因为当人们看到蛋糕仍在变大时，会愿意放下眼前的利益，同意以之换取长久的安排；但是，当蛋糕肉眼可见的在渐渐萎缩，人们就不再相信任何长期承诺，而是会牢牢抓住手中仅剩的利益，唯恐它继续流失。倘若如此，我们有可能会错过对长期命运至关重要的改革机会。

零增长和负增长时代会有更多的荆棘与陷阱。1873年欧洲发生经济危机后，德国工农业界面临来自美国和俄国的廉价工农产品竞争，感到了红海市场的竞争压力，作为农业领域最大既得利益集团的容克地主阶级遂给政府施加压力，要求德国政府提高进口关税。1879年，俾斯麦最终同意了关税立法，德国正式成为贸易保护主义国家。然而，此举激怒了向德国出口大量农产品的俄国，此事也成为1890年德俄两国《再保险条约》（Reinsurance Treaty）失效的导火索。第一次世界大战中俄国站在德国对立面的一方，并非与此无关。

增长下滑的情形下，单方面提升劳动者权利保护水平也收效甚微。宏观经济学中有个名词叫作"工资—物价螺旋式通胀"，它指的是公司利润稀薄的情况下，工人工资一提高，商品价格就会上涨，因此大众的整体福利情况并未得到改善。如果这一过程反复出现，那就是螺旋式的通货膨胀。在主要发达国家产业衰退和人口增长率下滑的长周期内，这种现象都曾出现过。

因此，从政治行动应有的审慎原则与长远考量来看，越是力度大的改革，越应该在经济正增长周期进行。如果我们承认这个世界的旧有政治经济体系面临重大危机，承认这个世界面临着严峻的产业化革命挑战，需要开启前所未有力度的改革，那在理论上，我们应该先寻找未来一段时间内可供腾挪置换的增长空间。正所谓，兵马未动，粮草先行。

只是，这个增长空间可能来自哪里？

有人说，过去的增长红利在沿海，未来的希望在于广袤的内陆，在于以基础设施投资提振中西部地区，创造新的增长点。这个想法很好，也很符合我们对发展公平的期望，但是很可惜，它不符合经济地理学中的一些基本规律。

首先，我国人口规模在空间上的分布并不均衡。如果自黑龙江省黑河市到云南省腾冲市画一条直线，该线东南方 43.8% 的国土居住着 94.1% 的人口，而西北方 56.2% 的国土居住着 5.8% 的人口。这就是著名的"胡焕庸线"，其为中西部的基础设施建设开发划下了自然边界。

其次，按照前文介绍的产业集群效应，高铁等基础交通设施的修建，反而增强了经济发达地区对不发达地区的虹吸效应。2016 年发表于《经济地理杂志》（*Journal of Economic Geography*）的一篇论文证明：位于高铁线上却没有高铁停靠的县城会受到高铁建设的负向冲击，高铁建成后，这些地区的 GDP 总量和人均 GDP 大约会下降 3%—5%，固定资产投资则会减少 14%—15%。[18] 其他数字也表明，高铁修通后，地方常住人口会产生经济弱势地区向强势地区的流动效应。[19]

仅仅因为中西部地区的劳动力价格优势，就认为产业转移会自然而然地发生，这样的想法未免过于天真。交通越是发达，劳动者前往沿海城市打工就越便利。比起企业迁移要面临的种种麻烦事来说，把劳动者迁移到沿海城市，这个过程要简单方便得多。

当然，这并不代表企业迁移的逻辑不存在，但是它的发生范围有限，而且也遵循着一定的规律。整体而言，由于中国经济上一个年代的外向型特征，产业集中地基本分布在沿海岸线的重要港口（例如长江三角洲和珠江三角洲）以及长江沿线航路这个巨大的一横一竖"十字走廊"上。随着这些地区的产业升级，污染较大的重化工业和传统制造业未来可能向交通便利的、距重要海港不超过 500 公

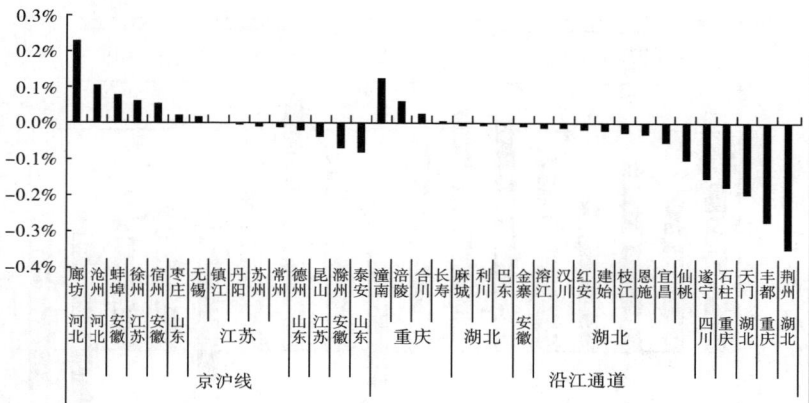

高铁通车后沿线城市人口占全省比重变化

里的地区迁移，例如合肥、长沙、徐州、廊坊等城市。但是，这些城市的发展空间有限，不可能单单指望这些区域承载我们的未来。

也有人认为，技术进步是解决问题的希望所在。然而，正像前文介绍过的那样，在第三次科技革命的发源地美国，信息和通信技术革命发挥其经济驱动力的效果，也仅仅持续了10年。能源革命尚待突破，自动化、人口衰老和社会不公却已向我们提出了严峻挑战。

21世纪的第二个十年，智能手机和移动互联网带来的高速增长夺人耳目，但也掩盖了许多问题。数据表明，在移动互联网高歌猛进的10年间，全要素生产率对中国经济的贡献恰恰是在下降的，[20]这与美国信息和通信技术在20世纪90年代贡献出短暂增长后，全要素生产率又出现下降的趋势是基本一致的。

许多国内学者已经达成共识，2008年以来，全要素生产率下降是导致我国经济增速放缓的主要原因。[21]当然，从某种层面上讲，这反映了我国技术水平的增强——道理很简单：技术越是接近人类的前沿水平，再向前突破的难度就越大。但是，客观来讲，我国全要素生产率水准到底达到了多么前沿的水平呢？如果把美国的

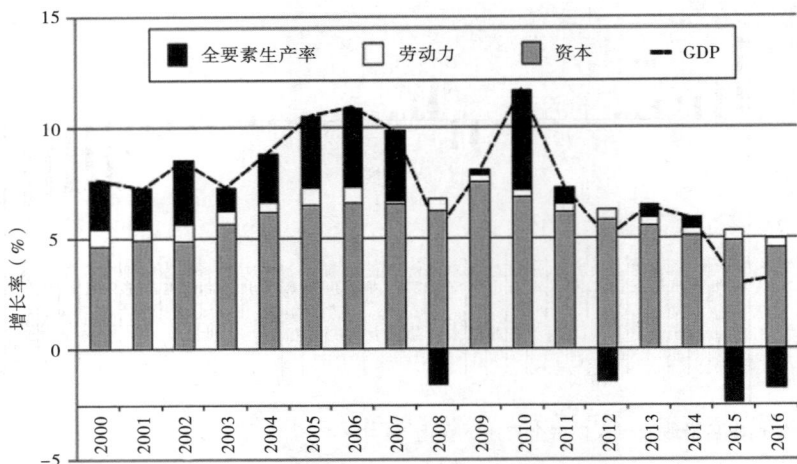

2000—2016 年中国年度 GDP 增长来源分解

全要素生产率设为 1，中国在 2001 年达到的数字大概只有 0.31，到 2007 年，这个数字迅速提升到 0.41，但是从那以后到 2014 年，这个数字却只增长到了 0.43。学者估计，如果按照这个趋势发展下去，到 2035 年，中国的全要素生产率也只能达到美国的 48%，低于 1980 年的日本（达到美国的 81%）和 1991 年的韩国（美国的 60%）。[22]

前路漫漫，而人口老龄化又已经提前挡在路上。若要启动改革，就需寻找供闪转腾挪的正增长空间。但这片空间究竟位于何方？

传递产业化薪火

最容易找到突破口的答案，恐怕还是在于前文提到过的：投资新兴国家的产业化。

宏观经济学中有个理论，那就是在完全竞争市场中，企业的长期超额利润为零。一国产业越是发展成熟，市场竞争越是完善，老板能赚到的额外收益就越少，他的角色也越来越接近一个打工人：只能拿到趋近于社会平均利润水平的工资。他要想赚额外的钱，必须跑到新兴市场上去。这个新兴市场要么是刚出现的新科技领域，要么是过去被政府禁止准入、现在放开管制的领域，要么是市场还没有得到充分发展的新兴国家。

经过 40 余年的高速发展，中国也到了这个阶段。放眼国内，除了新能源汽车等少数板块，大部分行业领域已经是一片红海。如果借鉴先发产业国的以往经验，也许我们也到了该关注"投资新兴国家产业化"的阶段。毕竟，产业革命创造正增长空间的"知识炼金术"，在许多后发国家依然可以再度上演。

摊开世界地图，从中国沿海港口出发，看一看由此能够方便驶入的后发区域吧。

离中国最近的区域是东南亚。历史上，这里本来就是连接中国与世界的海上商衢重地，中国人管去往东南亚叫作"下南洋"，我们的先辈乘着季风，往来于东南半岛、马来半岛和印尼群岛之间，将丝绸和瓷器换成玻璃和明珠。今天，东南亚有 6.5 亿人口，其中越南人口大约 9,700 万，城市化率 28%；印尼人口大约 2.7 亿，城市化率 52%；泰国人口大约 7,000 万，城市化率 33%，这些国家的城市化过程带来的对基础设施投资和日用消费品的需求，短期看是最为可观的红利市场。而且，东南亚生活着 3,000 多万华人，且在当地国家握有较大经济权力，可以发挥很大优势。

继续向西来到南亚，这看起来是一片更具希望的土地。印度拥有 13.7 亿人口，城市化率却只有 29%。而且，比起东南亚，印度还有另外一个优势：有更多年轻人。东南亚许多国家的人口总和生育率已经下降到不足维系世代更替的水平，还处在安全线以上的，只有菲律宾、柬埔寨、老挝等国家。但是，印度的总和生育率依然保持在 2.4，人口结构优势可能一直维持到 21 世纪中叶，届时，这片地区或将成为全世界的最大市场，获得寻求超额回报的国际资本的大量投资。

再向西进，中东地区的地缘政治十分复杂，宗教冲突依然在持续，只好跳过，前往非洲。非洲总人口约为 12.2 亿，国家林立，民族繁多，也不乏地区冲突、政权更迭和民族仇恨等地缘政治风险。但是，非洲将在可预见的历史范围内贡献全球最快的人口增长。据联合国发布的《未来人口展望》报告，从 2019 年到 2050 年，非洲大陆人口将会增加一倍，占全球总人口增长的一半以上。

再向远处看，拉丁美洲有 6.5 亿人，但是城市化率已经超过 78%。除墨西哥和阿根廷外，其他主要国家的人口生育率也在世代更替水平以下。从数字结构来看，这里似乎不能说是好的投资标的。

简单盘点一番之后，似乎东南亚、南亚和非洲这三个区域有条件成为产业化持续扩散的地带，也有可能成为为整个世界创造正增长动力的地区。这些枯燥数字的背后，是 30 多亿人对产业革命成果扩散的热切盼望，是支持正增长秩序不断扩张的大道所趋，人心所向。

写到这里，我想回到更大的历史格局来讨论"中国与正增长秩序的关系"这一重要问题。

本书在第四章讲了三个故事，这三个故事都反映了古代中国政治秩序下商人集团与暴力集团之间冲突的悲剧。悲剧的根源在于，生而拥有全球最大规模的单一文字与文化的民族，居住在最大规模的传统农耕区，同时需要面对来自东西南北各个方向上不同民族与不同国家的地缘政治挑战，这是中国面临的文明生态，也是中国人的命运。

在这种生态中，商人集团和暴力集团均无法理解彼此的底层思维方式。商人集团没有意识到这片土地面临的地缘政治挑战之多，以及零增长社会逻辑的根深蒂固；暴力集团也没有意识到，要想成功建立大一统帝国，商贸秩序所提供的财政来源与外交博弈能力，都是不可或缺的。

当人类步入产业革命之后，这个全新的时代，给中国人跳出过去的历史周期律提供了契机。

百年前领导中国革命取得成功的孙中山先生，就敏锐地注意到了这一契机。1920年，孙中山撰写了《建国方略之二：实业计划》一文，为中华民国的经济发展制定了详细的计划。他饱含热情地写道：

> 如使上述规划果能逐渐举行，则中国不特可为各国余货消纳之地，实可为吸收经济之大洋海，凡诸工业国其资本有余者，中国能尽数吸收之。不论在中国抑在全世界，所谓竞争、所谓商战者，可永不复见矣。

> 近时世界战争，已证明人类之于战争不论或胜或负，均受其殃，而始祸者受害弥重。此理于以武力战者固真，于以贸易争者尤确也。威尔逊总统今既以国际同盟防止将来之武力战争，吾更欲以国际共助中国之发展，以免将来之贸易战争。则将来战争之最大原因，庶可从根本绝去矣。

> 自美国工商发达以来，世界已大受其益。此四万万人之中国一旦发达工商，以经济的眼光视之，何啻新辟一世界？而参与此开发之役者，亦必获超越寻常之利益，可无疑也。且此种国际协助，可使人类溥爱之情益加巩固，而国际同盟亦得借此以巩固其基础，此又予所确信者也。

这是我自从写作本书以来，所查阅资料中，对"正增长秩序"的重大意义与缔造方法理解最透彻、表述最确当、眼光最卓越的一篇文字。

中国过去数千年的旧命运，是由古代"零增长社会"的技术水平所限定的。中亚地缘的支离破碎、北方游牧民族的长驱直入、东南沿海的复杂贸易网络，这些都不是中原农耕文明的简单生活经验所能理解的。因此，怀有"大一统"文明理念，却只熟悉农耕文明"秦制"社会的中原暴力精英，从来都不理解自己面临的政治任务该怎样完成，于是一次又一次陷入治乱循环之中。

当技术与产业的力量输入中国，中国人就掌握了跳出这个治乱循环的工具与契机。一旦中国政治精英真正理解了"正增长秩序"的核心，理解了处理商贸秩序中多元文明的重要性，那么，东亚土地面临的文明生态就不再是一个不可解的永恒悖论。

中国历史已经雄辩地证明，只要这片土地没有处在战乱之中，它所生产的种种产品与服务，就将吸引各地——至少是东半球——的商人闻风而来从事贸易。政治精英的关键任务，就是理解这些贸易活动带来的"正增长秩序"，对于解决中国本土的增长、就业、稳定乃至地缘政治安全问题，是不可或缺、至关重要的。简而言之，必须具备世界视野，才能处理好中国问题，这就是关键所在。

就历史而言，美国这样孤悬海外的国家或许可以承受"脱钩"的代价，而且他们历史上曾数次这样做过。但是中国不可能，也没有必要。相反，中国人的力量只有充分融入世界，以商贸和产业发展带来的"正增长秩序"妥善安顿自陇西走廊到伊朗高原的碎片化地缘政治环境，困扰欧亚大陆数千年来的问题才能得到根本解决。

中国人用了数十年的努力，安顿稳定了自己土地上的 14 亿人。孙中山先生对于中国"尽数吸收"发达国家工业与资本的展望，已经得到实现。

接下来的任务则是继续放眼海外。对于东南亚、南亚、非洲的 30 多亿人来说，孙中山先生对于中国的展望，就是他们现在对于本国本民族的展望。孙中山先生期望国际社会伸出的那只共助之手，现在则有可能由我们来伸出。

不过，在这样的前景面前，需要扪心自问的是，我们是否已经做好准备？我认为，中国目前离实现这个前景，还有相当的距离。要缩短这个距离，则要解决对内对外两个巨大的挑战。

对内的挑战，与本书第六章提出的"漏斗—喇叭"模型有关。

就历史大逻辑而言，作为全球经济增长最大引擎的中国，要成为全球"正增长秩序"的担纲者，就需要充分发挥科技创新与产业发展的引领作用。但是，"漏斗—喇叭"模型已经明确指出，关键问题在于，技术发明要想转化为重大科技成果甚至引发新一轮科技革命，首先要接受"正增长秩序漏斗"，也就是"商业化（产业化）漏斗"的考验。中国本身的"正增长秩序"，是在过去短短40多年间积累起来的，还不够成熟。

中国近十年的新兴产业发展，比如移动互联网、新娱乐和新消费领域，实际上依靠的是全球化时代的红利，以及对美国等发达国家为标杆的模仿与学习。也就是说，中国人评判一项新科技是否能够顺利完成商业化和产业化的主要方式，是看它有没有通过美国式漏斗模型的检验。

对后进者来说，"摸着石头过河"固然是成本较低的举措，但它也会让中国社会本身的"漏斗效应"打折扣。许多资源将会浪费在试验美式创新是否能够应用于中国社会的过程中，而更关键的则是，习惯了模仿效应的产业从业者，在新形势下需要走出自己独立发展的路时，会明显感到不适应，就像丢掉了学步车的儿童尝试自己走路一样。

就这个问题而言，最根本的解决方案，就是吸收历史上"正增长社会"的经验，打造出符合中国自己国情与历史道路的正增长秩序，也就是培养自己的"漏斗"。

对外的挑战，则涉及如何理解和重构世界秩序。

我知道当讲到这里时，你一定会联想起"一带一路"倡议和"海上丝绸之路"。这当然不是巧合。"一带一路"倡议本身就是在总结了全球经济发展规律之后提出的正确发展方向。但是，未必所有人都站在百年前孙中山先生的高度和格局上看待过这个问题。

有很多人会讲，"一带一路"倡议的本质使命是输出过剩产能。这个讲法固然不能说完全错误，但是格局和高度却很是有限。站在本书的主题上看，产业革命的真正重大意义在于创造正增长空间，因此产能的输出、产业和技术的转移以及投资新兴国家产业化，其成功与否的重大衡量指标之一，应该是新兴国家"基础性利商制度"的建设水平如何，其国家政权是否足够亲近和适配"商贸秩序"与"产业秩序"。

比起单纯的"产能输出"，这个任务更加艰难，意义也更加重大。发达国家对新兴国家的产业化投资并不总是会受到欢迎，也有可能面对阻碍与挑战。出于民族主义情绪和国家利益等理由，新兴国家政府干出像历史上爱德华三世那样"赖账"乃至破坏"商贸秩序"的事情并不罕见。

1938 年，军方出身的墨西哥总统签署法令没收全部外国石油公司，石油世家洛克菲勒在墨西哥的产业因此遭受重大打击，墨西哥石油产量也出现大幅下降，造成政府财政收入困难；1963 年，阿尔及利亚独立之后，政府宣布欧洲人留下的所有农田、工厂和商业实体均视为"废弃资产"，其归属权为阿政府所有；2000 年，津巴布韦政府宣布，白人持有的土地都是在殖民时代从黑人原住民手中非法取得的，因而应当予以强制没收，此举造成大量白人农民出走，粮食产量锐减，津巴布韦经济陷入混乱。

中国资本和企业在走出去的过程中也会遇到类似情况，这是不难想见的事情。2011 年，缅甸总统吴登盛以环保为由，中止了缅甸与中国合作修建的密松大坝项目；2014 年，越南国内因南海问题爆发反中暴动，造成数十人死亡，数千人受伤，波及企业数百家；2017 年，印尼华人政治家钟万学因在竞选期间引述《古兰经》而被判亵渎宗教罪入狱；2020 年，印度因与中国的边界冲突宣布对华 APP "禁令"，并考虑援引《敌国财产法令》没收中方资产。

更进一步说，很多新兴国家本国的基础制度建设还非常薄弱，现代社会所必需的"基础性利商制度"远未建成。当今世界仍有不少国家，在建制、立法、管理社会的层面，其水准都难堪大任。例如，缅甸就还没有组建承担相当于中国"工信部"职责的部门，因为缅甸的通信技术发展落后，其通信体系需要与跨国企业共建，所以缅甸政府无法对通信运营商实施合理有效的治理；几内亚和刚果（金）这些国家的卫生部门没有监控传染疾病的能力，世卫组织几乎就是这些国家的公共卫生部……

这样的国家在"一带一路"倡议所面向的新兴地带可能不是少数。如果在这些国家里，找不到便利商贸的制度，投资和贸易无法得到有效保障，怎么办？等他们自己慢慢发展出来吗？这才是考验"一带一路"倡议和中国应在其中扮演什么样的世界角色的大问题。我个人认为，位居当代全球产业枢纽中心的中国所应迫切思考的问题，应该是如何提升一个国家建立普世秩序的能力。

很长一段时期里，国内舆论将这理解为争夺话语权问题，这显然是完全错误的。发展中国家对发达国家模式的借鉴和接受，是建立在西方世界数百年的历史经验和实践案例积累基础之上的，光靠嘴上功夫搞不出工信部，搞不出现代文官制度，也搞不出现代卫生组织。这些机构和制度，而非意识形态宣传，才是西方软实力的真正体现。

很长一段时期里，西方学界和主流媒体把普世秩序等同于西式民主，这显然也是完全错误的。民主国家的人民同样可以投票支持民族主义，支持排挤外来企业与外来民族，支持没收外国商人资产，但这些举措对合理维护正增长秩序没有任何好处：外国商人受损，本国经济产出下降，前文的例子早已充分说明了这个道理。

两方面的答案都错误，却不代表这个问题是个伪问题。相反，它是掩藏在争吵和冲突背后的切切实实的真问题：只要产业转移还存在，只要由产业转移引发的国际权力转移还会成为地缘政治的焦点，那么，这个问题的重要性就会一直延续下去。

本书到目前为止可以给出的回答是：一个能够有效运作的普世秩序，其真正价值不只在于民主与否，更在于其能否维护和创造共赢的商贸秩序与产业秩序。更长远说来，这是进入产业革命后，所有国家、民族与社会都需予以考虑的重大命题。

从 17 世纪英国光荣革命开始，政体进步使得国家与商人可以达成稳固的联盟，商贸秩序和现代社会可以得到保障和捍卫，人类也以此为开端，正式迈入现代社会。

人们在对进入现代社会之前的文明经验进行总结时，往往将其概括为启蒙运动以来的一系列进步理念，不仅如此，许多国家也根据这些理念，开始了现代化革命与改革。但是，18 世纪以降的产业革命，自诞生之日起，就给人类社会提出了许多新问题，启蒙理念并不能很好地处理它们。比如，德国、日本的先后兴起与"一战""二战"的爆发，苏联崛起以及意识形态争端导致的冷战对抗，背后的根本其实是产业革命成果扩散导致的权力中心转移。很不幸的是，20 世纪大部分时间里，人类社会不仅未能成功处理这一根本问题，还给我们带来了前所未有的战争和冲突。

这段历史已经表明，当一国产业发展成熟到其资本必须去往新兴国家才能获得超额利润时，由此引发的权力中心转移和国际秩序变革，已经成为产业革命后人类历史发展的主线。对于已经成为全球供应链中心，承载着整个世界大量商品供给任务的中国来说，如何妥善应对和处理产业革命成果扩散导致的权力中心转移，已经成为最迫切的问题。

极端意义上，欧美国家或者可以与"世界秩序"脱钩，推行地方化，凭借人均资源占有量和领先全球的军事实力闭门过日子。然而，中国不具备这个条件。中国的人口规模有 14 亿，耕地面积却只占全球的 7%，每年消耗全球铁矿石产量的 65%，煤炭产量的 50%，石油产量的 12.6%。这意味着，全球秩序的变革一定会影响中国社会结构的变革，全球正增长空间的消失，也必然使得中国人生存压力骤然加大。就本书主题而言，捍卫"正增长秩序"，也许就是中国人当前最急迫的任务和最宏大的使命。

再度奏起的旋律

其实，回到人类"正增长秩序"发展的根本线索来看，对产业技术与国际政治权力中心顺畅转移构成最大挑战的，依然是暴力组织逻辑与商贸组织逻辑之间的冲突。

资本在已经产业化的国家找不到高额回报，自然会去往仍能产生高额回报的国家。但是，暴力组织，或者因为传统经验的束缚，或者因为零增长社会的习惯，或者因为害怕国家安全遭到挑战，会想出种种手段制造障碍，引发冲突甚至点燃战争。

400 多年前英国女王对汉萨商人发起禁运，如今印度政府关停 TikTok，演员不同，故事却未改变。今天许多制造自由贸易和技术转移障碍的国家，实际上是最受零增长思维影响的国家，但是，我们又不可能等待这些国家自动地转变思路。

政府换届需要几年，主流舆论和民意的改变则需要十几年甚至几十年，但是新技术的爆发、产业的机遇和现代社会面临的挑战，却需要在短期内得到重视。

　　怎么办？从历史经验的角度讲，当暴力组织不能保护商贸秩序时，商人会自发建立起相应机制和手段，捍卫自己赖以生存的正增长空间。这就是本书前半部分的主要内容，从威尼斯共和国到汉萨同盟，这些故事已经掰开拆碎讲过了。

　　按照这个逻辑，为了捍卫商贸秩序和正增长空间，现代跨国资本和企业应该自发组织一系列商贸联盟，穿透新兴国家的暴力组织，实现非主权国家化的商贸秩序，就像历史上汉萨商人在不同国家建立商站，并且制衡所在国国王破坏商贸秩序的行为一样。

　　这不是我个人的异想天开。曾担任世界银行首席经济学家，靠创业实现财富自由，并于 2018 年获得诺贝尔经济学奖的传奇学者保罗·罗默，就提出过一个极为大胆的设想：在现代世界建立"宪章城市"（Charter Cities）。

　　简言之，城市宪章是国王为了获得经济利益，同一个城市的商人签订一份合同，允许这个城市的商人以缴纳贡金的形式，给自己买一些自治权利，以便利商贸的发展。罗默认为，这套古代智慧完全有可能在今天重现。他主张，很多发展中国家面临的问题是没有实施促进商贸发展的制度，也不具备建立类似制度的经验。像某些国家，还压根没有通信技术方面的人才，当然也就不可能设立一个有效推动行业发展的工信部。那么，这些国家如果肯设立一个城市，允许这个城市在制度方面打破旧的常规，采取发达国家的跨国资本和企业欢迎的制度，这个城市也许就能先一步发展起来，带动该国其余地区的发展。[23]

　　罗默的提议等于说，这些国家的政府可以跟某个先进国家的政府或者企业谈一个大交易，比如给其设一个"特区"，让它来制定这个"新特区"的"宪章"，建立一个类似于工信部的组织，在当地推广 5G，成功之后，再向其他地区推广。这就等于让这类跨国企业承担了建立"基础性利商制度"或利于产业发展的制度的责任，跟历史上的"宪章城市"有异曲同工之妙。

罗默也的确跟一些发展中国家交流过这个计划。2008年，马达加斯加总统邀请罗默到访，表示了对"宪章城市"计划的支持，并且真的划出了一片土地作为实验区。但是，反对党很快攻击这个计划是叛国罪，游行示威引发了枪击平民事件，总统被迫下台，计划无疾而终。

马达加斯加并不是唯一对这套方案感兴趣的国家。2012年，罗默受洪都拉斯政府邀请，担任一个特区城市项目的委员会成员。这个城市项目宣称自己的设计理念就是罗默提出的"宪章城市"。但是当罗默接受邀请后，他很快发现自己只是当地开发商请来做噱头的宣传工具，制度设计根本达不到他希望的透明程度，于是他公开宣布退出。

保罗·罗默失败的故事，说明了人类凭理性制定的计划与现实之间有着多么大的差距。但是，他的实践失败了，并不代表他的理论不可行，就像是莱茵同盟虽然失败了（其实维系了一段时间），汉萨同盟却最终取得成功。

我并不认为罗默的"宪章城市"一定就是当下世界所需要的正确答案，但我也的确认为，罗默提出了正确的问题，并且试图用正确的逻辑来回答这个问题。在当今国际社会都承认一国政府对内享有最高主权的情况下，我们该怎样合理地说服某个肉眼可见的落后国家改革国内制度中不便利于商贸和产业发展的落后制度？

罗默回答说，真正的答案是：与它谈一笔大交易。就像历史上商人与国王谈的那些交易一样。这就是暴力组织与商贸组织之间交往的历史经验，在当代社会依然有意义的最根本原因。

为了捍卫人类社会来之不易的现代文明成果，我们仍需要不断地思考商贸与暴力之间的关系，努力在主权国家、资本、产业与技术之间达成一种合理平衡状态。

　　当然，当今世界与中世纪相比，还存在一个很重大的差别。中世纪不存在今天飞速发展的技术与产业。中世纪的商人自然而然地就知道，什么样的制度对促进交易最为便利。今天的我们谁也不知道，技术飞速突破将带来怎样的颠覆性变化，产业快速发展带来的一系列深远问题应该如何解决，类似于贫富差距扩大、生育率下降、产业摩擦增加和国家介入产业发展等问题该如何规避。

　　当今世界，那些带着巨额资本前往充满潜力的蛮荒之地的商人并不清楚地知道，真正能够维护商贸秩序、创造正增长社会的有效制度是什么。在这个问题上，我想，罗默的答案也许依然过分依赖西方社会的历史经验。但是，他关于"宪章城市"的狂想，的的确确可以刺激我们对世界秩序和对自身历史使命的理解。

　　中国人在过去40余年中对产业化的承接是成功的，但是我很少见到有人跳出民族主义的框架来思考这项成功对人类命运的意义。毕竟，一个国家的强大不只是意味着不会再受其他国家的欺负，更不意味着可以借此建立自己的势力范围，掌控别人的命脉。

　　对我们来说，真正需要思考的是，如果21世纪是属于中国的世纪，那么，这个世纪到底会是什么样子的？

　　在产业转移和权力中心转移的历史大潮中，德国曾经回答过"属于德国的欧洲"是什么样子，日本曾经回答过"属于日本的亚洲"是什么样子，但它们的回答都不尽如人意，后果之惨烈，我们也已看到了。

　　现在，全球产业链的中心位于中国，世界也将等待中国做出回答。由此，产业革命对人类文明提出的每一个问题，都以最犀利的方式问到我们头上来：

　　劳动力会被技术淘汰吗？

　　普通劳动者的福利如何保证？

　　产业化降低生育率是宿命吗？

产业对抗会引发地缘政治冲突吗？

技术革命会进一步扩大贫富差距吗？

社会收入不公平已经到了有必要采取普遍收入保障制度（UBI）的程度吗？

中国周边有引发战争的风险吗？

中国模式就是促进商贸秩序和产业发展的最终答案吗？

……

我们每一个人，都在等着这份问卷的答案。

结语：循环还是突破？

这本书讲的，是一个与大多数人印象中的版本不太一样的故事。

在大多数人的印象里，历史是线性进步的，至少在近代资产阶级革命和工业革命发生后，人类就进入了现代社会，现代社会比古代社会先进得多，我们比老祖宗聪明得多、进步得多。本书想传达的则是，历史进步并不是如此简单，就算历史整体上是进步的，这种进步也并不是均质的。21 世纪的某些地区，其思想观念的进步性可能还比不上公元前 2 世纪的某些地区。所以，时间早晚不应该成为评价进步与否的标准，真正的标准在于制度与观念，而支撑这些制度与观念的，则是本书心心念念的正增长社会。

更进一步讲，相信今天一定比过去进步的看法，会造成一种思维上的惰性，让人们误以为，进步是一件随着时间流逝自然而然发生的事情，甚至不必做什么，只要坐等进步自然而然地发生就好。事实并不是如此。真正的事实是，历史完全有可能倒退，而且经常在十年到数十年为周期的时间段里倒退。上个时代的年轻人认为追求诗和远方是高尚的，这个时代的年轻人却只想当短视频网红；上个时代的年轻人追求自由恋爱，这个时代的年轻人却宁愿听父母之命媒妁之言……这些现象于古今中外一再重演。

历史上从来没有什么美好的东西是随着时间流逝自然而然来到手中的，就像从来没有什么真正甜美的果子会从天上掉下来一样。就算凭运气捡到了从天上掉下来的果子，也会凭实力丢掉它们。

现代社会真正赢得优势的时间很晚，但它的许多基石和信条，其实已经在数千年前出现，并且沿着可以追溯的历史脉络传承至今。如果我们认为现代社会是值得守护和捍卫的，我们就应该像我们的祖先一样付出努力去认清它，付出勇气去守卫它，就像腓尼基人一样，像威尼斯人一样，像汉萨商人一样，像意大利人一样，像百折不挠的奥兰治家族一样。否则，即便已经身处 21 世纪，我们依然可能失去它。

不要自欺欺人。失去现代社会，并不意味着我们会失去新能源汽车、航天飞机、智能手机和社交媒体。不，我们会失去更重要的东西——会失去保持开放的心态、人人平等的信念，以及对公平与正义的向往和追求。

这本书讲的故事，乍看起来，也许离我们每个普通人的生活很远。但事实并非如此。正增长秩序关系到我们每个人普通生活的具体细节，只是我们很少考虑过这背后的内在联系。

我这里仅用一个非常小的指标来说明这一点：自杀率。1995—1999 年间，中国每 10 万人中有 23.2 人自杀，其中农村是城市的 3 倍，且女性高于男性，这与国外自杀人数男女性别比大约为 3:1 的情况正好相反。[24] 到了 2011 年，中国的自杀率下降到了 10 万人中有 9.8 人自杀，女性自杀率的下降更为明显。

这其中的变化是如何发生的呢？一直关注这一领域的费立鹏认为，精神疾病治疗的改善和自杀干预工作都没有发挥太大作用，真正发挥作用的是城市化。快速发展的沿海城市经济改变了这一切。

大批农村妇女离开家庭，来到城市打工。世界卫生组织说，农村妇女选择在工厂城市工作，这通常会改善她们的社会和经济状况。[25]

这只是一个非常小也非常片面的例子，但它再好不过地说明了正增长秩序的优势。在正增长社会，尽管可能有很多不尽如人意的地方，但它的本质是希望创造条件，让人可以（合理地）出售劳动力、创意或天赋，发挥更大的价值，进而使人人都受益。

所以，如果你不愿意被性别歧视，不愿意被老板不合理地对待，不愿意接受社会对你的刻板印象，或者如果你看不惯不公，还怀有理想主义，我请你现实地支持正增长社会，因为人类历史经验已经证明，长久以来，它是最能保障你个人利益的一种机制。

最后，这本书讲的故事中，中国所占篇幅不多，但是我相信，从这些故事中总结出的规律、经验与教训是为中国所需要的，就像所有伟大的民族都必须如饥似渴地借鉴所有伟大的历史经验一样。中华民族是最了解零增长社会苦难的民族，因此也是最竭尽所能抓住一切机会来进入和利用正增长社会的民族。中国过去 40 余年的发展便是最好的证明。

如果我们相信这是人类历史上前所未有的伟大事业，那么，它一定需要更伟大的决心、勇气和智慧来与之匹配。历史上还从未有过得到了巨额财富和神一样的技术还不反噬自身的先例；从野蛮到文明，从零增长秩序到正增长秩序，其间最大的区别就在于，人们能否成功地从历史中学到真正的一课。

我们能否做到？我们如何做到？

最后，希望本书可以给关心这个问题的人们贡献一点点有价值的经验与视角。

注 释

1 Robert Gordon, *US Economic Growth is Over: The Short Run Meets the Long Run*, https://www.brookings.edu/wp—content/uploads/2016/07/tt20—united—states—economic—growth—gordon.pdf.

2 罗伯特·戈登：《美国增长的起落》，张林山、刘现伟、孙凤仪译，中信出版社，2018，第551页。

3 罗伯特·戈登：《美国增长的起落》，第533—534页。

4 罗伯特·戈登：《美国增长的起落》。

5 罗伯特·戈登：《美国增长的起落》，第561页。

6 罗伯特·戈登：《美国增长的起落》，第576页。

7 参见NHK纪录片《推动"改革开放"的日本人》。

8 更为详细的叙述，可参见拙著《技术与文明》，第十三章，"中国与世界"。

9 文一：《伟大的中国工业革命："发展政治经济学"一般原理批判纲要》，清华大学出版社，2016，第四章第2节。

10 Yasheng Huang, *Capitalism with Chinese Characteristics: Entrepreneurship and the State*, Cambridge University Press, 2008, Preface.

11 温铁军、计晗、张俊娜：《中央风险与地方竞争》，《国家行政学院学报》2015年第4期。

12 文一：《伟大的中国工业革命："发展政治经济学"一般原理批判纲要》，第四章第3节。

13 关于产业集群效应的详细论述，可参见拙著《技术与文明》，第十三章，"中国与世界"。

14 数字均系根据麦迪森《世界经济千年史》中的统计数据计算得出。

15 参见 https://chinapower.csis.org/china—intelligent—automation/?lang=zh—hans。

16 L.L.洛温：《第二次世界大战之经济后果》，程希孟译，商务印书馆，1946，第8—9页。

17 张晓慧：《关于资产价格与货币政策问题的一些思考》，《金融研究》2009年第7期。

18 参见 Yu Qin, "'No county left behind?' The distributional impact of high-speed rail-up-grades in China." *Journal of Economic Geography*, 2016。

19 李迅雷、杨畅：《高铁能否改变沿线城市命运——基于人口、GDP、财税、薪资四类数据的判断》，见 http://www.nbd.com.cn/articles/2018-06-03/1222866.html。

20 邵宇、陈达飞：《从全要素生产率看中国经济70年的增长密码》，见 https://www.sohu.com/a/309687612_772337。

21 刘明康：《中国的全要素生产率研究——现状、问题和对策》，见 http://www.chinavalue.net/Finance/Blog/2016-10-13/1325892.aspx；耿德伟：《全要素生产率下降是我国经济增速放缓的主要原因》，见 http://www.sic.gov.cn/News/611/9775.htm；邵宇、陈达飞：《从全要素生产率看中国经济70年的增长密码》。

22 同上。

23 参见保罗·罗默在TED Talk上的演讲"Why the world needs charter cities"。

24 Michael R Phillips, Xianyun Li, Yanping Zhang, *Suicide rates in China, 1995–99*, THE LANCET.Vol 359. March 9, 2002.

25 参见 https://www.cato.org/publications/commentary/remarkable—fall—chinas—suicide—rate。

参考文献

古　典

希罗多德，《历史》
马基雅维利，《君主论》
马基雅维利，《论李维》
西塞罗，《国家篇》
马基雅维利，《论李维》
普鲁塔克，《希腊罗马名人传》
沈榜，《宛署杂记》
欧阳修、宋祁，《新唐书》
刘昫等撰，《旧唐书》
庄绰，《鸡肋编》
班固，《汉书·食货志》
Polybius, *History*
Cassiodorus, *Tribunes of the Maritime Population*
Marsiglio of Padua, *The Defender of Peace*

报　告

汉密尔顿，《关于制造业的报告》，https://founders.archives.gov/documents/Hamilton/ 01-10-02-0001-0007
Anders Sandberg & Nick Bostrom，Global Catastrophic Risks Survey
MGI: Urban world: Mapping the economic power of cities
Robert Gordon, *US Economic Growth is Over: The Short Run Meets the Long Run*

论 文

Barone, Guglielmo, and Sauro Mocetti,*Intergenerational mobility in the very long run: Florence 1427—2011.*Forthcoming,Review of Economic Studies

Daron Acemoglu & Pascual Restrepo, *Automation and New Tasks: How Technology Displaces and Reinstates Labor, Journal of Economic Perspectives Volume 33,* Number 2 Spring 2019

Elina Gugliuzzo, *The "Serenissima" at hazard: the Historical Phenomenon of Acqua Alta in Venice,* Humanities, Anno VI, 2017

Graham Goodlad, *"Before the Glorious Revolution: The Making of Absolute Monarchy?".* History Review. 2007

John Komlos and Helmut Küchenhoff, *The diminution of the physical stature of the English male population in the eighteenth century,* Journal of Historical Economics and Econometric History, 2012

Michael R Phillips, Xianyun Li, Yanping Zhang, *Suicide rates in China, 1995–99,* THE LANCET. Vol 359 . March 9, 2002

Robert Finlay, *The Immortal Republic: The Myth of Venice during the Italian Wars(1494—1530),* Sixteen Century Journal XXX/4(1999)

Scott F.Abramson & Carles Boix,*"The Roots of the Industrial Revolution: Political Institutions or (Socially Embedded) Know-How?."* APSA 2013 Annual Meeting Paper

Tonio Andrade, *The Company's Chinese Pirates: How the Dutch East India Company Tried to Lead a Coalition of Pirates to War against China, 1621—1662,* Journal of World History , Dec., 2004, Vol. 15, No. 4 (Dec., 2004)

Yu Qin, *"No county left behind?" The distributional impact of high-speed railupgrades in China,* Journal of Economic Geography, 2016

毕波，《怛逻斯之战和天威健儿赴碎叶》，《历史研究》，2007 年第 2 期
陈达生，《泉州伊斯兰教派与元末亦思巴奚战乱性质试探》，《海交史研究》，1982 年，7 月刊
耿德伟，《全要素生产率下降是我国经济增速放缓的主要原因》，转自 http://www.sic.gov.cn/ News/611/9775.htm
龚剑锋、高文龙，《试论戚继光与义乌兵的招募和征战》，《明史研究》，2014 年
花亦芬，《布克哈特与中古城市史研究：从〈科隆大主教孔拉德〉谈起》，《台大历史学报》，第 46 期
李稻葵、金星晔、管汉晖，《中国历史 GDP 核算及国际比较：文献综述》，《经济学报》，2017 年 6 月
李迅雷、杨畅，《高铁能否改变沿线城市命运——基于人口、GDP、财税、薪资四类数据的判断》，转引自 http://www.nbd.com.cn/articles/2018-06-03/1222866.html
廖大珂，《"亦思巴奚"初探》，《海交史研究》，1997 年，6 月刊
刘明康，《中国的全要素生产率研究：现状、问题和对策》，转自 http://www.chinavalue.net/ Finance/Blog/2016-10-13/1325892.aspx
宁可，《有关汉代农业生产的几个数字》，《北京师范学院学报》，1980 年第 2 期
潘楠、张金林，《清初迁海令对东南社会发展的消极影响》，《兰台世界》，2015 年，第 19 期

前岛信次，《元末泉州的回教徒》，《东洋文库英文纪要·第 32 卷》，1974 年

邵宇、陈达飞，《从全要素生产率看中国经济 70 年的增长密码》，转自 https://www.sohu.com/a/309687612_772337

孙中山，《建国方略之二：实业计划》

王健，《选择正确的长期发展战略：关于"国际大循环"经济发展战略的构想》，《经济日报》，1988 年

温铁军、计晗、张俊娜，《中央风险与地方竞争》，《国家行政学院学报》，2015 年

肖立军，《明代财政制度中的起运与存留》，《南开学报（哲社版）》，1997 年第 2 期

张晓慧，《关于资产价格与货币政策问题的一些思考》，《金融研究》，2009 年

张忠君、兰陈妍，《也论元末亦思巴奚战乱的性质》，《黔东南民族师范高等专科学校学报》，2003 年第 5 期

郑振满，《清代闽南乡族械斗的演变》，《中国社会经济史研究》，1998 年第 1 期

朱维干，《元末蹂躏兴、泉的亦思法杭兵乱》，《泉州文史》，1979 年

书　籍

Carl Wennerlind, *Casualties of Credit: The English Financial Revolution, 1620–1720,* Harvard University Press Cambirdge, Massachusetts London, England 2011

David Graeber , *Bullshit Jobs*, Simon & Schuster, 2019

E. N. Williams, *The Eighteenth-Century Constitution. 1688–1815.* Cambridge University Press, 1960

Edgcumbe Staley, *The Guilds of Florence*, London: Methuen,1906

Edward Peters,*Christian Society and the Crusades, 1198—1229, Sources in Translation,* including "The Capture of Damietta" by Oliver of Paderborn, University of Pennsylvania Press

James Sheehan, *German History, 1770–1866*, Oxford: Oxford University Press, 1989

Jesus Huerta de Soto, *Money, Bank Credit, and Economic Cycles*, Ludwig von Mises Institute; 3rd edition. 2012

John J. Patrick & Gerald P. Long，*Constitutional Debates on Freedom of Religion: A Documentary History.* Westport, CT: Greenwood Press. 1999

Philippe Dollinger, *The German Hansa,* translated and edited by D. S. Ault & S. H. Steinberg. Stanford University press, 1964

Robert E Lucas Jr, *Lectures on Economic Growth.* Cambridge: Harvard University Press. 2002

Rubinstein, Nicolai, (1968) *Florentine Studies: Poltics and Society in Renaissance Florence*, London: Faber and Faber

Scott Sowerby, *Making Toleration: The Repealers and the Glorious Revolution.* 2013

Sir Charles Oman,*A History of the Art of War in Sixteen Century,* New York,1937

Sir Esme Howard, "British Policy and the Balance of Power"，The American Political Science Review, 1925

Tonio Andrade, *Lost colony:the untold story of China's first great victory over the West.* Princeton University Press, 2011

Tonio Andrade,*The Gunpowder Age: China, Military Innovation, and the Rise of the West in World*

History. Princeton University Press, 2016

Yasheng Huang, *Capitalism with Chinese Characteristics: Entrepreneurship and the State*, Cambridge University Press, 2008

杭行, *Conflict and Commerce in Maritime East Asia: The Zheng Family and the Shaping of the Modern World, c. 1620–1720*, Cambridge Press, 2015

E. E. 里奇、C. H. 威尔逊,《剑桥欧洲经济史》(第四卷),张锦东、钟和、晏波译,经济科学出版社,2003 年

L.L. 洛温,《第二次世界大战之经济后果》,程希孟译,商务印书馆,1946 年

M.M. 波斯坦编,《剑桥欧洲经济史·第二卷》,中世纪的贸易和工业,王春法主译,经济科学出版社,2003 年

M.P. 加图,《农业志》,马香雪、王阁森译,商务印书馆,1986 年

M.T. 瓦罗,《论农业》,王家绶译,商务印书馆,1981 年

阿夫纳·格雷夫,《大裂变：中世纪贸易制度比较和西方的兴起》,郑江淮等译,中信出版社,2008 年

安格斯·麦迪森,《世界经济千年史》,伍晓鹰、许宪春著,北京大学出版社,2003 年

毕波,《中古中国的粟特胡人——以长安为中心》,中国人民大学出版社,2011 年

布罗代尔,《十五至十八世纪的物质文明、经济和资本主义：世界的时间》,顾良、施康强译,商务印书馆,2017 年

布罗代尔,《十五至十八世纪的物质文明、经济和资本主义：形形色色的交换》,顾良、施康强译,商务印书馆,2017 年

大卫·安东尼,《马、车轮和语言》,张礼艳、胡保华、洪猛、艾露露译,中国社会科学出版社,2016 年

大卫·休谟,《英国史》,刘仲敬译,吉林出版集团,2016 年

大卫·休谟,《英国史》,刘仲敬译,吉林出版集团,2016 年

戴维·S. 兰德斯,《国富国穷》,门洪华译,新华出版社,2010 年

丹尼斯·米都斯,《增长的极限》,李宝恒译,吉林人民出版社,1997 年

德隆·阿西莫格鲁、詹姆斯·罗宾逊,《国家为什么会失败》,湖南科学技术出版社,2015 年

恩格斯,《英国工人阶级状况》,人民出版社,1956 年

菲利普·佩迪特,《共和主义：一种关于自由与政府的理论》,江苏人民出版社,2006 年

弗朗切斯科·德·马尔蒂诺,《罗马政制史》,薛军译,北京大学出版社,2009 年

弗里德里希·李斯特,《政治经济学的国民体系》,陈万煦译,商务印书馆,1961 年

盖乌斯·苏埃托尼乌斯·塔奎卢斯,《罗马十二帝王传》,谢品巍译,浙江大学出版社,2019 年

顾诚,《南明史》,光明日报出版社,2011 年

汉密尔顿、杰伊、麦迪逊,《联邦党人文集》,程逢如、在汉、舒逊译,商务印书馆,1995 年

亨德里克·威廉·房龙,《荷兰共和国的衰亡》,朱子仪译,北京出版社,2001 年

基佐,《法国文明史》,沅芷、伊信译,商务印书馆,1998 年

吉塞拉·波克、昆廷·斯金纳、莫里奇奥·韦罗里编,《马基雅维里与共和主义》,阎克文、都健译,生活·读书·新知三联书店,2019 年

冀朝鼎,《中国历史上的基本经济区》,岳玉庆译,浙江人民出版社,2016 年

杰奥瓦尼·阿锐基,《漫长的 20 世纪》,姚乃强、严维明、韩振荣译,江苏人民出版社,2001 年

卡尔·波兰尼，《大转型：我们时代的政治与经济起源》，刘阳、冯钢译，浙江人民出版社，
　　2007 年

卡尔·施密特，《陆地与海洋：古今之法变》，林国基、周敏译，华东师范大学出版社，2006 年

李开元，《汉帝国的建立与刘邦集团：军功受益阶层研究》，生活·读书·新知三联书店，
　　2000 年

理查德·迈尔斯，《迦太基必须毁灭》，孟驰译，社会科学文献出版社，2016 年

理查德·塔克，《战争与和平的权利》，罗炯译，译林出版社，2009 年

栗田伸子、佐藤育子，《迦太基与海上商业帝国》，黄跃进译，许家琳审定，八旗文化，2019 年

刘逖，《前近代中国总量经济研究 (1600-1840)：兼论安格斯·麦迪森对明清 GDP 的估算》，上
　　海人民出版社，2010 年

罗伯特·艾伦，《近代英国工业革命揭秘》，毛立坤译，浙江大学出版社，2012 年

罗伯特·戈登，《美国增长的起落》，张林山、刘现伟、孙凤仪译，中信出版集团，2018 年

罗杰·克劳利，《财富之城：威尼斯海洋霸权》，陆大鹏、张聘译，社会科学文献出版社，
　　2015 年

马克思、恩格斯，《马克思恩格斯全集》（中文第 2 版），第 46 卷，人民出版社，2003 年

马克斯·韦伯，《民族国家与经济政策》，甘阳译，生活读书·新知三联书店，1997 年

玛丽·比尔德，《庞贝：一座罗马城市的生与死》，熊宸、王晨译，民主与建设出版社，2019 年

尼·布哈林、叶·普列奥布拉任斯基，《共产主义 ABC》，东方出版社，1988 年

齐格蒙特·鲍曼，《工作、消费、新穷人》，仇子明等译，吉林出版集团股份有限公司，2010 年

荣新江，《中古中国与粟特文明》，生活·读书·新知三联书店，2014 年

桑原骘藏，《唐宋元时代中西通商史》，冯攸译述，河南人民出版社，2018 年

特奥多尔·蒙森，《罗马史》，李稼年译，商务印书馆，2015 年

托马斯·皮凯蒂，《21 世纪资本论》，巴曙松译，中信出版社，2014 年

魏义天，《粟特商人史》，王睿译，广西师范大学出版社，2012 年

文一，《伟大的中国工业革命——"发展政治经济学"一般原理批判纲要》，清华大学出版社，
　　2016 年

西蒙·库兹涅茨，《现代经济增长》，戴睿、易诚译，北京经济学院出版社，1989 年

萧高彦，《西方共和主义思想史论》，联经出版公司，2013 年

徐晓望，《福建通史》，福建人民出版社，2006 年

盐野七生，《海都物语：威尼斯一千年》，徐越译，中信出版集团，2016 年

盐野七生，《优雅的冷酷——切萨雷·波吉亚的一生》，赵文莞译，中信出版集团，2017 年

应奇、刘训练编，《共和的黄昏：自由主义、社群主义和共和主义》，吉林出版集团，2007 年

约翰·邓恩，《民主的历程》，林猛等译，吉林人民出版社，2003 年

约瑟夫·熊彼特，《经济分析史》（第一卷），朱泱、孙鸿敬、李宏译，商务印书馆，1996 年

詹姆斯·W. 汤普逊，《中世纪晚期欧洲经济社会史》，徐家玲译，商务印书馆，1992 年

珍妮特·L. 阿布 - 卢格霍德，《欧洲霸权之前：1250-1350 年的世界体系》，杜宪兵、何美兰、
　　武逸天译，商务印书馆，2015 年

致谢

本书完稿后，得到了更多师友的赞许，而最令我高兴的是有不少人说，这本写得比第一本《技术与文明》更好。这至少说明我还在进步，没有松懈。当然，我深知自己能够有一点这样的进步，与很多朋友的帮助是分不开的。我本人是一个读书并不勤奋，思维也颇懒惰的人。幸运的是，我总有机缘认识一些在学术、知识和人生阅历上超过我很多的良师益友，如果没有与他们的讨论，我是无法形成书中一些关键的理论与洞见的，对此我一直心怀感激。

本书主要的理论设想与洞见要感谢与于向东先生的讨论。我们同属于"大观"学术小组，于向东、刘苏里、严博非、高全喜、刘擎几位小组内的前辈师长为我的研究提供了丰富的理论资源和学术洞见。与学术小组的其他师友，包括施展、李筠、翟志勇、李永晶、泮伟江、周林刚、许小亮等人的讨论，也都对我形成本书的思路有很大的帮助。

对外经济贸易大学的刘庆彬教授十分熟悉经济学、产业政策和日本研究，我有许多思考框架受益于同他的讨论。

我本人对商贸活动的理解甚浅，在有幸结识原高盛全球合伙人徐子望先生和宽资本创始人关新先生后，才有机会对商业世界与商人精英的思维作近距离观察。本书中许多至关重要的启发得益于此。

　　本书完稿后，有幸得到刘瑜老师和罗振宇先生赐序。刘瑜老师是我的直系师姐，也是我素来十分尊敬的学界"前辈"。写作三部曲的第一本书《技术与文明》前，我们彼此并不相识。我们之间的欣赏和认可全部来源于智识上的肯定。罗振宇先生是我非常尊重的企业家。在中国，绝大多数从事文化内容行业的企业家与其是说在做企业，不如说是在完成某项事业；这项事业的成功与其说依靠商业上的精明，不如说要依靠信念与耐心。这样一本写商贸秩序的书能够得到商人的认可，我由衷地感到自豪。

　　《技术与文明》出版后，有幸得到吴国盛老师、吴思老师、张树新女士和樊登先生的推荐。此前，我与这几位师长并不相识，但很有幸仅凭一本并非很成熟的书得到了各位前辈的认可。吴国盛老师还对第二部，也就是本书给出了较高评价，我想借这个机会一并表示感谢。

　　在一次小范围研讨会上，就文明三部曲的写作设想，我专门向朱嘉明、何怀宏、秦晖、刘擎、胡泳、刘兵、陶然和刘苏里几位老师作了汇报。几位老师从各自角度提出了中肯的鼓励、批评与鞭策意见。后生小子，何德何幸，能够得到诸位前辈的认可与期许，这是对我继续写作莫大的鼓励。许多年过后回头再看，这可能会是我写作生涯的重大动力。

　　文明三部曲的第二部，即本书《商贸与文明》，还有幸得到了何怀宏、许纪霖、王人博、胡洪侠、吴晓波、王跃春、郭建龙和六神磊磊等师友的推荐。这其中我与有些师友相识日久，有些师友还素未谋面。是这本书将我与诸位师友相连。

　　写作是一件孤独的事，幸运的是，我在网络上和现实中都有许多志同道合的朋友，他们的陪伴与讨论使我感到自由写作的快乐。感谢 Frank Mr、Charlie、Ray、Xiang、Jeff、Dark 和 Scott 等网友对本书所涉及的历史问题进行的深入讨论和提供的文献。感谢上海外国语大学的张鹏、浙江外国语学院的张硕、中国社会科学院欧洲研究所的贺之杲、中山大学的黄柯劼、墨尔本大学的王明旸和中南财经政法大学的张玉敏，他们在百忙之中为我提供了所需的许多资料。

疫情之下，动如参商，今夕何夕，共此烛光，十觞不醉，感子意长。

本书一切文责由作者自负。

张笑宇
2021 年 8 月 16 日于深圳